사진으로 읽는

한국  전 쟁

Photos from

Korean War

June 1950 - July 1953

사진으로 읽는

한국전쟁

초판 1쇄 찍은 날 · 2005년 6월 17일 | 초판 3쇄 펴낸 날 · 2008년 1월 23일

지은이 · 길광준 | 펴낸이 · 김승태

편집 · 이덕희, 방현주 | 디자인 · 이훈혜, 박한나
영업 · 변미영, 장완철 | 물류 · 조용환, 엄인휘

등록번호 · 제2-1349호(1992. 3. 31.) | 펴낸 곳 · 예영커뮤니케이션
주소 · (110-616) 서울 광화문우체국 사서함 1661호 | 홈페이지 www.jeyoung.com
출판사업부 · T. (02)766-8931 F. (02)766-8934 e-mail: edit1@jeyoung.com
출판유통사업부 · T. (02)766-7912 F. (02)766-8934 e-mail: jeyoung@jeyoung.com
제작 예영 B&P · T. (02)2249-2506~7

copyright ⓒ 2005, 길광준

ISBN 978-89-8350-355-8 (03900)

값 20,000원

사진으로 읽는

한국  전쟁

Photos from
Korean War
June 1950 - July 1953

길광준 지음

예영커뮤니케이션

역사는 반복된다

"History repeats itself!"

한국전쟁

한반도에서 이념이 다르다는 이유로 1950년 6월부터 1953년 7월까지 3년을 넘도록 치열하게 남과 북이 싸웠던 전쟁을 한국전쟁이라고 칭한다.

남북한 통틀어 750만 명의 청년들이 참전하여 181만 명의 희생자를 내었으며, 235만 명의 시민들이 군수 물자 수송 및 철도와 교량 복구에 강제 동원되었고, 환영해서는 안 될 군인들에게 손을 흔들었다는 이유 때문에 서로 변절자와 부역자라는 굴레를 씌웠으며, 적에게 협조한 반역자와 그 가족이라는 낙인을 찍어 고통 받게 하였다. 남한 청년 20만 명이 강제로 북한 인민군에 징용되어 형제들에게 총을 겨누도록 했고 또 희생되었으며, 그 이유 때문에 그 가족들은 말할 수 없는 고통의 세월을 감수해야만 하였다.

삶의 터전을 잃은 350만 명의 난민과 300만 명의 월남 동포들이 타향에서 외로움과 기아에 고통을 당했고 62만 명의 남한 인재들이 북한으로 강제 납치되었거나 행방불명되었다.

이념 분쟁으로 인한 보복 학살로 13만 명의 시민들이 학살되었고, 확인되지 않은 무고한 양민 25만 명이 폭탄과 포탄, 총탄, 군인들의 무차별 총력전으로 희생되었다.

한국전쟁이 시작되던 1950년 6월에는 서울, 경기도, 강원도 일대가, 7월에는 경상도와 전라도가, 9월에는 다시 서울이, 10월에는 평양과 원산이, 해가 바뀌면서 다시 38도선의 문산, 의정부, 화천, 춘천, 원주, 강릉이 전장(戰場)으로 변했고, 양민들은 그 와중에서 쫓기고 짓밟히며 고통 받았다.

점령 지역에서는 보복 학살과 이념 개조를 위하여 원치 않는 세뇌교육이 행해졌고 피탈된 땅에서는 적에게 협조했다는 부역자라는 이유로 피눈물을 쏟게 하였다.

한평생 고향을 떠나지 않고 머물러 살아온 우리에게 밤과 낮이 바뀔 때마다, 점령 군대가 바뀔 때마다 편을 들어 줄을 서야만 한다는 그 자체가 고통이었다.

피난을 떠날 수 없어 서울에 남아 있었던 시민들은, 서울이 수복된 이후에도 지난 3개월간 적 치하에서 받은 고통뿐만 아니라 강제로 행해진 부역에 참가했다는 이유로 불순 좌익분자라는 의심의 눈초리와 뒷조사로 추가적인 고통을 받았고, 피난을 떠난 자들은 그들대로 타향에서 모진 고생에 시달리고 돌아왔어도 고향을 버리고 도망간 비겁자들이라고 비난받았다.

전쟁이란 군인들 사이에서만 벌어지는 행위로만 인식하던 국민들은 전쟁이 시작되었어도 피난을 가야 할 이유를 알지 못했다. 남한과 북한의 군인들 모두 이 나라의 한 동포요, 한 학교의 동창이요, 같은 성씨를 가진 친척이고 이웃집 아저씨였기 때문이다.

공산주의 치하에서 3개월 동안 살아 본 끔찍한 경험을 가진 수많은 남한 시민들은 중공군의 대공세로 두 번째 서울을 내주던 1951년 1월, 혹한 속에서도 미련 없이 짐을 싸 서울을 떠났다.

전 국민들도 함께 고통 받으며 이념 전쟁의 가혹함과 총력 전쟁의 고통을 겪었고, 3년 전쟁을 겪은 후에도 종전(終戰)이 아닌 휴전(休戰)이었기에 50여 년이 지난 지금까지 쫓기는 죄인처럼 고통의 비명도 지르지 못하고 외롭게 자신의 아픈 상처를 숨기며 살아왔었다.

서울이 두 번, 평양이 한 번씩 적에게 점령당하는 총력 전쟁을 통하여 금수강산은 철저하게 파괴되었다. 수시로 바뀌는 점령 지역을 적에게 내어 주면서 적이 이용하지 못하게 한다는 명분으로 오천 년 유구한 역사와 유적이 산재해 있는 삼천리의 평화로웠던 강토 구석구석을 철저하게 파괴하였다.

남북한을 통틀어 차량이 다닐 수 있는 교량 17,000여 개는 모두 파괴되었고, 남북한 전역에 걸쳐 철도, 조차장, 항만, 정유공장, 댐과 각종 산업시설은 공군의 폭격과 함포 사격으로 철저하게 파괴되었다.

아름다운 산과 들에 145만 톤의 폭탄이 하늘에서 쏟아졌고 1,765만 발의 포탄이 산 너머에서 날아와 평화로운 강토를 뒤집었다. 전국의 300만 가옥과 4,023개의 학교가 파괴되었다.

수많은 공공기관과 시설이 파괴되었고 국가의 동맥인 철도는 작전상의 이유로 끊임없는 폭격의 대상이 되어 3년 전쟁 기간 중 33만 회의 폭격을 받았다.

전 국토에 뿌려진 지뢰 245만 개가 50년이 지난 지금도 한여름 장마가 올 때마다 심술궂게 터지며 과거의 고통스러운 기억을 되살리고 있다.

수백만 개의 총검류 · 철모, 수천만 개의 탄피와 수만 대의 부서진 차량으로부터 부서져 나온 고철 조각들과 흘러내린 기름과 폐수가 아름다운 금수강산을 오염시킨 지 이미 오래이다.

한반도의 남북전쟁은 우리만의 전쟁이 아니었다.

유엔의 깃발 아래 21개국 572만 명이 참전하여 15만 명의 희생자를 내는 동안 675만 명을 한반도에 투입시킨 중공군은 42만 명의 희생자를 내고 물러갔다.

중국을 통일한 현대의 중국 황제 모택동도 자신이 사랑하는 아들 모안영을 전장이었던 평양 북방에 묻었고, 아이젠하워 대통령, 8군사령관 워커 장군과 밴 플리트 장군 그리고 해병 항공단장 해리스 장군의 아들도 기꺼이 한국전쟁에 참가하였으며 밴 플리트 장군과 해리스 장군의 아들은 살아서 돌아오지 못했다.

제8군사령관 워커 장군과 두 명의 야전 군단장들이 전사 또는 순직하였고, 전선에서 목숨을 잃은 국군과 인민군 사단장과 연대장들도 그 수를 세어 보기 어려울 지경이었다.

자유를 수호하려는 16개 우방 국가들이 육군, 해군, 공군 부대들을 보내 참전하였고, 5개국이 의료 지원과 보급품으로 우리를 지원하였다.

북한과 중공을 상대로 200억 달러의 전비를 쏟아 부으며 3년간이나 격전을 치르고도 세계 최강의 미국 군대는 승리하지 못한 전쟁이라는 자랑스럽지 못한 기록을 한국에서 가지게 되었다.

세계 속에서 한국전쟁은 잊혀진, 잊고 싶은 전쟁이었다.

고통을 인내한 50년 세월이 흐르고 21세기 문턱에 진입한 지금 우리는 총성 없는 경제전쟁에서 북한을 추월하면서 남한 주도의 평화로운 통일에 대한 강력한 희망을 품게 되었다.

전쟁을 통한 통일의 참혹한 고통을 피하고 북한을 자극하지 않으면서 평화로운 통일에 대한 열망이 앞선 나머지, 지나치게 낙관적이고 관대한 대북관을 서둘러 수용하면서 우리 사회는 심각한 이념갈등과 가치관의 대립으로 열병을 앓고 있다.

진보개혁주의자들은 다시없는 통일의 기회를 놓쳐서는 안 된다는 듯이 "타협 없는 반공"을 방패삼아 지금까지 이 나라를 지켜 오던 우익 보수 집단을 강하게 질타하며 개혁을 서두르고 있다.

역동적이고 미래 지향적인 국가일수록 보수 세력과 진보개혁 세력이 융합하며 상생하는 것이며, 안정된 국가일수록 온건한 중도보수 세력의 목소리가 존중받게 마련이다.

조상의 지혜와 전통을 계승하여 오천 년 역사를 슬기롭게 이어 가려는 건전하고 젊은 보수주의자들이 진보개혁주의자들과 화합하며 상생하는 젊은 한국의 미래를 기대하며….

2005년 1월, 지은이

Korean War

It is called the War between South Korea and North Korea, from June 1950 to July 1953, under a different ideology. During the three years of Korean War, 1,810,000 Korean young men were sacrificed among the 7,500,000 Korean young soldiers while 140,000 U.N. soldiers and 400,000 Chinese soldiers also were sacrificed. The 2,350,000 civilians involved in supporting work for the war in force was the reasons why they harmed and hated each other after more than 50 years since the war. The 200,000 South Korean young men wore the North Korean Army uniform in force. The 620,000 South Koreans were murdered, missing or kidnapped to the North. The 3,500,000 sufferers lost their houses and jobs in South Korea, and 3,000,000 refugees from the North remained in South Korea.

There were no battlefields to definite, but all the land, sea and air around the Korean peninsula.

Seoul, Gyeonggido and Gangwondo provinces were the battlefields in June 1950, Gyeongsangdo and Jeonrado provinces in July and August, Seoul and Gyeonggido in September again, Pyeongyang and Wonsan in October and November, and the Korean peninsula was quaking for two more years. Not only the soldiers suffered pains and spilt blood on the battlefield, but also innocent civilians suffered pain and spilt blood. North Korea did massacre civilians for supporting anti-communism and they performed ideological brainwashing while South Korea mistreated the civilians who supported, agreed or followed North Korea and the communist guerrillas in South Korea in the occupied territory.

In some areas, the South Korean police governed at day, but the communist guerrillas governed at night. It was so painful and confusing to the pure civilians who had lived in the same place as their ancestors did until the occupation forces changed quickly and inspected which side they were on everyday. After three months of the occupation period in Seoul, five million Seoul citizens blamed and hated each other between the group to stay and the group to leave Seoul. The group to stay was suspected and suffered again for the communist side after suffering under the

communists for three months, and those who escaped Seoul to avoid the communists were blamed as cowards even though they suffered in their place away from home as refugees.

Initial day, the Korean people did not know the reasons why they had to leave their hometown when the military forces, whoever was on the side of the South or North moved in their village or town because of what their father and grandfather had done in the past. They did understand the North and the South soldiers were all Koreans, and recognized as a brother or uncle of a friend of mine, but could not understand the soldiers as protectors of their ideology. After the experience of the initial three months occupation, the Korean people recognized the situation and left the place of unwanted occupation without delay when the Chinese Forces invasion occurred again.

That was why millions of refugees suffered a lot of pain for avoiding the battlefields and famine in an unfamiliar place far away from home. Millions of North Korean refugees could not go back to their homes until now or meet their family for more than 50 years. The beautiful mountains and valleys were totally destroyed and contaminated through fierce battles including the lost and regaining of the Capital City on both sides for three years. Both sides ruined the places including valuable historical items when they retreated for avoiding the facilities left behind used by the enemy.

The 330,000 sorties of the Air forces strikes and bombing with 1,450,000 tons and 17,650,000 artillery shells blasted the beautiful mountains and peaceful plains, and destroyed 17,000 bridges, railroad yard, ports, dams, logistic supply points and logistic factories. Three million houses and 4,023 school buildings were destroyed, and the beautiful and peaceful mountains and plains were completely scorched. The 2,450,000 mines were buried all over the mountains and valleys. The mines that were buried in unknown places are exploding in unexpected times and places, which remind the Korean people that the war is not over. The rust on millions of broken or missing rifles, bayonets, bullets, empty cartridges, broken military trucks and tanks and spilt oils from the broken vehicles and weapons contaminated the beautiful country. This war was not the only tragedy for the people of Korea.

During the three years of Korean War, 150,000 foreign young men from 21 different allied free nations were sacrificed while 420,000 Chinese soldiers also were sacrificed.

Mao, the emperor of Red China devoted to the death of his son, the sons of Eisenhower, president of the United States, MG Harris, CG of the 1st U.S. Marine Aircraft Wing, Generals Walker and Van Fleet, both CGs of the 8th U.S. Army who also served in the Korean War, and the sons of General Van Fleet and MG Harris who were not back safe.

Many uncountable soldiers, commanders of Corps, Divisions, Regiments and Battalions of the U.S. Army, the ROK Army, the North Korean Army and the Chinese Communist Force were killed in action including LTG Walker.

The 16 allied nations sent the military support under the flag of the United Nations Command and five other nations provided medical and supply support. The United States concentrated on the Korean War with the maximum capability of the Army, Navy and Air Force, and paid the more than 20 billions dollars for three years against the communist North Korea and Red China, but could not defeat them. Unfortunately, the United States felt it was not a war record to keep proud.

The war was forgotten and wanted to be forgotten. However, the war should not be forgotten. It should be kept as a part of our monumental history for remembering the lessons learned from the foolishness of the unpreparedness of the Korean people.

I hope the younger generation enjoys the photos from the Korean War and understands a part of our Korean history.

By Author, January 2005

대한민국 역사의 중요한 장 한국전쟁, 포성이 기약 없이 멈춘 지 50년이 넘어간다. 세월이 흘러 전쟁의 산 증인들이 하나 둘 역사의 뒤편으로 사라져 가고 있다.

머지않아 한국전쟁은 오직 기록을 통하여 이해하고 배우는 역사의 한 기록물로 이해될 것이다. 아직도 끝나지 않은 한국전쟁이 왜 일어났는지, 또 이 전쟁이 무엇을 의미하는지 미래의 지도자가 될 젊은 세대들이 알아야만 할 중요한 일이다.

이제 한국전쟁을 평화적으로 마무리해야 할 책임이 젊은 세대에게 넘어가는 시점에 있기 때문이다.

이 책은 1,600여 장의 전쟁 기록 사진을 전투 상황과 사건 개요에 따라 연대순으로 배열하였고, 사진으로 설명되지 못하는 부분을 전쟁 요도(要圖)로 보충하고 쉬운 표현으로 요약 설명하여 한국전쟁의 흐름을 객관적이면서도 이해하기 쉽도록 잘 만들어졌다.

해방 직후의 격동기와 한국전쟁을 온몸으로 겪고 느껴 온 노병이 미래를 이끌어 갈 젊은 세대들에게 우리 역사를 바로 알고 조국의 미래를 옳게 설계하라는 의미에서 이 책을 통하여 한국전쟁의 의미를 되새겨 보기를 권하는 바이다. 이 책을 위하여 바친 길 중령의 정열과 노고를 치하하며….

예비역 육군대장(예) 백 선 엽

FOREWORD

The Korean War, one of the most critical parts of Korean history occurred more than 50 years ago.

The witnesses of Korean War who remember the Korean War with a live voice have passed away due to their age. The Korean War will fade away and remain a part of Korean history soon.

It is very important matter to recognize the history of the unfinished Korean War, what it was, and why it occurred, to the current young generation who will be leaders in the future.

It is time to transfer the responsibility of having peace from the Korean War to younger generation.

This book is well organized to understand the Korean War objectively because 1,600 photos are arranged chronologically, created situational maps and simple descriptions for unexplained parts of history by photos.

I, one of the older soldiers who suffered a dramatic period of agitation in Korea, suggested reading this book to the younger leaders to understand our history for leading this country in the future.

I recognize LTC Gil whose passion and effort created this fine work.

Paik Sun-yup, General (Ret.) ROK Army

   The ROK-U.S. Alliance was birthed more than five decades ago in response to North Korean aggression against the Republic of Korea. As a result of that aggression, in the associated United Nations resolutions that emerged in the aftermath of the North Korean attack, U.S. Soldiers, Sailors, Airmen, and Marines came to the peninsula to defend a land they didn't know and a people they'd never met. The alliance was forged in the crucible of combat, an alliance that was sanctified by bloodshed, by men and women, Korean and American, who were bonded in the common cause to preserve freedom for the people of South Korea. The events of June 1950 through July 1953 forged an undying bond between our two great nations. Over 36,500 U.S., 3,300 United Nations, and 148,000 ROK soldiers gave their lives to preserve the Republic of Korea. Today, over 48 million citizens of the ROK enjoy the freedom their forbearers secured. The ROK-U.S. alliance that exists today is the legacy of that conflict and is one of the world's most successful and enduring alliances. The alliance has deterred conflict on this peninsula for more than five decades. It has created an unprecedented condition of peace. Because of that peace, it has promoted stability, and because of that stability, it has created the conditions for South Koreans to achieve a remarkable degree of prosperity.

   Today, the Republic of Korea is a land full of wonderful cultural riches and prosperity. But, let us not forget the debt of gratitude owed to those who fought on this soil ... from all around the world. It is because of the sacrifices made in the past ... and the sacrifices made today ... that peace and stability are enjoyed. That is what this book is about. I am honored to write this foreword and recognize LTC (R) Gil, Gwang Joon's terrific book. This well written historical work is the result of tireless research and great effort. As a U.S. Soldier currently serving in Korea, I hope that future generations will read this book and understand the legacy begun long ago by our predecessors on the battlefield. It is my sincere desire that the bond between the great peoples' of the United States and Republic of Korea remains unbroken and we will continue to work as we have since 1945 shoulder to shoulder as friends and partners.

CHARLES C. CAMPBELL
Lieutenant General, U.S. Army
Commanding General,Eighth United States Army

한미간의 동맹관계는 50여 년 전 북한의 남침에 대응하기 위하여 처음 시작되었습니다.

북한의 남침에 대응하기 위하여 결연한 의지로 유엔군이 소집되었고 미국의 육군, 해군, 공군 그리고 해병들이 한번도 만나본 적도 없고 알지도 못하는 미지의 한반도로 그 국민들을 위하여 달려왔었습니다. 동맹관계는 초기 호된 전투를 치르면서 발전하였고 남자와 여자, 한국인과 미국인들의 신성한 피로 축성되어 한국인의 자유수호를 위한 공동의 목표 아래 혈맹관계로 견고하게 지속되었습니다.

1950년 6월부터 1953년 7월까지의 한국전쟁을 통하여 위대한 한미 두 나라는 불멸의 결속관계를 확립하였습니다. 36,500여 명의 미군, 3,300여 명의 유엔군 그리고 148,000여 명의 한국군들이 대한민국을 수호하기 위하여 목숨을 바쳤습니다. 오늘날 4,800만 한국 국민들이 이들의 희생으로 자유를 누리고 있습니다. 한국전쟁을 통하여 이룩한 동맹관계는 세계에서 가장 지속적이고 성공적으로 오늘까지 유지되고 있습니다. 이러한 동맹관계로 지난 50여 년 간 우리는 한반도에서 전쟁을 억지하였고, 전례 없이 안정된 평화를 유지할 수 있었으며 이로 인하여 대한민국은 안정된 발전을 이룩하고 괄목할 만한 번영을 이루었습니다.

오늘날 대한민국은 풍부한 문화유산과 번영에 가득 찬 아름다운 나라가 되었습니다. 그러나 우리는 세계 도처에서 달려와 이 땅의 자유를 지키기 위하여 싸운 이들에게 커다란 보은의 빚을 지고 있음을 잊지 말아야 할 것입니다. 그들의 희생이 있었기에 오늘이 만들어졌고 우리가 그 평화와 안정을 즐길 수 있게 된 것입니다. 이 책은 바로 그에 대한 이야기입니다.

길광준 중령의 탁월한 책을 위하여 추천사를 쓰게 된 것을 영광으로 생각합니다.

매우 잘 씌어진 이 역사서는 지칠 줄 모르는 탐구와 노력의 결과입니다. 지금 대한민국에서 근무하고 있는 한미국 군인으로서, 젊은 세대들에게 오래 전 이 땅의 전쟁터에서 우리의 선배들이 함께 이룩해 놓은 업적을 이해할 수 있는 이 책을 읽어 보도록 권합니다. 저는 진심으로 위대한 대한민국과 미국의 국민들이 1945년 이래 어깨를 함께하며 친구이자 동반자로서 견고하게 맺어 온 동맹의 결속이 부서지지 않고 지속되기를 바랍니다.

찰스 시. 캠벨
미 육군 중장
미 8군사령관

한 민족인 남한과 북한 간에 서로의 이념 차이로 일어난 불행한 한국전쟁은 북한의 남침으로 시작된 전쟁이었음에도 불구하고 혹자들은 이 전쟁이 북침전쟁이었다고 주장하기도 한다.

1945년 해방 이후 5년간 치열한 분열과 내란을 거쳐 3년간 전 국토를 초토화시키며 혹독한 총력 전쟁을 치렀고 1953년 7월, 끝날 것 같지 않던 3년간의 전쟁이 일시 정지되고 정전 협정이 발효되었음에도 불구하고, 지난 50년간 44만 건의 크고 작은 군사적 무력 충돌과 정전 위반 사고가 지금도 이어지고 있는 한반도의 위기를 이해하지 못하고는 이 땅에서 올바른 평화를 설계할 수 없을 것이다. 우리는 우리가 처한 한반도의 상황을 올바르게 인식하고 현명하게 대처하여야만 한다. 역사를 왜곡하고 되돌아보려 하지 않는 민족들은 현재의 번영과 영화에 자만하여 대비할 줄 모르고 닥쳐오는 고통을 헤쳐 나갈 지혜를 배우지 못해 자멸하고 말 것이기 때문이다.

이 책이 나오기까지 먼저 하나님께 감사하고 그리고 작가인 길광준 선생에게 감사한다.

끝으로 아무쪼록 우리나라가 동북아시아의 이웃 나라들과 평화로운
공존이 이루어지기를 창조주 하나님의 이름으로 기원 드린다.

경민대학 설립자, 법학박사 홍 우 준

The Korean War occurred due to ideological differences between North Korea and South Korea.

Someone insisted the Korean War was started by the South invading the North, even though the War was kicked off by the North invading the South. The Korean people suffered a domestic conflict under the political chaos for five years since liberation from the Japanese colony in 1945, and the more severe pain of the total war for three years during the Korean War. After the exchange agreement of armistice on July 1953, more than 440,000 times local conflicts and violations of the agreement continually occurred during the last 50 years on the Korean peninsula. We cannot plant peace in the Korean peninsula properly, if we don't understand the situation on the peninsula.

We should recognize the situation on the Korean peninsula correctly and react wisely.

The tribe will be self-ruined if they do not want to recognize a difficult situation and overcome this to learn from the history due to self-admiration of their prosperity.

I thank God first and appreciate to the author, Mr. Gil, for his work of this fine book.

I pray to the name of God, the Creator, that Korea has peace and live
together in prosperity among countries in the North East Asia.

Dr. Hong Woo Joon, Founder of Kyungmin School

 한국전쟁의 최전선에 섰던 남과 북의 군인들, 전쟁의 현장을 지켜본 사람들이 아직도 살아 우리에게 한국전쟁을 생생하게 증언하고 있다. 그들이 당당히 한국전쟁의 무용담을 말할 수 있는 전쟁 영웅이거나 또는 거대한 공포에 짓눌려 비겁하게 행동한 과거 때문에 침묵하거나 아니면 동족간의 고통을 묵묵히 지켜보았던 방관자라 하더라도 이젠 상관없을 것이다. 이제는 미움의 시선을 거두고 사랑과 포용으로 상처를 치유할 때이다.

 포성(砲聲)이 멈춘 지 50년이 넘은 지금, 현장을 지켜보아 온 증인들은 이제 늙고 병들어 역사의 저편으로 사라져 가고 한국전쟁은 곧 역사의 한 편린(片鱗)으로만 남게 될 것이기 때문이다.

 한국전쟁에 관련된 서적과 연구 자료는 헤아릴 수 없이 많으나 자신이 겪은 전쟁의 한 부분에 대한 무용담이 대부분이고 그나마 이념을 달리한 남북간의 대결이었기에 자신의 잘못을 은폐하고 상대방을 비하하거나 왜곡한 객관성을 상실한 책들이 대부분이었다. 피아 의도적인 심리전과 세뇌교육 목적의 서적들은 한국전쟁의 진실을 심하게 왜곡하여 왔고 넘쳐나는 자료 속에서도 진실에 대한 갈증에 목말라 있었다.

 남과 북이 대치하고 있는 상황에서 한국전쟁에 대한 말하기 쉽지 않은 예민한 진실들을 글로 쓰기에는 아직 이른 감이 있기에 한국전쟁 사진집의 발간에 스스로 용기와 책임감을 느낀다.

 부족한 필력과 제한된 자료로 만들어 낸 이 책은 저자의 창작품이 아니라 목숨을 담보로 전쟁터를 누빈 사진기자들이 창조한 진실의 순간들을 역사 자료로 재편집한 것일 뿐이다.

 무엇보다도 소중한 사진 자료 덕분에 짧은 필력과 지면만으로 장편 한국전쟁의 역사를 작은 책 한 권에 함축시킬 수 있었고, 이 책을 통하여 무용담에 자주 등장하는 백마고지 전투, 1·4후퇴, 철의 삼각지대가 무엇을 의미하며 왜 중요한지를 쉽게 이해할 수 있을 것이다. 사진들이 대부분 오래된 흑백사진이고 화질도 형편없이 떨어지지만 역사의 순간을 담은 매우 소중한 자료들이다. 이 책에 실린 대부분의 사진들은 참전했던 미 육군 역사 장교들과 종군 기자들이 찍은 것으로 미 국방성으로부터 사용 승인을 받았지만, 이 책에 사용된 일부 개인 또는 단체 소유의 사진들은 찍은 지 50년이 넘어 원 소유자를 확인할 방도가 없어 허락 없이 사용한 점에 대해 지면을 통해 너그러운 양해를 구하며 아울러 감사를 표하고자 한다.

 저자는 7년간 1,600여 한국전쟁 기록 사진들을 수집하여 역사적인 순간들을 순서대로 배열하고, 사진으로 설명되지 않는 부분들은 요도를 그려 완벽하고 객관적인 한국전쟁사를 기록하려고 최선을 다하였다.

 이 책을 완성하는 동안 도움을 주신 전 미 2사단 박물관장 로버트 콤, 1지역사령부 공보실장 마아가렛, 그리고 격려와 조언을 아끼지 않았던 1지역 사령관 크리스찬슨 대령과 직장 동료 및 친구들, 이 책이 출판되도록 도와주신 예영커뮤니케이션 가족들 그리고 작업 중 불편함을 인내하고 내조해 준 아내 혜영에게 감사한다.

 우리가 생사의 기로에서 헤맬 때 기꺼이 우리를 도우러 왔던 친구들에게 우리는 50년간 빚을 지고 살아왔다. 우리를 도운 친구들의 의리에 보답하는 마음으로 이 책을 통하여 발생하는 인세는 UNICEF나 적절한 후

원기관을 통하여 어렵게 생을 이어 가는 그들의 자녀들에게 되돌릴 수 있다면 기쁘겠다.

한국전쟁 중 참전한 종군기자들과 사진작가들의 노고에 경의를 표하며….

2005년 1월 길광준, 육군 중령(예편)

Acknowledgements

Many soldiers during Korean War from South Korea and North Korea and persons who watched and experienced the war are still alive and talking about the war. No matter whom they were war heroes, bystanders because of cowardice and fear or stood at the wrong side, it is time to recover the pains with love and forbearance without stopping to hate each other.

It has been more than 50 years since seized fires and the witnesses of Korean War have passed away due to their age. Korean War will be faded away and remain a part of Korean history soon. There are so many study papers, treatises, witness records and storybooks about Korean War. Most of the information are showing, talking and insisting one view side only, not objectively. Most of the information from individuals or authorities is overwhelming talking about what his heroic accomplishment was during the war or how the enemy was wrong and bad. In fact, we don't know what was going on, but we can recognize it is not talking objectively. We are deadly eager to know the truth about our enemy and our history, even though they try to teach or brainwash us intentionally about what enemy was wrong, our side was right and have to hate instead of love them. It is not easy to agree what the enemy was right and we were wrong sometimes, and hard to write the facts in public at this time because of war heroes and witnesses are still alive and the North and the South are still under hostility to each other. I am afraid to challenge this work by myself, however I feel very proud of this because this book is trying to say the right thing. I deeply appreciate the brave photographers and writers who created the moments of truth under fire, so I can simply edit their great works by chronology. I could explain the gigantic Korean War history in a single volume even though I am not a good writer and also inexperienced Korean War because of them.

We can easily recognize through this book now why the iron-triangle is such an important area on both sides, how "White Horse Hill battle" impacted the Korean War, the most favorite tale of bravery among Korean men, and what the means and how much pain of retreat from Seoul in January 1951. The photos in this book are very valuable and need to keep our true history even though it is mostly black and white photos and has very poor quality.

The most historical photos in this book are from the history officers and photographers of the U.S. Army, Navy, Air Force and Marine, and I recognized I could be allowed to reuse those photos from the U.S. Army, however it is hard to recognize to be allowed to reuse the other photos from personal or commercial photographers due to more than 50

year old photos.

I would like to ask you to allow me to use the photos in public through the acknowledgement and deeply appreciate it.

For the last 7 years, I have worked my best to create a better book to understand the Korean War history through a collection of 1,600 photos about the Korean War, to display the historic photos chronologically, and to create situation maps for unexplained parts of history by photos. I appreciate all the friends who advised, encouraged and helped me when I hesitated, especially to Mr. Kim Combs, the former director of the 2nd Infantry Division Museum, who helped and advised me on the proper military terminology, and Ms. Margaret Banish-Donaldson, Public Affairs officer of Area 1 Support Activity, who helped correct the work for me. I also appreciate to Colonel Jeffery T. Christiansen, commander of Area 1, U.S. Army, who was my great supporter in publishing this book. I appreciate my friends and supporters who helped this work, Mr. Kim, owner and the family of Jeyoung Communications Publishing House for their help to birth this book and especially my wife, Hye Young, for her great support and sacrifice.

We are running into debt to friends for the last 50 years who came to help us when we were on the edge of life and death.

I hope to donate the royalty on this book to UNICEF or other proper supporting Organization for the poverty children of our friends for keeping justice and duty.

In respecting the photographers and writers during the Korean War under fire for their brave works ···.

Lieutenant Colonel (Ret.) G. Joon, GIL, ROK Army

Contents

Part-III 인천 상륙과 서울 수복 *Incheon Landing & Regain Seoul*

Part-I

폭풍 전야 Storm Clouds

1. 일본 제국의 몰락 The Collapse of the Japanese Empire

1945년 8월 15일, 한반도를 35년 동안 강점 통치하던 일본이 항복하였다. 천황의 무조건 항복 방송에 일본 국민들은 일시에 전의를 상실하고, 조선과 만주에 배치되어 있던 관동군 56만 명도 미군과 소련군에 의하여 무장 해제되었다. 이제 한반도와 만주에 주둔하던 관동군과 조선총독부의 당면 과제는 일본인들의 안전한 귀국 조치였다.

일본은 자국민들의 안전 확보를 위한 조건으로 점령 군대 소련과 미군을 위하여 무정부 상태로 혼란 속에 빠진 조선의 치안과 행정을 유지하는 데 협조하였고, 이 때문에 일본의 관료와 군대 그리고 재한 거류민들은 미군의 도움으로 비교적 곤란을 겪지 않고 조직적인 철수와 귀국 절차를 밟을 수 있었다. 조선반도는 환희와 기쁨에 휩싸였고, 국민들은 억압과 강제가 사라지고 하고 싶은 말과 하고 싶은 일들은 무엇이든지 마음대로 할 수 있을 것으로 믿고 기뻐하였다.

순진무구한 서민들은 언제나 그렇듯이 이제 자유가 충만한 신천지가 다시 열릴 것으로 믿었지만, 지식인들은 조선반도에 무너진 질서를 새로 세우기 위하여 필연적으로 다가올 혼돈에 대한 걱정으로 잠을 이루지 못하였다.

특히 서민들의 힘으로 왕정을 무너뜨리고 공산주의 혁명을 성공시킨 소련의 혁명에 고무되어, 이제야말로 자기들이 생각하고 있는 뜻과 이상을 자유로이 펼쳐볼 수 있으리라 믿고 있는 열정에 들뜬 지식인들이 많았으나, 승리의 전리품은 서민들의 몫이 아니었다.

On August 15, 1945, the Japanese Empire, which had been governing the Korean peninsula for 35 years, surrendered unconditionally to the United States. Hirohito, the Japanese emperor, announced the surrender over the radio, and Gwandonggun, the Japanese Army, which was stationed on the Korean peninsula and in Manchuria, was disarmed by the US Army in the South and the Soviet Army in the North. The major issue for the Japanese Governor General in Korea was the repatriation of Japanese citizens safely back to their homeland. The Japanese Governor General in Korea worked in close cooperation with the US Army in the South and the Soviet Army in the North to actively transfer governship on the Korean peninsula. His goal was a peaceful transition so the Japanese officials, soldiers, and residents in Korea could return to Japan without any serious problems. Korea was engulfed in celebration and a joyful mood prevailed. The common people believed that extortion and suppression would be gone for good, and they expressed their faith in freedom in the streets. Simple and innocent people are always quick to embrace good news, but their hopes for freedom and security would not be easily realized. On the other hand, intellectuals spent sleepless nights struggling with the anxiety caused by their concerns over chaos that this new social order might bring, agonizing over the future of their country. Many intellectual communists in Korea were encouraged by a successful revolution in Russia. They believed in the goal of establishing a communist state on the Korean peninsula that could be governed by ordinary citizens, and they attempted to realize this dream with a passion. But it would be unsuccessful.

1945년 8월 일본 나가사키에 투하된 원자폭탄
Atomic bomb was dropped Nakasaki Japan, August 1945

일본을 항복하게 만든 원자폭탄, 1945년
The bomb surrendered Japan, 1945

천황의 항복 방송을 듣고 있는 일본인들, 1945년 8월
Japanese are hearing the voice of surrendering their
emperor, August 1945

한반도와 만주에 진출했던 일본 관동군
Japanese imperial Army in Korea and Manchuria

만주 지역의 일본군, 1944년
The leaders of the Japanese imperial Army in Manchuria, 1944

1945년 8월 15일 조국 해방을 반기는 한국인
Korean are welcoming their liberation, August 15th 1945

한반도에서 철수하는 일본 관동군, 1945년
Retreating the Japanese imperial
Army from Korea, 1945

미군에 의한 관동군 무장 해제, 서울,
1945년 8월
Disarm the Japanese imperial Army
in Korea, August 1945, Seoul

2. 소련 점령군 Russian Occupation Forces

북에서부터 재빠르게 소련군들이 남진해 내려왔다.

동북아시아에서 대일 전선에 나서기를 망설이던 소련은, 전후 동북아시아 지역에서의 기득권을 위하여 일본에 선전포고를 함과 동시에, 만주의 관동군을 무장 해제시키고 소련 25군을 앞세워 북한에 진주하였다. 소련은 북한에 진주하자마자 치스챠코프 상장의 소련 25군 예하 로마넨코 소장의 민정 정치 공작부를 동원하여 지체 없이 전 지역에 소비에트식 인민위원회를 설치하기 시작하였다.

미군과 소련군은 처음엔 서로 승전 군대의 자부심과 기쁨으로 만나서 악수하고 담배도 나눠 피웠으나, 소련은 곧 태도를 바꾸고 북한 땅에 신속하고 일사불란하게 공산주의 위성국가를 건설하기 시작하였다. 종전을 위한 실무 협상에서 미국 측의 덜레스가 편의상 제안하고 소련이 합의한 위도상의 38도선이 곧바로 남북 분단의 국경선이 되고 말았다.

The Russian Army rapidly rushed southward into the Korean peninsula.

The 25th Soviet Red Army attacked and disarmed the Japanese Imperial Army in Manchuria within days of their declaration of war against the Empire of Japan. The Japanese were exhausted, and the Soviet forces swiftly invaded into Northern Korea with little opposition.

Without delay, Colonel General Chistiakov, Commanding General of the 25th Red Army stationed in North Korea, along with Major General Romanenko, chief of civil-military operation group, began installing Korean People's Committees in every North Korean city and town. In the frontier area, the soldiers of the United States and Red Army exchanged cigarettes, and gladly chatted among themselves, full of pride as soldiers of co-victorious armies. Soon, when the Soviet Army began installing such a powerful communist organization throughout North Korea, leaders of the United States forces began to feel uneasy. In a planning document concerning the postwar affairs between the Soviet Union and the United States, Mr. Dulles suggested the 38th parallel line on the Korean peninsula as a temporary separation of US and Soviet zones of influence, but soon it became a permanent boundary line between the North and South.

연합국의 지도자: 처칠, 루스벨트, 스탈린, 1945년
Winston Churchill, Franklin Roosevelt and Joseph
Stalin, 1945

승전을 축하하는 퍼레이드, 모스크바, 1945년
Russian Army parade in Moscow, 1945

인천에 상륙한 미군을 만나는 소련군, 인천, 1945년
US and Soviet troops meet at Incheon when the
US troops landed on, September 1945

소련군, 1945년 Russian Army, 1945

3. 극동사령부 Far East Command

1945년 8월 15일 미국 국민을 대신하여 일본의 항복문서에 서명하고, 무조건 항복한 일본을 군정 통치하는 책임과 권한을 부여받은 맥아더 장군은, 점령군 사령관으로서 초토화되어 버린 패전국 일본의 전후 복구를 위하여 효율적인 점령 통치를 수행하려 노력하였다.

전쟁을 승리로 종결한 미국은 전쟁을 일으키고 진주만을 기습했던 야비한 일본이지만 보복과 응징을 하기보다는, 총력전으로 탈진해 버려 자립 능력이 없어 보이는 그들의 경제자립을 돕는 것이 궁극적으로 전후 미국이 떠안을 경제적 부담을 최소한으로 줄이는 첩경이라는 것을 잘 알고 있었기 때문이었다.

맥아더 장군은 동경에 극동군사령부를 창설하고 점령군 사령관 겸 극동 지역 미군 총사령관으로 취임하였다. 하와이와 필리핀에 주둔한 해군 전력과 일본에 상륙한 미 육군의 4개 사단 전력으로, 맥아더는 일본의 무장 해제와 더불어 소련을 견제함으로써 극동아시아와 태평양의 공산화를 저지해야 할 임무를 부여받았다.

Upon the surrender of the empire of Japan, on August 15, 1945, General MacArthur was assigned as the Supreme Commander of the Far East Command whose headquarters were located in downtown Tokyo. General MacArthur attempted to rebuild Japan, a nation that was totally destroyed at the end of the Second World War. This reconstruction was intended to resurrect the Japanese infrastructure without overburdening the United States economy.

The policy of the United States was to facilitate the rehabilitation of a destroyed Japan rather than punish the vanquished for such an infamous surprise attack on Pearl Harbor.

Under General MacArthur's command was the 8th Army, which consisted of four infantry divisions who performed occupation duty in Japan. The US Navy and Air Forces of the Pacific Command in Hawaii also supported him. He believed that he could govern occupied Japan, and deter any challenge of expansion by communist forces in East Asia.

일본의 항복을 접수하는 맥아더 장군, 미주리함, 1945년
General MacArthur on USS Missouri, 1945

침몰하는 애리조나 전함, 하와이, 1941년
USS Arizona, Hawaii 1941

38도선을 기준으로 한반도를 분할한
딘 러스크
Dean Rusk who devided the 38th
Parallel

평화를 되찾은 하와이의 미군 병사들, 1945년
Honolulu, Hawaii, 1945

중앙청에서 거행된 조선총독부 항복 조인식, 서울, 1945년 8월
Japanese surrender, Seoul, August 1945

미 육군 원수 맥아더 장군
General of the Army MacArthur

미 전함 미주리함상에서 거행된 일본의 항복 조인식, 1945년 일본은 조건 없이 항복하였다.
Japan signed for surrender on the US battleship USS Missouri, 1945

4. 미국 점령군 United States Occupation Forces

일본에 최후 일격을 가할 목적으로 일본을 향하던 상륙 결전 부대 미 24군단의 선봉 사단인 7사단과 24군단장 하지 중장 일행은 태평양 바다 위에서 목적지를 인천으로 바꾸라는 명령을 받았다.

전사로서 싸우는 임무 대신 행정 관리로서 임무를 변경 받은 것이다. 수많은 전투를 치르며 태평양을 건너온 야전지휘관 하지 중장은, 일본의 일부였던 조선 반도의 점령군 사령관으로서 한반도 내의 일본 관동군을 무장 해제하고 소련군을 견제하는 중요한 그러나 전투가 아닌 행정 임무를 수행하였는데, 그는 뜻밖의 행정관 임무 수행을 위한 준비가 되어 있지 못하였다. 인천에 상륙한 아널드 소장의 미 7사단은 곧바로 서울로 입성하여 조선총독부를 접수하였고, 40사단과 6사단도 한반도로 이동하여 철수할 때까지 미 군정 치하의 치안 유지 임무를 수행하였다. 그러나 전후 미군 감축 계획이 시행되자 미 40사단은 1946년 초 곧 철수하였고, 1948년 말 철수할 때까지 미 7사단이 서울, 경기, 강원, 충청 지방을, 미 6사단이 경상도와 전라도 지역 치안을 담당하게 되었다. 한반도는 서서히 지표면 밑에서부터 해방된 조국에서 무엇인가 역할을 해 보려는 지식인들의 충정 어린 정열과 욕심으로 뜨겁게 가열되고 있었다. 그러나 모든 요직과 권력을 휘두르던 일본인들이 썰물처럼 빠져나가고 점령군도 조만간 철수할 예정인 이 땅은, 마치 주인 없는 신천지에서 한탕을 잡아 보려는 잡배들이 혼란스럽게 설치는 무법 지대이기도 하였다.

At the end of World War II, the United Stares Army's 24th Corps initially had the mission of administering the final knockout blow to the Japanese, with the planned invasion of their mainland. Following the unexpectedly rapid Japanese surrender, their plans were changed and they received orders to land with the 7th Infantry Division serving as the main attack unit at Korea's Port of Incheon. The 24th Corps' mission was changed from that of warriors to administrators. LTG Hodge, Commanding General of the 24th Corps, was an outstanding warrior, leading a division ready to fight against the Japanese Imperial Army, but they were ill trained to take on the unexpected role of military administration on the Korean peninsula. MG Arnold, Commanding General of the 7th Infantry Division, landed his Division at Incheon, and rapidly took over "Chosun Chongdokbu" the Japanese government facilities in Seoul. The United States Army's 40th and the 6th Infantry Divisions came to Korea and established themselves as institutions of the military government in the southern part of the peninsula. In early 1946, the 40th Infantry Division was withdrawn. Soon, the 7th and 6th Infantry Divisions followed in late 1948. The newly elected democratic government in South Korea asked the United States to allow the 24th Corps to remain stationed in Korea. However, due to the US Army's plan for reduction in force following World War II, this powerful deterrent was withdrawn. At the same time, the Korean peninsula was simmering with a patriotic passion, as the desire of radical Korean nationalists, intellectuals, and common Koreans expressed on intent to immediately establish an independent nation of Korea. The Korean peninsula was rapidly falling into political chaos as people began organizing hundreds of different political parties. Democracy was a new and untried concept in Korea. It seemed difficult to allow the people to control their own destiny. With the Japanese political official already faded into memory, and the US military forces soon scheduled to depart, it appeared as if there would be no clear leader on the unstable Korean peninsula.

인천에 상륙한 미 7사단 선발 부대가 중앙청으로 행군하고 있다. 1945. 9. 8
Elements of the US 7th Infantry Division march to the Capital from Seoul railway station, 8 September 1945

행진하는 미 7사단 군악대 뒤로 남대문이 보인다.
Seoul Station is shown behind marching band of the US 7th ID.

한국에 상륙한
미 7사단
US 7th Infantry
Division

서울로 진주한 미군을 환영하는 서울시민들, 1945년 9월   Welcome US Army in Seoul, September 1945

5. 이승만 Dr. Rhee Seung-man

제일 먼저 이승만이 대 정치가답게 군정장관 하지 장군의 영접과 국민들의 희망에 찬 환영 속에 미국에서 서울로 돌아왔다. 만주와 일본에 흩어져 있던 독립투사들과 민족주의자들이 앞 다투어 귀국하였고, 이들도 신생 조국의 창설에 참여하려는 열망에 불타고 있었다.

미 군정 당국은 조선 정부의 대표임을 주장하는 다양한 목소리들이 난립하는 것보다 미국식 민주주의를 잘 이해하는 지도자가 신생 한국을 이끌어야 한다고 생각했으나, 조선 반도의 정치적 파벌과 정쟁의 강도는 생각보다 훨씬 심각하였다. 초기에는 이 조건에 가장 부합하는 인물이 이승만이었다. 먼저 주도권을 장악하고 좌익 계열과 공산주의자들을 포함한 다양한 파벌들이 권력을 잡아 보려고 치열하게 난립하는 정세를 잘 이해하고 있던 노련한 정치가 이승만은 군정 통치의 조속한 종식과 한국인에 의한 정부 수립을 요구하였고, 군정장관 하지 장군은 곧 이승만의 강직한 정치관 때문에 양보할 수 없는 심각한 이견이 생겨 자주 대립하게 되었다. 이승만은 하지 장군에게 끊임없이 요구하고, 자신의 의도대로 되지 않으면 워싱턴을 향하여 목소리를 높였다.

이승만은 하루빨리 조선인에 의한 정부를 수립하고 군대를 양성하여 북한의 공산 정권을 한반도에서 몰아내고 통일정부를 수립하고자 염원하였다. 남한의 단독정부 수립이 불가능하다고 말하는 하지 장군을 무시하고, 이승만은 워싱턴을 방문하여 미국이 남한 단독정부 수립을 지지한다는 정치적 승리를 얻어내기도 하였다.

In 1945, Dr. Rhee Seung-man, one of the most famous politician and a warrior fighting for Korean independence, came from the United States and was welcomed by LTG Hodge, the military administrator of South Korea, and by the people of South Korea. Soon others followed from Japan and Manchuria. These warriors for Korean independence were eager to join in the work of establishing a new independent nation of Korea. LTG Hodge, the military administrator in South Korea, believed that a Korean leader who understood American democracy should be the leader of Korea, and he recognized that the most likely man would initially be Dr. Rhee.

But the political situation in South Korea was much more complicated than he expected. Many politicians from extreme leftists to conservatives, including restricted nationalists organized hundreds of deferent political parties, where they struggled against one another. The communist party and extreme leftists were the most violent group. They strove to disrupt the military administration by LTG Hodge. Once Dr. Rhee successfully established the Republic of Korea in the South, he became president. Soon he spoke-up with what he wanted as a restricted nationalist, and he began to struggle against LTG Hodge's military leadership.

Dr. Rhee was an extreme anti-communist, and his most fervent desire was to crush the North Korean illegal government and unify the Korean peninsula as one free democratic nation. He concluded that Kim Il-sung and his government were illegal, and the communist party should not be allowed to exist on the Korean peninsula.

한국에 돌아온 이승만 박사, 1945. 10. 16
Rhee had arrived back in Korea, 16 October 1945

덕수궁에서 개최된 미군과 소련군에 의한 신탁통치 반대 집회, 1947. 6. 23
Demonstration against the UN trusteeship by US Army and Russia Army, Deoksugung(Palace), Seoul, 23 June 1947

이승만 박사, 후일 남한의 초대 대통령에
선출된다.
Dr. Rhee Seung-man, become the
president of South Korea

군정장관 하지 중장과 나란히 선 남한의 지도자
이승만(좌)과 김구(중앙), 1945. 11. 28
South Korea leader Dr. Rhee and Mr. Kim
Gu with LTG Hodge, 28 November 1945

남한 단독 정부 수립, 광화문 대로, 1948. 8. 15
Established South Korea, 15 August 1948

남한 단독 정부 수립 축하 행사, 중앙청, 1948. 8. 15
Establishing ceremony at Jungangcheong, 15 August 1948

환영 행사장에서 연설하는 이승만 박사, 1945. 10. 20, 서울 중앙청
Dr. Rhee Seung-man at the welcoming ceremony for allied Forces held in Seoul, 20 October 1945

이승만과 맥아더는 서로 통하는 반공주의자였다.
General MacArthur and President Rhee, Korea

정부 수립 행사장, 하지 중장, 맥아더 장군, 이승만
LTG Hodge, General MacArthur and President Rhee, Korea

6. 조선의용군 Chosun volunteers Army

남한으로 향하는 많은 독립투사와 임시정부 요인, 그리고 자의 반 타의 반으로 조국을 등진 이들이 남보다 먼저 기득권을 얻으려는 조급함으로 귀국을 서두르고 있을 무렵, 북한으로 귀국해야 할 많은 이들은 또 다른 이유로 귀국을 미루고 만주에서 총을 들고 전투를 치르고 있었다.

일본의 관동군이 항복한 중국 대륙에서는 바야흐로 장개석 국민당 군대와 농민의 대변자로 불리는 모택동 공산당 군대 간의 국공내전이 재개되고 있었기 때문이었다. 장개석 국민당의 편에 서서 싸우던 많은 조선인들이 귀국을 서두른 반면, 조선의용군의 이름으로 모택동의 중국공산당 편에 서서 싸우던 이들은 귀국하지 않고 자신들의 이념에 따라 공산당이 승리할 때까지 총을 놓지 않았다. 대표적인 조선의용군으로는 동북 방면군으로도 불리는 공산당 조선의용군 164사단과 166사단이 있었다. 이들은 모택동의 공산군이 장개석의 국민군을 대만으로 몰아내고 중공을 통일할 때까지 의리를 지켜 함께 싸웠다.

중국이 통일되자 모택동은 조선의용군에 대한 감사의 표시로 164, 166사단을 사단 편제와 무기를 그대로 유지한 채, 1949년 7월에 북한의 청진과 신의주로 귀국시켜 북한군 창설을 도와주었다.

중국과 북한의 혈맹의 의리는 후일 북한이 미군에 의해 파멸 직전에 놓였을 때도 북한을 외면하지 않고 군대를 동원하여 지원하게 되는 동기가 되었다.

Many young Korean men were still involved in China, battling in Manchuria, or they remained abroad for other reasons, while other young Korean men, nationalists, and warriors for Korean independence, along with members of Shanghai provisional government, quickly retuned home with the intent of establishing Korea as a new independent nation. The Chinese Civil War had just begun as a war between Chiang kai-shek's "Nationalist" Army that was supported by the United States and Mao tse-tung's communist Army that was supported by the majority of the Chinese people in Mainland China, the site where the imperial Japanese Army was defeated and surrendered.

Many Koreans who shared a communist ideology with Mao tse-tung remained in Mainland China until Mao's victory, while the other Koreans who served with Chiang kai-shek were more likely to quit the fight and return home.

The major Korean volunteer troop was called the Chosun (Korean) volunteers Army, and the 164th and 166th Chosun volunteer divisions established good reputations. They fought together with the Chinese People's Army under Mao's leadership until Chiang kai-shek's Army was pushed onto the island of Taipei and Mao unified all of Mainland China.

Once the Chinese mainland was unified, Mao expressed appreciation to North Korea and Kim Il-sung. In 1947, Mao permitted the 164th and 166th Chosun volunteers divisions to return to North Korea, along with an organizational armament in support of this well trained and experienced force. This bloody coalition established a brotherhood between Communist China and North Korea, which would continue during the Korean War and for generations afterwards.

장개석의 국민당 군과 대항하여 싸우던 중국공산군을 지원한 조선의용군, 1946년 이들은 조국이 해방되었어도 귀국을 미루고 모택동을 도왔다.
Chosun volunteers Army in China against the Chiang's Army, 1946

스탈린 Stalin, 1945   조선의용군 Chosun volunteers Army

7. 군정 통치 Military Administrations

처음에는 하지 장군도 공산 좌익 세력의 무자비함에 대한 위험보다 자유 민주주의를 신봉하는 미국에 의하여 해방된 한반도에, 이승만처럼 타협을 모르는 독재정치가가 국가를 세운다는 사실에 더 분개하였다. 하지 장군의 초기 군정 정책은 좌익과 공산주의자, 민족주의자, 시정잡배와 권력을 지향하는 기회주의자, 심지어 과거의 친일 반역자들까지 정치판에 뛰어들어 악다구니를 쓰도록 허용함으로써, 무엇이 진실인지 누가 민족을 위하는 애국자인지 누가 반역자인지 알 수 없는 혼돈 속에 빠져들게 했다. 게다가 미국 유학파와 영어를 구사하는 사람들이 미 군정 정책에 끼어들어 새로운 영향 세력으로 등장하였다. 혼돈 속에서도 1948년 남한의 국회가 개원되자, 미국식 민주주의를 가장 잘 이해하는 이승만이 재빠르게 국회를 장악했다.

국회의장이 된 이승만은 1948년 7월 1일 국호를 대한민국이라 정하고 남한 단독 정부를 출범시킴과 동시에, 의회선거를 통하여 그 해 7월 20일 초대 대통령으로 당선되면서 귀국 3년 만에 정치적 승리를 거두었다. 1948년 8월 15일, 드디어 열망하던 신생 대한민국 정부의 탄생을 축하하는 광복절 기념행사가 중앙청에서 성대히 열렸다.

초기에 이승만은 친일파를 색출하여 처단함으로써 국가의 정통성과 단결을 이루려고 시도하였으나, 35년간의 일본 제국 통치 아래서 일제화된 지식인과 인재들을 완전히 배제하고 국가를 새롭게 재건한다는 것이 어려운 과제라며 강력한 실천을 미루었고, 또 자주국방을 위한 군대를 가져야 불순 공산 세력을 몰아내고 남북통일을 실현할 수 있다는 열망 때문에 친일 청산의 기회를 놓치고 말았다.

When LTG Hodge was assigned as the military administrator in South Korea, he was angered by Dr. Rhee's dictatorship without a democratic negotiation attitude with other political parties than the danger of communist action in Korea. LTG Hodge likely believed that in a truly democratic society, anyone should be allowed to voice their ideas, and that all points of view should be respected. Hundreds of different political parties, including nationalist, leftist or rightist, communists even pro-Japanese, and ugly opportunists, loudly expressed their views. Each group shared in the benefits of freedom in this chaotic environment. It was difficult to recognize who was working for the good of the country, and who was working for their own personal benefit. During this period, a few English-speaking Koreans and translators exerted tremendous influence on the military administrations. The Korean National Assembly was opened in 1948, and Dr. Rhee became the chairman. As chairman of the new National Assembly, Dr. Rhee understood what American democracy was. Through elections within the National Assembly, Dr. Rhee was elected as the first president of the Republic of Korea on July 20, 1948. On August 15, 1948, there was a big national celebration, which was held in commemoration of the third anniversary of Korean Liberation Day, and also was intended to celebrate the establishment of a new independent Korean nation. Dr. Rhee, the first president of the Republic of Korea, tried to remove any pro-Japanese people remaining in power. He began to emplace systems for cleansing Korea of the dogma and direction resulting from the 35 years' of Japanese colonial rule. He wanted to make sure that true Koreans administered his new nation, and he wanted to insure that Korea would be kept pure, and focused on national solidarity. However, Dr. Rhee gave up the initial desire because it was too hard to rebuild a demolished country without the assistance of the thousands of educated people like technicians, mechanics, police officers and teachers, who were trained and experienced under Japanese rule. He recognized that in order to work together, and take advantage of this valuable manpower he might have to embrace recently pro-Japanese workers, as long as they were willing to join his team and place the interests of Korea first. Dr. Rhee was very eager to unify the Korean peninsula as quickly as possible, after first smashing the communists in the North.

중앙청에서 개최한 미소 합동회의, 서울, 1946년

미군과 소련 주둔군은 상호 불필요한 충돌을 예방하기 위하여 1946년 3월 30일에 서울에서 합동위원회 회의를 개최하였다.
회의 직후 하지 중장(미군 측 대표)과 슈티코프 중장이 함께 포즈를 취하고 있다.
US and Soviet delegates at the first session of the Joint Commission, Seoul, 30 March 1946. LTG Hodge and Colonel-General Terentyi Shtykov. First Formal Meeting of the US-USSR Commission in Seoul

미소 공동회의에서 하지 중장이 발언하고 있다. 서울, 1946년
좌측에 소련 대표 슈티코프 중장이 앉아 있다.
First a joint American-Soviet commission conference in 1946
between LTG Hodge And Col General Terenty F. Shtykov, Seoul, 1946

형식적으로 표시한 38도선 경계, 그러나 곧 이 선은 넘을 수 없는 선이 되었다.
The 38th parallel on the path

미 24군단 부대 표지
The US 24th Corps

미 군정장관 딘 소장, 1948년 3월
성공적인 추수 작업 공로를 치하하는 행사장에서
MG William F. Dean, US Military Governor, thanks a provincial police
chief for a successful rice collection, March 1948.

하지 중장, 미 24전투군단장이 주한미군 초대 사령관에
임명되었다. 1945년 8월
LTG. JOHN R. HODGE, CG of the 24th US
Corps. He also became Cdr of the US Army
Forces in Korea (USAFIK) in August 1945.

체포되어 재판장으로 끌려가는 친일분자, 1948년
이승만은 반공과 통일에 대한 의지가 강한 나머지 친일 청산에
적극적이지 못하여 실패하고 말았다.
Pro-Japanese Koreans under trial, 1948

8. 조선인민군 North Korean People's Army (NKPA)

소련은 북한 땅에 친 소련 정권의 출현을 주도면밀하게 지원하였고, 드디어 1948년 2월 8일 평양역 앞에서 2만 5천 명의 잘 무장된 조선인민군을 과시하는 창군 행사장에서 젊은 친소주의자 김일성을 공식적으로 등장시켰다. 조직적으로 준비된 초기 조선인민군의 창건은 강인하고 공격 지향적이었다. 북한군의 군 간부들은 소련과 중국에서 항일 빨치산 경력을 가졌거나 과거 중국에서 군사 훈련과 전투 경험을 가진 자들 중에서 공산주의 사상으로 무장된 자들을 엄선하였다. 물론 일본군 경력자들은 배제되었다. 북한의 군대는 공산주의 사상으로 무장된 단일 이념의 공산군대로 조직하여 남한의 군대보다 정예화할 수 있었다.

북한에 주둔한 소련 25군 군정장관 슈티코프 상장은 남한의 하지 중장처럼 다양한 파벌의 민족주의자 그리고 민족을 위한다는 가면을 쓴 시정잡배와 권력을 지향하는 기회주의자, 심지어 과거의 친일 반역자들까지 정치판에 뛰어들어 악다구니를 쓰도록 허용하지 않았다. 전제 국가의 특징이자 장점은 일단 정책이 결정되면 일사불란하게 추진하여 실천하고 성사시킬 수 있다는 것이다.

오직 소비에트식 공산주의만을 허용하였고, 민족주의자들을 숙청하고 향토색이 강한 지도자들을 억누르며, 친소파인 김일성을 내세워 북한 내 강력한 단일 정권을 수립하는 데 성공하였다. 소련은 점령군이 철수한 후 북한의 자력으로 공산주의를 수호하고 보위할 수 있는 강력한 군대를 양성하는 데 총력을 기울였다.

공산주의의 권력은 그들의 말대로 총구에서 나오기 때문이었다.

The Soviet Union supported a political regime that was led by Kim Il-sung. Kim prominently was featured on February 8, 1948, at an official ceremony establishing the North Korean People's Army, with a well-trained and equipped force of 25,000 troops parading in front of the Pyeongyang railroad station. From the beginning, the North Korean People's Army was organized as an offensive, operation oriented and powerful force. Many leaders and commanders in the North Korean People's Army not only had combat experience, and were trained in China or the Soviet Union, but also were armed with strong ideological communist beliefs. There were no pro-Japanese in the North Korean People's Army. They could maintain a stronger Army in the North than in the South because the North organized their Army under the communist belief that it is only important to sustain, contribute and sacrifice for their country. Colonel General Shtykov, Commanding General of the 25th Soviet Red Army and military administrator in North Korea, did not allow any political struggles among a variety of political parties; he only allowed the establishment of a single communist party. It is easy to accomplish anything once a decision has been made. It is also simple to make a decision as a lone authoritarian figure leading in a totalitarian dictatorship. This was a peculiar benefit of the type of communist government. Soviets only allowed the government of soviet communist in North Korea governed by Kim Il-sung, so a soviet oriented leader was artificially created. The Soviet Union actively supported Kim Il-sung's government, and provided for the armament of the North Korean People's Army in order to protect the communist North Korea without requiring direct support and protection by Soviet forces following their eminent withdrawal.

It is said, "Communist power is created from the muzzle."

훈련에 몰두하는 북한 인민군, 1948년
The North Korean People's Army, 1948

북한 인민군 기관총 훈련, 1948년
Training for machinegun fire, NKPA, 1948

9. 치안경비대 South Korean Constabulary Army

이승만은 남한만의 불완전한 정부를 출범시켰기 때문에 통일을 위한 자주 국방의 군대를 만들려고 노심초사하였다. 과거의 전력을 탓하지 않고 앞으로 신생 조국의 태동을 위해 헌신할 인재라면 가리지 않고 불러 모았다. 일본 군대에 몸담고 있던 상당수 조선 청년들도 건국 군대의 기간요원으로 군에 발을 들여놓았다.

친일했던 전력도 문제 삼지 않았다. 미 군정 당국은 예정된 주둔 군대의 철수에 대비하여 조선경비대 창설 계획(Bamboo Plan)을 실천에 옮겼다. 조만간 철군해야 할 미군의 빈 공간을 메워 줄 남한의 자주 치안력을 키워야 할 필요성 때문에 최소한의 경비 전력으로 전국 8개 도에 각각 1개 연대씩, 8개 경비연대를 창설하였고, 많은 젊은이들이 이를 자주 국방을 위한 군대의 창설로 이해하고 동참하였다. 35년간 빼앗겼던 나라에 국방을 담당할 자주 군대의 창설은 많은 젊은이들의 피를 끓게 하였다. 미 군정 당국은 먼저 조선경비대를 이끌어갈 간부들을 선발하였는데 백선엽, 정일권 등 후일 조국을 위해 이름을 빛낸 젊은이들이 이즈음 속속 국가의 부름에 응하여 참여하였다. 그러나 이들은 먼저 미국식 훈련 환경에 적응해야만 하였다.

과거 일본군과 중국군에서 군 지휘의 경험이 있는 젊은 장교들을 서대문의 군사영어학교에 입교시켜, 장차 한국군의 창설을 도울 군사 고문관들과의 의사소통 능력을 확인하고, 그들의 능력을 검증한 후 조선경비대 간부들로 임명하였다.

Dr. Rhee, President of the Republic of Korea, which in fact was only a half Korea, was eager to develop an Army to protect the young nation. Initially, Dr. Rhee wanted an army free from the influence of pro-Japanese veterans and even free from reliance on friendly foreign nations as well. Realizing his desperate need for experience, Dr. Rhee called on all Koreans who were capable and willing to sacrifice for their country, even those who had served in the Japanese army. Many young Korean men who had experience in the Japanese army were encouraged to join the newly established South Korean Army.

The United States military administration implemented the Bamboo Plan. This plan established the South Korea Constabulary Army in order to replace the US Army, which was still stationed in South Korea. With the eminent departure of American forces, the United States military administration established eight light regiments operationally oriented for defense, and stationed one regiment per province throughout South Korea. Many Korean young men who had suffered the loss of their country for the last 35 years understood this was just the beginning. They joined with a patriotic passion. The recruiting began to create an Army that would be used to protect their newly re-born country. Many capable young men joined the Army of the Republic of Korea, including Paik Sun-yup and Jeong Il-kwon, who would become famous four-star generals in the ROK Army. These young men, who had experience in the Chinese Army or even the Japanese Imperial Army, had to respond to challenges presented in different military styles reflected in the new Korean Army. The ROK Army followed the American model, as it was planned, organized and sponsored by the United States. They joined the military, attended English school, and had to learn the ways of

American thinking, communicating, and operating in a new military system that was drawn from the United States Army.

초기 조선경비대 요원, 대구, 1949년
일본도 착용, 일본 군복, 미군복이 혼용되었다.
Members of the Korean Constabulary at Daegu in 1949

서울 서대문에 위치한 군사영어학교
이곳에서 남한군 상층부 서열이 결정되었다.
Army English School in Seodaemoon, Seoul

1946년 태동한 조선경비연대의 지휘관은 다음과 같다.
1 경비연대(태능) 연대장 대위 채병덕 1946. 1. 15   2 경비연대(대전) 연대장 대위 이형근 1946. 2. 28
3 경비연대(이리) 연대장 중위 김백일 1946. 2. 15   4 경비연대(광주) 연대장 중위 김홍준 1946. 2. 15
5 경비연대(부산) 연대장 중위 박병권 1946. 1. 29   6 경비연대(대구) 연대장 중위 김영환 1946. 2. 18
7 경비연대(청주) 연대장 중위 민기식 1946. 2. 7   8 경비연대(춘천) 연대장 중위 김종갑 1946. 4. 1
9 경비연대(제주) 연대장 중위 장창국 1946. 11. 16 (1946년 말 도로 승격된 제주도에 9연대가 창설)
20대 후반과 30대 초반의 대부대 지휘의 경험이 없는 젊은 연대장들은 불과 1~2년 사이에 대령의 계급장을 달고 사단을 지휘하는 중책을 감당하였다.

In 1946, nine regimental commanders were selected as listed below and the regiments were established under the United States Advisory Group support:

1st Regiment (Taeneung, Seoul) Cdr, Captain Chae Byung-duk on 15 Jan. 1946

2nd Regiment (Daejeon) Cdr, Captain Lee Hyung-gun on 28 Feb. 1946

3rd Regiment (Iri) Cdr, 1LT Kim Baek-il on 15 Feb. 1946

4th Regiment (Gwangju) Cdr, 1LT Kim Hong-joon on 15 Feb. 1946

5th Regiment (Pusan) Cdr, 1LT Pak Byung-kwon on 29 Jan. 1946

6th Regiment (Daegu) Cdr, 1LT Kim Young-hwan on 18 Feb. 1946

7th Regiment (Cheongju) Cdr, 1LT Min Ki-sik on 7 Feb. 1946

8th Regiment (Chuncheon) Cdr, 1LT Kim Jong-kap on 1 April. 1946

9th Regiment (Jeju) Cdr, 1LT Jang Chang-kuk on 16 Nov. 1946

Those young commanders who were lacking the proper experiences and training, and who were only in their late 20s or early 30s quickly became Colonels, and by the time War broke out in 1950, many were struggling with the burden of commanding Divisions.

초기 조선경비대 1연대, 태능, 1946년
The ROK 1st Regiment, Taeneung, 1946

조선경비대원 훈련, 서울
South Korean Constabulary Army

미군 훈련 하사관의 지도에 따라 기관총 조작 훈련 중인 남조선경비대원, 1948년
미군은 이들에게 폭동 진압용 경화기만 허용하였다.
Machinegun training under US drill sergeant South Korean
Constabulary Army, 1948

박격포 사격 훈련, 조선경비대, 1948년
Mortar training, ROK, 1948

남조선경비대 제식훈련, 1948년
South Korean Constabulary Army, 1948

10. 한국군 창설기 Republic of Korea Army

초기 미 군정 당국의 최대 실수는 공산주의의 실체와 동양인들의 질서 유지의 근간이 무엇인지 몰랐다는 것이다. 이 때문에 공산주의자들을 포함하여 모든 배타적인 이념 파벌들이 선별 작업 없이 군에 합류하여 군 조직의 단결을 저해하였고, 나이와 경륜을 무시당한 채 혐오하던 일본군 경력자가 우대받는가 하면, 영어 실력과 입대 순서로 계급과 서열이 정해지는 미국의 군 조직 방식으로 군을 창설하였다. 위아래가 분명한 한국인의 질서의식과 상하 관계가 엄정해야 할 군의 조직이 사상과 이념이 다르다는 이유로 상관을 멸시하는 풍조 또한 만연하여, 군이 계급 조직에 의하여 통솔되지 않고 어이없게 사상과 이념이 같은 사조직 집단에 의하여 움직여지는 위험스러운 파벌과 분열 현상을 겪게 되었다. 특히 극렬 공산주의 세력들의 폭력성 때문에 이들의 정치 활동이 불법으로 규정되어 활동이 금지된 이후, 비교적 신변의 안전이 보장되는 군 조직 속으로 좌익 공산주의자들이 스며든 것을 막지 못한 것도 큰 문제였다.

이러한 남한 군대 내의 잠재된 문제는 크고 작은 군내 항명과 반란 사건으로 얼룩졌으나, 그나마 다행인 것은 한국전쟁 이전에 치명적인 환부가 드러나 수술을 할 수 있었다는 것이다. 이처럼 군 정화 작업에도 불구하고 한국전쟁이 발생하던 직전까지 크고 작은 부대 단위 월북 사고가 끊이지 않았다. 개전 초 가장 잘 싸웠던 춘천의 한국군 6사단조차도 1개 대대가 월북하는 충격에서 벗어나지 못한 시점에서 한국전쟁을 치를 정도였다. 이처럼 복잡한 배경을 가진 군대는 군에 대한 자부심을 상실하기 마련이고, 위에서부터 말단 병사들까지 죄책감 없이 미군이 제공한 물자와 심지어 무기까지 빼돌려 시장에 내다 파는 것이 굶주린 동포를 돕는 것이라는 해괴하고 부패한 생각이 전 군에 만연하여 군내에 절도, 군수 부정, 배임, 수뢰 사건이 끊이지 않았다.

결과적으로 초기 남한의 군대는 자유주의자, 민족주의자, 공산주의자에다 친일 사상에 젖은 사람들까지 마구 뒤섞여 단일 국가의 이념을 보위하는 강력한 군대로서 단합된 무장 세력으로 탄생하는 데 실패한 듯 보였다.

One of the biggest mistakes made by the US military administration in South Korea was mishandling the political situation in Korea. This was caused by a general ignorance of the traditional social custom and confusion with unique situations presented by the local communists. The communists could not work harmoniously with the other political groups. They were constantly causing trouble. They also were involved in helping to destroy the cohesion and discipline in the new South Korean Army. It was very confusing on the social ordering and disappointing in the fact that important considerations of social order such as age and social experiences in South Korea were ignored, but ranked by English capability, as a way of "first come, first serve" and even the pro-Japanese were respected in rank.

The army should have maintained the restricted discipline regarding rank and orders, but this was allowed to falter due to the difference in ideals and values between some soldiers and officers.

During this time, many communists infiltrated into the South Korean Army. When the South Korean government and US military administration declared the actions of the communist party were illegal, many communist military men were arrested.

During the years leading up to 1950, there were serious problems including disobedience, mutinies, logistic corruptions and revolts in the South Korean Army. Many officers and soldiers failed to display pride and patriotism for their country. This was instigated by the abundant communist propaganda. There were many accounts of theft at military logistic sites where caches of US provided supplies were stored. By way of justifying this theft, they rationalized that larceny from the US military supply and storage facilities was not wrong because it would help poor South Koreans who were their brothers and sisters. Some communist officers and commanders in the ROK Army not only spoiled the military discipline and patriotism of the common soldiers, but also intentionally weakened the ROK Army. When some ROK units, led by communist officers, crossed the border into North Korean territory, it appeared that the military organization was crumbling, and could lead to a failure to protect the South Korean government. Fortunately, the work for expelling communists and discontents from the ROK Army was successfully completed before June 1950.

남조선경비대, 1948년
South Korean
Constabulary Army,
1948

미군 장교가 무반동총에 대하여 설명하고 있다.
A US officer is explaining how to use a recoilless rifle

초기 육군사관학교
ROK Military Academy

남조선경비대 박격포 조포 훈련, 1948년
South Korean Constabulary Army, 1948

남조선경비대원 퍼레이드, 1948년
Constabulary Army parade, 1948

종로 2가 파고다공원과 낙원동 일대, 서울, 1948년
Pagoda Park in Jongno(Nakwondong), Seoul, 1948

돈암동: 서울 북동부에 위치, 1946년
Donamdong: A part of northeast of Seoul, 1946

충무로 입구, 서울, 1947년
Chungmuro, downtown Seoul, 1947

중앙청이 바라보이는 광화문 거리, 1948년
View of Sejongno street, downtown Seoul, 1948

명동의 겨울, 서울, 1948년
Myeongdong, downtown Seoul, 1948 winter

남대문시장, 서울, 1947년
Namdaemun Market, Seoul, 1947

1949년경 서울대학교가 위치했던 동숭동,
지금은 번화한 대학로가 위치하고 있다.
Area of Seoul national University, Dongsungdong, Seoul, 1949
Now the area is better known as 'Daehangno' a cultural street.

11. 김일성 Kim Il-sung

제2차 세계 대전의 승전국으로서 자부심에 가득 찬 공산주의 소련의 스탈린은, 세계 적화통일을 꿈꾸었고 극동 지역을 발판으로 한 태평양으로 진출 야욕도 있었으나, 제2차 세계 대전의 강력한 패자였던 미국에 정면 승부를 걸 배짱은 없어 보였다. 스탈린은 노골적인 극동 진출 정책을 택하는 대신 동유럽에서와 마찬가지로 강력한 공산주의 전위 국가를 내세워 세력을 확장하는 간접 정책을 선택하였다.

조만식 선생을 중심으로 한 북한의 민족주의자들과 중국에서 항일 투쟁을 하던 조선의 지도자들은 국민들의 힘과 의지로 국민이 원하는 정부를 수립하고자 노력하였으나, 조직적인 소련 군정 체제 하에서 국민의 목소리를 대변하지 못하고 억압당하여 급속히 힘을 잃었고, 소련 군정의 지원에 힘을 얻은 김일성이 1948년 9월 1일 북한 최고인민회의를 통해 수상으로 선출되면서 공산주의 단일 체제가 자리를 잡았다.

북한의 군대도 소련 군정 치하에서 조직적으로 무장되고 있었고, 장비와 무기들도 소련에서 지원받고 있었다. 1949년, 북한인민군은 남한과 다르게 신생 치안 조직의 수준을 훨씬 뛰어넘는 우수한 전투 능력을 가진 10개 보병사단, 1개 기갑여단, 2개 독립연대 그리고 5개의 후방 경비연대 전력을 유지하게 되었다. 이 중에는 중국에서 대일본 전투와 국공 내전의 전투경험으로 무장한 조선의용군 2개 사단이 인민군 5사단과 6사단으로 거듭 태어났고 1, 2, 7사단이 중공군에서 전투 경험을 가진 병력을 모체로 새로 창설되었다.

항일 빨치산 시절의 김일성과 대원들, 1937년
이들은 후일 북한 공산 정권의
핵심 지도자가 되었다.
Kim Il-sung with a group of anti-Japanese guerrillas in 1937.
The Communist guerrillas in China formed the core of the leadership in Northern Korea after 1945.

김일성 일가, 1948년
Kim Il-sung's family, 1948

Stalin, dictator of the Communist Soviet, was plotting to expand his base in Far East Asia toward the Pacific Ocean to unify the world in one communist regime.

But Stalin hesitated when faced directly against the United States, a former ally, who was the strongest nation immediately following World War II. Stalin established a communist government in North Korea, as a satellite country, with the intent of promoting Soviet interests. He had chosen an indirect strategy for reaching his goal in East Europe.

Mr. Cho Man-sik, one of the great leaders in North Korea, and his followers including some patriotic nationalists and anti-Japanese, who returned from China, tried to establish a new nation for the people and by the people in North Korea. However, due to the rapidly established communist government that was installed and supported by the Soviet Union, he was unable to accomplish this goal. One of the Korean communist leaders, Kim Il-sung, was favored and supported by the Soviet military administration in North Korea. On September 1st 1948, Kim, Il-sung was selected by the North Korean People's Committee as the prime minister of North Korea.

The North Korean People's Army was systematically and quickly armed and supported by the Soviet military administration. Great quantities of state of the art weapons, including T34 Tanks, were provided to equip the North Korean People's Army. North Korea had ten Infantry Divisions, an armored brigade, two separate regiments and five additional guard regiments in the rear. These troops included two excellent units, experienced in battles against the Japanese Imperial Army and Chiang's Army in China, the newly created 5th and 6th Divisions of the NKPA.

33세의 젊은 지도자 김일성과 소련군 사령관 치스차코프 대장, 평양, 1945. 10. 14
Kim Il-sung, 33years old, General Ivan Chistiakov Pyeongyang, 14 Oct. 1945

모스크바 사열대의 보로실로프 원수와 스탈린
Marshal Kliment Voroshilov shown on Moscow Reviewing stand with Stalin

북한군이 최초로 생산한 자동소총을 든 최용건, 김책과 포즈를 취한 김일성
Kim Il-sung passes out the first domestically produced machinegun to top commanders of the People's Army. Choi Yong-geon and Kim Chaek in his right.

1948년 9월 김일성이 수상으로 선출되었다.
Kim Il-sung was selected the top leader of North Korea in September 1948.

국공 내전에서 승리한 모택동은 1949년 10월 1일
천안문광장에서 공산 중국이 수립되었음을 선포하였다.
Mao declared to establish the Chinese Communist
People's country in China, 1 Oct. 1949.

김일성과 초기 북한 지도자들
Kim Il-sung with a group of North Korean leaders

12. 벼랑 끝에 선 한반도 Korean Peninsula, stand on the edge of cliff

이승만의 미국식 민주주의가 먼저 시험대에 올랐고, 조선공산당에 뿌리를 둔 좌익주의자와 민족주의자 그리고 이 모든 것들을 적절히 재배합한 수정주의자들까지 나서서, 자기들만이 조국의 미래를 책임질 수 있다고 목소리 높여 싸우게 되었다. 거의 매일 남산에서 군정을 성토하는 남조선노동당(남노당)의 대규모 공산당 군중 집회가 열렸고, 보수우익 단체도 맞대응하면서 도처에서 테러와 폭력이 빈발하였다.

드디어 미 군정은 남노당의 반사회적이고 폭력적인 행위를 불법으로 규정하고, 1947년 이들의 정치 조직 해체를 선언하자 남노당은 지하로 숨어들게 되었다. 남노당의 지도자 박헌영과 참모들 일부는 월북하였고 나머지는 지하로 숨어들었다. 남한에서도 1948년 8월 15일, 미 군정이 폐지되고 감격적인 대한민국 정부 수립이 선포되었다.

그러나 그 해 10월 20일, 순조롭게 진척되어 가는 듯하던 군의 창설에 찬물을 끼얹는 군 반란 사건이 전라남도에 주둔하던 한국군 14연대에서 발생하였다. 위험하기 짝이 없던 사건이었지만 다행히 진압되었고, 그 해 11월 관련자 89명을 사형시킴으로써 마무리되었다. 이를 계기로 군내에 사상 검증과 검거 선풍이 불게 되었다. 결과적으로는 곧 다가올 한국전쟁 이전에 군을 정화시킬 수 있는 하늘이 도운 기회가 되었다. 그러나 여수와 순천에서의 봉기가 무산되자 반란자들 중 일부 세력은 지리산으로 숨어들어 저항함으로써, 지리산은 이후 한국전쟁 기간을 포함한 오랜 기간 동안 이상향의 건설을 꿈꾸던 공산주의자들에게 마음의 고향이 되었다.

Every day violent demonstrations and massive meetings lead by communist party members occurred in Seoul. They blamed each other and struggled over political issues. Hundreds of different political parties including nationalists, leftists' or rightists' and opportunists cried out for their own personal benefit rather than to support their nation. Even Dr. Rhee's party, which was the most familiar with the American ideal of democracy, struggled to be heard.

The US military administration declared any violent action taken by 'Namnodang' (a communist party in South Korea) in an effort to upset the social stability as illegal, and so they prohibited the Namnodang's activities. The Namnodang could not participate publicly and were forced to leave in 1947.

Park Hun-young, leader of the South Korean communist party, and his staff, crossed the border into North Korea, and many remaining members went into hiding. Some of the members of the communist party joined the ROK Army in order to avoid being arrested by the ROK police.

In October 1948, the ROK 14th regiment in Jeonranamdo, a southern part of South Korea, rose in revolt and attacked local government offices and other ROK Army units in the cities of Yeosu and Suncheon. The rebel Army was suppressed after 89 insurgents were captured and executed. The rest of the rebel Army escaped to Chirisan (Mountain) and continued to resist local ROK police and Army units. Hereafter, Chirisan(Mt.) became the ideal home of Korean communist partisans who dreamed to establish a real communist state in South Korea.

Fortunately, this situation forced the ROK Army to conduct reviews of soldiers and officers, so as to remove those who had been affiliated with the communist movement before the imminent Korean War.

좌익 집단에 의한 공산주의 집회, 서울, 1947년
이런 집회는 이 시절 거의 매일 반복되었다.
Communist Mass in Seoul, 1947

유엔 총회의 주역들:
존 덜레스, 미국 측 유엔 대표 오스틴, 미 국무장관 딘 애치슨
Three Key players in the diplomatic drama:
John Foster Dulles, Chief US delegate Warren Austin, together with secretary of State Dean Acheson at a meeting of the UN General Assembly.

13. 주한미군 철수 Withdraw of United States Forces from Korea

미국은 제2차 세계 대전이 종식된 지 3년이 지나도록 동원된 젊은 미군들을 고향으로 돌려보내지 않고 전시 동원 체제를 유지하고 있음을 불평하는 미국 국민들의 요구에 따라, 동원령을 해제하고 젊은이들을 고향으로 돌려보내야만 하였다. 1948년 4월 미국은 전시 동원령 해제에 따른 군 감축을 수행하기 위하여 주한미군 3개 사단을 철수하도록 결정하였다.

소련 공산주의자들이 동유럽에서 보여 준 적화 팽창 야욕 때문에, 군부는 전투력을 계속 유지해야 한다고 건의하였고 의회에서는 공산주의의 팽창에 대한 경고의 목소리도 높았지만, 제2차 세계 대전이 끝난 뒤 오랜 시간이 지났기 때문에 미국 국민들은 평화와 휴식을 간절히 원하였다. 상원에서 매카시 의원이 주도한 공산주의의 내부 침투와 팽창에 대한 경고의 파장은 매우 높아, 공산주의자 검거 선풍이 미국 내에서도 거세게 일고 있었으나 군의 감축과 철군 결정을 뒤집을 수는 없었다.

1948년 9월 9일 조선민주주의인민공화국이 북한 땅에 탄생할 즈음, 남한에서는 불안하고 위험한 미군의 철수가 한창 진행되고 있었다. 대통령 이승만은 미군의 지속적인 주둔을 위해 모든 노력을 기울였으나 많은 국회의원들과 정당, 단체들이 진정한 자주 독립의 자존심을 명분으로 외국 군대의 철수를 주장하고 있었다. 북한에 공산주의 전위 국가를 견고히 세운 소련은 1948년 12월 미련 없이 북한 땅에서 소련군을 완전히 철수시켰고, 이듬해 미국도 남한에 1개 연대만을 남기고 대부분의 미군 전투 부대들을 철수시켰다.

The United States Army had to reduce the number of active divisions, and return their young men back to their homes, even though the situation was growing tenser in both Far East Asia and Europe. Americans were complaining that the US wartime mobilization system remained in effect, even though World War II had been over for more than three years.

The US Army ordered three US divisions in Korea to withdraw in April 1948. The top leaders of the US Army kept warning Washington of the Soviets' desire for communist expansion, and recommended keeping the troops in Far East Asia. However the voice of the American people, who wanted to return to peace life, was stronger than the warning.

When the Democratic People's North Korea was established on September 9, 1948, the dangerous withdrawal was conducted in South Korea. The President of the Republic of Korea, Dr. Rhee, tried his best to keep the Army located in Korea, while other voices including the opposition parties, communists, and indistinguishable residents, shouted to push the US Army out. The Soviet withdrew from North Korea

미군 철수 완료, 부산, 1949년
The last US troop, Busan, 1949

territory after they installed a satellite communist nation in December 1948, and the United States withdrew from South Korea the following year.

미군의 수뇌부, 펜타곤, 1949년 11월
좌로부터 해군참모총장 셔먼 제독, 합참의장 브래들리 대장,
공군참모총장 밴던버그 대장, 육군참모총장 콜린스 대장
JCS at Pentagon, November 1949
Admiral Forrest P. Sherman, General Omar N. Bradley,
General Hoyt S. Vandenberg and General Lawton J. Collins

14. 시작된 내전 Internal War has already begun

1949년 6월 29일 남한에서 미 제5연대가 마지막으로 철수를 완료하였다. 미군이 철수한 한국에는 이제 불완전한 한국군이 미 군사 고문단 500명의 지원 하에 국내 치안력 유지 수준의 경비대로 힘에 부치는 국토방위의 임무를 수행하고 있었다.

한국 해병대와 공군도 명목상의 부대이긴 하지만 창설되었다. 공산주의자들의 적극적인 무장 폭동과 테러 활동으로 지역에 따라 치안 부재 현상이 발생하였다.

전라남도에 주둔하고 있던 한국군 14연대의 반란과 제주폭동 과잉 진압의 후유증으로 민심은 국가와 이반되어, 서민들은 때때로 무장공비 집단보다 진압 경찰과 국군 부대에 더한 공포심과 증오심을 나타내곤 하여 치안 유지를 어렵게 만들었다. 점점 강대하고 호전적이 되어 가는 북한을 앞에 두고도 불안한 국내 치안 때문에 한국군은 8개 사단 중 4개 사단을 후방 치안에 집중 투입함으로써 북한과 대치한 전선은 더욱 불안해져 있었다.

1949년 10월 1일, 국민당군과 공산군 사이에서 내전의 소용돌이에 휘말려 있던 중국 내전이 공산당의 승리로 끝나고, 모택동은 천안문에 올라 득의양양하게 중국 공산주의인민공화국의 승리를 선포하였다.

부패하고 무능한 지도자들 때문에 패배한 장개석의 국민당 군대는 미국의 전폭적 지원에도 불구하고 대만으로 쫓겨 갔다. 극동아시아는 미국과 소련의 양자 대결 구도에서 중국을 포함한 다자간 힘의 균형을 유지해야 하는 복잡한 양상으로 바뀌고 있었다.

Finally, on June 29, 1949, the 5th regiment of the US Army was withdrawn from the Korean peninsula. The US Advisory Group, which was organized with only 500 personnel, remained in support of the ROK Army. The ROK Army, though ill prepared as defense for the South Korean territory, was all that stood against the powerful North Korean Army.

Dr. Rhee Seung-man created the ROK Marine Corps and ROK Air Forces at this time. The communist guerilla forces in South Korea conducted more and more violent and aggressive actions all over the South Korean peninsula. This often had the effect of neutralizing the ROK government's administration power. The 14th ROK Regiment, which had become a rebel Army, attacked the ROK government in Jeonranamdo province. This combined with another rebel uprising on Jejudo, led to a more powerful suppression by the ROK Army.

The ongoing suppression operations by ROK Army units harmed not only the communist guerillas, but also the local residents were seriously affected. This often made it extremely difficult to govern in that area. Local Korean residents showed greater fear and hatred of the ROK Army units and local police than of the communist guerillas. The ROK Army had to conduct the rear operation with four regular divisions, while only four divisions defended the front-line along the 38th parallel, which had developed into the national boundary. In Far East Asia, the civil war between the Communist and Chiang's Army in China was finished, won by Mao's Red Army. On October 1, 1949, Mao stood at Tiananmen Square and declared Communist China was born.

Chiang's Nationalist Army was evacuated to Taipei, even though they had almost unlimited support of the United States. This failure was caused by disunity among the many incompetent and spoiled leaders in Chiang's Army.

체포된 공산 폭도, 여수, 1949년
Captured communists in South Korea, 1949

여수, 순천에 주둔하던 한국군 14연대에서 반란이 발생하였다.
The 14th ROK Regiment become a rebel Army, Yeosu and Suncheon.

15. 동북아시아 Northeast Asia

1950년 1월 12일 미 국무장관 애치슨은 동북아시아에서 알류산 열도, 일본 오키나와, 필리핀을 잇는 선을 불퇴 방어선이라고 일컫는 애치슨라인을 선포하였다. 중국에서 밀려난 장개석과 대만 정부를 보호하고, 더 이상의 공산주의 팽창을 좌시하지 않을 것이나 충돌을 원치 않는다는 소극적인 이 정책은, 공산주의자들을 고무시키는 역효과를 낳고 말았다.

미 군부도 제2차 세계 대전 이래 평화를 구가하는 미 국민들의 강력한 요구로, 제2차 세계 대전 중 보유했던 최고 96개 사단의 육군 전투력을 평상시 규모로 줄이라는 압력에 직면하고 있었다. 이승만 대통령이 거국적으로 철군을 반대했고 한반도의 위기를 국제 사회에 경고하고 있었는데도, 미국민은 더 이상 극동아시아에 관심 갖기를 거부하였다.

위기는 미국민들이 걱정하며 지켜보던 유럽이 아닌 동북아시아의 조그마한 반도에서 시작되고 있었다. 국제 정치적 역학 구조는 결코 남한에 유리하지 않게 흘러가고 있었는데도, 정작 남한 내부에서는 심각한 위험을 느끼지 못하고 있었다. 국내 정치인들은 안타깝게도 국익에 우선한 자파의 이익을 위하여 정쟁과 트집을 일삼았고, 국회와 재계, 학계 도처에 좌익의 도발적인 기운이 넘쳐나고 있었다. 미 헌병 대령의 현지처로 허세를 떨치던 김수임도 공산주의자의 조종으로 활동한 간첩죄로 사형을 기다리고 있었다.

국내 정치의 불안은 곧 남노당 지하 조직에게 무장 봉기의 호기가 다가오고 있음을 믿게 만들었다.

Dean Achison, Secretary of State of the United States, declared the Achison line that was linked along the Aleutian Islands, Okinawa, and the Philippines as the defensive line between the United States and the communist Soviet expansion into Northeast Asia. This kind of passive policy for defense of the United States unintentionally encouraged the communist countries.

The President of the Republic of Korea, Dr. Rhee, warned against the dangerous expansion of communism in Northeast Asia. Dr. Rhee spoke out to the world and especially to the United States, but nobody including the Americans wanted to hear his warning. Everyone in the west wanted to return to peace and stability. The Crisis was approaching to the free world from a small peninsula in Northeast Asia, not from Europe where the American citizens were watching with worried looks.

Korean politicians jockeyed for personal position and left national problems to fester. As they blamed each other and outside forces, the international political situation was not heading in a positive direction for the people of South Korea. By early 1950, the tension and unrest caused by communists was overflowing all over South Korea.

Kim Soo-im, wife of a US Army Colonel, the 8th Army's Provost Marshal, was captured and sentenced to death for her actions as a communist spy. Many communists in the South as well as in North Korea believed that the best time to begin a revolution in South Korea was fast approaching

애치슨라인을 발표하는 애치슨 미 국무장관, 1950. 1.12
Secretary of State Achison, 1950. 1. 12

게릴라 소탕 작전 중인 지리산, 1948년
Guerrilla warfare at Chirisan area, 1948

체포된 여성 공산
게릴라, 1950년 3월
A 21years old
woman guerrilla
had been
captured with 37
partisans in
March 1950

동족 간에 학살을 서슴지 않았던 이념 전쟁
Ideological warfare in Korea, killing each others

16. 마지막 38선 The last 38th Parallel

전선의 곳곳에서도 크고 작은 군사적 충돌이 끊이지 않아 웬만한 전선의 총격전은 일상사로 여겨 서울시민들은 전쟁이 임박했다는 불안감을 느끼지 못하였다. 주로 남과 북의 군사력이 충돌하는 곳은 옹진반도였는데, 지도상 38도선을 경계로 하다 보니 옹진반도의 끝자락이 남한 땅으로 되어 있어 남한은 섬처럼 고립된 이 땅을 방어하기에 매우 불리하였으나 악착같이 주둔하였고, 북한으로서도 눈 밑의 가시 같은 지역이 되어 있었기 때문이다.

옹진반도에서 남한과 북한은 더 유리한 방어를 위하여 고지를 차지하려 하였고, 그러한 이유로 자주 고지 쟁탈전이 벌어졌다. 남한은 제17독립연대를 이곳에 배치하여 옹진반도 끝의 남한 영토를 지키며, 유사시 해군의 수송선으로 해로를 통하여 후퇴하는 계획을 마련해 두었으나, 이곳은 여전히 불안한 화약고 같은 곳이었다.

1950년 4월, 남한의 군 야전 지휘관들이 상식을 무시하고 대폭 교체되었다. 불행하게도 겨우 전쟁 발발 한 달을 앞둔 시점이었다.

육군참모총장(2대) 소장 채병덕

육본 참모부장 대령 김백일

보병학교장(시흥) 소장 김홍일

수도사단장 대령 이종찬-옹진반도 및 서울방위

1사단장 대령 백선엽-개성, 문산 방어

7사단장 준장 유재흥-의정부 북방 방어

6사단장 대령 김종오-춘천, 인제, 홍천 방어

8사단장 대령 이성가-동해안 방어, 태백산 공비 토벌

2사단장 준장 이형근-대전 주둔 지역 내 공비 토벌

3사단장 대령 유승열-대구 주둔 지역 내 공비 토벌

5사단장 준장 이응준-광주 주둔 지역 내 공비 토벌

충돌이 잦았던 옹진반도, 1950년
Out front line, Ongjin Bando, 1950

미군들에게 "뚱보 채" 불리던 남한 국군의 총참모장 채병덕 소장은 일본군 병기 장교(소령)였다.
모임에서 연설 중인 채 총장, 1949. 9. 26
MG Chae "known as Fat Chae", ROK Army CofS, a former ordnance officer in the Japan Army, addressing a meeting, 26 September 1949.

The citizens of South Korea did not feel a sense of impending conflict because so many military confrontations occurred on an almost daily basis along the front between North and South on the 38th Parallel. The most critical area for military conflict was at "Ongjin Bando", a small peninsula north of Seoul. The southern part of Ongjin Bando became South Korean territory by drawing the boundary between the South and North along the 38th parallel, so Ongjin Bando was a problem area for those in the North. On the other hand, it was a very important base of operations for South Korea, both, for defense and offense. The problem was that being the separate tip of a peninsula, there was no way in or out back except by sea. The 17th ROK Regiment, the defending unit in Ongjin Bando had an emergency evacuation plan, which necessitated removal of the regiment to the south by South Korean Naval vessels. Most of commanding officers of ROK divisions were reassigned and moved to new assignments on April 1950, and unfortunately, the Korean War was only a month away.

Major General Chae Byung-duck assigned as Chief of Staff of the ROK Army

Colonel Kim Paek-il as Deputy Chief of Staff of the ROK Army.

Major General Kim Hong-il as Commandant of the Infantry School of ROKA

Colonel Lee Jong-chan as Cdr, Capital Division for the defense Seoul and Ongjin Bando

Colonel Paik Sun-yup as Cdr, 1st Division for the defense Gaeseong and Munsan

BG Yoo Jae-heung as Cdr, 7th Division for the defense Uijeongbu and Pocheon

Colonel Kim Jong-oh as Cdr, 6th Division for the defense Chuncheon and Inje

Colonel Lee Sung-ga as Cdr, 8th Division for the defense Taebaek and East coast area

BG Lee Hyung-gun as Cdr, 2nd Division for suppressing guerrilla operations in Daejeon area

Colonel Yoo Seung-yop as Cdr, 3rd Division for suppressing guerrilla operations in Daegu area

BG Lee Ung-joon as Cdr, 5th Division for suppressing guerrilla operations in Gwangju area

17. 폭풍 전야 Storm Clouds

냉철하고도 객관적인 관찰력으로 동북아시아 정세를 이해하고 전선을 바라보면 분명히 위기가 감지되고 있었으나, 오랜 세계 대전 이후 평화를 갈구하는 대중은 또다시 다가오는 위기를 정면으로 바라보고 싶지 않았다. 동경의 맥아더 사령부도 북한의 이상 징후를 감지하고 있었으나 이 위험한 경고에 관심을 기울이는 사람은 많지 않았다. 정보 실무자나 전선의 한복판에 서 있던 많은 군인들이 이 엄청난 위기의 무게 때문에 힘겨워하였으나, 이것이 국가의 총체적인 위기임을 결정권자와 대중에게 이해시키기에는 역부족이었다.

위기의 순간은 주말이라는 특히 방심이 스며드는 위험한 시간이었다. 1950년 6월 24일 토요일. 이 날은 새로 준공한 미 군사고문단 장교 클럽의 개관을 축하하기 위해 한국군과 미군 고위급 지휘관, 참모들이 모두 서빙고로 초대되어 있었다. 정보 관계자들이 경고한 5월의 전선 위기가 예상 외로 탈 없이 지나가자 군 수뇌부와 전선 부대들도 긴장을 풀기 시작하였다. 오랜 비상대기로 지쳐 가던 군 장병들을 더 이상 부대에 묶어 둘 수 없었기에 공교롭게도 이날부터 밀려 있던 외출과 외박 계획이 시행되었다.

한국전쟁의 시작은 이렇게 준비되지 않은 남한에게 기습적으로 그리고 불행하게 시작되었다.

미국의 특사 덜레스 일행이 서부 전선 방문, 1950. 6. 17
국방장관 신성모, 채병덕 소장, 외무장관이 동행
U.S. special envoy John Foster Dulles at Western Corridor, 17 June 1950
With ROK MND, Shin Sung-mo, MG Chae, Army CofS and Foreign
Minister

If you understood the political situation in Northeast Asia, you could sense that a crisis was brewing on the Korean peninsula, but nobody wanted to see the raising tensions, they only wanted to have peace. The G-2 of the Far East Command under General MacArthur was aware of the problems. He had reported his fears but the senior decision makers did not fully recognize the seriousness of his warning. Both, Field officers who were stationed on the front lines and intelligence officers recognized the crisis, and they fully felt the weight of the crisis on their shoulders.

It was too late to make the citizens understand the crisis was already upon them.

The moment of crisis usually occurs at a time of least preparation, such as on a weekend. Saturday, June 24, 1950. It was one of those happy Saturdays. U.S. and ROK high-ranking officers were invited to a celebration at Seobinggo where the officer's club for the U.S. advisory group was newly opened. In May, the moment of crisis that the G-2(Intelligence Staff) warned of, passed without incident. Most of the ROK Army leaderships and the field officers on the front line were relieved. On June 24, the field commanders along the front line authorized overnight passes for the soldiers who had been confined to their military compounds for the proceeding months. The Korean War began with a surprise attack against the South Koreans who were far from being prepared.

전쟁 개시 전날은 모두 긴장을 풀고 싶은 토요일이었다.
게다가 남한 군부의 주요 지휘관들은 주한미군 군사고문단을
위한 장교 클럽 개관식에 초대받아 대부분 이곳에 참석하고
있었다. 1950. 6. 24
Happy hour at the officer's club for the US advisory
Group, Saturday 24 June 1950

평화로운 남한의 시골
Peaceful
countryside in
somewhere Korea

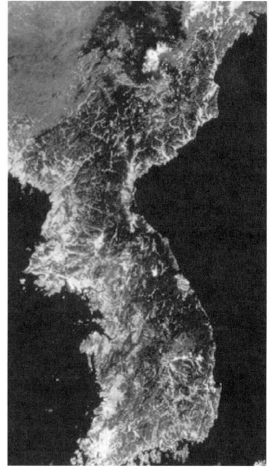

대한민국 KOREA

서울역, 1950년 Seoul station, Korea, 1950

전차를 기다리는 시민들, 을지로, 1950년
Euljiro, downtown, Seoul, 1950

Part-II

낙동강 전선 The Pusan perimeter

18. 1950년 6월 25일 Dawn of June 25, 1950

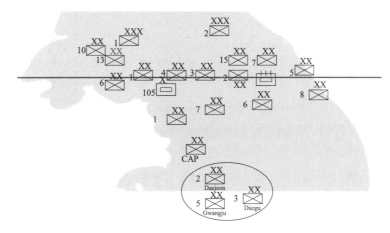

1950년 6월 25일 새벽, 북한군의 공격은 포병의 집중 사격과 전격전으로 시작되었다. 북한군 공격의 선봉은 인민군 1군단장 김웅의 지휘 하에, 옹진반도와 개성 돌파에 6사단, 문산 축선 돌파에 1사단, 그리고 의정부 축선 돌파에 4사단과 3사단이 섰고, 동부전선에서 2군단장 김광협의 지휘 하에 2사단이 화천에서 춘천을 돌파하고, 7사단이 춘천을 우회하여 인제에서 홍천을 거쳐 양수리 방향으로 진출하여, 서울을 방위하기 위해 투입된 한국군 주력의 퇴로를 차단하고 포위 섬멸하기 위하여 진격하였고, 동해안의 5사단은 태백산맥에 미리 침투한 유격 부대와 협공하여 부산 방향으로 진출할 계획이었다.

인민군의 공격 준비 사격, 1950. 6. 25
NK's artillery preparation fire, June 1950

북한 인민군의 최신형 탱크 T34
T34 tanks are rushing into Seoul

Dawn of June 25, 1950. Following a massive Artillery barrage, the North Korea People's Army attacked south all along the defensive line formed by the 38th parallel. The 1st Corps of the NKPA under the MG Kim Ung in the West, attacked into Ongjin Bando and Gaeseong. The 6th and 1st Infantry Divisions pushed into Munsan, while the 3rd and

4th Infantry Divisions attacked down into Uijeongbu, from Donducheon and Pocheon. The 2nd Corps of NKPA under the MG Kim Gwang-hyup attacked in the East. The 2nd Infantry Division hit Chuncheon. The 7th ID moved on Hongcheon, and then maneuvered to Suwon, with the intent of enveloping Seoul from the rear. In this way, the NKPA tried to annihilate the majority of the South Korean Army. The 5th ID under the 2nd Corps on the East coast, simultaneously attacked southward with their ranger troops who had previously infiltrated into Mountainous "Taebaeksan" area. This was to clear the way for a headlong rush to Pusan along the East Coast roadway.

19. 서부전선과 서울 함락 Western Corridors and the Collapse of Seoul

초기 인민군의 공격 계획은 서부전선에서 성공하고 동부전선에서 실패하는 결과를 낳았다. 한국군 1사단은 인민군 6사단의 개성 기습 공격으로 전방 연대가 전멸된 데다가 임진강 교량 폭파의 실패, 후방의 한강교 조기 폭파 등의 불운이 겹쳐 인민군 1사단의 남진을 저지하지 못하고 서울을 내주었고, 한국군 7사단은 포천 축선의 인민군 3사단과 동두천 축선의 인민군 4사단의 저지에 실패하여 의정부를 지켜내지 못한 채 괴멸되었다.

의정부 현장까지 달려온 채병덕 참모총장의 독려에도 불구하고 동북방의 인민군 3, 4사단의 저지에 실패한 데다, 다급한 마음으로 준비되지 못한 후방의 2사단에게 무리한 역습 투입을 명함으로써 축차 투입된 2사단 전투력마저 공중 분해시켜 버린 채 서울 사수에 실패하고, 스스로 한강교를 조기 폭파함으로써 한강 이북의 국군 전력의 퇴로를 막아 주요 전투 장비와 인명의 막대한 손해를 보았다.

서울 사수에 실패했는데도 한국군은 한강 남안에 방어선을 설치하고 북한군의 남진을 위한 도강을 필사적으로 막았으며, 이 때문에 미군의 참전을 위한 귀중한 시간을 확보할 수 있었다.

서울 시내로 진입 중인 인민군 탱크, 1950. 6. 28
T34 tanks run downtown Seoul, 28 June 1950

축석고개를 넘어 의정부로 진입하는 탱크
T34 tanks are moving at north of Uijeongbu

The initial offensive plan of the NKPA had resulted in success throughout the Western Corridor but not in the East. In the Western Corridor, the forward deployed Regiment of the 1st ROK Division was destroyed by the surprise attack of the NKPA 6th ID at Gaeseong. Failing to destroy the Imjin Bridge when the NKPA approached Munsan,

채병덕 총장의 항전 독려, 의정부, 1950년 6월
MG. Chae, ROK Army Chief of Staff at Uijeongbu, June 1950

서울 시내로 행진해 들어오는 인민군
NKPA forces is arriving in Seoul on June 1950

ROK 1st ID finally had to fall back across the Hangang(River). When the only bridge over the Hangang(River) was blown without warning, they were forced to abandon all of their vehicles, and heavy weapons or equipment as they retreated to the South and then scattered. The 4th ID of NKPA moved south from Dongducheon, and demolished a part of the 7th ROK Infantry Division in Uijeongbu, and the 3rd ID of NKPA traveled down from Pocheon and crashed the other part of the 7th ROK ID at the same time.

MG Chae, Chief of Staff of the ROK Army, rushed to Uijeongbu by himself and tried to reverse the worst situation. He halted the retreating troops that were battle weary and who had lost their fighting spirit. He ordered them to turn around for a counter attack. MG Chae ordered the troops, part of the ROK 2nd ID, who were arriving in Uijeongbu from Daejeon, to mount a counter attack. However, this kind of piece meal attack could not have worked instead his troops seemed to be simply melting in the mouth of the tiger. The most disastrous aspect of the terrible situation came from the loss of the majority of the ROK Army's weapons and equipment. This was again due to the fact that the only bridge on the Hangang(River) was blown without notifying any of the retreating division commanders.

Seoul was finally lost on June 28, 1950, just four days after the war was broken.

서울시민들의 환영을 받는 북한군
South Korean welcome NK Army

남대문을 지나 서울역 방향으로 전진하는 T34 탱크
T34 tanks are approaching to Seoul Station

T34 탱크 승무원, 대부분 소련 한인계 2세였다.
T34 tanks and the crews, Many of them are Korean Russians.

57밀리 무반동총 사격 중인 한국군
ROK soldiers fire a 57mm recoilless rifle

37밀리 대전차포, 유일한 대전차 화기였으나 T34 탱크를 막을 수 없었다.
ROK 37mm anti tank weapon, This weapon could not stop T34s.

파괴된 한강 철교를 복구하고 도강 중인 탱크들
NK's T34 tanks are crossing a bridge on the Hangang(River)

20. 중 · 동부전선 Middle and Eastern Corridors

반면 중부전선에서는 춘천의 6사단이 춘천을 목표로 화천에서 남하하던 인민군 2사단을 조기 포착하여 선제 타격을 가하는 바람에 인민군 2사단이 주저앉는 돌발 상황이 발생하였다.

중부의 인민군 2군단장은, 인제에서 홍천을 경유하여 양수리 방향으로 진출해 서부전선 한국군의 퇴로를 차단을 하는 것이 주 임무인 인민군 7사단이 춘천의 한국군 6사단을 격파하지 못한 채 인민군 2사단이 주저앉자, 측후방의 위협을 무릅쓰고 계속 서울 방향으로 진출시킬 것인지를 고민한 끝에 춘천의 한국군 6사단을 제거한 후 진출시키기로 결심하고, 전진 중인 인민군 7사단을 우회시켜 춘천의 한국군 6사단을 추가 공격하게 하는 결정적 실수를 범하고 말았다. 인민군 2군단장은, 7사단도 한국군 6사단 격파에 실패하자 본연의 임무를 잊고 춘천 격파에 매달리는 작전상의 실수를 저지르고 말았다.

1950년 6월 28일 서울은 함락되고 한강교는 폭파되었다. 한국군은 9만 8천 명의 전력 중 약 과반수의 인명을 손실했고, 중·서부 지역 사단 대부분의 주요 장비와 차량을 잃고 말았다.

확실한 승리에도 불구하고 인민군 지휘부는 즉각 2군단장을 심하게 문책하였다. 인민군 2군단이 작전을 성공적으로 수행하였더라면 한국군의 주력을 포위 섬멸하여 서울 점령과 함께 남한 정부의 전투 의지를 꺾어 전쟁을 종료할 수 있으리라고 생각한 듯하다.

한국군 6사단 사단장
김종오 대령
Cdr, ROK 6th Inf
Division, Col Kim
Jong-oh

In the middle front where the ROK 6th ID was defending their area of responsibility, the 2nd ID of the NKPA attempted a surprise attack from Hwacheon, but they were unexpectedly blocked and severely damaged by the ROK 6th division's fierce counter attack.

MG Kim Gwang-hyup of NKPA hesitated to keep attacking under the unexpected situation in the 2nd ID area of responsibility. He decided to change the initial plan that the 7th ID of the NKPA at Inje advance to Suwon through Hongcheon and Yangsuri for enveloping Seoul

남진하는 인민군 오토바이 부대
North Korean units advance to South

and crashing the ROK major units. Because he thought that it was too dangerous to ignore the ROK 6th division to his front, the 7th ID of NKPA was forced to march back and change their objective to the 6th ROK ID. It was a serious mistake in operation and maneuver. The bridge on the Hangang(River) was destroyed on June 28, 1950, and for a while, three ROK divisions remained trapped North of Seoul.

They were eventually able to retreat to the South, even though they lost the majority of their weapons and equipment. Kim Il-sung angered by the mistakes made by MG Kim, Commander of the 2nd Corps, severely rebuked him, even as Seoul was being overrun by the 1st Corps of NKPA in the Western Corridor.

Kim Il-sung was very disappointed in the 2nd Corps' operational mistake, because he thought that, the war would be quickly won if his 2nd Corps could have been able to envelop the majority of the fleeing ROK divisions in Seoul and crush them.

북한 인민군, 서울 포위
남한 육군 주력 격멸 시도

1950.6.28-29
Enveloping Seoul
28-29 June 1950

북한 인민군은 2개 군단으로 서울을 포위하려 하였다.
그러나 한국군 6사단의 선전으로 포위 작전은 실패하였다.
NK tried to envelop and crash the South Korea Army in Seoul,
but it could not because of the ROK 6th division's successful defense.

항공사진에 나타난 파괴된 한강교, 1950년 6월
Broken bridge over the Hangang(River), June 1950

한여름의 피난민들,
1950년 6월
Refugees, June
1950

소련의 미그기 조종사들
Russian pilots and MIG fighters

1950년 6월 26일 신문들은 남침을 보도하였다.
Newspapers are talking "NK invasion to South", June 1950

피난민들의 남으로 향한 행렬
Refugees fleeing to south

파괴된 한강교
The 1st bridge over the Hangang(River)

21. 미군의 참전 The U.S. Army involved the Korean War

북한은 이미 벌여 놓은 전쟁을 어떻게든 유리하게 종결시키고 싶어하였다. 서울 함락 직후 북한은 서울에서 대대적인 축하 행사를 벌였고, 서울을 해방시킨 인민군 3사단(이영호 소장), 4사단(이권무 소장)에게 서울 입성 사단의 영웅 칭호를 수여하고, 전차 105여단을 105기갑사단으로 호칭을 격상시키는 한편, 끊어진 한강교 복구 작업을 계속하여 명에 의거 계속 남진을 준비하였다.

전열이 무너진 중부전선의 2군단도 군단장을 국공내전의 영웅인 조선의용군 포병사령관 김무정으로 즉각 교체시키고 전열을 재정비하였다. 인민군은 서울을 점령한 뒤 한강 도강을 준비하며 3일간을 서울에서 남한 정부의 항복을 기다렸다. 그러나 6월 30일 북한인민군 수뇌부는 미국이 지상군의 투입을 결정했다는 첩보를 입수하였다.

서울 점령 후 승리의 발판 아래 유리한 협상을 중재해 줄 듯하던 소련도 유엔의 즉각 참전 결의 앞에서 슬그머니 꼬리를 감추었다. 인민군 3사단과 4사단은 즉각 다시 움직였다. 인민군 수뇌부는 낙담하였으나, 이젠 미국이라는 최강의 군대와 물러설 수도 없는 한판 전쟁의 한복판에 홀로 서게 된 것이다. 미군과 북한군의 세기의 결전이 시작된 것이다.

맥아더 장군은 정보참모 윌로비 장군과 함께 수원비행장에 도착하여 서울의 상황을 확인하였다. 1950. 6. 29
29 June 1950, General MacArthur stand on the hill of southren Seoul with MG Willoughby(G-2) and Harold Noble(1st secretary of U.S. Embassy).

서울을 함락시킨 인민군들이 시민들과 자축하고 있다.
NKPA soldiers and people dancing in Seoul after the Capital was demolished by NK Army in summer 1950.

It looked as if North Korea would quickly achieve victory in the war they had begun. The North Korean People's Army stayed for three days in Seoul, celebrating its liberation at the hands of the communist. Kim Il-sung awarded and named "the honor division for liberating Seoul" to the 3rd ID and 4th ID of NKPA that were the spearhead units for attack and "honored the 105th Armor Division" that was the 105th Armor brigade that had same mission as the 3rd ID and 4th ID.

MG Kim Gwang-hyup, commanding general of the 2nd Corps of NKPA, replaced MG Kim Moo-jung, who was a

무초 대사, 맥아더 장군, 참모장 알몬드 장군, 1950. 6. 29
General MacArthur and his Chief of Staff, MG Almond conference with
Ambassador Muccio during their 29 June 1950.

북한 전투기의 기습으로 불타는 미군 수송기, 서울 김포비행장, 1950. 6. 28
An American Douglas C-54 transport on fire at Kimpo Airfield, 28 June 1950
after being hit by North Korean fighters

war hero and former commander of the volunteer Artillery command during the civil war in China. Kim Il-sung wanted to finish this war with the rapid surrender of the South Korean government. But he heard that the United States had decided to intervene and would soon participate in the Korean War. Officially, the communist Soviet Union kept quite on this matter.

The 3rd ID and 4th ID of NKPA moved again. Kim Il-sung was disappointed by this unexpected situation, but he had already stood defiant through his aggression in the face of the United States. There was no way out. The NKPA now had to fight against the United States Army, the strongest Army in the world.

22. UN의 결정 Decision of United Nation

6월 26일 북한의 남침을 보고받은 트루먼 대통령의 첫 조치는 유엔 안전보장이사회의 소집을 통하여 북한의 철군을 요구하는 한편, 한국에 있는 자국민의 안전한 철수와 실체 파악을 위한 조사단을 파견하라는 지시였다.

6월 27일 전세가 확장일로로 치닫자 미국은 지령 2호를 발령, 미 극동 해군과 공군의 작전 참가를 승인하였고, 파견된 조사단장 처치 준장의 '지상군 투입이 필요한 상황' 이라는 보고를 접수하자 맥아더 장군은 6월 29일 직접 전황을 파악하기 위해 한국으로 날아왔다.

서울의 함락을 직접 확인하고, 북한군의 선봉에 소련제 최신형 전차가 있다는 사실을 확인한 맥아더 장군은, 트루먼 대통령에게 일본에 있는 미 지상군의 즉각 투입을 건의하였고, 6월 30일 트루먼 대통령은 1개 연대 전투단의 즉각적인 투입과 2개 사단의 후속 투입을 언론에 공표하였다.

동경에 위치한 맥아더 극동사령부 예하에는 워커 장군이 지휘하는 제8군의 4개 사단이 일본 전역에 분산되어 대 소련 방위 임무를 수행하고 있었다. 맥아더 장군은 워커 장군에게 1개 전투단의 즉각적인 투입을 지시하였고, 워커 장군은 가장 신속하게 이동할 수 있는 큐슈의 24사단을 지목하였다.

붕괴된 한국군을 대신하여 인민군의 선봉을 저지할 선봉 1개 대대와 사단 지휘부는 부산으로 즉각 공중 이동하고, 사단 주력은 해상으로 부산에 상륙하라는 지시였다.

The first action of President Truman, when he was informed of the North Korean invasion of the South was without declaration of war, to call the security council of the United Nation and demand that North Korea withdraw back to the North. He set up the Advance Command and Liaison Group in South Korea to evacuate the American citizens back to secure areas and recommended appropriate actions to be taken. On June 27, President Truman issued Directive #2, which called for the deployment of the U.S. Far East Navy and Air Forces in Korean War.

BG Church, chief of the Advisory Group, reported to Washington "there was a critical situation and ground forces needed to be involved." On June 29, General MacArthur flew to Suwon, Korea to observe the war situation personally. When General MacArthur observed that Seoul was collapsing and that modern Soviet T-34 tanks were advancing as a spearhead, he recognized that this meant the war was strongly supported by Soviet leadership. He immediately recommended that President Truman dispatch the ground forces from Japan.

On June 30, Truman publicly announced that a U.S. Army Regimental Combat Team was already involved in the war in Korea and two more divisions would soon follow. General MacArthur ordered the deployment of a Regimental Combat Team (RCT) to Korea, and LTG Walker, Commanding General of the 8th U.S. Army, with four U.S. Divisions in Japan, selected the 24th division as the one responsible for organizing and deploying a RCT to Korea. They hoped and believed that an American RCT could block the NKPA's advance in the area North of Daejeon. An advanced Battalion Task Force flew by air to Pusan that day and moved north for the mission.

유엔 안전보장이사회 회의 광경
Security meeting in the United Nations, 1950

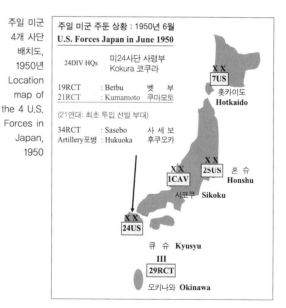

주일 미군 4개 사단 배치도, 1950년 Location map of the 4 U.S. Forces in Japan, 1950

주일 미군 주둔 상황 : 1950년 6월
U.S. Forces Japan in June 1950

24DIV HQs	미24사단 사령부 Kokura 코쿠라
19RCT	: Betbu 벳 부
21RCT	: Kumamoto 쿠마모토

(21연대: 최초 투입 선발 부대)

| 34RCT | : Sasebo 사 세 보 |
| Artillery포병 | : Hukuoka 후쿠오카 |

XX 7US
홋카이도 Hotkaido

XX 25US 혼 슈 Honshu
XX 1CAV
시코쿠 Sikoku

XX 24US

큐 슈 Kyusyu
III
29RCT
오키나와 Okinawa

23. 스미스 대대 Task Force Smith

24사단의 선봉인 21연대 1대대가 즉각 출동 준비에 들어갔다. 7월 1일 적에 대한 첩보나 상황도 전혀 알지 못한 채 대대장 스미스 중령이 받은 임무는, 부산에 도착하면 가능한 한 빨리 열차를 타고 대전 북방으로 이동하여 적절한 방어 지점을 선정한 후, 남하하는 인민군의 선봉을 저지시켜 무책임하게 퇴각하는 한국군에게 시범을 보이라는 것이었다.

스미스 중령은 지체 없이 열차를 타고 대전으로 북상하여 차량으로 다시 평택까지 올라갔다. 지형 정찰을 통하여 평택-안성선을 주 방어선으로 결정하고, 저지 부대 위치는 멀리 수원이 바라보이는 죽미령 고개로 선정하여 방어 준비에 돌입하였다.

스미스 중령의 방어 임무 부대(Task Force Smith)의 최초 대응과 위치 선정 및 반응 속도는 훌륭하였다. 문제는 적에 대한 정보가 없었을 뿐만 아니라, 세계 최강 미군이 이곳에 나타났다는 사실만으로도 인민군이 꽁무니를 뺄 것이라고 자만했다는 데 있었다.

The 1st Battalion of the 21st regiment, the 24th Infantry Division moved immediately. LTC Smith, commander of the 1st Battalion, got the mission to move to Pusan with his soldiers and advance as far as possible North of Daejeon to establish a blocking force against the North Korean troop. He made it into position, but did not have any adequate intelligence or information.

LTC Smith moved up to Daejeon by train, up to Pyeongtaek by truck, and marched forward into the proper blocking position. He decided on an initial defensive line from the town of Pyeongtaek to Anseong and positioned his outpost on Jukmiryeong hill where he could observe Suwon to the far North.

The initial action of the Task Forces Smith was outstanding. Unfortunately, the Task Force, which lacked good information on the North Korean Army, was filled with an over confidence in themselves from America's victory in World War II, just five years earlier. The Americans believed that their mere presence on the battlefield would be enough to deter communist aggression and cause the North Korean soldiers to turn and run away when faced with soldiers of the U.S. Army.

일본 고쿠라에 위치한 미 24사단 사령부, 1947. 6. 12
Near Gifu, Japan, home of the 24th Infantry, 12 June 1947

오산으로 이동 중인 미 24사단 선발 부대, 스미스 대대, 1950. 7. 1
Advance team of the 24th Division (U.S.). Task Forces
Smith at Osan, 1 July 1950

C54 수송기로 긴급히 일본에서 부산으로 공수된 스미스 선발 부대는 지체 없이 열차로 대전까지 이동하였다.
First U.S. ground troops for combat in Korea board a C54 transport in Japan 1 July 1950.

죽미령에서 방어전을 준비하는 스미스 부대, 이들의 옆을 지나 한국군이 후퇴하고 있다.
ROK units retreating pass by the TF Smith

24. 북미 격돌 The NKPA against the U.S. Army

최초로 미군과 북한 인민군 간의 전투가 오산 북방 죽미령에서 전개되었다. 2개 중대를 각각 평택과 안성에 배치한 후 105밀리 포병 1개 포대(6문)의 지원을 받는 1개 중대 병력을 7월 5일 새벽에 죽미령으로 접근하는 도로 좌우에 배치하였다. 한편 인민군 4사단은 최초로 미군이 지키는 진지를 돌파해야 하는 엄청난 심리적 부담을 안고 있었다.

미군에게도 T34 전차를 격파할 무기가 없기를 바라면서 전차 부대를 죽미령 방향으로 진출시키는 한편, 1개 연대는 국도를 피하여 멀리 우회시켜 죽미령 방어 부대를 포위하는 신중한 공격을 시도하였다.

최초의 접전은 아침 8시 16분에 발사된 포병 사격으로 시작되었으나, 전진하는 인민군의 탱크를 저지시킬 수 있는 화기가 미군에게도 없다는 사실을 깨닫는 데 그리 오래 걸리지 않았다. 탱크는 저지되지 못하고 죽미령을 통과하였고, 인민군 연대 규모의 부대가 포위해 오고 있었다.

스미스 특수 임무 부대는 공황에 빠져 질서를 무너뜨린 채 퇴각하면서 인민군 부대에 대한 공포가 급격히 확산되기 시작하였다. 스미스 부대가 죽미령에서 방어를 준비하는 동안 24사단장 딘 소장은 34연대를 투입하여 평택과 안성천을 연해 제2 방어선을 준비하고 있었다.

The first battle between NKPA and U.S. Army was on the hill of Jukmiryeong, north of Osan. On July 5, LTC Smith posted one infantry company each in the towns of Pyeongtaek and Anseong where he had his major defense line. On the hill of Jukmiryeong, he placed a company strength outpost, with supporting artilleries, six 105mm Howitzers.

From there he was in a good position to control the traffic along HWY #1 from Seoul to Pusan, which would be the enemy's main avenue of approach to the South. BG Lee Kwon-mu, CG of the NKPA's 4th ID, was faced with the stressful challenge of not only breaching a dug-in defensive position but of being the first North Korean commander to engage U.S. Army forces.

BG Lee tried to advance to Jukmiryeong with the traditional spearhead led by the powerful T-34 Tanks, while an Infantry Regiment swung in a turning movement, with the intent of enveloping the outpost.

최초의 기습 공격으로 무너진 한국군과 미군의 후퇴
The American and South Korean troops were driven back in the first day of war

The first battle began at 16 minutes past 8 o'clock in the morning, as the guns of Smith's 105mm Artillery fired into the advancing NKPA T-34 tanks. It didn't take long to see that Task Force Smith lacked adequate anti tank weapons to halt the North Korean advance. The T-34 tanks successfully passed on the hill toward Osan while a North Korean Regiment enveloped the hill of Jukmiryeong. To escape encirclement, the soldiers of the outpost company and the artillery fled to the rear in a disorganized retreat. The first battle was a quick victory for the NKPA.

최초로 투입된 미군의 참패,
죽미령, 1950년 7월
After the first day of war
at Jukmiryeong Korea,
July 1950

포격 중인 미 105밀리 야포
The 105mm Howitzer fires

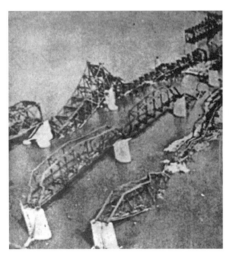

미 공군에 의해 철저하
게 파괴된 한강 철교,
1950년 6월
Steel bridge were
brocken by UN air
strike, 30 June 1950

패퇴하는 미군 최초 참전 부대, 1950년 7월
The first U.S. unit to involve the Korean War is retreating, July 1950

미군 포로, 1950년
Captured the U.S.
soldiers, 1950

부상당한 미군 병사, 1950년 7월
Charles Jones comforts a wounded comrade,
who later died in his arms, July 1950.

작전을 토의하는 워커 장군과 참모들, 1950년 7월
LTG Walker and his men are discussing, July 1950

오산 일대의 스미스 부대, 1950. 7. 5
Smith TF, South of Suwon on 5 July, 195

미 24사단 본대는 1950년 7월 2일 배편으로 부산에 상륙
Soldiers of 24th ID equipped for combat board a ship at
a Japanese port, 2 July 1950

25. 무너지는 전선 Crumbling defense line

전선은 급격히 위기로 치닫고 있었다. 그러나 제2차 세계 대전이 끝난 지 5년이 지나 나약해지고 해이해진 미군이 전투에 투입되자 심각한 위기로 드러나고 있었다. 필승의 투지가 없던 34연대장 러브리스 대령은 스스로 부대의 안전을 위해 싸워 보지도 않고 평택-안성 방어를 포기하고 후퇴하면서 또 한 번 방어의 기회를 잃었다.

즉각 용감한 마틴 대령으로 연대장이 교체되었고, 그는 천안 방어를 지시받았다. 7월 7일 마틴 대령도 사태의 심각성을 모른 채 전투복이 아닌 정복 차림으로 전선에 나타났다. 마틴 대령도 상황을 파악하기에 앞서 무모하게 2.36인치 로켓포로 전차의 전진을 막으려다가 전사하고 말았다.

미 24사단의 34연대 전투력도 허무하게 무너졌다. 적정을 파악한 후에 집중된 사단 전투력을 투입하여야만 최고의 전투력을 발휘할 수 있다는 것을 딘 장군도 알고 있었으나, 사태가 워낙 다급하다 보니 비효율적인 줄 알면서도 도착하는 부대를 축차 투입할 수밖에 없었다. 이제 인민군 부대의 전진을 저지하는 문제는 그들의 신형 전차를 막을 수 있느냐에 달려 있음을 알게 되었다.

맥아더 장군은 긴급히 소련제 T34 전차를 파괴할 무기를 공수해 달라고 요구하였다. 그것은 6월 초에 개발이 막 끝나 학교 기관에서 실전 배치를 위한 훈련이 시작된 3.5인치 휴대용 로켓포였다.

The defensive line in South Korea was rapidly crumbling. Any blocking actions were not effective, even though the U.S. Army had become involved. The second line of defense at Pyeongtaek, the Osan line, vanished because Col Loveless, Commander of 34th Regiment, lost his nerve and retreated without a fight. On July 7, MG Dean, CG of the 24th Infantry Division, angered by his actions, relieved Col Loveless and appointed Col Martin as the new commander of the 34th Regiment.

Unfortunately, Col Martin, a very brave and active commander, was killed in action at Cheonan on the following day. He had been willing to boldly face the NKPA, unaware of their deep strength or capacity. The 34th Infantry Regiment was also demolished, but MG Dean, CG of the 24th Division, had no option but to delay operation as he was forced to feed his units piecemeal into battle. Dean was well aware of the futility of his actions.

General MacArthur requested more powerful anti-tank weapons needed to destroy the Soviet T-34 tanks. The T-34s were widely recognized as the best tanks at the end of World

한국전쟁 종군 취재팀들, 1950년 7월
왼쪽부터 《라이프》 기자 마이든, 시카고 《데일리 뉴스》 기자 비치, 뉴욕 《헤럴드 트리뷴》 기자 히긴스, 호주인 《연합》 기자 램버트,《타임》 기자 기브니,
War correspondents in July 1950, From left to right: Carl Mydens, Life magazine; Keyes Beech, Chicago Daily News; Marguerite Higgins, New York Herald Tribune; a Australian, Tom Lambert, Associated Press; Frank Gibney, Time magazine

War II, and now they were being used as an invincible spearhead for the invasion into the South. The solution was the new shoulder fired 3.5 inch Rocket Launcher that had just been developed in June of this year and was in preparation for field deployment.

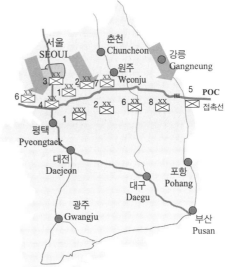

미군 최초 참전 부대인 스미스 대대가 죽미령에서 패배한 직후의
대략적인 전선 상황도, 1950. 7. 6
일방적인 패배로 후퇴하고 있어 전선은 무너지고 있었다.
War situation map after the first battle at Osan TF Smith, 6
July 1950.

미 25사단 흑인 연대의 금강 방어, 1950. 7. 15
Geumkang defense, 15 July, 1950

81밀리 박격포 사격 중인 한국군, 음성, 1950. 7. 10
한국군은 선전하며 지연 방어를 수행하였다.
Cheonan defense, 81mm mortar manned In Eumseong by ROK crew, 10 July, 1950

공포에 질린 미군 병사
A grief-stricken American Infantryman,

국가의 위기에 자진 참전한 학도병들
Volunteering students joined to South Korean Army

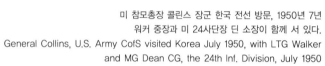

미 참모총장 콜린스 장군 한국 전선 방문, 1950년 7년
워커 중장과 미 24사단장 딘 소장이 함께 서 있다.
General Collins, U.S. Army CofS visited Korea July 1950, with LTG Walker
and MG Dean CG, the 24th Inf. Division, July 1950

26. 미 24사단 The 24th Infantry Division

서울 방어에 실패하고 한강교의 조기 폭파로 대부분의 장비를 유기한 채 한강을 건너 퇴각하던 한국군은, 이즈음 부대 재편 작업을 통해 전열을 가다듬기 시작하였다. 무너진 문산 축선의 한국군 1사단이 재편되었고, 의정부 축선의 한국군 7사단, 그리고 기타 후방 전력을 결집하여 한국군 1군단을 새로 창설하였다. 다행히 춘천을 성공적으로 방어한 한국군 6사단의 전력이 유지되었고, 동해안을 방어하던 한국군 8사단과 대구의 한국군 3사단이 비교적 건재하여 방어에 임하고 있었다.

맥아더 장군은 일본에 있던 미 1기병사단과 미 25사단을 추가로 투입하여 각각 포항과 부산으로 상륙시켰고, 미 24사단이 대전을 방어하는 상황에서 상륙 부대가 인민군을 격퇴하기를 희망하였다. 그러나 워커 장군과 딘 장군의 열정적인 지휘에도 불구하고 전세 역전의 기회는 없어 보였다. 단지 동방에 대한 호기심으로 평화로운 일본 근무에 젖어 온데다 싸울 의지가 전혀 없어 보이는 훈련받지 못한 병사들, 최신 전차에 맞설 수 없는 허약한 대전차무기, 그리고 일본의 빈약한 도로 사정 때문에 경량화된 탱크만을 가진 주일미군이 대적해야 할 인민군을 창과 칼 그리고 일부 소총으로 무장한 훈련되지 않은 원주민 폭도 정도로 깔보는 한 그들을 막을 수 없었다.

딘 장군은 제한된 전투력으로 인민군의 예공을 막아 보려고 금강선 방어전과 대평리전투를 치렀으나, 극심한 전투력 피해만 발생한 채 후퇴하여 2개 보병대대만으로 최후의 대전 방어를 준비해야만 하였다.

Since the only bridge on the Hangang(River) was destroyed and most of the ROK units crossed the river and scattered in retreat to the south, they lost the majority of their heavy weapons and equipment North of Seoul.

대구와 부산에 이르는 1번 도로상의 분기점 천안,
1950년 7월
Cheonan town on the HWY#1 to Daegu
and Pusan, July 1950

Fortunately, the 6th ROK ID, the 17th Regiment of the Capital Division and the 8th ROK ID, managed to retreat in an orderly fashion. Soon the 1st ROK ID, the 7th ROK ID and the 1st ROK Corps was re-established, while the U.S. 24th ID was fighting against the main attacking units of NKPA. General MacArthur hoped to establish a major defensive line from Daejeon to Gangneung using the 1st Cavalry Division and the 25th Infantry Division, He then believed in the possibility of conducting a counter-offensive operation, pushing north. The resistance of the U.S. 24th Infantry Division was the only hope for General MacArthur's plan.

MG Dean's 24th ID was already scattered and in disarray. They had been forced to hold the enemy to the north of Daejeon until July 20 when the 1st Cavalry and the 25th Infantry Division could establish their defensive positions. The 24th Infantry Division was a typical infantry division in the U.S. Army in 1950. It struggled with undisciplined soldiers who lacked the fighting spirit. Under peacetime conditions, the U. S. forces in Japan were poorly equipped with obsolete light weapons. They were under-strength, inexperienced, and they lacked access to adequate intelligence, but they were overly confident from their recent World War II victory.

LTG Walker, CG of the 8th U.S. Army, and MG Dean who stood with their piecemeal troops at the front and fought very hard with tireless passion. MG Dean prepared the final defensive of Daejeon with only two of his remaining infantry battalions.

낙동강 전선 방어의 공로자, 불독 워커 장군과 딘 소장
The Hero of the Pusan perimeter: General Bulldog
Walker with MG Dean

증가하는 한국군과 미군의 포로
Captured ROK and U.S. soldiers

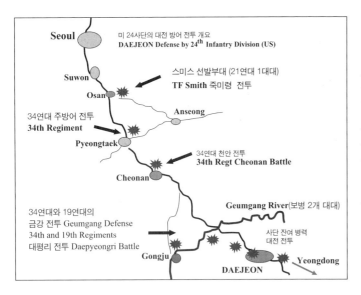

미 24사단의 대전 방어 전투 개요
DAEJEON Defense by 24th Infantry Division (US)

스미스 선발부대 (21연대 1대대)
TF Smith 죽미령 전투

34연대 주방어 전투
34th Regiment

34연대 천안 전투
34th Regt Cheonan Battle

34연대와 19연대의
금강 전투 Geumgang Defense
34th and 19th Regiments
대평리 전투 Daepyeongri Battle

Geumgang River(보병 2개 대대)

사단 잔여 병력
대전 전투

미 24사단은 스미스 부대를 시작으로 부대가 도착할 때마다 축차적인 투입으로 평택, 천안, 대평리전투를 거쳐 대전 방어 전투를 끝으로 와해되었다. 가장 불리한 방법으로 전투를 수행하였으나 방어 부대가 전혀 없는 다급한 상황에서 미 24사단과 딘 장군이 취할 수 있는 유일한 방어 방법이었다.
The troop of the 24th Infantry Division committed the first battle at Jukmiryeong near by Osan City and was falling in pieces after the battle in Daejeon. MG Dean had no flexible choice in operation but had to commit his troop in piecemeal and was melted in front of NK's mass attack.

한국군 1사단장 백선엽 준장과 미 고문관 록웰 중령이 작전을 토의하고 있다. 1950년 7월
BG Paik Sun-yup, CG of the ROK 1st Division Discussing their operation with LTC Rockwell, Military advisor of the retreating ROK division, July 1950.

천안 방어전을 준비하는 미군 박격포 대원, 1950. 7. 10
Cheonan defense, 4.2" mortar by U.S. crews in Cheonan, 10 July, 1950

대전으로 진입하는 인민군 부대
NK's troop, Daejeon, July 1950

27. 대전 방어전 Defense of Daejeon

1950년 7월 17일 미 24사단은 대전에서 전투력이 감소된 34연대 하나만으로 인민군 4사단, 3사단, 2사단의 집중 공격을 막아내야만 하였다. 이길 수 없는 전투임을 뻔히 알면서도 자신의 부하들을 희생시켜 가며 시간을 벌어야 하는 딘 장군은 괴로울 수밖에 없었으나 명령에는 선택의 여지가 없었다.

대전 함락은 시간 문제였지만 8군사령관 워커 장군도 실제 병력 2개 대대뿐인 미 24사단의 딘 장군에게 미 1기병사단이 전선에 투입되는 20일까지 대전을 사수하라는 괴로운 명령을 내릴 수밖에 없었다. 딘 장군은 3.5인치 로켓포반을 직접 지휘하는 최일선에서의 독전에도 불구하고 34연대의 2개 대대는 대전에서 와해되었고, 7월 20일을 넘기지 못하고 차량 부대와 포병 부대는 퇴로를 차단당해 대부분의 장비를 유기한 채 와해되었으며, 딘 장군 자신도 대전에서 실종되고 말았다.

제2차 세계 대전의 빛나는 승리 이래 동방의 알지도 못하는 미개한 나라에서 훈련받지 못한 토착민 집단에게 패퇴한 미군 사단이라고 비난받은 24사단이었지만, 사단 전체를 희생시키고 사단장 자신은 적진에서 포로가 되면서 7월 20일 밤까지 방어전을 수행함으로써, 결과적으로 미군은 증원군을 투입하여 후일 반격할 수 있는 발판을 마련한 미 24사단과 딘 장군의 공적을 과소평가해서는 안 될 것이다.

MG Dean received orders on July 17 to hold back the concentrated attack by the NKPA's 4th ID, 3rd ID and 2nd ID toward Daejeon until July 20. To accomplish this task, he had only remnants of the 34th Regiment. MG Dean agonized over the inevitable sacrifice he was asking of his soldiers in order to buy time for reinforcements, but he had no other choice.

LTG Walker knew that what he was asking of MG Dean and his soldiers was suicidal, but he needed them to hold at Daejeon until the 1st Cavalry Division arrived and formed into their defensive positions.

In Daejeon, MG Dean fought on the streets with soldiers. He joined a team with one of the new 3.5-inch rocket launchers, and used it against enemy T-34 tanks, until the evening of July 19 when he was lost. Most of his 24th Division was lost when they failed to breakout from the enemy's envelopment at Daejeon. MG Dean was listed as missing in action until it was discovered that he had eventually been captured.

The 24th Infantry Division, one of the strongest divisions in the U.S. Army in the world with the pride of the World War II victory was extremely blamed for a while because they lost face of the U.S. Army. But we have to recognize the great effort of the 24th ID. They were thrown into battle and sacrificed in order to secure a base for the 8th Army from which they could form a secure defensive line and eventually counterattack successfully.

워커 중장과 딘
소장, 대전
1950. 7. 8
LTG Walker
and MG Dean,
8 July 1950

채병덕 장군이 서울 방어 실패 책임을 지고 사임하고 젊은
정일권 소장이 총장에 취임하였다. 1950년 7월
MG Chung Il-kwon, unexperienced young general
newly assigned the ROK Army Chief of Staff after
MG Chae failed to defense Seoul, July 1950.

전쟁 공포
War phobia

함락 직전의 대전시가 1950. 7. 20
Daejeon, the morning of the North Attack, 20 July 1950

후퇴 중 부상당한 민간인을 치료하는 한국군, 1950년 7월
Retreating ROK units, July 1950

대전으로 진입하는 인민군 탱크, 1950. 7. 19
NK's T34 Tanks in Daejeon, 19 July 1950

대전으로 진입하는 인민군, 1950. 7. 20
NKPA soldiers roll into Daejeon on 20 July 1950

전선으로 이동하는 미군들을 바라보는 후퇴 한국군, 1950년 7월
Republic of Korea troops look on as a convoy of Americans pause on their way to the front. An overturned truck is in the background, July 1950

천안 근처의 반파된 교량을 통과하는 미군 지프
Near the occupied town of Cheonan, American soldiers coax their jeep across a blasted bridge, July 1950

파괴된 T34 탱크 위의 어린 소녀
대전 수복 이후 전투 중 포로가 된 딘 장군의 업적을 기리기 위하여 탱크 위에 "이 탱크는 딘 장군의 직접 지휘 하에 1950년 7월 20일 파괴됨"이라고 씀.
A Korean girl is dwarfed by the disabled T-34 tank which carries the inscription "Knocked out 20 July under the Supervision of Major General W. F. Dean." The tank is a memorial to the general.

미 해병이 참전하면서 신형 45톤급의 중형 퍼싱 전차가 전투에
투입되어 북한군의 남진을 저지하였다. 낙동강 전선, 1950년 8월
U.S. Marine prepare their freshly unloaded 45 ton
Pershing tanks for battle, reinforcements to face the
North Korean advance, the Pusan perimeter, August
1950.

신형 대전차 로켓 3.5인치 로켓을 사격하는 병사, 1950. 7. 26
3.5" antitank rocket launcher, 20 July 1950

한국군 야전 지휘소, 1950년
ROK Commander and his staff, 1950

대전에서 파괴된 인민군 탱크
A Russian made T-34 tank knocked out in Daejon in July 1950

관통된 철모와 시신
A penetrated helmet and a Dead

북한군 사단들은 1개 정찰대대를 편성하여 정보 수집, 주요 거점 사전 확보, 주요 지휘관 저격과 정확한 포병 사격 유도의 임무를 수행하였는데, 이중 1개 중대는 게릴라 중대로서 사복으로 피난민 속에 섞여 이동하면서 심리전도 수행하였다.

North Korean Division has a reconnaissance Battalion in their regular organization and the mission for a company of the battalion was collect intelligence, strike and holds a key terrain, sniper enemy leader and lead artillery fire.

Those soldiers wear civilian clothes and moved with refugees to South.

28. 미군의 전면전 개입 Total war of the U.S. Army

사단장 게이 장군은 1기병사단을 포항에 상륙시켜 7월 20일에 영동에 긴급히 지역 방어선을 구축하였다. 맥아더 장군이 바라던 대전 사수 희망은 사라졌지만 대구를 방어할 수 있다면 반격의 희망이 있다고 판단하였다. 맥아더 장군은 즉각 반격의 발판이 되는 상륙 작전을 결심하고 참모들에게 계획 발전을 지시하였다. 7월 21일 미 25사단도 상주 일대에 급편 방어선을 구축하였다. 대전에서 거의 궤멸되었던 미 24사단도 왜관 일대에 재집결하여 사단의 재기를 위하여 부대를 재편성하고 있었다. 인민군 수뇌부는 긴장과 불안 속에 치른 대미군 지상 전투 결과가 만족스럽자 대담해지기 시작하였고 공격의 속도는 탄력이 붙기 시작하였다.

김일성은 대담하게 1950년 8월 15일을 부산 해방일로 선포하고 북한 인민군 전선사령부를 독려하기 시작하였다. 서울에서는 어린 학생까지 인민의용군으로 강제 동원하여 낙동강 전선으로 내몰았다.

각 시도 인민위원회는 서울을 포함한 남한 전역에서 피난하지 못하고 남아 있던 시민들을 대대적으로 전쟁 지원 부역에 동원하였고, 북한인민군은 뜨거운 여름에 총력을 투입한 전쟁에 몰입하였다.

대전 함락 직후의 전선 상황도
Situation Map, 22 July 1950
미 1기병사단과 25보병사단이 보인다.
The 1st Cavalry Division and the 25th Division are shown

MG Gay and his 1st Cavalry Division landed on Pohang, moving into position at Yeongdong July 20. MG Kean and his 25th Infantry Division were also successfully positioned at Sangju July 21. General MacArthur believed that he could conduct a counter-offensive operation from the Nakdonggang perimeter even though he had lost the opportunity at Daejeon, the northern edge of Daegu.

General MacArthur decided to conduct a massive landing operation in order to turn the situation over. He created a planning group to study the possibility of an amphibious operation in Korea. The 24th Infantry Division, who had lost their heavy weapons and equipments at Daejeon, was re-organized at Waegwan. Kim Il-sung, satisfied with the results of the fighting between his NKPA against the U.S. Army, was emboldened by his successes.

Kim Il-sung announced, "August 15, 1950, is the day for the liberation for Pusan" and pushed the NKPA to increase their speed of advancing toward the Southern port city. The communist People's Committee throughout all of the provinces and cities in South Korea mobilized men including young boys into forced labor units in order to reinforce the NKPA's positions, and keep up the assault along the Pusan perimeter.

Many South Koreans were forced as captive slave laborers for fighting as a part of NKPA, carrying supplies for the NKPA, and repairing roads or bridges destroyed by UN Air Forces.

한국으로 향하는 미 25사단 주력, 일본 사세보 항, 1950년 7월
The 25th U.S. Division is heading to Korea from Sasebo, Japan

피난민을 거슬러 전선으로
이동하는 미군
Soldiers advance
towards the
battlefront, against
the flow of civilian
refugees fleeing
from it.

북한 탱크의 전진을 저지하기 위하여 교량 폭파
Destroy a bridge for blocking NK troop advance

심문을 받는
인민군 여전사,
1950년 7월
A captured woman
soldier of NKPA,
July 1950

피난민 속에 섞여 이동하며 탱크를 선도하는 인민군 정찰대와 게릴라들을 차단하기 위하여, 미군들이 피난민들의 도강을 막았다. 왜관교, 1950년 7월
Korean refugees are rushing to South, Waegwan Bridge, 1950.

폭파되는 금강교
Blasting Geumkang bridge

폭파 직후의 금강교, 1950. 7. 13
Brocken Geumkang bridge, 13 July, 1950

폭파 후 금강교 남안을 지키는 미군
Bridge watch guides at Geumkang, 1950

인민군 탱크 앞에 무력했던 지상군에 비하여 미 공군은 위력을 발휘하였다. 파괴된 탱크와 트럭들, 1950년 7월
U.S. air power caught these North Korean tanks moving to the front. Rocket fire destroyed three, disabled three and sent the truck lying on its side down the embankment

B29 폭격기에서 바라본 한국의 산악 지형
The terrain the foot soldier covered is viewed from on high by B-29 bombers.

참전이 결정된 미 해병을 지원하기 위하여 해병 항공단의 500파운드급 폭탄을 캘리포니아 롱비치 해안에서 적재, 1950년 7월
The first Marine Air Wing prepares to sail for Korea. 500pound bombs are loaded aboard the attack Cargo ship Acherar at Long Beach, California, July 1950.

참전이 결정된 미 해병 1사단의 선발 5연대가 샌디에이고에서 승선 중, 1950년 7월
On their way to Korea, Marines of the 5th Regiment, 1st Division, load up on the Navy transport Henrico at San Diego. They are wearing their camouflaged backpacks, July 1950

미 1기병사단장 게이 소장
MG. Hobart R. Gay Commanding General, the 1st Cavalry Division

미 25사단장 킨 소장, 1948. 8~1951. 2
1950년 8월 마산 위기시 킨 특수임무부대를 성공적으로 지휘하여 부산을 방어하였다.
MG Kean, CG of the 25th Inf Div. August 1948 – February 1951
He conducted Masan defense successfully as Cdr, TF Kean, August – September 1950.

맥아더 장군의 명으로 한국전 상황을 파악하여 보고하기 위해 한국에 연락단장으로 파견된 처치 준장이 딘 장군의 실종 이후 미 24사단의 지휘권을 이어받게 되었다.
BG John H. Church, Chief of Advance Command and Liaison Group(ADCOM)
He assigned CG, the 24th Division after MG Dean was missing.

이동 준비 중인 미군
A U.S. Army unit is moving.

폐허 속의 고아
An orphan in a battlefield

상륙정으로 옮겨 타는
미 1기병사단 병사들,
1950. 7. 18
1st CAV loading
into landing craft
Near Pohang, 18
July, 1950

포항으로 긴급 상륙하는 미 1기병사단 주력, 1950. 7. 18
1st Cavalry division, (U.S.)landing operation Near Pohang, 18 July 1950

대전의 퇴로를 엄호하는 미군의 50브로닝 기관총좌, 1950. 7.
20-21
50caliber browning machine gun as rear Guard troops
left Daejeon on 20-21 July at Defense position

왜관 근처 518 고지 위의 관측병
Hill 518, near Waegwan, Korea

영동에서 남진하는 인민군 부대에게 포격을 가하는
미 1기병사단 포병대, 1950. 7. 26
1st CAV Div Arty firing to north at Yeongdong,
26 July 1950

M24 경전차, 예천, 1950. 7. 24
Chaffee light tank (M24) near Yecheon, 24 July 1950

체포된 지역 게릴라, 1950. 7. 12
Guerrillas captured in 12 July 1950

81밀리 박격포 사격 중인 한국군 병사
81mm Mortar fire by ROK soldiers

김천 일대에서 이동 중인 미군, 1950. 7. 29
U.S. troops moving forward near Gimcheon on 29 July 1950

방어 진지 속의 한국군 병사
ROK soldier in his defense position

미군 병사가 구형 로켓포와 T34 탱크를 파괴할 수 있는 신형 3.5인치
로켓포를 들어 보이고 있다.
Two 1st CAV Div soldiers compare The new weapon
(3.5" rocket) with its ineffective 2.36" predecessor.

29. 불붙은 전선 Heating Frontline

전선은 다시 달아오르기 시작하였다. 8월 15일 부산 해방이라는 목표를 가진 북한 인민군은 전 전선에서 총 공세를 펴자, 미군은 투입된 2개 사단으로는 한반도 방어가 역부족임을 깨달았다. 이제 전쟁 양상은 태평양을 건너오는 미군의 전투 병력과 군수물자 증원 속도와 인민군의 돌파력에 좌우되는 양상으로 바뀌었다.

미국의 총력전이 한국의 부산항으로 집중되었다. 부산항은 활기를 띠게 되었고 전선은 8월의 열기 속에 뜨겁게 가열되었다. 이즈음 미 8군 정보처는 전선의 이상 징후를 감지하고 이를 확인하느라고 노심초사하고 있었다. 인천에서 사라진 인민군 6사단이 밤에도 야간행군을 한 끝에 느닷없이 군산에 출현한 것이었다. 인민군 6사단은 중국의 국공내전에도 참전한 부대로 노련한 방호산 장군이 지휘하고 있었다. 무방비의 호남 서측방에 돌연 비상이 걸렸다. 방호산 장군의 기습적인 측방 위협에 놀란 8군사령관 워커 장군은 즉각 위기에 대처해야만 하였다.

The frontline was heating-up and the battles were becoming much more severe as the summer wore on. The NKPA had an absolute mission, to liberate Pusan by August 15. That meant that they had to destroy all of the South Korean and U.S. Armies in the day leading up to the final attacks. Utilizing his total military capacity all along the frontlines, the NKPA was determined to penetrate the UN's defense positions. The crisis of demolishing the defense positions rushed over all the Pusan perimeter and LTG Walker cried in distress. General MacArthur urgently called on all available flights, vessels, and units to speed up their efforts and immediately headed toward Pusan for the Pusan perimeter defense. Now the aspect of war had changed to a race with competition between the UN units arriving to reinforce and supply ROK and U.S. Armies, and the penetrating capacity along the front lines by the NKPA. The

United States concentrated her maximum effort toward supplying and reinforcing Pusan. LTG Walker was dog-tired, yet he continued to conduct counterattacks with only an Infantry Regiment wherever enemy penetration occurred, maintaining a tenuous defensive line successfully throughout that terrible summer. But the most critical moment suddenly struck LTG Walker from out of nowhere. The 6th ID of NKPA vanished in late June near the Seoul area. Unexpectedly, they appeared at Kunsan on the far left frank of LTG Walker's thin defensive line. The 6th Infantry Division, commanded by BG Bang Ho-san, who had a great reputation as one of the bravest fighters during the Chinese Civil War, had maneuvered by night, hiding during the day.

He had successfully advanced an attack on Pusan from the deep left frank. LTG Walker had to respond immediately to this surprise attack on his left frank.

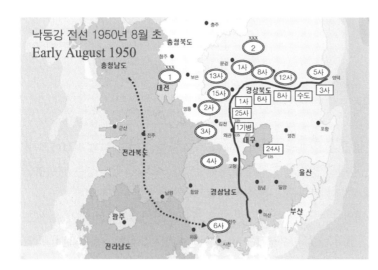

낙동강 전선 상황도, 1950년 8월
The Pusan perimeter, August 1950

인민군 6사단의 기습적인 서측방 출현은 워커 장군으로 하여금 전 전선에서 후퇴하여 낙동강 전선을 전면 재조정하게 만들었다.
LTG Walker had to respond immediately to the 6th ID of NKPA's surprise attack on his left frank.

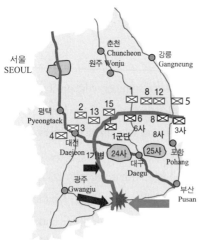

인민군 6사단의 출현으로 주요 전선은 진주 지역에 집중되었다.
1950. 7. 26
The 6th ID of NKPA tried to penetrate Jinju, 26 July 1950

인민군 총사령관 김일성
Kim Il-sung, Commander in Chief of North Korean Army

인민군 전선을 독려하는 포스터
NK's Battle cheering poster

은밀하게 야간에만 이동하여
진주까지 진출한 인민군 6사단,
1950년 8월 초
The 6th NK division
suddenly appears and
advanced to Jinju, the west
frank of the Pusan
perimeter, early August
1950.

인민군 6사단의 침투 대기동
Infiltration of NK 6th Division

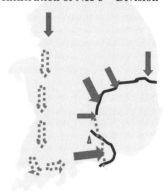

인민군 신형 탱크의 주포는 85밀리 포였다.
T34 Russia made tank has a powerful 85mm gun.

한국군 1사단장 백선엽 장군
BG. Paik Sun-yup Commanding General, 1st ROK
Infantry Division in August 1950

신형 대전차 로켓 3.5인치 로켓을 사격하는 병사, 1950. 7. 26
3.5" antitank rocket launcher, 20 July 1950

인민군 여성 군관
A NK's woman officer

30. 낙동강의 격전 Dogfights at the Pusan perimeter

전선 방어의 총책임을 지고 있는 미 8군사령관 워커 장군에게 가용한 예비대라고는 25사단에서 차용한 마이클리스 대령의 27연대뿐이었지만, 워커 장군은 그 부대를 이끌고 사방으로 뛰며 돌파된 곳을 숨 가쁘게 막아 왔다. 27연대는 보은과 상주에서 적의 첨단을 저지하였고, 다부동에서 한국군 1사단과 볼링장 전투 그리고 남해의 진동리 전투에서도 용감히 싸워왔었다.

그러나 인민군 6사단의 실체를 서측방에서 확인한 미 8군은 전선 붕괴의 위기감을 느꼈고, 워커 장군은 이에 즉각 대응할 수 있는 조치를 취해야만 하였다. 중환자 상태의 24사단을 7월 말 다시 호출하여 서측방 방호를 위하여 전선으로 내몰았다. 워커 장군은 8월 1일, 서측방의 기습 돌파를 시도하는 인민군 6사단을 저지하기 위하여 미 25사단을 빼내 마산으로 이동을 명하는 한편, 전 전선을 낙동강 이남으로 철수, 축소하고 최후의 방어선이 될 낙동강 교두보를 구축하였다. 태평양을 항해 중인 전 수송선과 병력을 실은 함선에게 최고 속도로 마산 방어선으로 향하도록 명령하였다.

8월 초 미 25사단과 해병 5전투단을 주축으로 한 킨 특수임무부대가, 진주 일대에서 국공내전의 전투 경험으로 무장된 방호산 장군의 인민군 유격 6사단과 운명을 건 격전을 시작하였다. 8월 15일 부산 해방을 호언한 김일성의 독전과 인민군의 총공세에도 불구하고 워커 장군의 방어선은 기적처럼 무너지지 않았다. 한국군도 의외의 선전을 하였다. 유일하게 미군과 함께 전투를 치른 한국군 1사단도 다부동에서 훌륭하게 방어선을 지켰고, 동부의 한국군 6사단, 8사단, 수도사단, 3사단도 기대 이상의 선전을 하였다.

초전 패배의 충격과 전투 경험 부족에서 오는 극심한 한계에도 불구하고, 영천과 포항의 위기도 잘 견뎌내었고 낙동강 방어선도 지킬 수 있었다. 극심한 고통 속에서 유아기를 겪은 유약했던 한국군은 서서히 단련되어 명실 공히 전투 사단으로 거듭나고 있었다.

The 27th Infantry Regiment, tasked from the 25th ID, served as the only reserve for LTG Walker, CG of the 8th Army. They were required to respond anywhere penetrations were to occur. Colonel Michaelis, commander of the 27th Infantry Regiment, fought very bravely and smartly under LTG Walker's direct order for responding to local crisis, including the crisis at Boeun, Sangju, Dabudong (famous of the battle of bowling alley) and Jindongri.

On August 1, LTG Walker ordered a retreat from all forward defensive lines back to the area behind the Nakdonggang(River). This was intended to reduce the length of the defensive perimeter and save the 25th Infantry Division.

The 25th Infantry Division was immediately pulled out from the front line and shifted down to Masan in position to block the 6th ID of NKPA, which was rapidly advancing toward Pusan. The 24th Infantry Division was ordered to deploy and defend the left frank immediately even though it was not finished re-organizing work or ready for action yet. All available units and logistical supplies, which were heading to Japan or directly to the Pusan perimeter, was rerouted to Masan where MG Kean, CG of the 25th ID, was organizing "Task Forces Kean" to block the NKPA 6th

ID. The fateful campaign between MG Kean's Task force comprising the U.S. 25th ID and 5th Marine Regiment Combat team, and BG Bang Ho-san's 6th ID of NKPA, began in early August, the middle of a sticky summer heat. Dogfights continued all along the Pusan perimeter during the sweltering summer, and the deadline of August 15 was passed without the UN defensive line being demolished.

The ROK Infantry Divisions including the 1st ID in Dabudong, the 6th ID, the 8th ID, the 3rd ID, and the Capital Division on the Eastern front, kept their positions and fought more tenaciously than expected. Task Force Kean successfully conducted the blocking battles at Jindongri and Sacheon, even though they lost the initial battle of Hadong. ROK Army divisions survived the initial shock of retreat and loss, to recover their confidence as capable combat experienced divisions.

The crisis in Yeongsan, Pohang and Yeongcheon were conquests even if it pained very much. The Pusan perimeter still held during the month of August in which Kim Il-sung had sworn to liberate Pusan.

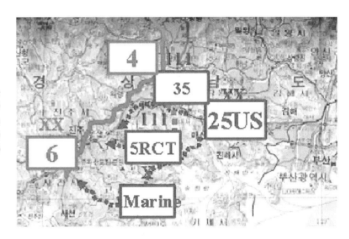

킨 특수임무부대(미 25사단, 해병여단)는 마산을 돌파하려는
인민군 6사단을 결사적으로 저지하였다. 1940. 7. 27~9. 20
Combat between TF Kean(25th ID, U.S.) and the 6th
Infantry Division, North Korea, 26 July 1950-20
September 1950

파괴된 인민군 탱크
Destroyed T34 tank

초기 전투에서 패하여 포로가 된 미군들
U.S. POW in North Korea, 1950

대구 지역에서 강제 징집
되어 가는 남편들을 바라
보는 아내들, 1950년 8월
Women at Daegu.
Army depot watching
as their menfolk go off
for training in the
South Korean Army,
August 1950

전형적인 한국군 보병 병사
South Korean soldier, August 1950

낙동강 전선 지원을 위한 남한 주민 강제 노역 동원은, 후일 서로 비난하는 지울 수 없는 족쇄가 되었다.
Forced labor work in South Korea by NK became inerasable pains to South Korean later
because of blame to help enemy.

서울에서 벌어진 인민재판
Public trial by communists in Seoul, 1950

위급한 전선 상황 때문에 나이든 기혼자들도 강제 동원되었다.
Many South Korean include aged husbands were called forcedly.

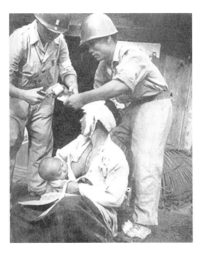

아이를 안은 여인을
치료하는 한국군,
1950년 8월
South Korean
soldiers tending
to wounded
woman with
child in her arm,
August 1950

부산에 도착하는 증원군, 1950년
Reinforcing troop arrives in Pusan, 1950

24연대장 참페니
대령, 1950. 8. 7
-1950. 9. 6
Col Champeny,
Cdr of the 24th
Regiment, 7
August 1950 -
6 September
1950

해병 여단장 크레이기 준장과 24사단 처치 소장, 오봉리, 1950. 8. 17
BG Edward A. Craig(USMC) and MG John H. Church the morning
of the Marines attacked Obongri Ridge, 17 August 1950

낙동강 전선, 1950년
The Pusan perimeter, Korea, 1950

한국군 결사 항전 의지, 1950년
ROK Army soldiers, 1950

M26 탱크의 사격 진지, 1950년 8월
M26 Tank, U.S. Army, August 1950

155밀리 야포 사격, 11포병대, 낙동강 전선, 1950년 8월
155mm HOW from the 11th FA fire's at attacking North Korean
Forces at the Pusan perimeter, August 1950

미 25사단에는 버펄로 연대라고 불리는 흑인들로만 구성된(연대장만 백인) 연대가 있었다.
남북전쟁 때 만들어진 이 연대는 한국전쟁 중에 인권 문제와 효율성 문제로 해체, 재조직되었다.
A buffalo soldiers, Korea 1950(the 25th Infantry Division)

미 1기병사단 한국전 참전, 1950년 7월
1st Cavalry Division committed, July 1950

한국군 3사단장 김석원 장군의 작전 토의, 포항
BG Kim Seok-won, CG, 3rd ROK division, Pohang

미 해병을 지원하는 항공대 소속 시실리함, 1950년
U.S.S. Sicily for supporting U.S. Marine, 1950

박격포 사격 중인 국군 병사
Mortar fire by ROK soldiers

영산 지역, 낙동강 전선, 1950년   The Pusan perimeter, Yeongsan, 1950

낙동강 전선의 탱크 전투, 1950년 8월

31. 총력전 Total War

막강한 포병과 공군 화력의 엄호 하에 차량과 기동 장갑 장비로 거침없는 기동전을 수행하여 제2차 세계 대전을 승리로 이끈 현대전에서 최강의 미군. 그들의 최신 전쟁 수행 방식은 엄청난 공군과 화포의 엄호 하에 도로를 따라 기동하면서 주간에만 전투를 수행하는 일정한 규칙을 지키며 전투를 수행하는 방식이었고, 그렇게 싸워 이긴 그들은 승전 군대였다. 그러한 미군에게 낙동강 전선의 전투는 전혀 다른 고통을 요구하였다.

이른바 비정규전 부대(게릴라 부대)와 정규전을 수행하는, 규칙을 무시한 총력전의 새로운 전쟁 양상이 바로 그것이었다. 고지를 끊임없이 오르내려야 하고, 정지하면 쉬지 않고 호(壕)를 파야만 하며, 야간에도 잠을 잘 수 없고, 때론 지원 화력과 도움을 받을 수도 없는 고립된 전투를 수행하며, 적의 방향을 알 수 없는 전선, 그곳이 바로 낙동강 전선이었다.

아무리 밟아도 죽지 않고 꿈틀대는 뱀처럼, 짓이겨도 다시 살아나는 잡초처럼, 치명적인 피해를 입어 공격 능력을 완전히 상실한 것처럼 보이는 인민군 사단들의 집요하게 반복되는 공격력의 비밀을 미군은 이해하지 못했다. 정규전 부대이면서 유격전을 수행하는 인민군들의 비정규 전투 수행 방식을 이해하고 대응하는 데 미군은 더 많은 고통의 시간이 필요하였다.

Her victory in World War II had proved the U.S. Army, as the strongest Army in the world, due to her modern air-land battle tactics, which required the quick maneuver capability of armored vehicles under cover of massive air and

미군의 중폭격기
B29 bomber
미 공군의 네이팜 탄 융단 폭격, 왜관, 1950년 8월
Horrendous results of U.S. napalm bombing in
Waegwan, August 1950

그을린 채 타죽은 인민군 병사들의 시신들, 낙동강 전선
Burned dead bodies are NK soldiers, the Pusan perimeter

artillery support. The typical way of battle for the U.S. Army had been kept to maneuvering during the daytime on an open ground under the massive air and artillery support. In Korea, they met another kind of enemy that had quite a different tradition of combat tactics.

This new kind of enemy, the North Korea People's Army, had all weather and all condition capability, and they had trained in unconventional warfare tactics. They concentrated their total capacity against their enemy including fighting at night, fighting on difficult terrain, and a willingness to sacrifice human recourses for ultimate victory. They were willing to do anything they had to for victory in war. This communist "total war" concept of NKPA required accepting tremendous pain and suffering in order to challenge the U.S. Army. American soldiers initially could not understand why they had to dig a foxhole whenever they stopped. They had to be kept awake at night, and were forced to attack hills without air or artillery support at the Pusan perimeter.

American soldiers could not understand how the North Korean divisions, who appeared to be weak troops, could attack and attack repeatedly, against their defensive positions at the Pusan perimeter.

Even after they were crushed or severely damaged, they repeated their mission. The U.S. Army soldiers needed more experience and struggled to understand who where the NKPA soldiers that were operating unconventionally, in any condition, even though they were regular army units.

한국군 1사단 12연대장 박기병 대령, 다부동 전투, 1950년 8월
Col Park Ki-byung, Regimental commander of The 12th ROK regiment, 1st ID, Dabudong, August 1950

영산 전투의 미군들, 1950년   U.S. troop in Yeongsan, 1950

무스탕 전투기에 기관총 실탄 장전, 1950년 7월
Armorers are shown loading 50caliber ammunition. Belts in
the wing of an F-51 Mustang fighter plane in July 1950

미군 희생자 한국 땅에 매장, 1950년 7월
One of the first casualties of the war is laid to rest in a
Korean grave. 1950

묶인 채 사살된 미군 병사의 시신
One of a captured American soldier whose body was later
found, bound and shot by the Communist

묶인 채 사살된 남한 주민들, 대전, 1950년 9월
Bound South Korean prisoners lying in the grave into which
they were herded for execution during occupation of Daejeon.

미 공군에 의해 파괴된 인민군 탱크, 1950년
Burning T34 tank by UN airstrike, 1950

교관에게 신형 대전차 로켓(3.5인치) 교육을 받는 병사들, 1950년 7월
Three students receive instructions from an officer on the
3.5" Bazooka, July 1950

미군과 함께 걷는 나이 어린 한국군 병사
The age of young Korean in U.S. soldiers

한국군 1사단장 백선엽 장군, 포병사령관 헤닉 대령, 1950년 8월
BG Paik, Col Suk Ju am(CofS) Col Hennig(Arty Cdr) after the
success of Dabudong defense, August 1950

부산의 강제 징집, 1950. 8. 1
Korean Army recruits in Pusan, 1 August 1950

왜관 근처 파괴된 낙동강의 교량들, 1950년 8월
Bridge destroyed over the Nakdonggang(river) near
Waegwan in early August 1950

M1소총을 옆에 세워 놓고 휴식 중인 미군 병사, 1950년 8월
An U.S. soldier with 30 caliber M1, August 1950

인민군 6사단의 출현으로 안동, 함창,
상주 일대에서 축소된 낙동강 방어
진지로 이동 중인 한국군, 1950. 8. 1
ROK troops move to new
positions near Andong,
Hamchang, Sangju by 1
August 1950.

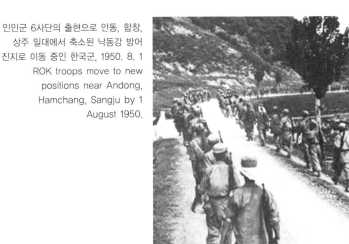

한국군 9개 사단 휘장
The 9 South Korea Army divisions

미군 5개 사단 휘장
Initial commitment U.S. Units

전진부대

청성부대

맹호부대

한국군 1사단, 6사단,
수도사단, 9사단,
8사단, 3사단, 5사단,
2사단, 7사단
1st ID, 6th ID,
Capitol divison,
9th ID, 8th ID,
3rd ID, 5th ID,
2nd ID and 7th ID
from the top left.

U.S. 24th ID

백마부대

오뚝이부대

백골부대

U.S. 25th ID   U.S. 1st CAV Div

열쇠부대

노도부대

칠성부대

미 24사단,
25사단, 1기병사단,
미 1해병 사단,
미 2사단
U.S. 24th ID, U.S. 25th ID,
U.S. 1st CAV Div, U.S. 1st
Marine Div, U.S. 2nd ID

U.S. 1st Marine Div.   U.S. 2nd ID

부산에 도착한 M26 퍼싱 전차, 1950. 8. 2
M26 Purshing tank at Pusan, 2 August 1950

학도의용병
Volunteer student soldiers

32. 미 해병의 참전 U.S. Marine Corps joined the Korean War

드디어 미 해병의 한국 참전이 결정되었다. 캘리포니아 샌디에이고 펜들턴 항구에서 미 해병 제5연대를 주축으로 하는 선발대가 승선하였다. 이들은 상륙 부대로서 소집되었으나 한반도의 전선 상황이 급박하여 해병 항공대의 지원 하에 낙동강 전선 전투에 투입되어 용감히 싸웠고, 위기의 방어 전선에서도 효과적으로 전투력을 발휘하였다. 해병 1연대, 8연대가 후속으로 소집되면 해병 1사단에 합류하여 인천상륙작전의 주력 부대가 될 예정이었다.

찬란한 전통에 빛나는 미 해병도 제2차 세계 대전 이후 해체되어 힘을 잃고 있었으나, 이제 그들은 찌든 녹을 닦아 내고 다시 빛나는 투혼을 발휘하였다.

The U.S. Marines were so committed to the Korean War. The 5th Marine Regimental Combat team, the advance team of the U.S. Marine Corps, left the port of Pendleton, San Diego, California for Pusan, Korea in July 1950. They were called and assigned to Japan as a landing force to somewhere in the Korean peninsula after the preparation at Japan, but the order was changed to Korea directly for reinforcing the Pusan perimeter because the defense line was so weak to sustain until the landing operation was on their way to Japan. The Marine Corps landed in Pusan, Korea and got involved in the defense battles at the Pusan perimeter immediately.

The Marines reacted rapidly and fought greatly even though they had been departed just after World War II was finished.

한국으로 출발하는 해병 선발대를 샌디에이고 항에서 환송하는 해병 사령관 케이츠 대장, 1950년 7월
Marine General Clifton B. Cates visit San Diego for embarkation of 1st Provisional Marine Brigade in July 1950

부산에 도착하자마자 위급한 지역의 킨 특수임무부대로 창원 지역에 투입된 해병대, 1950. 8. 2
Brigade troops preparing to entrain at Pusan for the Changwon bivouac area for the OPN "TF Kean", 2 August 1950

전선으로 떠나는 해병들을 환송하는 여인들, 캘리포니아 펜들턴 항,
1950년 7월
A transport ship, which is departing to Korea, a U.S. port in
Pacific, July 1950

고지 위의 미 해병, 낙동강, 1950년
U.S. Marine on a hill, the Pusan perimeter, 1950

오봉리 전투에 참가했던 미 해병 대위
A Marine captain during the battle of Obong-ri

미 해병 항공기 코르세어
A Corsair takes off from the U.S.S. Sicily

해병 전투기 공격으로 파괴된 북한 인민군 차량들
NK transport knocked out by Marine planes

여단 군수 참모 치데스터 중령이 오봉리에서 킨 부대 작전 도중
적 기관총 진지를 파괴시킨 90밀리 전차포의 위력을 확인하고 있다.
사천 오봉리, 1950년 8월
LTC Arthur A. Chidester, Bde S-4 watches while 90mm tank gun
fires across observation Hill to knock out enemy machinegun on
Obongri Ridge while join the TF Kean on August 1950.

사격 지휘반의 협조된 포병 사격 지휘
Headquarters officers keep careful tab on Marine advances
in order to co-ordinate fires of supporting weapons.

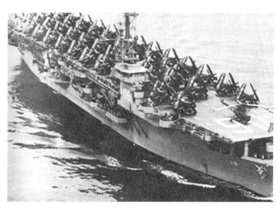

근접 항공 지원용 해병 항공기를 실은 해병 항공모함
Marine air strikes first-the U.S.S. Badeong strait(CVE 116)
nearing Japan with Corsairs on deck.

해병 선발대 5해병 전투단이 부산에 도착
U.S. Marine, the 5th Regimental Combat Team in Pusan

로켓 8발과 500파운드 폭탄을 싣고 해병 항공모함 시실리에서
이륙하는 코르세어 기
An F4U armed with eight rockets and a 500Lb. Bomb takes
off from the U.S.S. Sicily(CVE 18)

해병 항모 시실리에서 이륙 준비 중인 해병 항공기, 1950년 8월
Rocket-laden planes of VMF-214 warning up on flight deck
of the Sicily, August 1950

해병 근접 전투기 코르세어, 1950년 8월
A Corsair takes off for the front in Korea, August 1950

미 해병의 근접 항공 지원은 매우 효과적으로 이루어
졌는데, 이는 조종사뿐만 아니라 정비병과 탄약 요원들
의 노고 덕분이었다.
Effectiveness of Marine air attacks depends
not only on Corsair pilots but also on
crewmen such as guys shown while arming
rockets on the flight deck of the U.S.S. Sicily
in preparation for a strike in Korea on August
1950.

미 해병 여단장 크레이그 준장과 쿠시맨 준장이 지휘용 헬리콥터 밑에
앉아 있다. 1950년 8월
BG Craig(left), Cdr of 1st Marine Bde and BG Cushman,
DCO of the Bde with an HO3S-1 helicopter. August 1950.

두 해병이 낙동강 전선의 고지에서
잠시 휴식을 취하고 있다. 1950년 8월
Two Marine PFCs take a break after fighting their way to the
top of a ridge in the Pusan perimeter. August 1950

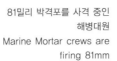

81밀리 박격포를 사격 중인
해병대원
Marine Mortar crews are
firing 81mm

미 해병 1대대의 포병 진지 근처에 착륙한 헬리콥터, 1950년 8월
VMO-6 helicopter lands near the artillery positions of the
1st Bn, 11th Marine, August 1950

낙동강 전선을 방문한 이승만 대통령이
미 해병대원들과 포즈를 취하고 있다. 1950년 8월
BG Craig, ROK President Rhee and 2LT F. W.
Muetzel and Technical Sergeant E. L. DeFazio,
both wounded three times, August 1950

해병 부대를 방문한 미국의 상원의원들: 펜실베이니아 주 휴 의원, 뉴
욕 주 헨리 의원, 1950년 8월
Congressman Hugh of Pennsylvania and Henry of New York
are shown captured gun by BG Craig, the Pusan perimeter.
August 1950

해병의 낙동강 전선 전투 중 부상자를 후방으로 후송하고 있다. 1950년 8월
Marine advancing in first battle of the Pusan perimeter pass
casualties on way to the rear.

해병대원이 탱크와 함께 적의 사격 속에 전진하고 있다. 1950년 8월
Marine infantry and M-26 tank, advancing under fire, pass
a dead body of U.S. soldier on left, August 1950

멀리 보이는 오봉리 125
고지 끝자락에 파괴된 T34
전차들과 시신들, 사천,
1950년 8월
Graveyard of enemy
Tanks – Three dead
T-34's at the bend
where the road skirts
Hill 125, with Obong-ri
Ridge looming up
ahead. Bodies of three
Marine show in the
foreground on August
1950 at Sacheon.

미 해병의 지휘관들 – 왼쪽부터 해병항공단장 해리스
소장, 1해병사단장 스미스 소장, 항공단장 쿠시만 준
장, 1950년 8월
MG Field Harris, CG of the 1st Marine Aircraft
Wing, MG Oliver P. Smith, CG of the 1st
Marine Division and BG Thomas J. Cushman,
DCG of 1st MAW, August 1950

해병 원정군사령관 셰퍼드 중장과 크레이기 준장, 로데스 중위가 인민
군 오토바이를 보고 있다. 마산
LTG Shepherd is shown captured NKPA motorcycle by BG
Craig(left) and 1LT Rhodes(Right) at Masan.

먼저 보고 빨리 쏘는 자만이 산다. 진동리 전투
화염에 휩싸인 적의 탱크 옆으로 전진하는 미 해병
The Quick and the Dead – Marine tank, advancing along MSR
at Jindong-ri passes burning bull.

1950년 8월 미군의 킨 특수임무부대는 남해의 험한 산악 지대에서 고지 전투라는 새롭고도 고통스런 전투를 경험하였다. 하동 전투에서 처참한 몰살을 경험한 이래 빨치산식 산악 전투와 야간 전투의 강요는 미군들을 끊임없이 괴롭혔다. 장갑화된 차량이나 전차의 화력이 때로는 별 도움이 되지 못한다는 사실도 경험하였다. 그들에게 요구되는 것은 야간에 잠을 자지 않고 눈을 부릅뜨고 있어야 하고, 심장이 터질 듯한 고통을 인내해야 하며, 고지를 오르내리고, 쉬지 않고 땅을 파야만 살 수 있다는 사실이었다.

Summer, 1950. The U.S. Army experienced a totally different war but painful things in a mountainous area of the southern Korean peninsula. The tragedy of Hadong massacre was another shock to the U.S. Army. The U.S. soldiers learned how to fight under the painful experiences that they had to fight on hillsides without air or artillery support at night. Armor vehicles and military trucks were not effected on off roads and mountainous areas.

They learned very painfully that they had to climb a mountain, dig a foxhole, and constantly had to be awake all night long in order to survive in a strange battlefield.

미군의 야전 취사, 1950년 8월
전투 식량으로 레이션 식품이 발달되어 계급의 고하를 막론하고 스푼과 깡통따개는 군번과 함께 목에 걸고 다니는 필수품이었다.
C-rations was a good to eat in the field but anybody whatever the ranks needed to hang a spoon and a can opener on the neck with his dog tag to eat the food in the field.

미군들의 야전 예배, 낙동강 전선
A chaplain conducts Sunday morning services along the
Pusan perimeter

정찰 중인 미 해병대원들,
1950년 8월
Marine patrol moves
out from Hill 311,
overlooking the
Nakdonggang(River),
after BDE troops take
their final objective in
the first battle at the
Pusan perimeter in
the Summer of 1950

진동리 일대에서 킨 작전에 참가한 미 해병, 1950년 8월
During the Marine join the TF Kean Offensive OPN at Jindongri area
on August 1950

마산으로 투입하기 위하여 이동하는 해병, 1950년 8월
Marine truck column on way to Masan area after first battle
of the Pusan perimeter on August 1950

부상자를 후방으로 후송하는 한국인 노무대원들, 마산, 1950년 8월
A stretcher casualty being evacuated through rice paddy, with South
Korean laborer bringing up the rear at Masan on August 1950.

해병 소대장이 잔뜩 웅크린 대원들에게 목표를 설명하고 있다. 1950년 여름
Marine platoon leader calls for another rush on enemy hill position
in second battle of the Pusan perimeter in Summer 1950.

북한의 해방 5주년 기념식, 미군 포로도 강제로 참석하였다. 1950. 8. 15
A celebration of the fifth anniversary of the Liberation 15
August 1950, with an American POW present.

33. 부산항의 군수 전쟁 Logistics War in Pusan

남한 제1의 항구 도시 부산은 남북 전쟁이 시작되자 전략적으로 매우 중요한 기지로 부각되었다. 미군과 유엔군의 참전이 결정되자 부산항은 참전 부대의 주요 진입로이자 군수 보급품의 하역을 위한 중요한 항만으로 부각되었다. 8월에 닥쳐온 낙동강 전선의 위기 시에는 부산항은 미군의 안전한 철수를 보장해야 할 최후의 교두보로 고려되기도 하였다.

부산은 하루에 4만 5천 톤의 하역 능력이 있는 항만을 가지고 있었으나, 일본이 철수할 때 주요 장비의 반출과 함께 일본인 전문 항만 기술자들이 귀국해 버려 개전 초에는 만 톤의 적하역 능력만을 유지하고 있었다. 낙동강 전선이 달아오르기 시작한 7월, 미 극동사령부는 일본에서 기관차 25대, 항만용 차량 4천 대, 그리고 60톤과 100톤 능력의 부두 크레인을 들여와 부산항의 능력을 극대화하였다.

항구 도시의 주민과 증강되는 군부대 시설, 폭증한 피난민들이 뒤엉킨 부산에서 북한은 내부 교란과 폭동을 선동하여 부산항의 기능을 마비시키려 집요한 시도를 하였으나, 부산의 치안은 성공적으로 이루어져 전력 증강과 군수 보급 기지로서 후방의 안정을 유지하였다.

Pusan, the biggest port in Korea, was focused as a very important strategic base for the U.S. Army when the war broke. Most of the reinforcement units and logistic supplies landed on Pusan port and supported the Pusan perimeter. Pusan would be kept as the only base to retreat for the U.S. Army just in case a critical situation occurred in the Pusan perimeter in late August 1950. Pusan had 45,000 tons of capacity for loading and unloading per day until the Japanese governed and operated the port, but it had only 10,000 tons of capacity because the Japanese took the major equipment away with the port operating technicians when they retreated in 1945.

The U.S. Far East Command brought 25 locomotives, 4,000 cargo trucks for port works, a 100-ton and a 60-ton capacity port crane from Japan to increase the capacity of the Pusan port in late July 1950.

The ROK government also successfully governed and managed the Pusan port where the chaotic city with a lot of refugees bustled, for the military mission to support the front line under the persistent espionages, sabotages and violent actions in the rear for neutralizing the port by North Korea.

전선으로 갈 포병 화기들, 부산항, 1950년 9월
Artillery guns in Pusan, September 1950

북한의 집요한 테러 시도에도 불구하고 부산항은 조직적으로 잘 운영되었다.
Pusan Port, August 1950

부산항에 산적한 군수물자
Logistic supplies in Pusan

부산항, 1950년 8월
Pusan port, August 1950

전선으로 이동 준비가 완료된 해병 포병대
The 105mm HOW of 1/11 cleaned up, packed and ready for embarkation at Pusan in late July 1950

부산항 군수품 하역장   Pusan, Summer 1950

미 해병들을 위해 먼 동아시아까지
보낼 군수 및 전투 물자들
Mountains of supplies-
Hundreds of tons of
equipment ready for loading
aboard ships taking Marines
to the Far East

부산항에 처음 입항한 해병 선발대
피커웨이 함, 1950년 7월
Marines catch their first glimpse of
Korea as the U.S.S. Pickaway docks at
Pusan, July 1950.

34. 9월의 낙동강 전선 The Pusan perimeter in September

낙동강 전선에서 땀에 전 한여름의 격돌은 9월로 이어졌다. 1950년 9월 1일 북한 인민군은 다시 한 번 총공세를 시도하였고, 낙동강 방어전 기간 중 가장 위험한 시기가 9월 5일에 닥쳤다. 방호산의 6사단이 마산의 킨 특수임무부대의 방어선 돌파를 집요하게 반복 시도하고 있었고, 미 1기병사단은 다부동과 가산 일대에서 압박으로 철수하고 있었다. 국군은 영천과 포항을 탈취당하였으며, 위기 속에서 미 8군과 한국군 육군본부 지휘부가 부산으로 후퇴하였다. 그러나 워커 장군의 내선의 이점을 이용한 기동 역습 부대 운용의 극대화 작전으로 이를 저지하였으며, 결과적으로 한 지점 집중 돌파를 시도하지 못하고 전 전선에 동시다발 공격을 시도한 인민군 전선사령부의 잘못된 작전술이 공격 실패의 결정적 요인이 되고 말았다.

9월 초의 위기는 숨 가쁘게 지나갔다. 인민군 전선사령부는 공세의 한계와 힘이 떨어지고 있음을 느끼고 초

조해하기 시작하였다. 미군의 전력은 증원되는 부대와 군수 지원으로 날이 갈수록 강대해졌다.

맥아더 장군의 인천상륙작전 시행이 눈앞에 다가오고 있었다. 이 순간에 가장 마음고생을 한 사람은 인천상륙작전의 선봉장인 미 해병 1사단장 스미스 장군이었다. 그의 주력 부대인 해병 5연대가 상륙 준비는커녕 낙동강 전선에 묶여 전투력 손실로 지쳐 가고 있었기 때문이었다. 낙동강 전선을 지키기 위해 5해병 전투단을 조금 더 붙잡아 두려는 지상군 사령관 워커 장군과 계획된 상륙전을 준비해야 하는 해병 1사단장의 줄다리기는 결국 맥아더 장군의 중재 명령으로 해결되었다.

해병대는 드디어 상륙 작전을 위해 낙동강을 떠났다. 홋카이도에 주둔한 미 7사단과 해병 1사단이 일본에서 숨 가쁜 상륙 작전 준비에 몰두하고 있었고, 미 해병 5전투단은 인천으로 향하는 해상에서 합류할 예정이었다.

인천상륙작전의 날이 다가오고 있었다.

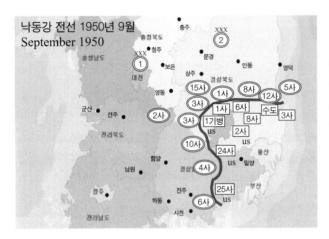

Dogfights in the Pusan perimeter under the sticky summer continued until September. NKPA re-concentrated the maximum capacity to the total offensive operation on 1 September, and the most critical situation occurred on September 5. BG Bang's 6th division attacked Task Forces Kean at Masan, only 20 miles west of Pusan. The 1st Cavalry division retreated from Gasan, the ROK divisions lost Yeongcheon and Pohang in the East, and the HQs of the ROK Army and the 8th U.S. Army retreated to Pusan. The U.S. Army seriously considered a total retreat to Japan at this moment. But, LTG Walker sustained the Pusan perimeter defense line under his outstanding counterattacks' tactics using the inline benefits. NKPA also had a big operational fault that they tried not to penetrate at the weakest point on the define line, but at every looks possible points. NKPA could not penetrate any areas on the defense line but lost their combat powers.

NKPA was irritated because they felt that their culminating points of attack were over and weaker while the defense units were stronger without demolishing Pusan. MG Smith, Commanding General of the 1st Marine Division, felt very uncomfortable because he could not prepare the landing operation properly due to the 5th Marine Regiment assumed to be a spearhead unit for the landing, still sunk in the tired battles and expended in the Pusan perimeter. MG Smith strongly insisted his troops get back to LTG Walker and General MacArthur. The 5th Marine Regiment moved out of the Nakdonggang battlefield in early September to join the landing under the 1st Marine Division with the 7th Infantry Division to someday in September. The D-day for the landing operation was coming closer.

낙동강 전선 1950. 9 Pusan Perimeter(September 1950)

다부동을 돌파하지 못하자 다급해진 인민군 전선사령부는 전 전선을 동시에 압박하는 작전적 실수를 범했다. 한때 영산과 진주가 돌파되고 포항과 영천이 함락되는 등 위기가 있었으나 낙동강 방어선은 훌륭히 지켜졌고, 공격력을 집중하지 못하고 분산시킨 인민군 사령부는 낙동강 전선의 패배자가 되고 말았다.

When NKPA failed to penetrate Dabudong at the most possible point, they moved to attack all possible penetrating points at a time their attacking power was dispersed.

The Pusan perimeter was defended successfully even though Jinju and Yeongsan were penetrated and Pohang and Yeongcheon were lost for a while. NKPA lost the battles in the Pusan perimeter because they did not concentrate on their attacking capacity.

인민군 포로, 낙동강 전선
Captured NK's soldier, the Pusan perimeter

전진 중인 보병과 탱크 부대, 1950년 8월
낙동강 전선(태백산맥, 지리산 일대)의 비정규전 부대의 활동은 매우 활발하여 전령이나 소규모 부대는 전차의 엄호 없이 이동이 어려웠다.
이 때문에 전선에 투입되어야 할 미군 탱크의 상당수가 후방 전령 임무에 투입되었다.
Advanced Infantry with tank, August 1950
The Iron Cavalry Brigade infantrymen and tanks supporting each other during advance of Marine to Sacheon on August 1950.

불타는 인민군 전차 옆으로 전진하는 해병, 영산, 1950년 8월
Marine advancing past Hill 117 (background) along MSR
west of Yeongsan are giving a wide berth to the dying
T-34 in anticipation of exploding ammunition on August
1950.

F80 제트 전투기
에 탄약을 싣는
탄약 요원들,
1950. 8. 7
Loading
50caliber
ammo of an
F-80 jet fighter
on 7 August
1950

낙동강 전선의 미 해병, 1950년 8월
Marine infantry advancing in second battle of the Pusan
perimeter as Marine air and artillery hit the enemy up
ahead August 1950.

9월에 들어서자 인민군들의 포로가 증가하기 시작하였다. 1950년 9월
NK's POW were increased in September 1950, the Pusan
perimeter.

미 참모총장 콜린스 대장과 워커 중장이 낙동강 전선에서 전투 중인
한국군 부대 방문 General Collins and LTG Walker visited
ROK units for encouraging the soldiers in front.

마산 북서쪽에서 철길을 따라 전차를 배치하여 인민군의 공격에 대비하는 미군, 1950년 9월
Waiting for the Reds, 25th Div tanks line up against a rail embankment northwest of Masan, September 1950.

9월 들어 인민군들의 포로가 증가하기 시작했는데, 많은 수가 서울과 남한에서 강제로 끌려온 어린 소년들이었다.
NK's soldiers are surrendered. Many of them are forcedly called South Korean young boys from Seoul by communists.

낙동강 전선에 투입된 미 해병 전차가 언덕 위의 인민군 진지에 응사하고 있다. 1950년 8월
Along the Pusan perimeter front, Marine tanks return enemy fire from nearby ridges as North Koreans try to impede the Marine advance. August 1950

영산 일대에서 증가하는 포로들을 수용하기 위하여 철조망으로 급조한 포로수용소
Moping North Korean prisoners languish in a hastily set up barbed wire enclosure under the watchful eyes of American, 1950.

마산의 임시 군 묘지에서 미 해병대원들
At Masan Military Cemetery, Marines hold a memorial
service for fellow leathernecks who died in the fighting.

마산 지역에 투입된 미 해병 5연대의 수송부에 퍼붓는 인민군 박격포탄, 1950년 8월
Enemy mortar shells send troops at an Army Marine motor pool scurrying for cover near Masan. August 1950

마산 전투에서 전진 중 저격병의 사격에 정지된 미 25사단 선두부대, 1950년 9월
25th Div riflemen take cover behind their jeeps as U.S. planes
dislodge snipers in the adjacent hills.

한국군 105밀리 포병 사격
ROK 105mm Artillery

대구 외곽의 교통 안내소, 1950. 8. 24
Information station at Daegu, 24 August 1950

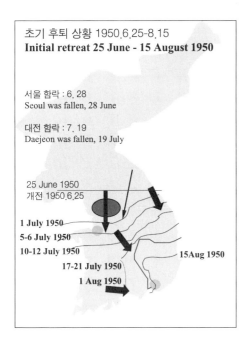

초기 후퇴 상황 1950.6.25-8.15
Initial retreat 25 June - 15 August 1950

서울 함락 : 6. 28
Seoul was fallen, 28 June

대전 함락 : 7. 19
Daejeon was fallen, 19 July

25 June 1950
개전 1950.6.25

1 July 1950
5-6 July 1950
10-12 July 1950
17-21 July 1950
1 Aug 1950

15Aug 1950

전선 상황도, 1950. 6. 25 – 1950. 8. 15
1950년 6월 25일 기습 남침 공격이 개시된 이래 국군은 변변한 반격 한번 해 보지
못하고 낙동강 이남으로 밀려 내려갔다. 김일성이 전선 지휘관들에게 강력하게 지시한
남한 해방의 시한은 8월 15일이었다.
비록 한국군 사단의 절반과 미 24사단이 심대한 타격을 입고 밀려났으나, 전선은 시간이
흐를수록 남쪽에 유리해졌다. 미군의 전선 증강 속도는 시간이 흐를수록 가속도를 내었다.
Situation Map, June 25 – August 15, 1950
Since the surprise attack on 25 June 1950 was succeeded, Kim Il-sung
ordered to liberate Pusan in 15 August 1950. However, NKPA was irritated
because they felt that their culminating point of attack were over and weaker
while the defense units were stronger without demolishing Pusan.

전투에서 획득한 북한 인민공화국의 기를 미 25사단 병사들이 들어 보이고
있다. 1950. 9. 5
The 25th ID displayed a captured NK's flag west of Masan, 5
September 1950.

M4A3 셔먼 탱크에 탄약을 적재하는 전차 승무원들, 1950년 8월
Sherman medium tank M4A3, August 1950

증가하는 인민군 포로, 1950년 9월
NK's POW are increased in September 1950

기관총 사격 중인 한국군 병사들, 낙동강 전선, 1950년
Machinegun fire, a ROK unit at the Pusan perimeter, 1950

후일 이학구는 거제도 포로수용소에서 폭동을 주도하였다.
Later Col Lee emerged as the leader of the POW revolts on Geojedo(Island).

인민군 13사단 참모장 이학구 대좌가 1950년 9월 21일 전선에서 투항해 왔으나
귀순자로 분류되지 않고 거제도 포로수용소로 보내졌다.
NKPA Colonel Li Hak-ku Chief of Staff of the NK 13th division in front line after
surrender, 21 September 1950.

철원의 김일성 전방 지휘소가 미 공군에 의해 파괴되었다.
Kim's advance HQs near the Iron Triangle at Cheolwon
destroyed by U.S. bombing in September 1950.

부산의 임시 야전 학교, 1950년 8월
Temporary school in Pusan, Summer 1950

전선에서 치열한 전투가 전개되는 동안 공산 치하의 서울에서는 미군 포로들을 동원한 전쟁 반대 데모와 심리전이 벌어지고 있었다.
UN POW demonstrating March in Seoul for anti-war, August 1950
This photo was used as a psychological propaganda by NK communists.

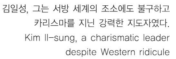

김일성, 그는 서방 세계의 조소에도 불구하고
카리스마를 지닌 강력한 지도자였다.
Kim Il-sung, a charismatic leader
despite Western ridicule

스튜어트 중령, 크레이그 준장, 스네데커 대령, 마산, 1950년 8월
LTC Joseph L. Stewart(Bde S-3) and BG Edward A. Craig
with COL Edward W. Snedeker(Bde CofS) in background
at Masan, August 1950

낙동강 전선의 수문장
워커 중장, 1950년 8월
LTG Walker in
the Pusan
perimeter,
August 1950.

워커 장군을 격려하는 맥아더 장군
General MacArthur and LTG Walker at the Pusan perimeter

Part-III

인천 상륙과 서울 수복 Incheon Landing & Regain Seoul

35. 맥아더의 구상 General MacArthur's Plan

인민군의 탱크에 유린되고 있던 서울의 어두운 하늘을 바라보면서 맥아더 장군은 또다시 대규모 상륙 작전을 구상하고 있었다. 한국전쟁의 전황을 파악하기 위하여 수원을 다녀온 후 맥아더 장군은 즉시 작전부장 라이트 준장에게 합동 전략 기획 및 작전단을 구성하여 상륙 작전을 연구하게 하였다.

7월 23일 라이트 장군은 크로마이트 작전이라는 비밀명으로 3개의 상륙 작전안을 내놓았다.

100B Plan(인천), 100C Plan(군산), 100D Plan(주문진)이 그것이었는데, 인천상륙작전이 가장 실현 가능성이 낮은 계획으로 브리핑되었는데도, 맥아더 장군은 이때 인천에 상륙 작전을 수행하기로 결심을 굳힌 듯 보였다.

이 작전에 동원될 부대는 동원령이 선포되어 소집 중인 미 해병 1여단과 미 2사단으로 실시할 예정이었으나, 7월 30일 낙동강 전선이 호남 지역에서 느닷없는 인민군 6사단의 출현으로 위기를 맞고 있었기 때문에 이 부대들을 모두 낙동강 전선에 투입해야만 하였다.

상륙 작전 계획은 구상부터 실행에 옮길 때까지 난항의 연속이었다.

워싱턴의 군부 지도자: 좌로부터 공군참모총장 반덴버그 대장, 합참의장 브래들리 대장, 육군참모총장 콜린스 대장, 해군참모총장 셔먼 제독
Leaders of Pentagon: General Hoyt S. Vandenberg, USAF, General Omar N. Bradley, JCS, General Lawton J. Collins, U.S. Army, Admiral Forrest P. Sherman, USN

General MacArthur thought about another big landing plan when he was looking up at the dark sky where burning Seoul was under fire by the NKPA tanks. He ordered BG Wright, G-3 of the Far East Command, to set up a "Joint Strategic Plan and Operation Team" for preparation of a landing plan on the Korean peninsula just after he was back from Suwon, Korea.

General Wright provided three courses of action for landing on the Korean peninsula, secret name "Chromites operation" on July 23. It was a 100B Plan for Incheon, 100C Plan for Kunsan and 100D Plan for Jumunjin at the East coast. General MacArthur considered Incheon as the best place to land in surprise even though BG Wright explained that Incheon was the most difficult to conduct. It was initially considered to conduct the landing operation with the 1st Marine Brigade that was organized with the 5th Marine Regiment and Air support troops, and 2nd Infantry Division, but they were committed to the Pusan perimeter forcedly when the 6th ID of NKPA suddenly appeared in their left frank in late July.

The landing plan was not easy to plan and conduct under the difficult situation in the Pusan perimeter.

맥아더 장군과 래드포드 제독이 인천상륙작전 실행에
대한 토의를 하고 있다.
Admiral Radford conferring with General
MacArthur during Incheon Planning

조이 제독(중장급)
Vice Admiral Turner C. Joy

인천상륙작전(블루하트) 계획단장
라이트 준장
BG Edwin K. Wright Chief of planning
group for Operation Blueheart

36. 반대와 설득 Objections and Conviction

낙동강의 위기가 고조될수록 맥아더 장군의 상륙 작전에 대한 집념은 강해졌으나 워싱턴의 반대도 거세었다. 합참의장 브래들리 대장, 육군의 콜린스 대장, 해군의 셔먼 제독은 이 계획에 대한 반대 세력이었다. 그들의 반대 이유는 전술적으로는 매우 타당하였다.

인천은 부산과 400Km나 이격되어 상륙 부대가 각개격파당할 위험이 너무 크다는 것, 급조된 상륙군에 예비대가 없다는 것, 현재 낙동강 전선에 투입된 해병 여단을 빼내어 상륙 준비를 시키기에 시간이 너무 촉박하다는 것, 상륙 부대로 홋카이도의 미 7사단을 빼낸다면 대 소련 전선이 붕괴된다는 것, 특히 인천은 간만의 차이가 10m에 이르러 상륙 지역으로는 최악이라는 이유를 가장 큰 장애 요소로 꼽아 미 군부는 상륙 작전 시행을 반대하였다. 그 와중에도 위기의 낙동강 전선은 상륙 작전만이 전세를 뒤집을 수 있다는 필요성을 증대시켰고, 기정사실화된 상륙 작전의 장소 결정만 유보한 채 상륙군 부대장으로 지명된 해병 1사단장 스미스 소장이 8월 22일 일본에 도착하였다.

8월 23일 맥아더 장군은 워싱턴의 군부 지도자들을 설득하기 위하여 그들을 동경으로 초청하였다. 라이트 준장의 상륙 작전 계획 브리핑 후에 맥아더는 가장 실현 불가능해 보이는 인천 상륙은 도박이긴 하지만 성공할 자신이 있으며, 이 작전은 젊은이 10만 명의 목숨을 구하게 될 것이라고 워싱턴 군부 지도자들을 설득하였다. 대장군의 명성과 신념에 워싱턴의 군부 지도자들은 승복하였고, 9월 9일 대통령의 재가를 받아 드디어 인천상륙작전 계획이 승인되었다.

General MacArthur was more tenacious on the landing plan whenever the crisis in the Pusan perimeter was higher. But the landing plan was strongly negative with reasonable reasons by Generals Bradley and Collins and Admiral Sherman from Washington. There are many reasons to object. Incheon is located 400Km to the North of Pusan. This gap was perceived as too wide - enabling defeat through attrition. The identified reserve force was inadequate in size and lacked amphibious training. To pull out the 5th Marine regiment from the Pusan perimeter and transfer it as the landing unit would be too hazardous. Additionally the 7th Infantry Division had to remain in Hotkaido, Japan to properly defend against the Soviet line and was unavailable for landing support in Incheon. The most objective reason was Incheon had the worst condition to conduct the landing operation due to the big tides that gap was the more than 10 meters. But everybody understood that the landing operation was the only way to turn over the crisis on the Pusan perimeter. MG Smith, the CG of the landing forces, continued the preparation but the landing point was not decided yet. On August 23, 1950, General MacArthur invited the military leaders of Washington to Tokyo to persuade them. General MacArthur explained the possibility of an Incheon Landing passionately and strong will after the information briefing about the landing operation by BG Wright.

He said that he was sure to succeed, and it would save the 100,000 young soldiers even though the landing plan was a dangerous gamble. The military leaders from Washington were persuaded by General MacArthur's belief and his reputation as the landing expert. The president of the United States approved the Incheon Landing operation on 9 September 1950.

해군 대위 클라크와 그의 한국인 정보 요원들이 영종도에 2주간 은거하며
인천에 대한 정보를 수집하였다.
Navy Lt Eugene Clark and his Korean agents hide for two weeks on a small island
near Incheon to collect information for Incheon Landing (September 1950)

영국군 코만도의 군산에서 양동 작전, 1950년
Commando Forces of UK in Kunsan, Korea,
1950

미 해병 원정군단장 셰퍼드 중장
LTG Lemuel C. Shephead Commanding General,
Fleet Marine Force

미 극동공군사령관 스트레이트 메이어 중장
General Stratemeyer Commanding General,
Far East Air Force

37. 상륙 작전 준비 Preparation of Incheon Landing

상륙 지역은 인천으로 결정되었고 상륙 부대로 새로 편성된 10군단의 선봉에 미 해병 1사단, 후속에 미 7사단 그리고 한국군 17연대와 한국 해병대가 가세하였다. 워낙 대규모의 상륙 작전을 일본에서 준비하였기 때문에 작전의 기밀을 유지하기는 현실적으로 불가능하여 기밀 유지 노력 대신에 기만과 양동 작전을 준비하였다.

상륙 작전은 기정사실이지만 장소와 시기를 알 수 없도록 기만하였다. 1950년 9월 12일부터 극동 공군과 미 7함대는 군산, 인천, 주문진에 동시 다발적인 공습과 함포 사격을 반복하였고, 군산에 상륙 작전을 암시하는 주민 소개령 전단을 대량으로 살포하였다. 9월 12일에는 군산에 영국의 코만도 부대가 실제 기습 상륙하여 위력 수색을 실시하고 철수하였다. 8월 31일 극동사령부 정보 참모 월로비 소장은 클라크 해군 대위에게 정보 수집 임무를 부여하였다.

클라크 대위는 한국인 정보원들의 지원을 받아 영국 구축함 챨리디호를 이용, 서해안의 영흥도에 은밀히 잠입하여 9월 3일부터 활발하게 인천 주변의 동향과 상륙 관련 정보를 수집하고 보고하였다.

독약을 몸에 품고 적진에서 활약하던 클라크 대위의 적극적인 첩보 수집 활약은 성과를 거두어 인천 앞바다에서 많은 젊은이들의 귀중한 목숨을 구하는 밑거름이 되었다.

상륙 공격 부대장 도일 제독(소장급)
Rear Admiral James H. Doyle
Cdr, Attack Force

머레이 중령(진급 예정자), 미 해병 5연대장(선발대)
Lt Col(P) Raymond Murray Cdr, the 5th
Marine Regiment in Korea

스미스 소장, 미 해병 1사단장
MG. Oliver P. Smith CG, the 1st
Marine Division

The 10th Corps was organized as the landing command and the subordinate units, the 1st U.S. Marine division and the ROK Marine forces, as the advancing forces and the 7th U.S. Infantry division as the follow up force. To keep secret the area of landing is the most critical fact and the key of success or failure. The Far East Command conducted deceptions and feint operations at the same time because it was impossible to hide the action as such a big landing operation.

All the news media were talking about the landing operation but nobody knew where or when. The Far East Air Forces and Navy conducted the deceptions and feint operations in Kunsan, Incheon and Jumunjin from September

12. The surprised air strikes and naval fires were conducted on Kunsan, Incheon and Jumunjin repeatedly and mass leaflets were scattered in the air of Kunsan city for warning the massive preparation fire of the landing operation. The British Commando units landed on Kunsan and conducted a reconnaissance in force on September 12.

On the other hand, MG Wallorby, ACofS G-2 ordered Lieutenant Clark to infiltrate and collect information about the Incheon Landing on August 31. Lieutenant Clark infiltrated Yeongheungdo(Island) with his Korean agents and collected information about landing considerations and Incheon September 3.

The extremely valuable information under the risk of their lives could save the other young men a lot.

해병의 리더들: 앞 좌로부터, 5연대장 머레이 중령(진), 부관 헤이즈 중령, 2대대장 로지 중령, 1대대장 뉴턴 중령, 3대대장 태플리트 중령, 마산, 1950년 8월
Marine Combat Leaders: From front left LTC(P) Raymond L. Murray, 5th Regimental Commander, LTC L. C. Hays, Jr.,(XO), LTC H. R. Roise Cdr of 2nd Bn, LTC G. R. Newton, Cdr of 1st Bn and LTC R. D. Taplett, Cdr of 3rd Bn. Masan, August 1950

38. 인천 Incheon

연합 상륙군(JTF-7)이 편성되었다. 상륙 작전 부대장은 해군의 스트러블 제독이었고, 공격 부대장은 해군의 도일 소장이 임명되었다. 인천에 해두보를 구축할 때까지 작전 지휘의 책임은 도일 제독이 갖고, 해두보 구축 이후에는 지휘권이 스미스 소장에게로 전환될 예정이었다. 선봉 상륙 부대를 엄호하고 지원 상륙을 수행할 부대로서 한국군 17연대와 한국 해병이 편성되었다. 제2제파로 상륙할 부대는 미 10군단 지휘부와 미 7사단이 후속할 예정이었다. 동원된 함정은 총 260척에 이르렀다.

인천항에 이르는 접근로는 알려진 바와 같이 매우 비좁은 수로를 제외하고는 갯벌과 늪지대로 이루어져 있어 통과가 불가능하고, 만수기 때라도 수심이 낮아 좌초되기 십상인데다, 접근로상의 작은 등대섬 팔미도와 해안과 가까운 월미도는 사전에 장악하지 못하면 접근이 불가능한 곳이다. 월미도의 요새화된 포진지를 무력화시키기 위하여 해군의 구축함이 상륙 2일 전부터 수로를 따라 최대한 접근하여 포격을 가하였다.

이 작전은 포격 중인 구축함이 한 대라도 적에게 피격되어 좌초하는 경우 다른 구축함이 빠져나오기 어려울 정도로 수로가 비좁아 대단히 위험한 작전이었다.

The Joint Task Forces for Incheon Landing were organized. Vice Admiral Struble was assigned as the Commanding General of the operation and Rear Admiral Doyle was assigned as the Commanding General of the attacking forces. The responsibility of the Commanding General of the attacking forces would be transferred to MG Smith, CG of the 1st Marine division, whenever the beachhead was held successfully. The ROK Marine force and the 17th ROK Regiment also joined the operation as supporting forces.

The 10th Corps and the 7th U.S. division would be landed as the second echelon. Several destroyers tried to approach Incheon to neutralize the gunfire as targets on Wolmido(Island) where the NKPA's shore batteries were held in bunkers. It was a very dangerous operation to conduct a preparation fire for breaching obstacles where the landing operation is two days later. The waterway from the yellow sea to the approaching Incheon port, a very dangerous slit at an estuary, was very narrow and dangerous because it could be moved in only a short period of time at the highest tide, and should be followed otherwise the restricted water way could be easily strained.

The landing operation would be conducted on September 15, 1950. It was one of the biggest and the most dangerous landing operations. The total Navy vessels to join the operation were 260 vessels.

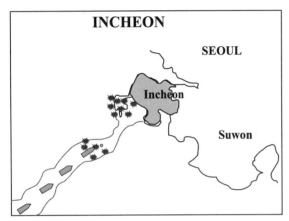 

인천상륙작전은 전쟁 역사상 규모와 성과 면에서 가장 큰 반격 목적의 상륙 작전이었다.
상륙 지점은 인천시의 중심을 지향한 것이었고, 심한 간만의 차이로 해병들은 사다리를 이용해 상륙해야만 하였다.
The Incheon Landing was one of the great amphibious counter blows in military history.
The beachhead was actually in the heart of Incheon. Marines had to use hooked ladders to scale the sea walls.

39. 상륙 계획 Triphibious Operation at Incheon

인천의 상륙 작전은 시계의 초침처럼 정교하게 계획되고 시행될 것이었다. 상륙 지점은 3개 지역으로 각각 적색해안, 녹색해안(월미도), 청색해안으로 명명되었다. 인천항 간만의 차로 인하여 상륙이 가능한 만수기는 새벽 6시 59분 전후와 저녁 7시 19분 전후 2시간 이내이어야만 하는 극심한 제한이 있었기 때문에, 새벽 만수기에 선봉대가 월미도를 장악하고 저녁 만수기에 다시 본대가 인천 해안을 강습하기로 계획되었다.

선봉은 해병 5연대 3대대로서 새벽에 상륙 본대의 전진 축선에 위치한 월미도를 장악하도록 임무가 주어졌다. 1개 대대가 상륙 작전 기간 중 가장 위험한 한낮의 12시간 동안 단독으로 월미도를 지켜내야만 본대가 인천항에 상륙할 수 있게 될 것이다. 월미도가 확보되면 해병 5연대가 북쪽의 적색해안에 상륙하고, 해병 1연대가 남쪽의 청색해안에 상륙할 예정이었다.

등대섬 팔미도는 다행히 북한 인민군 병력이 상주하지는 않았으며, 상륙전이 개시되면 클라크 대위가 등대의 불을 밝혀 상륙 전단의 길을 인도할 예정이었다.

이제 모든 것이 신의 결정에 맡겨졌다.

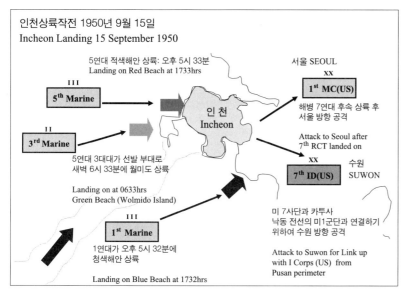

인천상륙작전 1950년 9월 15일
Incheon Landing 15 September 1950

5연대 적색해안 상륙: 오후 5시 33분
Landing on Red Beach at 1733hrs

III 5th Marine

II 3rd Marine

5연대 3대대가 선발 부대로
새벽 6시 33분에 월미도 상륙

Landing on at 0633hrs
Green Beach (Wolmido Island)

III 1st Marine

1연대가 오후 5시 32분에
청색해안 상륙

Landing on Blue Beach at 1732hrs

인천 Incheon

서울 SEOUL

XX 1st MC(US)

해병 7연대 후속 상륙 후
서울 방향 공격

Attack to Seoul after
7th RCT landed on

XX 7th ID(US) 수원 SUWON

미 7사단과 카투사
낙동 전선의 미1군단과 연결하기
위하여 수원 방향 공격

Attack to Suwon for Link up
with I Corps (US) from
Pusan perimeter

인천상륙작전 계획은 인천항 조수 간만의 극심한 차이 때문에 마치 시계 초침과 함께 움직이는 듯한 정밀 작전으로 계획되었다. 9월 15일 6시 33분에 해병 5연대 3대대가 선봉으로 월미도(녹색해안)를 점령하면 오후 5시 32분과 33분에 해병 1연대(청색해안)와 해병 5연대(적색해안)가 상륙하여 해두보를 확보하고, 이후 1해병사단이 지상 작전권을 넘겨받아 서울 방향으로 진격하며 후속 상륙한 미 7사단이 남으로 전진하여 낙동강 전선 부대와 연결 작전을 수행할 예정이었다.

The landing operation should be conducted very precisely due to tide problems in Incheon harbor. The operation plan said that the advance landing force should land on Wolmido(Island) at exactly 06:33 in the morning, and then the 1st Regiment should land on Blue beach at 17:32, and the 5th Regiment should land on Red beach at 17:33 sharp in the evening. Once the 1st Marine division holds the beachhead in Incheon, the 7th Infantry division will land on Incheon and advance to the South for link up with the forces from the Pusan perimeter while the Marines attack Seoul.

The landing operation would be conducted very precisely as the minute hand of a timepiece. The green beach at Wolmido(Island) has to be captured in advance for landing on red beach and blue beach on the shore of Incheon port successfully. The possible time to approach and land on the beach was only around 2 hours, 06:59 in the morning and 19:19 in the evening at the highest tides of Incheon harbor.

It was planned that the 3rd Battalion of the 5th Regiment, the advance force would attack Wolmido(Island) in the morning and then the 5th Regiment (-) and the 1st Regiment, the major forces, would attack the shores of Incheon in the evening.

Once the 3rd Battalion landed on Wolmido(Island) successfully, they have to defend the Island for one whole day to support a major landing operation that would happen in the evening.

The 5th Regiment (-) will attack the red beach in the North and the 1st Regiment will attack the blue beach in the South. Lieutenant Clark will capture Palmido(Island) and light the guiding light on the Island where it is located on the way of approach to the shores for the advance landing forces in the dawn. The die was cast.

알 수 없는 상륙 지점을 향해 일본에서 승선하는 해병
Marine board troopship in Japan for voyage to objective

승선을 기다리는 긴장된 해병
Marines are waiting for boarding

상륙을 지휘하는 기함 매
킨리 함상에서 바라본 인
천항의 여명, 1950년 9월
15일 새벽 3시 30분
Sunrise at Incheon as
seen from the U.S.S.
Mount McKinley in the
morning of 15
September

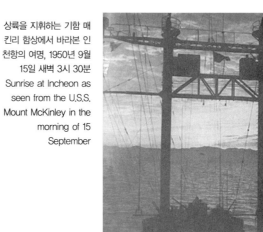

상륙함에서 마지막이 될지도 모르는 아침식사, 1950년 9월 15일 새벽 3시 30분
Marines eating breakfast on transport at 3:30 on the morning of D-Day

인천, 1950년 9월 Incheon, September 1950

상륙을 앞둔 한국군 17연대장 백인엽 대령과 정일권 소장
MG Jung and Col Paik, Cdr of 17th ROK Regiment

40. 월미도의 녹색해안 Green beach of Wolmido(Island)

9월 15일 0시, 드디어 기다리던 팔미도의 등대불이 켜짐으로써 적진에 침투했던 클라크 대위의 임무도 성공적으로 완수되었다. 치열한 함포 사격과 코르세어 전투기의 월미도 집중 공격이 있었던 새벽 6시 31분, 어둠을 가르고 타블리트 중령이 지휘하는 해병 5연대 3대대 선발 상륙정이 월미도에 정확히 접안하였다.

M26 퍼싱 전차 9대도 함께 상륙하였다. 월미도의 인민군 저항은 허를 찔린 듯 예상보다 격렬하지 못했다. 월미도의 방어 병력은 함포와 공군기의 격렬한 포격과 폭격으로 거의 혼이 빠진 상태였다.

공격이 개시된 지 30분 후 월미도의 고지에 드디어 성조기가 게양되었다. 격렬한 전투 직후 정적이 찾아왔다. 이제 12시간 동안 적진 한복판에서 피를 말리는 고통의 기다림만이 남아 있었다. 그 동안에도 월미도의 해병 3대대를 엄호할 수 있는 수단이란 코르세어 기의 공중 엄호뿐이었으나 그나마도 기상악화로 여의치 못했다. 오후 5시 30분, 드디어 5연대장 머레이 중령이 이끄는 상륙 제대가 적색해안으로 출발하였다. 제1연대도 청색해안으로 쇄도하였다.

인천의 해안은 예상한 만큼 높았지만 사다리가 준비되어 상륙 작전은 순조롭게 진행되었다.

00:00, September 15, 1950, Lieutenant Clark lighted the guiding light on Palmido(Island) on time. The Incheon Landing operation was begun. The 3rd Battalion of the 5th Regiment, the advance landing force, was commanded by LTC Tablette, and landed on Wolmido(Island) with nine Pershing tanks at 06:31 sharp in the morning of D-day.

The North Korean defending forces in the Island looks could not resist effectively because the landing forces surprised them. Furthermore, the Naval Gun fires and air forces struck them the last couple of days.

The Island was captured in 30 minutes after the attack and the star and stripes were raised. A silence came in the Island just after the fierce battle and the Marines waited for 12 hours under the fearful patience until the major landing forces attacked. During the day, the weather made their fears more because the close air support was not available under bad weather to cover the Island.

The landing at evening began again around 17:30 at Red beach in the North and Blue beach in the South. The wharves and bulwarks at Incheon were pretty high to climb up for landing so they used hand carried ladders that were pre-prepared.

기함 매킨리 함상에서 태플릿 중령이 지휘하는 선발 공격대의 전진을 지켜보는 맥아더 장군과 참모들, 인천, 1950년 9월 15일 새벽
General Douglas MacArthur aboard the U.S.S. Mount Mckingley watches LTC Robert Taplett's Bn seize Wolmido(Island) in Incheon Harbor, Incheon, 15 September 1950

여명에 시작된 선발 상륙 부대를 실은 상륙정
The first wave of LCVPs heads for the beaches at Incheon

상륙 전단 및 미 7함대사령관
스트러블 제독(중장급)
Vice Admiral Dewey
Struble Cdr, Joint Task
Force Seven and
Seventh Fleet

선발 상륙 공격 부대인 해병 5연대 3대대는 새벽 6시 30분에 좁은 수로를 따라 목
표인 월미도를 공격하였다.
The first landing team- Marines 3rd Bn, 5th Regiment
The first landing team had to attack Wolmido(Island) in the morning
0630hrs alone because of the narrow approaching and deep tide.

3대대의 상륙 지점인 월미도의 녹색해안(상륙 지점 명칭)
The 3rd Marine Bn at the green beach of Wolmido(Island)

월미도의 해안포,
소련제 76밀리 포
A Russian
made 76mm
Gun in fortified
position on
Wolmido(Island)

상륙 직후의 월미도, 1950. 9. 15
Wolmido(Island), 15 September 1950

상륙 부대원을 실은 상륙정들의 전진
Marines 3rd Bn, a Spearhead unit

월미도의 동굴 진지에 화염 공격을 가하는 해병
Marine using flame thrower on enemy cave at
Wolmido(Island) in the morning of 15 September 1950

월미도에 상륙 직후
Marine assault troops mopping up on Wolmido(Island)

1950년 9월 15일 아침에 정확하게 월미도 점령에 성공한 직후 해
병들은 성조기를 세우고 있다.
U.S. Marines raise the American flag on Wolmido(Island)
on the day of 15 September 1950.

월미도에서 포로가 된 섬 방어 병사들, 1950년 9월
NKPA soldiers captured at Wolmido(Island), September 1950

맥아더, 참모들과 기함 매킨리 함교에서, 1950. 9. 15
도일 제독, 라이트 준장, 알몬드 소장이 뒤에 보인다.
General MacArthur sit on the bridge of the U.S.S. Mount McKinley on 15
September 1950. (from left) Rear Admiral James Doyle. BG EK Wright, General
MacArthur and MG Edward Almond, CG of X Corps

사다리를 휴대한 해병들을 실은 상륙정이 청색해안으로 향하고 있다. 1950. 9. 15
Marines(RCT-1) in landing craft on way to BLUE Beach with scaling ladders on the evening of 15 September 1950

월미도를 장악한 후 실시된 제2제파는 9월 15일 저녁 무렵, 인천 해안을 직접 공격하였다.
심한 조수 간만의 차이 때문에 긴 사다리를 이용해 접안 상륙해야 하는 매우 까다로운 작전이었다.
American soldiers go over a wall during the Incheon landing, which was mostly unopposed
Second LT Balmomero Lopez leads his platoon over the Incheon harbor in 15 September 1950.

미 해병의 인천 상륙
U.S. Marines,
Incheon, 1950

적색해안에 돌진하여 해안에 얹힌 LST의 보급품 하역
An LST brings supplies to RED Beach on heels of
assault troops.

41. 인천 상륙전 Incheon Landing

9월 15일 해질 무렵 해병 5연대와 1연대는 각각 북쪽의 적색해안과 남쪽의 청색해안에 상륙하였고, 지체 없이 시가전에 돌입해야만 하였다. 그러나 알 수 없는 인민군 방어 부대의 규모에 비해 빈약한 상륙군 2개 연대의 전투력은 공격 부대장 도일 제독과 해병 사단장 스미스 장군에게는 매우 불안한 취약 요소였다. 해병 후속 부대인 미 제7연대는 이틀 후에나 상륙이 가능하기 때문이었다. 게다가 상륙 부대의 전투력을 지속시켜 줄 탄약과 식량을 후속 보급해야 하는데, 한 시간 이내에 물이 빠지면서 수로가 모두 막힐 것이다. 공격 부대장 도일 제독은 고민에 빠졌다.

도일 제독은 비상수단으로 보급품을 실은 LST를 해안으로 돌진시켰고, 이곳저곳에 보급품을 실은 LST가 물이 빠지기 시작한 해변의 갯벌 위에 얹혀져 배 자체로 보급 창고 역할을 하기 시작하였다.

각종 공병 장비와 보급 트럭이 배에서 쏟아져 나와 해병들의 전투를 지원하기 시작하였다. 불안하고 위험한 15일 밤이 지나갔다. 인천에 해두보가 아직 확보되지 않아 전황이 불안한 9월 16일 아침 다소 성급한 일본 《아사히신문》이 인천상륙작전의 기습 성공을 대대적으로 보도하고 있었다.

상륙 지점에 후속 지원되는 보급 물자들, 1950. 9. 15
Grounded LSTs bring supplies to captured
Wolmido(Island) in the morning of 15 September 1950

간조가 시작되자 시간에 쫓겨 해안으로 돌격 상륙한 보급함이
갯벌에 얹혀 있다.
LST 1123 stranded at low tide

인천상륙작전에 참가한 한국군 17연대와 한국 해병이 후속 상륙을 준비하고 있다.
ROK 17th Regiment and ROK Marines also joined the Incheon Landing.

At the twilight on September 15, the 5th and 1st Marine Regiment had to be committed in street fights in downtown Incheon whenever they landed on red beach and blue beach. It was a very dangerous situation because only two Marine Regiments had to get in street fights in the beginning until night against unknown NKPA's defense units in the Incheon area. The 7th Marine Regiment, the reserve force for the 1st Marine Division, would land two days later.

The most critical current problem was sustaining the logistic support including foods and ammunitions for the landing forces of the night, but there was not enough time for the supply vessels under the tide limit in Incheon. The ebb tide would begin in an hour and the supply vessels would be strained on the shore. Rear Admiral Doyle, CG of the attacking forces, ordered all LSTs for supplies, an emergency assault to the shore, at the highest speed. The LSTs rapidly approached to the shore before the ebb tide, but the LSTs were stranded on the shore and then it became emergency supply storages on the shore. It was the outstanding supply storages that could support the landing forces at the shore where ebb tided even the Navy lost the vessels temporarily until the next tide.

The fearful and dangerous first night passed over without any nightmares. On the following morning of September 16, the Ashahi Daily Newspaper in Japan reported impatiently "the big surprise landing on Incheon was successful."

매킨리함에서 상륙을 지켜보는 맥아더 장군과 미 육군, 해군의 지휘관 및 참모들 General MacArthur and his staff on U.S.S. Mount McKinley

갯벌에 얹힌 LST
A LST waits to
be refloated by
the tide.

인천항의 짧은 만조 시간 때문에 많은 상륙 지원함들이 의도적으로 해안에 돌진하여
다음 만조 시까지 기다리는 위험한 작전을 감행하였다.
1st Marine made a surprise landing

상륙 3일째, 교두보가 확보되고 본격적인 후속 부
대 상륙과 보급 지원 임무가 활발히 전개되고 있
다. 인천, 1950. 9. 17
LSTs unloading and Marine trucks taking
supplies to advancing troops on D+2 day
at RED Beach, 17 September 1950

42. 인민군 방어 부대 North Korean blocking units

　　인천상륙작전에 대비한 북한 인민군 방어 계획이 어떤 것이었는지는 지금도 확인할 방법이 없다. 그러나 예
상되는 유엔군의 상륙에 대비하여 개전 초 인민군 최고사령관이었던 최용건을 서해안 방어 및 서울 방어 사령
관에 임명하여 상륙 위협에 대치하였으니, 유엔군의 양동 작전과 기만 의도대로 군산 상륙에 더 신경을 쓴 것
같다.

　　북한 치하의 서울시 인민위원회는 서울 시민들을 강제 동원시켜 도처에 진지와 참호를 구축하여, 서울 사수
의지를 표명함으로써 서울 시민들의 동요를 사전에 제압하려 하였다.

　　낙동강 전선에 전투력을 집중하고 있는 인민군 최고사령부와 분리하여 서울 방어와 인천 방어에 가용한 인
민군 부대는 갓 편성된 서울의 18사단과 인천의 신편 87연대(9사단), 849대전차포 연대가 있었으며, 철원에서
새로 편성된 25기갑사단, 평강에서 편성 중인 17기갑사단 그리고 역시 편성 중인 사리원의 78연대가 있었으

나, 이들은 낙동강 전선에 투입을 목적으로 준비하고 있었던 부대로 판단되었다.

인천과 서울을 방어하는 인민군 부대들은 상륙 지점과 시기를 정확히 예측하는 데 실패한 듯 한 징후가 도처에 나타났지만, 경험 없는 부대들인데도 예상외의 격렬한 저항으로 유엔군 상륙 부대는 서울 탈환에 많은 피를 흘려야 했다.

The real NKPA's defense plan against the landing was unknown, but Kim Il-sung assigned General Choi Yong-geon, former commander of the attacking forces of NKPA, as commander of the defending forces for the West coast and Seoul and tried to block any possible landing threats. But it looked like the move in Kunsan under the effectiveness of deceptions and faint operations by the United Nations Command.

The people's communist committee of Seoul called the Seoul residents in force to dig trenches and obstacles by showing their will to keep Seoul and tried to suppress the people's agitation.

The available NKPA forces in the rear area could possibly retreat to the landing forces where the 18th division was just created in Seoul, 87th Regiment of the 9th division and the 849th Anti tank Regiment in Incheon, the 25th Armor division was creating in Cheolwon, the 17th Armor division in Pyeonggang and the 78th Regiment in Sariwon. It was also estimated differently to support the Pusan perimeter, not against the landing forces in Incheon.

The NKPA's blocking forces in Seoul and Incheon failed to expect the landing point and even the inexperienced newborn units who fought bravely and resisted severely against the U.S. Marines in Seoul.

인천 동측방 외곽에 파괴된 인민군 탱크, 1950년 9월 16일 아침
Two destroyed T34 tanks on the road east of Incheon, morning of 16 September 1950

교두보가 완전히 확보된 후 상륙한 미 7사단
The following landing team, the 7th U.S. Infantry Division

파괴된 인민군 대전차 포
Enemy gun emplacement

43. 해두보 구축 Incheon Beachheads

1950년 9월 16일 하루 종일 인천 시가전을 치른 끝에, 저녁 6시경 인천이 미 해병 제1사단의 장악 하에 들어오고 일단 해두보를 구축하자, 도일 제독은 상륙 부대의 지휘권을 1해병 사단장 스미스 장군에게 넘겼다. 9월 17일 새벽, 부평 방향으로 전진하던 해병은 인민군 18사단 22연대의 전차 6대를 동반한 250여 명의 보병과 맞닥뜨렸으나 이들을 격파하였고, 그날 오후에는 지난 6월 후퇴 시 빼앗겨 부평 탄약창에 보관되어 있던 미군 포탄과 탄약 2,000톤을 고스란히 되찾는 예상치 못한 선물도 얻었다.

해병사단장 스미스 장군은 해병 7연대나 후속하는 7사단이 상륙하지 못한 상태에서 5연대로 김포비행장을 탈환 후 행주를 도하게 하고, 1연대는 경인가도를 따라 영등포로 진출하여 포위를 시도하려는 미 10군단장 알몬드 소장의 위험하고 무모한 부대 분산 운용 지시를 못마땅해 하였지만 따를 수밖에 없었다. 단지 2개 연대 규모로는 무리였지만 기습의 효과를 극대화하기 위하여 속도를 늦추지 않고 전진을 계속한다는 것은 매우 위험한 발상이기 때문이었다.

상륙의 성공에도 불구하고 2개 연대의 무모한 전진이 각개격파당한다면 상륙 작전 자체가 실패로 돌아갈 수도 있다는 해병사단장의 신중한 의견에도 불구하고, 결과적으로 희생은 컸지만 알몬드 장군의 도박이 승리를 거두었다. 해병의 급속 전진에 당황한 인민군 방어 부대들은 준비한 방어전도 제대로 치르지 못한 채 김포비행장을 내주었기 때문이다.

파괴된 인천역 Incheon Railroad Station

인천 상륙을 지원하는 미 해군의 함포 사격으로 파괴된 인천역
Incheon Railroad Station after bombardment by UN naval vessels
16 September 1950

Around 18:00 on September 16, the 1st Marine division holds the beachheads through the street fights in Incheon and the responsibility of the ground operation was transferred to MG Smith, CG of the 1st Marine division, by rear Admiral Doyle.

The Marine advance toward Bupyeong faced a part of the 22nd Regiment of the 18th division of the NKPA forces. More than 250 soldiers with six tanks destroyed their blocking and recovered Bupyeong. They also fortunately recovered 2,000 tons of ammunition and artillery shells that was left behind when the U.S. Army retreated back in July.

MG Almond, CG of the 10th Corps, pushed MG Smith, CG of the 1st Marine division, to envelope Seoul with only two regiments without any division reserves, but MG Smith had to conduct the dangerous envelopment from Kimpo to Haengju ferry in the south and Yeongdeungpo to Yongsan in the north.

General MacArthur and MG Almond, Chief of Staff for General MacArthur, was eager to prove the surprise landing was right through regaining Seoul quickly. That was why MG Almond pushed MG Smith to regain Seoul without delay.

The advance speed of the landing forces was so fast that the North Korean blocking forces fought in unprepared defense areas or retreated back without resistance. Even the action was so dangerous for the possibilities of an easy to defeat, the speeding advance was effective and succeeded. The Kimpo airfield was regained without any damage.

상륙 개시 전에 실시된 미 해군 함포와 공군의 폭격으로 불타고 있는 인천항
The port of Incheon blazes after a pre-invasion bombardment by naval guns and bombing raids by U.S. planes.

인천의 거점 고지 174고지 탈취 후, 1950. 9. 17
Marines at Hill 174, 17 September 1950

상륙 작전 전날, 로체스터 함상의 스미스 장군과 도일 제독, 1950. 9. 14
MG. Smith, CG of 1st Marine Division and Admiral Doyle confer on the U.S.S. Rochester on 14 September 1950

인천항의 갯벌로 미끄러진 전차를 견인하는 해병 뒤로 상륙함이 보인다. 1950. 9. 16
Marine hoisting tank over seawall, with LST 80 in background, 16 September 1950

VMO 헬리콥터가 인양 작업을 하고 있다.
A VMO-6 helicopter gives a lift to a Marine officer on LCP.

시가 전투, 1950년 9월
Seoul street Battle in September 1950

해병 저격병
A Marine sniper,
September 1950

시가 전투 중의 미 해병 저격병, 1950년 9월
A Marine sniper in the fighting for Seoul, late September 1950

서울의 미 영사관에
성조기를 세우는 해병
PFC Luther Leguire
ralses the U.S. Flag
over the American
Consulate in Seoul
in September 1950.

인천 시내에서 불타는 공장 건물
Burning factory buildings in downtown Incheon

인천의 시가 전투 상륙 다음 날
Street battle in the street Incheon, 16 September 1950

장갑차로 이동 중인 미 해병의 돌격 부대
Assault troops of 1st Marine move up in DUKWs.

제5해병연대원들이 인천에서 이동하고 있다. 1950. 9. 17
Troops of 5th Marine RCT advancing in streets of Incheon
on 17 September 1950

인천 지역에서 포로로
잡힌 북한 병사들,
1950. 9. 17
NK soldiers as
prisoners captured in
the Incheon area, 17
September 1950

부평 방향으로 전진하는 해병과 전차들
Marine tanks and amtracs advance to Bupyeong

후일 유엔 묘지로 바뀐 인천 해병 묘지에서 장례 행사
Ceremonies – Former Marine cemetery at Incheon is
dedicated as UN Cemetery.

미처 탈출하지 못한 김포비행장의 야크 전투기, 1950. 9. 18
Correspondents examine a captured Yak fighter at Kimpo Airfield on 18 September 1950

해병 사단장 스미스 소장
에게 상륙 작전의 성공을
치하하는 맥아더 장군,
1950. 9. 17
General MacArthur
congratulates MG
Oliver Smith, CG of
the 1st Marine Div in
September 1950.

부평 일대에서 인민군 탄약고 폭발, 1950. 9. 17
An enemy ammunition dump blow up at Bupyeong area on
17 September 1950.

영등포까지 진출한 해병들, 양조장, 1950. 9. 17
Private G. W. Febrey and Corporal Charles E. Burris of 1st
Marine Division, fill can at captured Yeongdeungpo brewery
on 17 September 1950.

맥아더 장군을 환영하
는 스미스 장군
MG Smith welcomes
General MacArthur
on 17 September
1950 after
succeeded Incheon
Landing.

인천 외곽의 해병들
Marine tanks and infantrymen

인천을 방문한 맥아더 장군과 1해병연대장 풀러 대령(좌), 사단장,
스미스 소장(우), 1950. 9. 17
Regimental Commander of RCT-1, COL(P) Lewis B. Puller,
General MacArthur and MG Smith, CG of the 1st Marine
Division on 17 September 1950 at Incheon.

불타는 T34 탱크와 널려 있는 시신들을 지나 김포로 전진하는 해병,
1950년 9월
Marine pass burning enemy tank with dead bodies of NKPA
soldiers on top for advancing Kimpo, September 1950.

7함대사령관 스트러블 제독과 맥아더 장군, 스미스 장군(우)
Vice Admiral Arthur D. Struble, General MacArthur and MG Oliver

순찰함 위의 갓 태동한 한국 해군 수병들
Patrol boat of ROK Navy, 1950

착검한 소총을 든 해병이 부상당한 전우를 후송
Marine, one with a bayonet, carry a wounded buddy to
help, September 1950.

파괴된 적 탱크를 둘러보는 맥아더 장군 일행
The Cdrs of the UN Forces gets a closer look at North
Korean armor caught in the American Advance.

부서진 파편과 불타는 건물에서 나오는 매캐한 연기로 자욱한 도로를 따라 서울로 진입하는 해병
Smoke from burning buildings fills the air and rubble chokes the streets as tanks lead UN forces in the recapture of Seoul, September 1950.

적의 저격병이 위치한 곳에 집중 사격을 하는 동안 트럭들이 교량으로 돌진하고 있다.
Under the eyes of the enemy, combat engineers pour fire into the sniper-infested hills while a convoy of trucks races across a bridge.

퇴각하는 북한군이 약 400여 명의 남한 사람들을 감옥의 뒤뜰에서 집단 사살하였다.
Some 400 South Korean civilians are left in and around burial trenches in a prison yard by retreating North Koreans who bound them and shot them in place.

도로가에서 죽은 엄마에게 매달린 두 아이들은 전진하는 영국군에게 구출되었다.
Orphaned by war, two Korean babies huddle by the body of their dead mom in a roadside ditch British troops took them safely.

한국전쟁에 참가한 미 해병 항공모함
The U.S. Marine aircrafts on an aircraft carrier.

코르세어 조종사 헤인스 중위가 대공포에 맞은 구멍을 리스케이드 중령에게
보여 주고 있다. 1950년 9월
1LT J. V. Hanes of VMF-214 shows LTC Walter Lischied the flak
scars on his Corsair, September 1950.

재탈환된 서울에서 붙잡힌 포로들, 1950년 9월
Communist prisoners are herded through the streets of Seoul by
marines following recapture of the South Korea, Seoul, September 1950.

안양에서 붙잡힌 공산 게릴라들, 1950. 9. 22
Captured guerrillas at Anyang, 22 September 1950

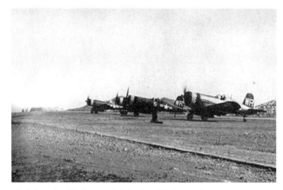

해병의 근접 지원기 코르세어가 김포비행장으로 전진 배치되어 신속한
항공 지원이 가능해졌다.
Marine Aircraft, Corsair fighter-bombers on Kimpo Airfield
on 20 September 1950

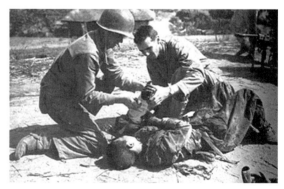

해군 위생병들이 부상당한 북한 인민군 병사를 응급치료하고 있다.
부평, 1950년 9월
Navy hospitalmen R. E. Rosegoom and Frank J. Yasso give
first aid to wounded NKPA prisoner at Bupyeong,
September 1950.

44. 맥아더의 딜레마 MacArthur's Dilemma

9월 17일 맥아더 장군은 주요 지휘관들과 참모들을 대동하고 인천의 해병 1사단을 방문하여 빛나는 승리를 자축하고 장병들을 격려하였다. 그러나 인천 상륙 3일째를 맞는 맥아더 장군의 얼굴은 그리 밝지 못하였다. 붕괴되어야 할 낙동강 전선이 요지부동이기 때문이었다.

의기소침해진 맥아더 장군은 참모총장 콜린스 대장의 지적대로 군산에 상륙하는 것이 옳았는지도 모른다고 생각하게 되었고, 낙동강 전선을 더 축소하여 데이비드 방어선으로 후퇴한 후 미 1기병사단을 빼내어 군산으로 재차 상륙 작전을 시도할 생각을 하였으나, 낙동강 전선의 붕괴를 확신한 워커 장군의 반대로 생각을 접었다.

9월 18일 드디어 미 7사단의 선봉인 뷰챔프 대령의 32연대가 상륙하였고, 19일에는 31연대가 후속 상륙하여 안양 방향으로 진출하였고, 동해에서 주문진에 상륙하는 것처럼 기만하는 양동 작전에 참가했던 미주리함이 인천 앞바다로 돌아와 미 7사단의 전진을 함포 사격으로 지원하기 시작하였다.

일본에 주둔하던 미 7사단은 그 동안 낙동강 전선의 병력 보충에 차출되어 병력 손실이 컸을 뿐만 아니라, 상륙 작전 임무가 부여된 후 경험 없는 신병들로 대부분 충원되어 한국군(카투사의 태동)과 혼성 편성을 한 약체 사단으로 고전을 예상하였지만 예상보다 의외로 선전하였다.

해병 1연대원들이 포로들을 호송하고 있다. 영등포, 1950. 9. 19
RCT-1 Marines march prisoners back through a rice paddy near Yeongdeungpo, 19 September 1950.

발가벗겨진 인민군 병사들이 파괴된 탱크 옆을 지나고 있다. 1950. 9. 17
Stripped NKPA prisoners are marched past killed T-34 tank on 17 September 1950.

크레이그 준장이 1해병연대장 풀러 대령과 토의하고 있다. 영등포
BG Craig confers with Col Puller west of Yeongdeungpo cross in Marine amtracs at Kimpo.

후속 미 7사단 32연대의 김포 상륙 작전
Troops of 32d Infantry Regiment of 7th Division

On September 17, General MacArthur visited the Command post of the 1st Marine division with his staff to encourage the brave soldiers and celebrate their great victory. On the following day, General MacArthur felt uncomfortable with anxiety because the Pusan perimeter was not breached. It should be breached at the moment.

He thought that General Collins might be right with his opinion about the gap between Nakdonggang and Incheon. He was in agony with the other landing in Kunsan again for using the 1st Cavalry division while retreat the perimeter back to the Davidson line. On September 18, the 32nd Regiment of the 7th Infantry division commanded by Col Beauchamp landed on Incheon as the advance forces of the 7th division advanced to Anyang, South of Seoul to link up with the forces breaching the Pusan perimeter and advancing up to the North while the 31st Regiment landed secondly on September 19.

The U.S.S. Missouri joined the gunfire support at Incheon when she came back from the mission of faint operation in Jumunjin on the East coast. The 7th Division fought bravely and better than expected, even though the soldiers were not experienced and mixed with Korean soldiers who were called KATUSA.

행주에서 한강을 도하하는 해병 5연대
Hangang(River) crossing operation, the 5th Marine Regiment

선봉장, 해병 5연대장 머레이 중령(진) 천막 지휘소
Regimental Commander of RCT-5, LTC(P) Raymond L. Murray in his Command Post in September 1950

김포비행장으로 전진하여 임무수행 중인 해병 항공기
Navy and Marine F4U Corsairs shown at Kimpo Airfield shortly after its recapture in late September 1950 were expect in close air support.

행주에서 한강을 도강하는 한미 해병들
Marine amtracs take Marines and KMCs across Hangang(River) with Hill 125 on far shore September 1950.

영등포 방향으로 진격하는 한국 해병대원들
The ROK Marine Corps troops move up in amtracs to Yeongdeungpo.

미 7사단 32연대장 뷰챔프 대령이 사단장 바르 소장,
10군단장 알몬드 소장과 작전을 토의하고 있다.
COL Charles E. Beauchamp, Regimental Commander of 32d
of 7th Infantry Division discussed with CG of 7th Division, MG
Barr and MG Almond, CG of X Corps in September 1950.

45. 미 8군의 반격 준비 Eighth United States Army's counterattack

낙관할 수 없는 고통스런 낙동강 전선의 방어 전투 와중에도 8군사령관 워커 장군은 곧 시행될 인천상륙작전 부대와 연계한 반격 부대 편성을 시작하였다. 워커 장군은 낙동강 방어 부대에게 명에 의거 반격으로 전환 시 미 8군 공격 부대로서 운용할 미 1군단과 미 9군단 예하로 다음과 같이 재편성하였다.

미 1군단: 1기병사단, 미 24사단, 국군 1사단
미 9군단: 미 25사단, 미 2사단

한국군 사단들도 2개 군단 제대로 재편하였다.
한국군 1군단: 수도사단(경주), 3사단(연일)
한국군 2군단: 6사단(하양), 7사단(경주), 8사단(영천)

한국군 1사단은 유일하게 다부동에서 미군과 연합 작전을 성공적으로 수행한 이유로 미군 지휘관들의 파격적인 신뢰를 받아 미군 군단에 배속되어 반격에 가담하게 되었다.

1950년 9월 15일, 미 1군단은 주공으로 반격에 나서 김천, 대전을 거쳐 수원 방향으로 진출하여 인천의 미 10군단과 연결 작전을 수행하고, 미 9군단이 후속하면서 지대 내의 잔적을 소탕하는 임무를 부여받았다.

그러나 상륙 작전의 성공으로 인천이 유엔군의 장악 하에 넘어간 9월 20일까지 낙동강 전선은 요지부동일 뿐만 아니라, 북한 인민군 사단의 공격 강도는 더욱 거세지고 있는 듯 보였다.

LTG Walker, CG of the Eighth Army in the Pusan perimeter, organized the offensive forces to link up with the Landing forces in Incheon during the defensive actions under the painful battles and the pessimistic situation for turning it over.

He organized the 1st Corps as the major attack force and the 9th Corps as the supporting attack force as shown below:

1st Corps(U.S.): 1st Cavalry Division, 24th ID and 1st ROK ID

9th Corps(U.S.): 25th ID and 2nd ID

1st Corps(ROK): Capital ROK Division and 3rd ROK ID

2nd Corps(ROK): 6th ROK ID, 7th ROK ID and 8th ROK ID

The 1st ROK ID, commanded by BG Paik, was the only ROK division that was organized in the U.S. Corps because the division had experience in combined and joint operations with U.S. forces successfully during the Nakdonggang(River) defense.

The U.S. and ROK Corps got an order to breach the Pusan perimeter and had an area of responsibility to attack or sweep up, but the perimeter could not be breached until 20 September, five days after the Incheon Landing.

The intensity of the NKPA's attacks looked stronger than before in late September, but their culminating point for the offensive was extinct.

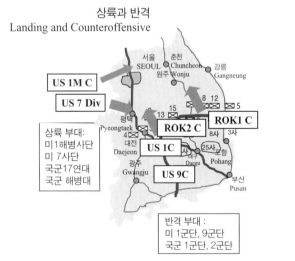

상륙과 반격
Landing and Counteroffensive

북한 군인들
NK soldiers, 1950

1950년 9월, 상륙 부대 10군단이 교두보 확보에 성공하자 낙동강 전선의 워커 장군은 1군단을
반격 주공 부대로 하여 일제히 반격을 개시하였다. 조공 부대는 미 9군단과 한국군 1군단, 2군단이었다.
적의 기세를 꺾고 공격으로 전환하는 데는 성공하였으나 퇴로 차단 부대인 10군단이 미약하고,
낙동강 전선의 공세 전환 시기가 지연되어 인민군 주력을 포위, 격멸하는 데 실패하였다.
Kick off the big envelopment operation, September 1950. The 10th Corps from Incheon,
and the 1st U.S. Corps from the Pusan perimeter under supported by U.S. 9th Corps and ROK 1st and 2nd Corps.

낙동강 전선의 포병 부대 진지, 1950년 여름
Artillery fires at the Pusan perimeter, Summer 1950

영국군 27여단의 야전 정비, 1950년 9월
27th British BDE, September 1950

미 25사단 24연대 전투원들이 후방의 고지 공격 전투를 마치고 귀환하고 있다. 1950. 9. 21
The 24th Regiment, 25th Div march down a road behind Battle Mountain on 21 September 1950.

46. 김일성의 총퇴각 명령 Kim Il-sung's full retreat order

9월 21일에 들어서면서 공세의 고삐를 늦추지 않던 북한 인민군 부대의 낙동강 전선에 변화가 나타나기 시작하였다. 이날 오후 인민군 13사단 참모장 이학구 대좌가 유엔군에 귀순하였고, 전선의 인민군 공격 부대들은 약속이라도 한 듯 거의 동시에 공격 기세가 현저히 저하되는 모습을 보였다.

물리적으로는 공격 기세가 떨어지는 시점에 도달하였고, 후방의 인천과 서울이 상륙 작전으로 함락되고 있다는 사실이 전선에 알려지면서 사기가 떨어지고 붕괴의 조짐이 나타났다.

9월 23일 김일성은 드디어 북한 인민군 부대에 총퇴각 명령을 하달하였다. 그의 목표는 최대한 전투력을 보존, 철수한 후 철원 일대에 재집결하여 반격을 도모하려는 계획이었으나, 너무 깊숙이 전진하여 조직적인 탈출이 불가능한 부대는 지리산과 태백산맥 일대에서 게릴라전을 수행하면서 후일을 대비하라는 지시도 함께 내렸다. 김일성은 조만간 중공의 모택동이 증원군을 보내 줄 것을 굳게 믿고 있었기 때문이었다.

9월 22일부터 낙동강 전선의 미 8군은 공세로 전환하였다. 22일 한국군 수도사단이 인민군 12사단을 격파하고 포항과 기계를 탈환하였고, 24일에는 한국군 8사단이 안동을 탈환하였다. 25일에는 한국군 1, 6, 3사단이 선산, 함창, 영덕을 회복하였고, 26일에는 무너지는 북한 인민군 전선을 돌파하여 추격전에 나서기 시작하였다.

9월 26일 밤에는 미 1기병사단의 전차로 구성된 선두 돌파 부대(777부대)가 오산 북방까지 진출하여 인천 상륙 부대인 7사단 31연대 선두와 연결에 성공하였다.

There were some indications to start on the down path from the culminating point of NKPA's attack on September 21. Colonel Lee Hak-gu, chief of staff of the 13th NK Division at the Pusan perimeter, surrendered personally on the afternoon and the severe attack actions were decreased notably at almost the same time. It look like the NKPA attacking forces in front were collapsing due to the spread of fear of enveloping in the rear by the UN forces that landed on Incheon.

On September 23, Kim Il-sung ordered the total retreat back to the 38th parallel where they started to attack. The retreat units were ordered to be assembled in the Cheolwon area for the future mission, otherwise to keep fighting or hide in Chirisan(Mountain) or Taebaek Mountains, but not surrender due to retreat or breach to block the line by UN forces. What his intention of this order was to keep his combat power or possibly recover it again with reinforcing forces. Kim Il-sung believed that Mao, the leader of Communist China, would help him and the reinforcing forces would be committed from China soon. The Eighth U.S. Army at Daegu transferred to an offensive operation on September 22.

The ROK Capital division breached the center of the 12th NK division's area. Pohang and Gigye were regained on September 22 and the 8th ROK division regained Andong on September 24.

The cities of Seonsan, Hamchang and Yeongdeok were recaptured by the 1st, 6th and 3rd ROK ID on September

25, and the exploitation operation kicked off on all the front line on September 26.

It was linked between the breaching unit, the 777TF of the 1st Cavalry division from Nakdonggang(Rivet) and the landing units, the 31st Regiment of the 7th Infantry division from Incheon at Osan, successfully on the night of September 26.

반격 북상 중의 도로에서, 1950년 9월
Advance to North, September 1950

수원 재탈환, 1950.
9. 22
Recaptured Suwon
on 22 September
1950

북진 중인
유엔군
차량 행렬
Advance
to North

낙동강 전선을
박차고 반격에
나서 북진
중 금호강에서 도강
대기 중인 북진 부대,
1950년 9월
Link up OPN
troops from the
Pusan perimeter
to near
Keumhogang
(River),
September 1950

47. 서울 탈환전 Street Combats in Seoul

미 해병사단이 서울을 수복하기 위해 서울 방향으로 전진하는 동안, 후속 상륙한 미 7사단은 낙동강 전선의 돌파 부대와 연결 작전을 수행하기 위하여 안양 방향으로 진출하여, 31연대와 32연대는 낙동강 전선을 돌파해 올라오는 1기병사단과 연결을 시도하였다.

9월 20일 해병 5연대는 다시 행주나루를 향하여 새벽에 한강 도하 작전을 실시하였고, 이 작전은 빛나는 해병의 승리에 고무된 세계 언론들의 현지 취재 하에 영화 촬영하듯이 실시되었다.

미 해병 5연대는 새벽 4시에 기습 도하를 시도하였으나 반대편 해안에 준비된 인민군의 기관총 사격으로 실패한 후, 재차 오전 6시 45분 공군과 포병의 공격 준비 사격에 이어 강습 급속 도하를 실시하여 행주를 점령하는 데 성공하였다. 해병 7연대도 공격 작전에 합류하여 세 방향에서 서울의 포위 함락을 시도하였다. 9월 23일부터 해병 항공기도 김포비행장으로 이동해 와 작전을 효율적으로 지원할 수 있었다.

스미스 장군은 유럽에서의 경험과 달리, 진지 사수를 명령받은 동양인들은 포위되어도 진지를 사수하는 경우가 대부분이라고 믿어, 10군단장의 우회 포위 작전을 거부하고 저항 진지를 정면 돌파하기로 결심하였다. 서울 입구의 66고지 쟁탈전이 시작되었다.

The 31st and 32nd Regiment of the 7th Infantry division, the secondary landing forces advanced toward Anyang, south of Seoul, and Suwon City to link up with the 1st Cavalry division from the Pusan perimeter. The 1st Marine division advanced toward Seoul. The 5th Marine Regiment, due to their advance speed, captured Kimpo Airfield in surprise.

The river crossing operation of the 5th Marine Regiment at Haengju ferry was planned for September 20 and the military news reporters gathered and crowds looked liked a photograph location. The prepared enemy machine-guns fired from the exit bank failed the surprise river crossing. The first attack was in the early morning and the Marines tried a second attack at the hasty river crossing under the Air and Artillery support forty-five minutes after six o'clock.

The second attack was successful and the 7th Marine Regiment joined the advance toward Seoul. The Corsairs, Marine airplanes for close air support, could support the advancing Marines more rapidly and effectively due to the move to Kimpo Airfield where it was closer to the front.

The common sense of the Army commanders of the United States through their victory in World War II said that the enemy always surrendered when their defense position was enveloped, so MG Almond tasked MG Smith to envelop Seoul in three different directions. But MG Smith denied MG Almond's guidance and decided to breach the enemy strong points due to his belief that Asians never surrender and keep their defense position until death even when enveloped once they got an order to keep their defense position.

The scramble combat began at Hill 66 where the entrance is toward the inland of Seoul.

포병 사격으로 부분 파괴된 반도호텔(을지로 입구)
Hotel Bando in Seoul scarred by Artillery fire

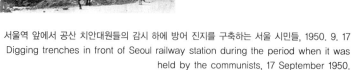

서울역 앞에서 공산 치안대원들의 감시 하에 방어 진지를 구축하는 서울 시민들, 1950. 9. 17
Digging trenches in front of Seoul railway station during the period when it was
held by the communists, 17 September 1950.

해병 7연대장 리젠버그 대령을 방문한 해병 사단장 스미스 장군
MG Smith, CG of the 1st Marine Division being greeted by
COL(P) Homer L. Litzenberg, Regimental Commander of
RCT-7, COL(P) on 17 September 1950 at Incheon

험악한 산악 지형 전투에도 투입된 해병
Marines fighting in this kind of hell terrain

행주 도하에 성공한 미 해병이 북서 방향으로 전진
Marine tank and infantry close in on Northwest approaches

해병은 전투 중 부상당한 전우를 잘 챙겼다.
Marines carry wounded comrade back from firing front.

재탈환된 중앙청이 부분적으로 불타 검게 그을렸다. 중앙청은 과거 조선총독부 건물로
서 일본을 뜻하는 한자 '日'자의 모습으로 지어진 건물이었다. 중앙청 앞에 태극기를
게양하는 해병들
Seoul's Capital building after its partial burning by retreating NKPA. The
former centre of the Japanese colonial government, the building was
constructed to represent the first character of the word 'Nippon =日'

폐허가 된 서울로 돌아오는 시민들, 서울역 앞, 1950. 9. 28
Displaced residents of Seoul come back to find railway
station, near Seoul train station on 28 September 1950

남한의 중앙정부 청사인 중앙청이 재탈환되었다. 1950. 9. 28
Recaptured Central Government Complex on 28 September
1950, Central Government building for South Korea

48. 해병대 시가전 Street Combats by Marines

인민군의 서울 방어 전초 진지로 판단되던 연희동의 66고지 전투는 의외로 격전이었다. 전투에 참가한 5해병연대의 D중대는 치열한 고지 쟁탈전 후 중대원 206명 중 전사, 부상 또는 후송된 자가 176명이나 되었다. 9월 24일 일단 66고지(연희고지)가 무너지자 인민군의 서울 방어 전선은 붕괴의 조짐을 보이기 시작하였다. 66고지는 주 방어선 고지였던 것이다.

9월 25일 미 10군단장 알몬드 장군은 인민군들이 모두 퇴각한 것으로 판단하여 서울이 완전히 탈환되었음을 언론에 공표하였다.

그러나 9월 26일이 되어도 미 대사관과 서울의 상징인 중앙청은 인민군들의 장악 하에 있었다. 9월 27일에도 시가전은 치열하게 계속되었다. 9월 28일 미 해병 7연대가 서울 북쪽으로 공격 방향을 잡아 행주에서 모래내, 불광동 방향으로 진출하여 북한산을 넘어 미아리고개로 진출하였다. 드디어 인민군 서울 방어 부대는 서울을 완전히 내주고 의정부 방향으로 후퇴하였고, 미 해병 7연대는 수유리 방향으로 후퇴하는 인민군 추격을 시작하였다.

북한 인민군은 서울 사수를 포기하고 퇴각하기 시작하였다. 서울 시내에서는 잔적 소탕을 위한 시가전이 계속되고 있었다.

The NKPA's blocking at Hill 66 was very strong unexpectedly where it was estimated to have the North Korea Army's outpost located. The U.S. Marine advance unit, D company, lost 176 personnel in wounded or death among 206 company members after the hill fight. Once Hill 66 collapsed on September 24, the main defense positions of the NKPA in Seoul begun to collapse. Hill 66 was a core of the enemy's main defense positions.

MG Almond, CG of the 10th U.S. Corps, proudly announced to the news reporters that Seoul was totally regained on September 25, but the U.S. Embassy and "Central Government Complex," the ROK central government building still was under the control by the defense forces of the NKPA until September 26. The street fights continued in downtown Seoul on September 27.

On September 28, the 7th Marine Regiment, the encircling forces, maneuvered toward Moraenae and Bulgwangdong, west of Seoul, from Haengju ferry and reached Miari, north of Seoul, where the command grounded the exit way to the North after crossing the Bukhansan(Mountain) successfully. The Seoul defense forces of the NKPA began to retreat toward Uijeongbu, the Northern City of Seoul.

서울 북부의 연희 고지를 탈환한 후
Capture Yeonhui hill the north of Seoul

기함 매킨리 함상의 셰퍼드 중장과 알몬드 소장
General Almond and General Shepherd go ashore in launch of U.S.S. Mount Mackinley.

인천에 후속 상륙한 한국군 17연대와 한국 해병들은 열차로 영등포까지 신속하게 이동하였다.
ROK troops are moving to Yeongdeungpo from Incheon after landed on as second echelon.

서울 방향으로 이동하는 상륙 2제대, 1950. 9. 20
ROK/U.S. soldiers during an advance on Seoul, 20 September 1950

사격 중인 포병대
Marine Artillery fire

서울 도심의
시가전,
1950. 9. 25
Street battle
in Seoul, 25
September
1950

폐허가 된 서울 외곽의 민가로 되돌아온 서울 시민들
Korean refugees return to ruined homes on outskirts of Seoul.

VMO-6 헬리콥터는 부상자 후송에 적합하였다.
1st Marine Div VMO 6 evacuating wounded soldiers

해병의 근접
지원 전투기
Marine
airplanes to
close air
support

삶의 터전이 철저하게 파괴된 서울, 1950. 9. 28
Seoul, after the war, amid the debris of their world,
28 September 1950

북한이 후퇴한 후 전주의 학살 현장, 1950년 9월
Massacre, Jeonju, South Korea, September 1950

Part-IV

북진(北進)과 중공군의 반격
Advance to North & Counterattack by CCF

49. 탈출과 퇴각 Escape and retreat from the front

9월 23일 김일성의 총퇴각 명령 후 북한 인민군 전선사령관 김책 대장은 철원을 집결지로 명하고 전 부대의 탈출과 재집결을 지시하였다. 낙동강 전선의 북쪽과 동쪽을 담당하던 인민군 2군단은 태백산맥을 통해 비교적 어렵지 않게 철수할 수 있었으나, 서측 호남 지방까지 깊숙이 진출한 인민군 1군단 예하 사단들은 미 8군 반격 부대의 조직적인 서울 부산 간 1번 국도의 차단 작전으로 거의 궤멸되었다.

가장 깊숙이 진출하여 유엔군을 놀라게 하며 남해의 끝에서 치열한 전투에 몰입하던 방호산의 6사단은, 세 명의 연대장이 모두 돌격으로 전사하는 치열한 전투 끝에 붕괴되어 2천여 명은 지리산 게릴라로 남고, 3천여 명은 방호산 장군의 지휘 하에 진주, 산청, 함양을 거쳐 소백산, 태백산을 넘어 탈출에 성공하였다.

반면 동해의 인민군 5사단은 한국군 3사단의 탄약 트럭을 이용한 고속 추격전과 동해안의 함포 사격에 견디지 못하고 화포와 차량을 유기한 채 태백산맥 속으로 흩어져 붕괴되고 말았다. 서울 탈환의 선봉에 빛나던 105 기갑사단의 전차들은 궤멸되어 한 대도 온전히 돌아갈 수 없었다.

9월 24일 퇴각하는 인민군의 주력을 임진강 도하 이전에 차단 격멸하려는 맥아더 장군의 공중 강습 작전을 위하여 187공정연대가 김포비행장에 도착하였다.

General Kim Chaek, commander of the NK Field Army, was ordered to retreat and reassemble at the area of Cheolwon with all attacking units when he got an order of total retreat from the front line to avoid being enveloped on September 23. The 2nd Corps of NKPA in the East and North areas of the Pusan perimeter could retreat back to Cheolwon, but the 1st Corps in the deep West and South could not retreat back because the UN blocking forces along HWY #1 from Pusan to Seoul. The 6th Division of the NKPA, which advanced to Sacheon and Jinju, the southwestern shore area, was the deepest and furthest area from the 38th parallel in a surprise attack on Masan that got in trouble the most.

The 6th Division had a severe combat loss including three Regimental commanders who died in assault action due to their battles with superman efforts in demolishing Pusan without reinforcements or support. BG Bang Ho-san, CG of the 6th Division, breached the blocking units and escaped to the North through the route of Sancheong, Hamyang, Sobaeksan(Mountain) and Taebeksan(Mountain) with 3,000 soldiers successfully while 2,000 soldiers stayed and resisted in Chirisan(Mountain). The 5th Division of the NKPA at Pohang tried to retreat back along the seaside road from Pohang to Yangyang where they advanced down in early July. They could not retreat back, but were scattered in the Taebaek Mountains area due to the speedy attack of the 3rd ROK division under massive and constant naval gunfires from the East Sea. The 105th Armor division with the pride of capturing Seoul in late June was destroyed totally and even a tank couldn't go back to the North at all. The 187th Airborne Regiment just arrived at Kimpo Airfield on September 24, to conduct a cut-off and to destroy the enemy major forces before they crossed the Imjingang(River), North of Seoul.

학살 Massacre

북진
Advance to
North

M45 중형 전차가 낙동
강 전선에서 반격으로
전환, 1950. 9. 18
M45 medium tank
broken out of the
Pusan perimeter and
ready to move up to
Seoul, 18 September
1950

평양 근교의 김일성 벙커, 1951년
Kim Il-sung's bunker underneath Pyeongyang in 1951

50. 인민군의 붕괴 Collapsing NK People's Army

낙동강 전선에서 부산 함락을 위하여 총력 공세에 몰두하던 북한 인민군의 전선이, 연합군의 인천상륙작전
이 성공함으로써 배후를 기습당한 끝에 무너지고 말았다. 총 인민군 10개 사단 9만 8천 명이 낙동강 전선을 돌
파하기 위하여 총력전을 수행한 끝에 전사자와 사상자 만여 명과 포로 12,777명을 남기며 붕괴되었고, 2만여
명은 지리산과 태백산 일대에 분산 도피하여 게릴라화하고 2만여 명만이 북으로 탈출하였다. 남한에서 동원된
3만 명의 징병 동원자들도 전선을 이탈하였다. 건재를 유지한 인민군 부대의 형태는 거의 사라지고 대부분의
부대가 지리멸렬하여 소규모 게릴라 부대로 바뀌어 산발적인 저항을 계속하면서 후퇴하였다.

10월 1일, 득의에 찬 맥아더 장군이 김일성 인민군 최고사령관에게 무조건 투항 권고 방송을 실시하였다. 북
한의 김일성은 10월 10일 맥아더의 항복 권고를 거부하였다. 김일성은 전 인민군 부대에 강력한 항전 의지를
분명히 하였고, 분산된 부대들을 지역별로 게릴라 부대화하여 미군의 전진을 최대한 저지할 것을 지시하였다.

김일성의 요청으로 중국 공산군이 북한 인민군을 구원하기 위하여 참전을 결정하고 비밀리에 만주로 증원
부대가 이동을 시작했기 때문이었다. 김일성은 혈맹의 우의로 맺어진 중국이 북조선을 외면하지 않았음을 확
인하고 다시 한 번 좌절을 딛고 재기를 시도하게 되었다.

NKPA in the Pusan perimeter was operationally demolished in the rear and surprised by the Incheon Landing. The 10 divisions of NKPA, organized with 98,000 soldiers, conducted a total war by trying to breach the Pusan perimeter for more than two months in the hot and sticky summer weather.

They lost the Nakdonggang campaign and retreated back with only 20,000 soldiers after they lost more than 10,000 personnel who were killed or wounded in action; 12,777 personnel were prisoners of war, 20,000 personnel were smuggled into Chirisan(Mountain) and Taebaeksan(Mountain) as guerrillas, while 30,000 personnel scattered who had been mobilized from South Korea in force.

The organizational divisions of NKPA were gone and scattered, but they became the small group of guerrillas for resisting sporadically. General MacArthur in triumph demanded unconditional surrender to Kim Il-sung on October 1.

Kim Il-sung, the supreme commander of NKPA, denied the demand on October 10 and encouraged all North Korean soldiers and residents to keep fight against in any available method.

Kim Il-sung got a message from Mao, the leader of Red China, to send reinforcing forces, so he had a dream to recover the loss and try to liberate South Korea again under the support of Red China that tied a bloody friendship with North Korea.

인민군 포로, 서울
5연대전투단
NK's POW in
September 1950,
5th RCT

항복하는 인민군 병사들
Surrendered NK soldiers in Pyeongyang

포로가 된
인민군 병사들
captured
NK soldiers

부산의 스웨덴 야전병원   Swedish Hospital in Pusan, October 1950

8군사령관 워커 장군과 24사단장 처치 소장, 대전, 1950. 9. 30
MG John H. Church and LTG Walker on 30 September 1950 at Daejeon

미 7사단장
바르 소장
MG David
G. Barr,
CG, 7th ID

북한군의
군수물자
보급 열차
공중 폭격
UN Airforce
strike the
train for
logistic
supplies

탄약을 운반하는 한국인 노무단 대원(KSC)
KSC ammunition bearers

후속 상륙한 미
7사단이 연결 작전을
위하여 남으로 전진,
1950. 9. 25
25 September
1950, 7th ID is
moving south for
link up.

고지에서 휴식중인 병사들
Soldiers take a rest on a hill

51. 서울 환도 Regaining Seoul

1950년 9월 29일 오전 10시, 서울 중앙청에서 벌어지는 환도식 행사에 감격의 얼굴들이 모였다. 맥아더 장군과 이승만 대통령이 모습을 드러냈고, 해병대사령관 셰퍼드 중장, 해리스 소장, 스미스 사단장과 도일 제독도 자랑스럽게 참석하였다. 맥아더 장군이 탈환된 서울을 이승만 대통령에게 반환하는 감격적이고 상징적인 행사가 진행되는 동안, 전운과 정적이 감돌던 서울 시가지에 하나 둘씩 피난민들이 돌아와 폐허가 된 집터 주위를 허망하게 초점 잃은 눈으로 바라보고 있었다.

아무리 총구의 힘으로 적화통일을 실현하려던 공산주의자들이라 하더라도 동족이라고 믿었던 서울 시민과 남한의 국민들은 철저하게 이들에게 배신당하고 말았다. 집단 매장당한 시체들이 도처에서 발견되었고, 서울은 철저히 파괴되었으며, 이용 가치가 있는 사람들은 대부분 북으로 끌려갔다.

3개월간의 인민군 치하, 그리고 그들이 물러간 자리에 남은 상처는 너무도 컸다. 학살된 시신 9천 5백 구, 부상자 7천 명, 납북된 자가 2만 5천 명 그리고 실종자가 4천 명이었다. 서울의 가옥들은 1만 8천 채가 흔적 없이 부서졌고 3천여 가구가 반파되었다.

무엇보다도 큰 상처는 동족 간의 무차별적 살상 현장을 확인하고 지울 수 없는 원한과 미움이 동족 간에 불타올랐고 북의 공산주의자들이 남쪽에 남기고 간 선물은 무조건적인 반공의식이었다.

There was a ceremony for the return to Seoul in the building of the ROK central government hall, Jungangcheong, on 10:00 September 29. General MacArthur and Dr. Rhee, the president of the Republic of Korea, attended. The commanders for the victory included LTG Shepherd, CG of the Marine Expeditionary Forces, MG Harris, CG of the Marine Aircraft Wing, MG Smith, CG of the 1st Marine Division and Rear Admiral Doyle, CG of the Landing Task Forces, who attended with a prideful face. Cautiously the refugees came back to Seoul where battles the day before had and gazed burnt places where their houses were located, while a symbolical ceremony for General MacArthur regaining Seoul and returning it to Dr. Rhee was being conducted.

The Seoul residents' broken faith pained them severely from the North Korean communists due to the fact they were of the same Korean blood so they could not harm innocent brothers and sisters in Seoul even though they tried to unify under a communist country in force. Buried death bodies were unveiled everywhere. Cities and town were destroyed, and capable or valuable people were taken to the North in force when the NKPA retreated. The sorrow after three months' governed by the communists was so deep and painful to the South Koreans. Nine thousand five hundred massacred bodies, 7,000 wounded and 25,000 people were taken to the North and 4,000 missing were counted and reported. Eighteen thousand houses were totally destroyed and another 3,000 houses were half destroyed.

The deepest scar was the hatred of each other between the same Korean bloods while they were watching the cruelty, so the strongest anti-communism remained in South Korea with hatred.

맥아더 장군과 이승만 대통령은 미군이 되찾은 서울을 한국 정부에 반환하는 감격적인 행사를 주요 지휘관들과 정부 관리들이 참석한 가운데 중앙청에서 실시하였다. 1950. 9. 29
Recovering ceremony at Seoul, 29 September 1950 General MacArthur and President Rhee

맥아더 장군은 정중하게 서울 통치권을 넘겼고, 이승만 대통령은 감사하면서 이를 접수하였다.
1950. 9. 29
Rhee expresses appreciation to General of the Army MacArthur at liberation ceremonies at Central Government Hall,
29 September 1950.

미 해병 항공사령관 해리스 소장이 전리품인 인민군 따발총을 쥐고 있다.
중앙청, 1950. 9. 29
MG Field Harris, CG of the 1st Marine Aircraft Wing holding a captured Russian burp gun in 29 September 1950.

수복된 중앙청, 서울, 1950년
Central Government Hall, Seoul, 1950

불타 버려 을씨년스러운 서울을 피난민과 해병이 교차해 지나고 있다.
Marines pass refuges in battered streets.

환도식이 진행되는 동안 서울 시가전은 계속되었다.
UN soldiers advance into Seoul, September 1950

해병 항공사령관 해리스 소장과 10군단을 지원하는 항공지원부대장
쿠시먼 준장이 행사장에서 악수하고 있다.
MG Field Harris, CG of the 1st Marine Aircraft Wing and BG Thomas
J. Cushman, commanding TAC X Corps I, 29 September 1950

환도식장의 이승만과 맥아더, 1950. 9. 29
ROK Dr. Rhee Seung-man and General MacArthur at
liberation ceremony in Seoul on 29 September 1950

52. 연결 작전 Link up operation

후속 상륙 부대인 미 7사단 32연대가 해병의 우측방을 방호하며 연결 작전을 위하여 안양으로 진출하였다. 9월 21일 밤, 32연대는 야간 전투를 불사하고 현지 작전 지도차 나온 작전 참모까지 전사하는 격전을 치른 끝에 수원비행장을 탈취하는 수훈을 세움으로써, 유엔공군의 전진 기지뿐 아니라 초과된 인천의 보급 수요를 대체할 보급 기지로도 사용할 수 있게 하였다.

전략적으로 인천 상륙은 망치와 모루의 작전 개념에 의한 모루의 역할이었으며, 결정적 타격을 가할 망치의 역할은 낙동강 전선에서 공세로 전환한 8군사령부의 몫이었다. 모루의 역할을 맡은 미 10군단은 단지 2개 사단에 불과하므로 수원 일대에서 8군과 연결하고 서울을 탈취하는 것으로 작전을 제한하기로 했다. 미 10군단은 원주 방향으로 진출하여 인민군의 퇴로를 차단하려는 최초의 시도도 위험 부담 때문에 자제하기로 하였다.

9월 26일 밤 12시가 되어 미 1기병사단의 선발 부대인 777린치부대의 첨단 정찰 소대가 오산 북방에서 상륙 부대인 미 7사단 32연대와 연결에 성공하였다. 9월 28일 31연대가 오산 부근의 92고지와 117고지에서 인민군 방어 부대와 격전을 벌였다.

이즈음 미 1기병사단의 주력도 오산에 도달해 있었으나 미 7사단 31연대장은 미 1기병사단과 협공을 거부하며 독단 전투를 수행하다가 전진 속도를 지연시키자, 알몬드 장군은 10월 5일 31연대장을 전격 경질하였다.

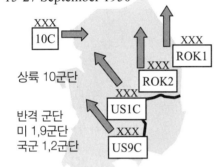

연결 작전 1950.9.15-27
Link up Operation
15-27 September 1950

북진은 상륙 부대인 10군단과 낙동강 전선의 반격 주공 부대인 미 1군단 선봉 부대의 연결 작전으로 시작하였다.
The 1st Corps(U.S.) linked to the X Corps

북진이 시작되었다.
1950. 9. 20
Moving up to North,
20 September 1950

한강을 건너 북진에 박차를 가한 한국군 1사단
Cross the Hangang(River) to North, ROK soldiers

서울 북방에 구축된 북한군의 참호 진지
Nk's trench in north of Seoul

The 32nd Regiment of the 7th division advanced to Anyang, south of Seoul, for link up. The Regiment captured Suwon Airbase without any damage after the fierce battle at night including the loss of the Chief of Staff G3 who died in action on September 21 and the Suwon Airbase became the great base for close support to the front in addition to Incheon port that was already full.

The landing force was an anvil while the 8th Army was a hammer operationally so the 8th Army would be the major striking force. Even MG Almond was very eager to advance a deeper move to the North and East to expand their exploitation efforts. The 10th Corps had to keep Seoul and link up with the 8th Army at Suwon.

The attraction for cut-off of the NKPA was to envelop them at Wonju. A deep maneuvering to Wonju was not allowed due to the 10th Corps was too weak to conduct the operational maneuvering.

There was a fierce battle at Hill 92 and Hill 117 near Osan between the 31st Regiment and NK defense unit on September 28 when the major body of the 1st Cavalry division reached Osan. MG Gay, CG of the 1st Cavalry division, hoped to assist the 31st Regiment that were in trouble with the battle against the NK defense unit, but the commander of the 31st Regiment denied the suggestion to fight together. The regimental commander was dismissed after the battle.

12.7밀리 소련제 중기관총과
다수의 노획물
12.7mm Heavy machine gun
Soviet

인민군의 퇴각 후 발견된 대전의 학살,
1950. 9. 29
Atrocities committed by the
North Koreans discovered near
Daejeon, 29 September 1950

5기병연대의 174고지 전투 중 잠시 휴식, 1950. 9. 17
5th Cavalry Regiment, during a lull in the fighting on Hill
174, 17 September 1950

노획된 인민군 소화기, 1950년 8월
NK's small arms, August 1950

연결 작전을 위해 전진하던 선발대가 버려진 인민군 지프를 이용해
이동하기도 하였다. 1950년 9월
American soldiers using an enemy jeep for link-up late
September 1950

낙동강을 건너기 위해 부서진 교량 근처에 베일리 공병 가교가
설치되었다. 1950. 9. 28
A bailey bridge being constructed over one destroyed near
Nakdonggang(River), 28 September 1950.

한국인의 자존심, 조선의 왕궁 덕수궁에 무질서하게 주둔한 미군 부대들
U.S. Army stationed in a Royal palace in downtown Seoul

북진하는 유엔군의 부대들,
1950년 9월
Advance to North,
September 1950

보병의 북진 Infantrymen to Noth

전차와 함께 북진하는 보병
Tanks with infantrymen to North

한강철교 복구에 성공한 미 공병대, 1950. 10. 9
Repair the bridge over Hangang(River) by U.S.
Engineers, 9 October 1950

폐허 속으로 돌아와 넋을 놓고 있는 피난민들, 서울, 1950년 9월
Refugees back to Seoul, September 1950

북진(北進)과 중공군의 반격 · 175

53. 다시 돌아온 38선 Back to the 38th Parallel again

　일단 반격이 시작되자 동부전선의 한국군이 먼저 눈에 띄게 공격 속도를 내기 시작하였다. 동해안의 한국군 1군단 예하 3사단과 수도사단의 진격 경쟁은 패주하는 인민군 5사단을 강릉 이전에 격파하여 추월함으로써, 인민군 5사단은 조직적인 후퇴를 포기하고 태백산맥으로 뿔뿔이 흩어졌고, 동해안의 한국군 1군단은 9월 30일에 이미 38도선을 넘어 양양을 점령하였다. 그러나 반격의 주공은 서부 지역의 미 1군단이었다.

　미 1기병사단은 주공으로 대구, 김천, 대전, 천안, 수원으로 진격하고, 미 24사단과 한국군 1사단은 조공으로 후방의 전장 정리를 하며 후속 전진하였다. 조공 군단인 미 9군단은 미 25사단과 미 2사단으로 호남 지역을 평정하면서 전진하였다. 한국군 2군단 예하 6사단과 8사단도 미 1군단의 진격을 엄호하면서 안동과 문경을 탈환하고 충주와 제천을 거쳐 원주와 춘천 방향으로 진출하였다. 한국군 6사단은 초전을 승리로 장식했던 춘천으로 다시 입성하였으며, 초전에 대전에서 치욕을 당했던 미 24사단 19연대가 대전에 다시 입성하는 감격을 누렸다.

　9월 29일 8군사령관 워커 장군은 38도선의 월경을 금지하라는 명령을 내렸으나, 이승만 대통령은 한국군 참모총장 정일권 장군을 불러 독자적인 북진통일을 지시하였다. 수많은 고통과 희생 끝에 다시 돌아온 38도선, 누가 멈추고 싶겠는가?

서울 북방 임진강을 도하하는 북진 부대
River crossing units at Imjingang(River), north of Seoul

간성, 원산으로 향하는 동해 도로
Eastern seaside MSR to Wonsan, NK

가장 빠른 진격 속도로 한국군 3사단은 10월 1일 제일 먼저 38도선을 돌파하였다.
Officers of 3rd ROK Div stand with U.S. advisors on 1 October 1950. The Division crossed the 38th Parallel the first.

38도선상의 이정표, 춘천과 평강이 표시됨
A milestone at the 38th parallel

Once the offensive operation began, the ROK divisions in the East speeded up to the North quickly. The competition in the offensive operation between the ROK Capital division and the 3rd ROK division made passing ahead the retreating of the 5th NK division behind Gangneung, and they already had crossed the 38th parallel unreported and captured Yangyang, a fishermen town in the East, September 30. But the major attacking force was the 1st Corps in the West. The Cavalry division attacked Daegu, Gimcheon, Cheonan, Suwon to Seoul as the major attack and the 24th U.S. division and the 1st ROK division followed with a sweep up the battlefield. The 9th Corps was organized with the 25th ID and the 2nd ID conducted the sweep up operation in Honam area, far south of Seoul, as the supporting force.

The 1st ROK Corps was organized with the 6th ROK division and the 8th ROK division advanced to Chuncheon and Wonju after regaining Andong and Mungyeong while conducting a covering mission of the right flank of the 1st U.S. Corps. The 6th ROK division regained Chuncheon City where they won their first battle, while the 24th U.S. division regained Daejeon where they lost the battle but saved time by preparing a defense in early July. LTG Walker ordered the advancing U.S. Army and ROK Army units to holt before the 38th parallel on September 29, but Rhee Seung-man, president of the ROK, ordered all ROK units through MG Jeong, the chief of staff of the ROK Army, to keep continuing to breach the 38th parallel and advance to the North to unify the peninsula.

No one wants to stop at the 38th parallel in South Korea because they already paid a lot of pain and loss to back to their origin and that meant they have nothing to gain. They needed something more.

전주에서 북한군이 후퇴하면서 학살한 시신을 가족들이 발굴해 내고 있다. 1950년 9월
Relatives remove bodies from the site of a North Korean atrocity committed at Jeonju, September 1950.

동해안 도로를 따라 쾌속 북진하는 한국군 3사단, 3사단은 용감히 싸우 기도 하였지만 무엇보다 동해안의 해군 함포 지원 사격의 덕이 컸다.
Cross the 38th parallel, ROK 3rd ID, Eastseaside

한국군을 환영하는
북한 주민들의 플래
카드, 이는 두려움의
표시이자 생존의 몸
부림이기도 하였다.
Welcome UN
Army by NK
residents

미군 지프로 후송되는 인민군 포로, 1950. 10. 18
A wounded KPA prisoner on a U.S. jeep,
18 October 1950.

북진 중 인민군 시신을 바라보는 미군, 사리원, 1950. 10. 18
A GI munches a cookie as he observes a dead Korean
soldiers, Sariwon, 18 October 1950

임진강을 건너는 캐나다군, 1950년 10월
Canadian troops cross the Imjingang(River) in light
assault boats in October 1950.

되찾은 개성, 38도선 끝자락에 위치한 남한의 도시
Recovered Gaeseong, a City of South Korea near the
38th parallel

영국군 병사들이
김일성과 스탈린의
초상화를 배경으로
사진을 찍고 있다.
1950년 10월
Commonwealth
soldiers sport with
pictures of Kim and
Stalin, October 1950

이정표 앞에 선
영국군 병사
A UK soldier
standing by a
milestone

인민군들의 포로 수는 10월 들어 폭증하기 시작하였다.
Prisoners of War(POW) of NK are increased in October 1950.

한국군 병사의 감시하에 수용된 인민군 포로들
NK POWs are under ROK soldiers control.

38도선을 넘어 미군도 북진을 시작하였다.
U.S. troops crossing the 38th parallel October 1950

전주의 학살 현장, 1950. 9. 28
Massacre, Joenju, 28 September 1950

포로가 된 미군과 한국군 병사들이 북으로 죽음의 행진을
하였다. 1950년 10월
Numerous United Nations soldiers were taken to
North as joined "Death March" in October 1950.

인천은 이제 부산 대신에 북진 부대의 주요 군수 지원을 담당하는
항구가 되었다.
Incheon became a key port for supporting advance to North.

스탈린의 초상화와
미군 병사들
UN soldiers
and Stalin in a
frame

남한의 능력 있는 기술자와 인사들도 북으로 강제 행군하였다.
Korean capable persons joined Dead March to North.

포로가 된 북한 군인들
Captured NK young soldiers, September 1950

38도선 넘어 적을 추격하며 깊숙이
북진하고 있는 한국군 부대
ROK troops, 7miles north of the
38th parallel border with North
Korea, continue to pursue their
enemies.

60여 명의 남한 사람들이 진남포 감옥이 위치한 금봉산의 광산 갱도 속에서
곤봉으로 타살된 채 발견되었다. 1950년 10월
More than 60 South Koreans was found bludgeoned to death in a mine shaft at
Keumbongsan(Mountain) near Dubori, a prison in Jinnampo.

부산 김해에 밀집한 피난민 캠프, 1950년
Refugees Camp, Gimhae, South Korea, 1950

부산에 도착한 터키군, 1950. 10. 18
Turkish army arrives in Pusan, 18 October 1950

호주 병사가 벽에 걸린 김일성과 스탈린의 초상화에 사격을 가하고 있다.
Shot in effigy. Pvt. William Hamilton of Sydney, Australia, gets a little Sten gun practice on portraits of Stalin and Kim Il-sung.

기병사단장 게이 소장이 파괴된 적 탱크를 터키군 지휘관 예길리 장군에게 설명하고 있다. 1950년 10월
MG Hobart R. Gay, CG of the 1st Cavarly Division shows a newly knocked out enemy tank to LTG Yegili of the Turkish General, whose troops will join UN Forces, October 1950.

54. 오만해진 장군의 용병술 The haughty General's reckless tactics

트루먼 대통령은 1950년 10월 2일 일반명령 2호로 맥아더라인이라고 일컫는 정주-함흥선까지 북진 명령을 승인하였다. 맥아더 장군은 대부대의 공격 진용을 새로 짜야만 했는데, 한국 지형의 특징을 고려하여 10군단을 8군에 배속시키지 않고 분리 운용을 계획하였다.

한반도의 등뼈에 해당하는 남한의 태백산맥에 이어, 북쪽에는 추가령, 마식령, 언진, 낭림, 그리고 험준한 함경산맥이 반도를 가르고 있었는데, 맥아더 장군은 도로도 없는 이 험준한 산악 지형을 이용해 대부대의 기동이 불가하다고 판단하고, 이 산맥의 서측을 미 8군에게, 동측을 10군단에게 분할하여 북진하도록 하는 치명적인 작전적 실수를 저질렀다. 패주하는 북한 인민군을 저항 의지도 없는 패잔병 집단으로 과소평가함으로써 신중한 추격전을 수행하기보다 신속 과감한 추격전을 수행하고자 했던 것이다.

10군단은 즉시 8군에서 이탈하여 독자적인 작전을 위하여 인천항에서 출발하여 원산 상륙을 하도록 임무가 주어졌고, 10군단은 원산에 상륙 즉시 7사단을 평양으로 진격시켜 8군의 평양 공격을 측방에서 지원하고 1해병사단은 북진을 계속하도록 임무가 부여되었다.

인천항은 이미 시작된 북진 부대의 주 보급항으로 매일 보급 지원 임무에 동원되고 있었는데, 10군단의 상륙 작전으로 10월 6일부터 16일까지 북진 부대의 보급 지원이 중지되었다. 게다가 이미 시작된 8군의 북진 부대는 예상보다 빨라 상륙 부대가 인천을 출발한 10월 16일에는 이미 한국군 1군단이 원산을 점령한 지 4일이 지났고 평양도 함락 직전이었다. 결과적으로 맥아더 장군은 물자와 노력을 바다 위에서 쓸데없이 낭비한 셈이 되었다.

미 8군사령관 워커 장군은 이 계획에 반대하였으나 대장군 맥아더를 정면으로 거부할 수는 없었다. 맥아더 장군은 승리에 도취되어 적을 얕잡아 보는 자만에 빠지기 시작하였다.

맥아더 장군
General MacArthur

중공군의 개입 여부에 관심이 많았던 트루먼 대통령은 10월 15일 웨이크 섬에서 맥아더와 회동하였다.
15 October 1950, President Truman concerned about the Chinese threats in Korea, flew to Wake Island to confer with General MacArthur.

On October 2, the advance to the North to the Jeongju-Hamheung line, far north from the 38th parallel, was called the MacArthur line, which was approved by President Truman. General MacArthur had to re-organize the offensive forces and give them an area of responsibility.

He decided to operate the 10th Corps separately from the Eighth Army due to the terrain difficulty in the Korean peninsula. He believed that advancing to the North separately between the 8th Army and the 10th Corps would be more effective due to several mountain obstacles from the North to the South and an unavailable road to maneuver. The 10th Corps was ordered to prepare Wonsan landing at Incheon without delay, and the Incheon port was closed but allocated for the 10th Corps.

The 8th Army, the major offensive forces in the West, needed a lot of logistic supplies for the rapidly advancing forces to the North, and Incheon port was trying to do its best to follow the speed.

The logistic support mission for the 8th Army, the main attack unit, at Incheon was stopped between October 6 and 10, but the 10th Corps' Wonsan Landing, a support attack unit, was supported at Incheon port.

The 10th Corps departed Incheon for Wonsan on October 16 under the great efforts of the U.S. Navy, but they could not land on Wonsan and had to wait on Yo-yo vessels, while the Navy was sweeping mines in Wonsan port for a week or more.

The mission of the 10th Corps was maneuvering west toward Pyeongyang after they landed in Wonsan for a support attack mission for the 8th Army to capture Pyeongyang. MG Almond and his 10th Corps still waited on the yoyo vessels on Wonsan Sea. Pyeongyang, the Capital city of North Korea, was captured by the 1st ROK division and the 1st Cavalry division on October 19. General MacArthur made a big operational mistake, but no one would go against him.

LTG Walker did not agree with the Wonsan landing plan because of the plan made the 8th Army's advance to north very difficult, however, he would not complain but tried to show the 8th Army could do the mission without support by the 10th Corps.

미군 중포병의 사격, 1950년 겨울
Heavy U.S. Artillery fires,
Winter 1950

미 합중국 대통령 트루먼
President of the United
States of America, Truman

웨이크 섬 회담장에서 맥아더와 브래들리 장군, 래드포드 제독과
페이스 장관도 보인다. 1950. 10. 15
Radford, MacArthur, Pace and Bradley at Wake Island
conference, 15 October 1950

맥아더는 중공군의 개입 탐지를 위한 정찰 비행을 압록강변까지 감행하였다. 1950. 11. 24
General MacArthur orders his pilot to fly all the way to the
Apnokgang(River) for finding out the symptom of Red Chinese troop
involving (November 24, 1950)

웨이크 섬 회담 직후 트루먼은 맥아더 장군에게 특별 공로 훈장을
직접 달아 주었다.
During Wake Island meeting, Truman pinned a
Distinguished Service Medal on the General's shirt.

보병들과 함께 북진하는 전차들
UN Tanks advance to North with infantries

55. 평양 탈환전 Triumph march to Pyeongyang, the NK's Capital City

　1950년 9월 30일 동해안의 한국군 3사단이 38도선을 제일 먼저 돌파하는 동안, 미 1군단에 배속된 한국군 1
사단은 후방의 잔적 소탕이나 하고 북진 경쟁에 참가할 수 없어 매우 사기가 떨어져 있었다.

　한국군 1사단장 백선엽 장군은 미 1군단장 밀번 장군에게 그 동안 잘 싸워 온 1사단에게도 다른 한국군 사단
들처럼 북진 공격의 선봉에 설 기회를 달라고 간곡히 요청하였다. 10월 4일 미 1군단은 미 1기병사단을 주공으
로 개성에서 금천, 사리원 방향으로 국도를 따라 공격하는 동안, 한국군 1사단은 시변리와 신계의 험한 지형을
따라 조공으로 평양 공격전에 가담하도록 결정하였다. 후속하는 미 9군단이 후방을 평정하는 동안 한국군 2군
단의 6, 7, 8사단도 춘천과 의정부 일대에서 북진하였고, 동해안의 한국군 1군단도 3사단과 수도사단으로 원
산을 향해 진격하였다.

　중부전선의 한국군 6사단이 춘천에서 3일간 격전 끝에 화천을 탈환하였고, 한국군 7사단이 9일 금화를, 한
국군 8사단이 11일에 철원과 평강을 탈취하였다. 북진의 선봉에 선 미 1기병사단은 인민군 주력 부대와 격전을
벌이며 1번 도로를 따라 전진하였다. 평양으로 가는 길에는 신편 부대이긴 하지만 인민군 19사단, 27사단, 43
사단과 제17기갑사단이 지연 방어를 수행하고 있었다.

　10월 15일 사리원을 공격하여 이를 탈취한 미 1군단 내에서는 17일부터 주공인 미 1기병사단과 조공인 한국
군 1사단이 평양 입성을 위한 경쟁을 시작하였고, 19일 간발의 차이로 한국군 1사단이 평양에 먼저 입성하는
영광을 안았다. 미 1기병사단과 한국군 7사단도 속속 평양으로 입성하였다.

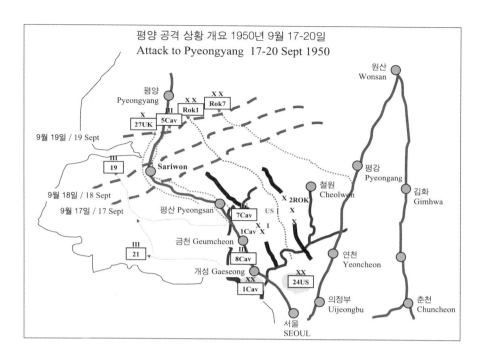

평양 공격 상황 개요 1950년 9월 17-20일
Attack to Pyeongyang 17-20 Sept 1950

The soldiers of the 1st ROK division were very much demoralized because they could not join the advance competition to the North like the other ROK divisions in the East due to the mission of sweep up in the rear area under the 1st Corps. BG Paik, CG of the 1st ROK division, cordially recommended to MG Milburn, CG of the 1st Corps, the strong desire to stand in front when attacking the North with the soldiers of the 1st ROK division like the other ROK divisions.

The 1st ROK division kicked off to Pyeongyang, the Capital City of North Korea, through Singye as the supporting attack while the 1st Cavalry division attacked to Pyeongyang through Geumcheon and Sariwon as the main attack on October 4. The 9th Corps conducted the sweep-up operation as the follow up forces for the 1st Corps. The 6th division, the 7th division and the 8th division under the 2nd ROK Corps, attacked Pyeongyang from Uijeongbu and Chuncheon while the ROK Capital division and the 3rd division under the 1st ROK Corps advanced to Wonsan along the East seaside road.

The 6th ROK division captured Hwacheon after the fierce battle for three days. The 7th ROK division also captured Geumhwa, and the 8th ROK division captured Cheolwon and Pyeonggang on October 11.

It was estimated that the 19th division, the 27th division, the 43rd division and the 17th Armor division of the NKPA was preparing a Pyeongyang defense on the way to Pyeonggang.

The competition for capturing Pyeongyang was very hot among the attacking units just after the 1st U.S. Corps captured Sariwon, the city on the way to Pyeongyang, October 15.

The 1st ROK division earned the name of honor as the unit to reach Pyeongyang first on October 19 and the 1st U.S. Cavalry division and the 7th ROK division rushed into Pyeongyang on the same day.

중부전선 철원 지역을 북상하는 한국군 부대
ROK divisions advancing to Cheolwon, middlefront

한국군 1사단
ROK 1st Infantry Division

미 1기병사단 탱크의
도강
1st U.S. Cavalry
Division

대동강의 중간 섬에서 바라본 북으로 뻗은 철교, 1950. 10. 19
The railroad bridge, looking toward the enemy shore at Pyeongyang,
seen from the Island on the Daedonggang(River), 19 October 1950

한국군 1사단을 지원하는 미군 포병대
U.S. Artillery for supporting ROK division

평양으로 선두 경쟁을 벌이고 있는 기병 사단
1st Cavalry division are heading to Pyeongyang

미 1군단장 밀번 장군과 한국군 1사단장 백선엽
MG Milburn, CG, 1st Corps and BG Paik, CG, 1st ROK
division

한국군 1사단
ROK 1st division

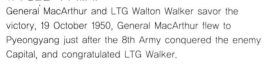

1950년 10월 19일 평양이 함락되자 맥아더 장군은 평양으로 날아가
워커 장군을 치하하였다.
General MacArthur and LTG Walton Walker savor the
victory, 19 October 1950, General MacArthur flew to
Pyeongyang just after the 8th Army conquered the enemy
Capital, and congratulated LTG Walker.

미군의 신속한 북진에 인민군은 보급 마차도 버리고 신속하게
후퇴하였다.
U.S. troops pass supply wagons abandoned by the North
Koreans in their haste escape from Pyeongyang in October.

1기병사단이 평양에 진입한 그날 평양은 함락되었다.
An U.S. troop came in Pyeongyang the day City fell.

평양에 선착한
백선엽 장군의
한국군 1사단
BG Paik, CG,
ROK 1st
division in
Pyeongyang

대동강을 건너는 선두 부대
Cross the Daedonggang(River) in Pyeongyang

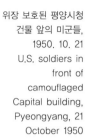

위장 보호된 평양시청
건물 앞의 미군들,
1950. 10. 21
U.S. soldiers in
front of
camouflaged
Capital building,
Pyeongyang, 21
October 1950

평양이 함락되던 날, 1950. 10. 19
UN troops captured Pyeongyang, 19 October 1950

정일권 총장의 한국군 1사단 방문, 평양
A ROK general visit a ROK unit in Pyeongyang

김일성 집무실을
점거한 미 2사단의
정보 수집팀
A document
collection team of
the 2nd ID took
over Kim Il-sung's
office in the
Capital Building,
Pyeongyang.

북한군 포로가 포로수집소로 이동하고 있다.
A captured NKPA prisoner is marched through
Pyeongyang street to a prisoner collection point.

평양역 부근에서 교전 중인 북진 부대, 1950년 10월
U.S. soldiers fight in a Pyeongyang railway yard, October 1950

평양 시민들의 환영 행진, 1950년 10월
Welcome March in Pyeongyang, October 1950

청천강변의 한국군 사단 지휘소
ROK Div HQs near Cheongcheongang(River)

한국군의 평양 시가 퍼레이드
ROK Army celebrating March in Pyeongyang

평양 시민의 평양 해방 환영 집회, 1950. 10. 29
Welcome rally for the ROK and UN forces in Pyeongyang
was crowded with national flag on 29 October 1950.

평양 시가 퍼레이드를 벌이는 한국군
ROK units parade in Pyeongyang, October 1950

1군단장 밀번 장군은 한국군 1사단장에게 은성훈장을 수여하였다.
MG Milburn, CG U.S. I Corps present the Silver Star medal
to BG Paik after occupying Pyeongyang.

평양을 공격 중인 미 6전차대대 M46 전차, 1950. 10. 19
M46 Tank U.S. 6th Tank Bn for attacking Pyeongyang

아들 샘 워커 대위를 방문한 8군사령관 워커 장군.
그는 19보병의 중대를 지휘하고 있었다. 1950년 10월
LTG. Walker visited a company in the 19th Infantry, his son,
Capt Sam Walker who commanded, in early October 1950.

미군과 한국군이 경쟁적으로 평양에 진입, 1950. 10. 19
ROK & U.S. forces entering into Pyeongyang(1950. 10. 19)

포병사령관 헤닉 대령과 1기병사단장 팔머 장군
Col Hennig & MG Palmer, CG, U.S. 1st CAV

평양 북방의 적 퇴로를 차단하고 끌려가는 미군 포로를 구출하기 위하여 일본에서 187공정 강습연대가 여의도로 이동해 왔다.
이들의 목표는 평양 북방 순천과 숙천이었다. 1950. 10. 20
The 187th Airborne Regimental Combat Team in Yoido, Seoul, 20 October 1950.
They are going to drop at Sukcheon and Suncheon for rescue the captured U.S. POWs.

미 187공정 전투단의 숙천, 순천
강습작전 : 1950.10. 20-22

Air Assault by 187thAA Regiment
20-22 October 1950

187공정단의 강습 작전을 밀착 취재하기 위하여 NBC 기자 존스가 함께 강습 작전에 참가하였다.
NBC News correspondent Eugene Jones dropping with 187th Airborne paratroopers north of Pyeongyang in October 1950.

순천을 공중 강습하는 187공정대원, 1950. 10. 20
Equipment air-dropped for 187th airborne Regiment in the
Suncheon drop zone in 20 October 1950.

순천과 숙천에 강하하는 공정대원들
Troops of the 187th airborne RCT load up for the
Suncheon/Sukcheon parachute Attault in October 1950.

강습을 위한 탑승, 여의도, 1950. 10. 20
The soldiers of 187th Airborne

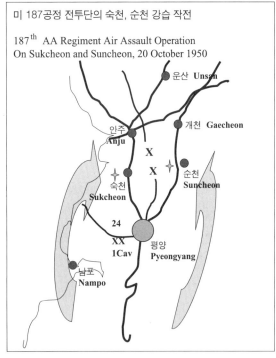

미 187공정 전투단의 숙천, 순천 강습 작전

187th AA Regiment Air Assault Operation
On Sukcheon and Suncheon, 20 October 1950

미군 포로의 구출을 주 목적으로 맥아더의 명에 의거하여 시행한 공중
강습 작전은 장소와 시기를 잘못 선정하여 만족한 성과를 거두지 못하
였다. 1950. 10. 20
The Air Assault operation for rescue the captured U.S. POWs
was not succeeded, 20 October 1950.

항복하는 평양의 인민군
NK soldiers surrendered, Pyeongyang

평양을 방문한 이승만 대통령을 환영하는
시민들, 1950. 10. 25
President Rhee visited Pyeongyang.

순천과 숙천에 기습 낙하를 시도한 미 187공정연대
American paratroopers by the hundreds fill the
skies north of fallen Pyeongyang and land in a
rice paddy to cut off.

탱크 포격전 Tank fight

평양에서 가장 훌륭한 건축물의 하나인 김일성대학은 의문의 화재로 소실되었다
American guard salvaged furnishings from burning Kim Il-sung University, named after the North Korean premier.
The fire of mysterious origin swept the building, one of North Korea's finest.

깊숙이 장진호 지역까지 진출한 미군 병사들이 포스터를 보며 키득거
리고 있다. 1950년 10월
American soldiers get a chuckle from a communist poster
near the Chosin Reservoir, October 1950.

미 7사단 부대가 만주로 향하는 갑산 지역에서 차가운 하천을 건너려
애쓰고 있다. 한만국경 마을 혜산진, 1950년 11월
U.S. 7th Division convoy struggles to cross an icy stream
near Gapsan on its way to the Manchurian border at
Hyesanjin, November 1950.

56. 원산 상륙 YOYO작전 Wonsan Landing, YOYO Operation

주공 미 1군단을 앞세운 미 8군의 공격과 병행하여 동해안에서 한국군 1군단이 양양, 속초, 간성을 거쳐 원
산으로 진격을 개시하였고, 예정대로 10군단이 인천항에서 원산 상륙을 준비하고 있었다.

맥아더 장군의 10월 1일 갑작스러운 원산 상륙 결정으로 해군은 급히 분산된 함정을 모으고 상륙 준비를 한
끝에 10월 17일 인천항을 출발할 수 있었으나, 상륙 목표인 원산은 이미 동해안의 한국군 1군단이 점령한 이후
였다. 일단 인천항을 떠난 미 7상륙사단은 원산 앞바다에 깔린 기뢰 때문에 비좁은 상륙함 내에서 10일간을 대
기하였고, 해병 1사단은 일주일을 더 기다려 10월 26일이 되어서야 원산항에 상륙할 수 있었다.

멀미나는 배 안에서 기뢰 제거가 끝날 때까지 맥없이 기다렸던 해군과 상륙군은 이 원산상륙작전을 멀미작
전(YOYO)이라 부르며 비꼬았다. 평양은 10월 19일 서측의 미 1군단에 의하여 탈환되었다

워커 장군은 10군단을 8군에서 분리하여 맥아더 장군이 직접 운용함으로써 8군을 측방에서 지원하게 한다
는 구상에 동의하지 않았으므로, 10군단의 도움 없이 평양을 탈환해 보이려고 하였다.

결과적으로 맥아더 사령부는 쓸데없는 원산상륙작전을 위해 8군의 주 보급항인 인천항을 10여 일 간이나 묶
어 두었고, 10군단 2개 사단 전투력과 해병 항공대를 동해에 묶어 두어 8군의 북진을 매우 비효율적으로 만들
었을 뿐만 아니라, 평양 함락에도 아무런 기여를 하지 못한 결과를 초래하였다.

The 10th U.S. Corps was preparing a Wonsan landing at Incheon while the 1st U.S. Corps advance to Pyeongyang
in the West and the 1st ROK Corps advanced to Wonsan in the East.

General MacArthur's hasty decision on October 1 for landing in Wonsan made the U.S. Navy very busy, and the 10th Corps kick off of Incheon port for landing in Wonsan on October 17 when the 1st ROK Corps already captured Wonsan by ground attack.

The 10th Corps still tried to land Wonsan for supporting the Pyeongyang attack from the East for the 8th Army, but they had to wait in the landing vessels while the Navy mine sweepers swept the mines in the port of Wonsan. The 10th Corps had to wait in YoYo vessels until October 26, and they heard the 1st Corps already captured Pyeongyang on October 19 in the landing vessels.

The soldiers of the landing forces had to wait in uncomforted yoyo vessels while the 8th Army captured Pyeongyang, so they called it a YoYo operation for the Wonsan landing. In the end, General MacArthur ordered the unnecessary Wonsan landing operation so that they could not use the 10th Corps for the Pyeongyang attack and interrupted the 8th Army's logistic efforts at Incheon for the offensive operation for 10 days.

원산상륙작전은 결과적으로 맥아더 장군의 또 다른 실패작이었다. 준비되지 않은 상륙 작전을 서두른 나머지 북진의 주력 부대를 지원하는 인천항의 기능은 원산 상륙 부대의 상륙 준비로 마비되었고, 원산항의 기뢰로 인해 배 안에서 멀미하며 여러 날을 기다려 평양 함락을 동측에서 지원한다던 계획은 원산 상륙이 시작되기 1주일 전에 8군이 평양을 조기 함락시킴으로써 쓸데없는 계획이 되고 말았다.

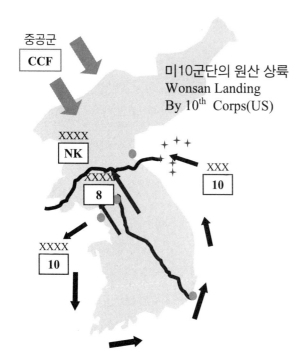

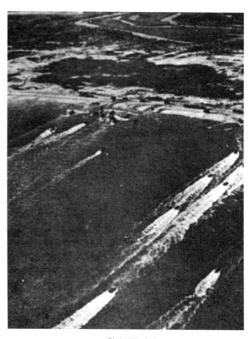

원산상륙작전, 1950. 10. 17-10. 26
Wonsan Landing operation, October 1950

한국군 3사단과 수도사단이 원산을 점령한 후에도 미 10군단은
쓸데없는 원산 상륙을 준비하고 있었다.
ROK 3rd Div and Capital Div captured Wonsan while
the 10th U.S. Corps preparing Wonsan landing,
13 October 1950.

북진 중의 도로상에서 휴식하는 미군 지휘관
U.S. commanders on the MSR for advancing to North

미 7사단의 선봉 17연대가 목표인 국경에 도달하였다.
17th Regiment of the 7th U.S. Division, outfront,
21 November 1950

한만 국경 마을 혜산진까지 진출한 미 7사단
U.S. 7th division at Hesanjin, near Manchurian border,
November 1950

위문 공연단을 이끌고 내한한 밥 호프가 이승만 대통령 방문
Bob Hope and Marilyn Maxwell with Rhee, 23 October 1950

한국군 수도사단
청진 도달,
1950. 11. 25
ROK Capital
division, outfront
Cheongjin, 25
November 1950

북으로 갈수록 지형은 점점 가파르고 험해졌다.
Terrains became the more stiff when advance further to
North

북진 부대 환영 아치
Welcome "Allied
Army"

믿고 싶지 않았으나 그는 분명 중공군 병사였다. 1950년 10월
Hard to believe but who is Chinese soldier, October 1950

해병 7연대장
리젠버그 대령과
크레이그 장군
Col Homer L.
Litzenberg with
BG Craig
somewhere along
the MSR in North
Korea.

원산 상륙 부대
Wonsan Landing

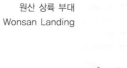

맥아더 장군의 명으로 미 공군에 의해 폭파된 압록강 철교
Destroyed Steel bridge over Apnokgang(River), Manchrian
border by UN airforce

원산 상륙을 위하여
원산 앞바다의 기뢰
를 폭파시키고 있다.
South Korean
mine sweeper
exploding in
Wonsan harbor
after hitting an
enemy mine,
October 1950

인천항의 탄약 보급 및 야적 저장소, 1950년 10월
Incheon port as a Major supply point, late 1950

원산 상륙 부대
Wonsan Landing

미 3사단은 별도로
원산 북쪽 이원에
상륙하였다.
3rd ID(U.S.)
assemble on the
beach at Iwon,
an unknown
beach about 180
miles to the
North of Wonsan

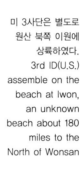

천신만고 끝에 원산 상륙이
10월 26일 개시되었다.
평양도 이미 함락된 뒤였지만
맥아더 장군은 여전히 원산
상륙이 10군단으로 하여금
동측 지방을 진압하는 유리한
방법이라고 믿고 있었다.
Wonsan Landing,
26 October 1950

57. 북진 Advances to North

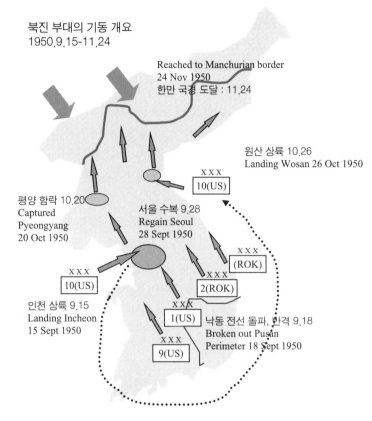

북진 부대의 기동 개요
1950.9.15-11.24

Reached to Manchurian border
24 Nov 1950
한만 국경 도달 : 11.24

원산 상륙 10.26
Landing Wosan 26 Oct 1950

x x x
10(US)

평양 함락 10.20
Captured
Pyeongyang
20 Oct 1950

서울 수복 9.28
Regain Seoul
28 Sept 1950

x x x
(ROK)

x x x
2(ROK)

x x x
10(US)

인천 상륙 9.15
Landing Incheon
15 Sept 1950

x x x
1(US)

낙동 전선 돌파, 반격 9.18
Broken out Pusan
Perimeter 18 Sept 1950

x x x
9(US)

10월 15일 태평양의 웨이크 섬에서 미국의 트루먼 대통령과 맥아더 장군의 회담이 있었다.

트루먼은 맥아더를 격려함과 동시에 중공의 참전 가능성에 대한 장군의 견해를 듣고 싶어하였다.

맥아더는 여러 가지 징후에도 불구하고 중공군 개입 가능성이 희박하다는 잘못된 견해를 내놓았고, 국가간의 행동에 대한 전략적 결정은 야전 지휘관이 아닌 대통령의 권한이자 책임임에도 이를 야전 지휘관인 맥아더 장군에게 의지한 것이 트루먼 대통령의 결정적인 실수가 되고 말았다. 두 사람은 전쟁이 빨리 끝나기를 희망한 나머지 중공 참전이라는 불안한 징후를 외면하고 싶었던 것이다.

북한 인민군 최고사령부는 평양 사수를 포기하고 예상 외로 빠르게 청천강 이북으로 물러갔다. 평양이 함락된 다음 날인 10월 20일에 맥아더 장군은 187공정 강습부대를 평양 북방에 투입하여 퇴각하는 인민군 잔적의 궤멸과 끌려가는 미군 포로의 구출을 시도하였으나 시기를 잘못 판단하여 실패하고 말았다. 트루먼과 회담 이후 맥아더 장군은 정주-함흥선에서 정지 명령을 철회하고 압록강까지 진격을 명령하여 전쟁을 완벽하게 마무리하려고 하였다.

전 부대에 국경 제한이 없는 진격 명령이 내려졌고, 8군은 청천강선인 안주-개천-덕천까지, 한국군 1군단 예하 수도사단이 청진, 미 7사단이 혜산진까지 진출하였고, 특히 한국군 6사단 7연대가 통일을 염원하던 대통령께 바치기 위하여 26일에 초산에 당도하여 압록강의 물을 수통에 담았다.

알지 못하는 사이에 용감하게 전진하던 부대들이 제일 먼저 중공군의 덫 속에 갇히게 되었다.

On October 15, there was an historical meeting between Truman, the President of the United States and General MacArthur on Wake Island. Truman wanted to hear General MacArthur's opinion about the possibility of Red China's involvement in the Korean War. General MacArthur made another big mistake as he expressed his negative opinion on the question, but Truman made a bigger mistake at the same time because he made a presidential decision based on a military leader's opinion.

The strategic decision for the national policy should be the responsibility and authority of the president, not for a military leader. The two leaders averted the omen on the possibility of Red China's involvement in the Korean War because they really hoped to finish the war as soon as possible. The supreme command of the NKPA gave up their Capital City, Pyeongyang quicker than expected and retreated back to North of the Cheongcheongang(River) rapidly. General MacArthur ordered an air assault operation on the area North of Pyeongyang to save U.S. POWs and also to destroy the retreat enemy. The air assault operation by the 187th Air Assault Regiment could not have a satisfying result due to missing the operation time allowing the NKPA rapidly retreat back to North of the Cheongcheongang(River). After the Wake Island meeting, General MacArthur changed his mind for keeping the Jeongju-Hamheung Phase line for an advance to the North, and ordered all forces to advance to the border of Manchuria. The dangerous competition for advancing restarted again. The 8th Army crossed Cheongcheongang(River) and reached Anju, Gaecheon and Deokcheon while the 1st ROK Corps reached Cheongjin and the 7th division(U.S.) reached Hyesanjin, the town beside the Manchurian border. The 6th ROK division under the 2nd ROK Corps reached Chosan, the town on the Manchurian border, and they filled a canteen with Apnokgang(River), from a river on the Manchurian border, and delivered it to President Rhee whose hope was the unification of Korea. The advancing front forces became big traps of the Communist Chinese Forces before they realized it.

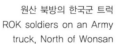
북으로 전진하는 한국군 부대
ROK officers on the way to North

원산 북방의 한국군 트럭
ROK soldiers on an Army truck, North of Wonsan

어린 한국군 병사
An unknown young Korean soldier

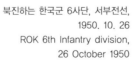
북진하는 한국군 6사단, 서부전선, 1950. 10. 26
ROK 6th Infantry division, 26 October 1950

한국군은 북진하며 숨어 있는 북한 군인들을 색출하였다.
ROK soldiers are searching a bunch of hiding North Koreans.

90밀리 포를 장착한
패튼 중형 전차
Patton tank(U.S.
Army) with a
90mm gun

북진하는 한국군 8사단 병사들
Marching ROK 8th Infantry Division soldiers

한국군 6사단과
미 7사단이 제일 먼저
국경에 도달하였다.
The ROK 6th
division and U.S.
7th division
reached to
Manchurian border
along China, late
1950.

국경에 도달하고 있는 북진 부대들
UN soldiers approaching to Manchurian border

압록강의 물을 수통에
담고 있는 6사단의 병사,
상징적인 이 물은 이승만
대통령에게 전달되었다.
A ROK soldier fill a
canteen with water at
Apnokgang(River)
where near
Manchurian border
and delivered it to
Rhee, President of
ROK

북진하는 전차 부대, 1950년 10월
U.S. troop runs to North, October 1950

북쪽 국경 마을을 통과하는 한국군
ROK soldiers are passing a north Korean village.

북쪽 한 마을이 불타고 있다.
A burning village in North Korean territory, October 1950

맥아더 장군의 독단으로
행한 압록강 정찰 비행,
1950. 11. 24
MacArthur lights his
pipe as his plane
runs up to the
Apnokgang(River)
on the day of his
fateful
'reconnaissance in
depth', 24 November
1950.

워싱턴의 수뇌들이 1950년 11월 불길한 전선 상황
때문에 다시 모였다.
맥아더 장군, 합참의장, 3군 참모총장
On the end of November 1950, Washington
military leaders from left: General Bradley,
MacArthur, Hoyt Vandenberg, Admiral
Forrest Sherman and General Lawton J.
Collins

미 7사단의 선발대가 압록강에 도달하였다.
UN Force reached Apnokgang(River), the border of China.

한국군을 환영하는 북한 주민들이 공산분자로 낙인찍힐까 봐 매우
두려워하고 있다. 1950년 10월
North Koreans came out for 'Welcome ROK Army' because
of worrying to be branded as communist, October 1950

남아프리카공화국의 F51 무스탕 전투기가 평양 부근의 활주로를 이륙하고 있다. 1950년 11월
South African AF F51 Mustang from airfield near Pyeongyang, November 1950

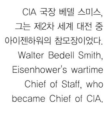

미 3사단장 소울 장군,
대구, 1950년 9월
MG Robert Soule,
Sept 1950 CG, 3rd
ID at Daegu

CIA 국장 베델 스미스,
그는 제2차 세계 대전 중
아이젠하워의 참모장이었다.
Walter Bedell Smith,
Eisenhower's wartime
Chief of Staff, who
became Chief of CIA.

영국군 지프 주위로 호기심 때문에 모여든 끈질긴 마을 사람들과 어린이들
A British jeep surrounded by the customary crowd of curious and
importunate villagers and children

대구역에서 강제 징집된 민간인들
ROK recruits at Daegu station, 18 December 1950

이동 중인 영국군 27여단 크롬웰 전차, 1950. 12. 27
Cromwell MK III tank of the British Commonwealth. BDE,
27 December 1950

58. 유령의 군대 CCF, the Ghost Army

10월 1일 기대했던 유엔군의 북진이 북위 38도선에서 멈추지 않자 김일성은 부수상 박헌영을 중국에 보내 중국 지원병의 증원을 재촉하였다. 모택동은 며칠을 잠 못 이루며 참전 여부를 고심한 끝에 미국과 대적하기로 결심하였다

이미 13병단 예하 38군, 39군, 40군, 42군, 50군, 66군과 포병 1, 2, 8사단이 만주에 집결 중이었고, 총사령관에는 항일, 국공내전의 맹장이었던 팽덕회가 내정되어 있었다. 또 송시륜이 이끄는 제9병단 예하 9개 사단도 북한으로 이동 명령을 받고 있었다.

팽덕회는 인민군 지휘부를 통해 가용한 첩보를 분석한 끝에 미군 1개 사단을 섬멸하기 위하여 최소한 2개 군(6개 사단)이, 한국군 1개 사단을 섬멸하기 위해서 1개 군(3개 사단)이 필요하다고 판단하였고, 초전 기선을 제압하기 위해서 한국군 사단을 먼저 격파하기로 계획하였다.

10월 19일 평양이 함락되자 김일성은 즉각 전선 지휘부를 강계로 후퇴 이동하였고, 팽덕회는 즉각 선발 4개 군에게 압록강을 도강하도록 명령하였다. 기습 효과를 극대화하기 위해 야간 정숙 기동이 엄히 요구되었고, 중공군의 모표와 흉장을 떼고 간부들은 조선인민군 군복으로 갈아입고 조선에 의용군으로 참전한다는 선서를 하였다. 중공군 4개 군이 적유령산맥 속으로 안개처럼 스며들었다. 이른바 그들이 말하는 항미 원조 전쟁이 시작되었다.

10월 25일에는 한국군 6사단 7연대가 압록강변 초산에 도달하였고, 한국군 6사단 2연대는 온정에, 한국군 1사단 15연대와 미 1기병사단 8연대가 운산에서 보이지 않는 힘에 의해 정지되었다.

자만하고 방심한 부대들의 비극이 다시 시작되고 있었다.

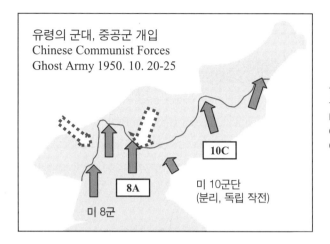

유령의 군대, 중공군 개입
Chinese Communist Forces
Ghost Army 1950. 10. 20-25

10C

8A

미 10군단
(분리, 독립 작전)

미 8군

중공군의 개입을 인지하지 못한데다가 8군과 10군단을 분리 운용하려고 한 맥아더 장군의 결정으로 불행은 예고된 것이었다.
It was an anticipated disaster that the 8th Army and 10th Corps was advancing separately in a big trap by hiding CCF.

모택동과 스탈린, 공생하는 적대관계였다.
Mao, China and Stalin, Russia

얼어붙은 압록강을 건너는 중공군 보급 부대, 1950년 12월
A Chinese Supply unit across the frozen Apnokgang(River), December 1950.

Kim Il-sung asked for help from Mao, leader of Red China on October 1 when the U.S. Army crossed the 38th parallel. Mao decided to commit to the Korean War to help North Korea after deep agony for couple of days. The 38th, 39th, 40th, 42nd, 50th and 66th Corps and 1st, 2nd, and 8th Artillery Divisions under the 13th Red Army, General Peng Te-huai, one of the greatest generals during the Civil War in China and the war against the Japanese Imperial Army assembled to Manchuria. And nine divisions of the 9th Red Army, under General Song Si-ryun, one of the other great generals started to move to Manchuria. General Peng, collected all the available information about the U.S. Army and the South Korean Army. He estimated that two Corps with six divisions were required to destroy a U.S. division and a Corps with three divisions were required to destroy a ROK division.

He also decided to hit a Korean division first for seizing an initiative upswing mood of UN Forces. Kim Il-sung retreated to Ganggye, temporary capital of NK, with his Supreme Command on October 20 and General Peng, the Supreme Commander of the Red China Army, ordered four advanced Corps to cross the Manchurian border immediately. All military officers and soldiers took an oath to join this war as a member of the volunteer Army before crossing the border. Some officers changed their uniforms to the North Korean Army, took away the emblem of the Chinese Army on their uniform and infiltrated into the North Korean territory in silence to maximize a surprise attack. The first four Corps of communist Chinese Forces was soaking into the Jeokyuryeong Mountains. The war against the U.S. Army by the Chinese volunteers Army began. The unknown power made the 8th Army halt the advance when the 7th Regiment reached Chosan and the 2nd Regiment to Onjeong of the 6th ROK division, and the 15th Regiment of the 1st ROK division and the 8th Regiment of the 1st Cavalry division at Unsan on October 25. The three towns are located near or along the Manchurian border. Another tragedy by over pride and carelessness was started.

북한으로 월경해 들어오는 중공군 대부대
Chinese Communist Forces to North Korea

제19보병 연대가 압록강을 향해 전진하고 있다.
The 19th Infantry advance northward toward Apnokgang(River), October 1950.

포로가 된 신원불명의 중국인 병사
Captured unidentified Chinese soldiers

중공군의 기습공격 중 포로가 된 중공군, 1950. 11. 26
On 26 November 1950, Chinese Communist soldiers were captured after their Attack to UN Forces.

이들은 최초로 붙잡힌 명백한 정규 중국 공산군이었다. 이들은 이미 웨이크 섬 회담이 진행될 시점부터 북으로 들어오기 시작하였다.
중공 포로를 만나보는 알몬드 장군
This is one of the first groups taken prisoners. They were members of the regular Chinese People's Liberation Army and had begun crossing Apnokgang(River) during the Wake Island meeting.

함흥에서 잡힌 중공 포로, 1950. 10. 30
The first Chinese POWs in Hamheung, 30 October 1950

미 7사단의 선발 17연대는 압록강변 국경 마을 혜산진까지 진출하였다. 1950. 11. 21
Infantrymen of the 17th RCT of the U.S. 7th Div move through the outskirts of Hyesanjin on the Apnokgang(River) on 21 November 1950. They were the first American troops to reach the border.

북한에서 잡힌 중공군 포로
Captured Chinese soldiers in NK

뗏목 이동이 주요 운반 교통수단이었던 압록강
A North Korean is driving a log raft on Apnokgang(River).

59. 게릴라 전선 Guerrilla Warfare

낙동강 전선이 무너지자 김일성은 2사단장 최현에게 남한에서 고립된 패잔병을 규합하여 유엔군의 후방을 교란하기 위한 제2 전선 구축을 지시했다. 이들의 활동은 미군의 병참선 차단과 후방 교란에 집중하여 상당한 효과를 거두었다.

한국군 11사단은 지리산, 덕유산 일대의 게릴라와 6, 7사단 패잔병(2만여 명) 때문에 지역에 묶여 있었고, 한국군 5사단은 태백산과 오대산의 3, 4, 5사단 패잔병 게릴라(4천 명)에게, 한국군 9사단은 춘천과 화천 일대의 10사단 게릴라에게, 한국군 17연대는 시변리, 철원, 평강의 게릴라(4천 명)에게 후방에서 묶여 있었고, 미 3사단도 원산 상륙 부대의 활동을 방해하는 원산과 함흥 지역의 게릴라(4, 5, 15사단)에게 묶여 북진하지 못하고 있었다.

게다가 전선에 투입되어야 할 미 9군단도 북진에 참가하지 못한 채 서울—부산 간 병참선 방호 작전에 매달려야만 하였다. 게릴라들의 극렬한 활동으로 시변리, 평강, 함흥 지역의 도시가 한때 적의 수중에 들어가기도 하였다.

1950년 10월 말 극성스럽던 게릴라들의 활동은 인민군 패잔병들이 원대복귀하고, 이현상의 지리산 병단이 남으로 되돌아가고, 인민군 10사단 등이 중공군 선도부대로 임무에 복귀하면서 다소 잠잠해졌다. 중공군의 개입과 더불어 북한 인민군과 중공의 지원군 간에 연합작전이 은밀하게 이루어지기 시작한 것이다. 인민군 선도 부대들은 2, 3차 중공군 공세 작전 시 한국군이 방어하는 중부 지역 취약 지대에서 태백산맥 산악 지형을 따라 돌파를 시도하는 중공군의 선도역을 수행, 기동화된 미군의 서부전선보다 동부 산악 지역에서 더 빠르게 돌파해 내려왔다.

게다가 지리산을 중심으로 준동하는 게릴라의 세력은 여전히 막강하여 유엔군은 이를 하루빨리 제거해야 할 위험한 종양으로 인식하고 있었으나 즉각 손을 쓸 여력이 없었다.

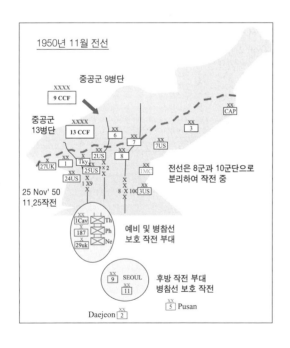

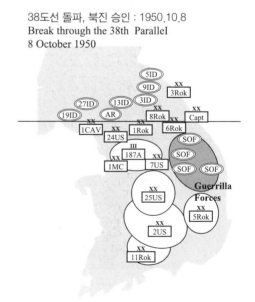

Kim Il-sung ordered BG Choi Hyun, former CG of the 2nd division, to muster the remnants of defeated units by attacking the UN Army in the rear as the secondary front for battles when they retreated to the North from the Pusan perimeter. These actions were interrupted by the 8th Army and the 10th Corps(U.S.) in their advance to the North.

The 11th ROK division was held in the area of Chirisan(Mountain) and Deokyusan(Mountain) by the remnants (20,000 personnel) of the defeated 6th and 7th divisions. The 5th ROK division was held in the area of Taebaeksan(Mountain) and Odaesan(Mountain) by the remnants (4,000 personnel) of the defeated the 3rd, 4th and 5th divisions. The 9th ROK division was held in the area of Chuncheon and Hwacheon by the remnant guerrillas of the 10th division, the 7th ROK Regiment was in Sibyeon-ri, Cheolwon and Pyeongyang by the guerrillas (4,000 personnel) and the 3rd U.S. division was held in Wonsan and Hamheung area by the remnant guerrillas of the 4th, 5th, and 15th divisions. The 9th Corps that were committed in the front had to hang onto the rear operation to protect the lines of communication between Seoul and Pusan. The active guerrilla actions were a severe threat so some of the cities in the rear area including Sibyeon-ri, Pyeonggang and Hamheung which where were under control by the guerrillas for a while. Those actions were suppressed when the Chirisan guerrillas led by Lee Hyun-sang went back to Chirisan(Mountain). The 10th division moved to the South as the guiding units the Communist Chinese Forces, and the other soldiers went back to their divisions for re-organization.

But the power of the communist guerrillas was recognized as something that should be removed soon.

NKPA conducted the regular warfare with CCF while guerrilla warfare was kept in the rear. The CCF and NKPA troops moved to the South very rapidly through the Taebek Mountains. They moved by foot through the rough mountain trails than to the CCF in the plain area of the West.

It was another surprise attack of speed under the NKPA's guiding units.

적지 민사 작전에 사용될 북한의 화폐 다발
Bunch of North Korean money for Civil affairs operation

중공군이 소련제 지뢰를 설치하고 있다.
Chinese Infantry laying Russian-made box mine.

중공군의 개입이 결정되자 북한 인민군들은 사기를 되찾고 전열을 재정비하였다.
이들은 중공군이 기습적으로 반격하여 남침을 재개할 때 정찰 부대로서 선도 역할을 수행하였다.
The North Korean Army was recovered the courage and reorganized when they heard the Chinese Forces will involve.
When the CCF attack to UN Forces surprisingly and rush to South, the NK reconnaissance units leading the CCF in front.

원산에 집결하여 부산으로 후송을 기다리는 포로
1950년 11월 3일 포로는 13만 5천 명으로 집계, 보고되었다.
NK POW in Wonsan, wait for shipment to Pusan,
3 November 1950. POW was reported As being 135,000.

북한 지역에서 작전 중인 부대들을 위하여 공중 투하할 보급품들을
일본에서 준비하였다.
Supplies packed and ready to be loaded into in Japan for
an airdrop to UN troops in NK.

60. 운산의 비극(중공군 1차 공세)
Tragedy in Unsan: the 1st hit by Communist Chinese Forces

미리 적절한 곳에 부대를 포진시킨 후 포위망 내에 들어온 적을 일시에 격멸하려던 중공군 지휘부는 유엔군의 예상보다 빠른 진격 속도에 다소 당황하였다. 1950년 10월 25일 새벽, 한국군 6사단이 초산을 향해 고속 전진하여 중공군 118사단의 포위망 속으로 밀고 들어왔다. 타격 준비를 완료한 상태는 아니었지만 중공군은 즉각 포위된 한국군에게 공격을 개시하였다.

25일 오전 중공군 120사단도 운산 일대에서 한국군 1사단의 선두 15연대를 기습 공격한 후 이어서 한국군 6

사단 7연대의 퇴로를 차단하고 한국군 7연대의 주력을 괴멸시켰다. 중공 제40군이 6사단 2연대를 온정에서 다시 타격하였고, 이를 구출하기 위해 달려온 한국군 8사단 10연대와 한국군 6사단 19연대에도 타격을 가하자, 한국군 2군단은 대혼란에 빠져들어 붕괴되기 시작하였다.

순조롭게 운산과 온정을 압박하던 중공군 제39군, 40군과 달리 중공군 제42군은 강계 방향에서 희천으로 진격하던 도중 피난민과 엉키고 유엔군의 공습으로 전진이 지연되어 한국군 2군단의 배후를 포위 차단하려던 섬멸 계획을 성사시키지 못하였다(요도 참조).

한국군 1사단의 진격이 운산에서 저지되자 느린 전진에 얼굴을 찌푸린 8군사령관 워커 장군은 미 1기병사단 8연대를 추가로 투입하였는데, 이는 적정을 알지 못한 채 호랑이 입 속에 부대를 밀어 넣은 꼴이 되었다. 11월 1일 밤 한국군 1사단 15연대가 심대한 타격을 받은 채 철수하였고, 8기병연대도 포위되어 궤멸된 미 3대대의 구출을 포기하고 철수해야만 하였다.

그러나 더 심각한 것은 미 8군사령부가 아직도 중공군의 전면 개입을 믿으려 하지 않는다는 사실이었다.

The Supreme Command of the CCF was frustrated initially due to the speed of the UN forces to the North, but they decided to hit the ROK division first in the envelopment.

The CCF divisions hit the advanced regiments of the 6th ROK division at Chosan and Onjeong area, the 15th regiment of the 1st ROK division at Unsan area, and the ROK rescue forces from the 8th ROK division on the way.

The 2nd ROK Corps was demolished in the middle front, and the CCF tried to infiltrate deep to the 1st Corps(U.S.) in their left frank, but it failed to envelop and destroy the 1st U.S. Corps due to the 42nd Corps of CCF blocked because of refugees on the advancing route.

LTG Walker pushed the 8th Cavalry regiment up to Unsan again because of dissatisfaction with the advance speed of the 15th ROK regiment and the 5th Cavalry regiment without recognizing the terrible enveloped situation. On November 1, the 15th regiment of the 1st ROK division and the 1st Cavalry division had to retreat, but the 3rd battalion of the 8th Cavalry regiment was enveloped and could not be breached.

The worst situation was nobody recognized the fact that the whole CCF was already committed.

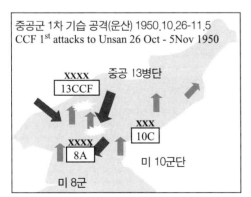

중공군 1차 기습 공격(운산) 1950.10.26-11.5
CCF 1st attacks to Unsan 26 Oct - 5Nov 1950

중공군의 최초 공격은 서부전선의 8군에 먼저 기습적으로 가해졌다.
The first CCF attack was a hit to the area of the 8th U.S. Army in the west surprisingly.

보급 도로가 불편한 북한 땅에서 작전하는 한국군 1사단에게 투하되는 보급
물자, 운산 지역, 평양 북방, 1950. 10. 26
Drop a bunch of supply items to the ROK 1st division which was
isolated at Usan, north of Pyeongyang, 26 October 1950.

한국군 부대의 포로가 된 중공군 병사
Captured Chinese soldiers by ROK soldiers

중공군의 기습 공격, 1950년 11월
CCF attack UN Forces, November 1950

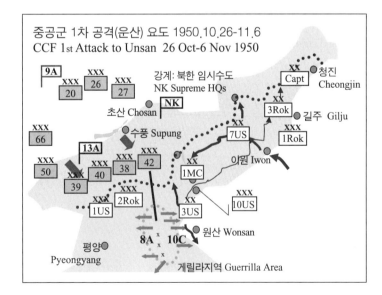

북한 지형상 등뼈에 해당하는 적유령산맥 좌우로
분리된 8군과 10군단은 상호 협조된 작전을 수행하기
어렵고 각개 격파당하기 쉬운 불리한 상황에 놓이게
되었다. 중공군 대부대의 실체를 알지 못한 유엔의
연합 부대는 너무 깊숙이 전진하여 이미 도처에서
포위되어 있었다. 1950. 10. 28~11. 6
CCF 1st Attack to Unsan,
26 October~6 November 1950

북한 땅으로 들어오는 중공군의 부대 행렬
Long line of Chinese Forces move to North Korea

10월부터 유엔군의 포로가 증가하기 시작하였다.
Increased the number of captured UN soldiers, October 1950

공산 측 조종사들
Communist pilots

유령의 군대, 중공군 출현
The Ghost Army, Chinese Communist Force
30 Oct-12 Dec 1951

운산의 비극
Unsan : 30 Oct

XXXX
9CCF

XX
Captl

XX
7US

ROK

XXXX
13CCF

XX
1MC

장진호 해병 전투
Chosin Reservoir
26 Nov-12 Dec 1950

XX
3US

군우리의 비극
Kunuri : 29 Nov

유령의 군대 중공군이 기습 공격을 시작
The Ghost Army, CCF

한국군 1사단이 대동강의 임시 교량을 건너 후퇴, 1950년 12월
The ROK 1st division is crossing the temporary bridge over
Daedonggang(River), Pyeongyang, December 1950.

포위되어 항복하는 유엔군 병사들
Numerous UN soldiers were also surrendered
in December 1950.

북으로 끌려가는 미군 포로들의 죽음의 행진
Dead march of U.S. prisoners of war, Winter 1950

정일권 소장과 미군
기자가 중공군 포로와
인터뷰하고 있다.
1950. 10. 26
MG Chung Il-kwon
and an U.S. press
with a captured
Chinese soldier, 26
October 1950

61. 팽덕회의 전략 General Peng's tactics for his attack

팽덕회가 지휘하는 중공군의 1차 공세는 비록 충분히 준비되지 못한 전초전이었지만 유엔군의 북진을 일단 멈추게 하는 데 성공하였다. 중공군은 이미 9개 군 27개 사단이 투입되었으나, 8군과 극동군사령부는 여전히 이를 2개 사단 규모의 지원병으로 과소평가하고 있었다. 워커 장군은 동측의 10군단이 8군과 접촉을 유지하고 협조하여 전진할 것을 희망했으나, 10군단은 독자적인 고속 북진을 계속하여 두 부대 간의 간격은 더욱 벌어지고 있었다.

미 7사단의 선두가 혜산진을 향해 진격하고 있었고 한국군 1군단도 청진과 길주로 질주하고 있었다.

원산에 상륙한 미 1해병사단의 스미스 소장은 10군단장 알몬드 장군에게서 북한의 임시수도인 강계를 조속히 탈취하라는 임무를 강요받고 있었다. 팽덕회는 이제 미군과 한국군의 약점을 간파하였고 송시륜의 9병단도 순조롭게 진출하고 있는데다가, 8군과 미 10군단의 벌어진 전선 간격의 약점도 정확하게 꿰뚫고 있었으므로 다시 제2의 격멸전을 계획하였다. 중공군 1차 공격에 치명타를 맞고도 적정을 파악하지 못한 워커 장군은 10군단의 북진에 고무된 맥아더 사령부의 독촉으로 다시금 불확실한 전선에서 북진을 재개할 수밖에 없었다. 11월 24일 8군은 공격을 개시하여, 서측의 제1군단이 신의주와 수풍댐, 중앙의 9군단이 초산, 우측의 한국군 2군단이 강계 방향을 목표로 전진하였다. 중공군은 유령처럼 적유령의 깊은 삼림 속에서 포위망 안으로 들어오는 유엔군을 일거에 격멸하기 위하여 숨죽여 기다리고 있었다.

그들의 선 타격 목표는 10군단과 이격된 8군사령부의 우측방에 위치한 한국군 2군단과, 중공군 9병단에 정면으로 무모하게 단독 전진하는 미 10군단 예하 미 해병 1사단이었다.

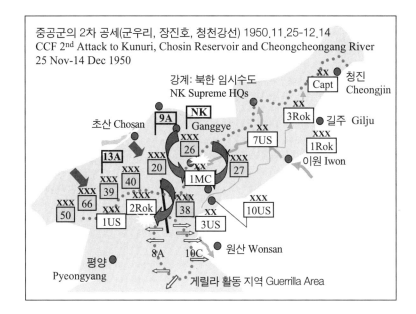

중공군의 2차 공세(군우리, 장진호, 청천강선) 1950.11.25-12.14
CCF 2nd Attack to Kunuri, Chosin Reservoir and Cheongcheongang River
25 Nov-14 Dec 1950

General Peng blocked the UN forces' advances successfully in the initial battles even if he was not ready to hit. Even though the initial CCF hit to the 8th Army, the 8th Army still did not recognize the CCF.

General Peng decided to hit again to keep the advantage of a surprise attack. LTG Walker felt very uncomfortable because the front line was deeply separated between the 8th Army and the 10th Corps, and the 10th Corps advancement in speed to the North without battle coordination with the 8th Army. MG Almond, CG of the 10th Corps, misunderstood the phase of exploitation to the North did not need cooperation action because he was not hit by the CCF yet. The 7th U.S. division reached Hyesanjin town beside the Manchurian border, and the 1st ROK Corps ran to Cheongjin and Gilju, the way to the Russian border.

MG Almond was very eager to capture 'Ganggye', the wartime capital of NK, as fast as possible so he ordered and pushed the 1st Marine division whenever they landed on Wonsan. General Peng, commander of the CCF, recognized the weaknesses of the U.S. Army and the South Korean Army, so he planned a second surprise attack to the 8th Army again while the 9th Communist Chinese Army hit the 1st U.S. Marine division in the East at the same time.

General MacArthur also misread the situation and pushed the front commanders to finish the war. LTG Walker had a more offensive order by the three Corps parallel advance.

The 1st Corps attacked to Sinuiju and Supung-dam in the West, the 9th Corps attacked Chosan again in the center, and the 2nd ROK Corps attacked Ganggye in the East on November 24, 1950.

The CCF was waiting in the deep forest of 'Jeokyuryeong' Mountains like a ghost to destroy the UN Forces at a hit. The target of the CCF this time was the 2nd ROK Corps that was separated from the 10th U.S. Corps who was advancing deep without battle coordination, and the 1st Marine U.S. division that was moving into the deep valley toward the Jangjin(Chosin) reservoir area in isolation.

중공군의 대부대가 이미 국경을 넘었다.
모택동은 고심 끝에 참전 명령을 하달하였다.
CCF already crossed into North Korea in great numbers.
Secreted in a small house near the Forbidden City,
he directs the battle from after.

모택동의 가장 사랑하던 아들 모안영은 한국전쟁에 참전하여
1950년 11월 25일에 폭사하였다.
Mao tse-tung with his favorite son, Mao Anying, who was
killed by a U.S. bombing raid in Korea, 25 November 1950

중공군 총사령관 팽덕회와
북한 지도자 김일성
Marshall Peng Te-huai,
Commander of the
Chinese People's
Volunteers in Korea
with North Korea's
leader Kim Il-sung

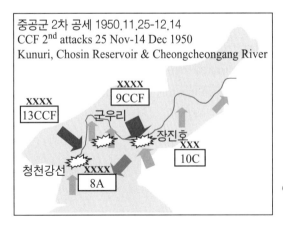

중공군 2차 공세 1950.11.25-12.14
CCF 2nd attacks 25 Nov-14 Dec 1950
Kunuri, Chosin Reservoir & Cheongcheongang River

중공군은 서부전선에서 국군 사단을 먼저 공격하여 자신감을 얻은 후, 서부전선
에서 미 2사단을, 동부전선에서 미 해병 사단을 공격하였다. 1950. 11. 25-12. 5
CCF 2nd attacks 25 November-5 December 1950, hit ROK units and
U.S. units at the same time.

62. 군우리의 대학살(중공군 2차 공세)
Run the gauntlet in Kunuri: the 2nd hit by Communist Chinese Forces

중공군 9병단이 강계에서 장진호 방향으로 진입함에 따라 팽덕회는 11월 25일 중공군 제42군을 서부전선으로 돌려 38군과 함께 남서진하면서 한국군 2군단의 측면을 치고 들어왔다. 11월 26일 38군은 덕천의 한국군 7사단에게 심대한 타격을 가하였고, 42군은 영원에서 한국군 8사단을 타격하여 괴멸시킬 수 있었다. 11월 28일 38군의 선봉 113사단은 계속 전진하여 군우리 후방 지역 삼소리를 점령하고 8군의 퇴로를 차단하는 데 성공하였다. 북진 공격하던 8군의 부대들은 또 한 번 기습을 당하게 되었고 이번의 강도는 전보다 거세었다.

한국군 2군단과 미 9군단이 도미노 현상을 일으켜 우측방에서부터 붕괴되고 있었다. 우측방의 한국군 2군단의 예하 사단들이 우측방에서부터 타격을 받고 분산되자 미 9군단의 우측방이 즉각 노출되었다. 9군단은 즉시 공격을 멈추고 우측방의 위협에 대치하였으나, 북쪽의 압박과 차단된 배후에 포위되고 말았다.

특히 미 2사단은 군우리 일대에서 중공군 112, 113, 114사단의 포위망에 걸려들고 말았다.

11월 29일 밤, 미 2사단은 영국군 27여단이 확보하고 있는 순천으로 연결 탈출을 시도하였으나, 협소한 단일 도로 위에서 대규모 매복 부대의 덫에 걸려 사단 대부분이 장비와 화포를 유기한 채 산길로 분산 탈출하는 치욕을 당하였다. 맥아더 장군은 평양을 포기하고 38도선까지 철수를 명령하면서 처음으로 대규모 중공군의 실체를 인정할 수밖에 없었다.

The 42nd and 38th Corps of the CCF attacked the 2nd ROK Corps from the Northeast to the left frank in surprise again on November 25. The 38th CCF Corps hit the 7th ROK division at Deokcheon, the 42nd CCF Corps hit the 8th ROK division and the 113th CCF division of the 38th Corps cut-off the retreat way for the 8th U.S. Army in Samsori, the rear area of Kunuri successfully on November 28.

The 8th U.S. Army units that were advancing to the North were hit in surprise by the CCF. The intention was really harder than before. Once the 2nd ROK Corps was hit and demolished, the right frank of the 9th Corps was opened. They stopped the advance to the North and tried to block their right frank, but the 2nd U.S. division, a part of the 9th Corps, was enveloped in the North and South by the 112th, 113th and 114th CCF divisions. On the night of November 29, the 2nd division tried to breach out toward Suncheon where the 29th British Brigade was waiting to connect, but they could not breach the envelopment due to the CCF divisions blocking the only route out both directions.

The soldiers of the 2nd division had to escape out through the mountain trails individually while leaving almost all of their heavy equipment and weapons behind on the route. The 2nd division was hit very severely on the route like 'run the gauntlet' in Kunuri.

The 8th Army and General MacArthur recognized and agreed to the fact the massive CCF was committed in the Korean peninsula when they decided to retreat back to Pyeongyang and then to the 38th parallel again on December 5.

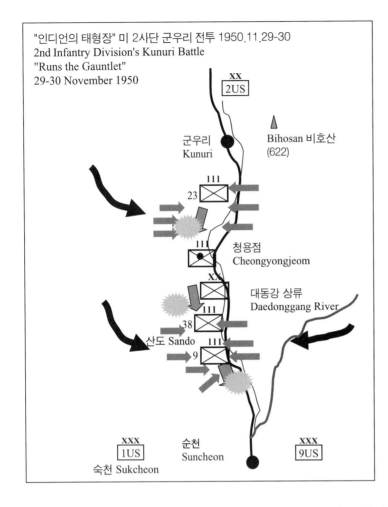

"인디언의 태형장" 미 2사단 군우리 전투 1950.11.29-30
2nd Infantry Division's Kunuri Battle
"Runs the Gauntlet"
29-30 November 1950

군우리
Kunuri

Bihosan 비호산
(622)

청용점
Cheongyongjeom

대동강 상류
Daedonggang River

산도 Sando

숙천 Sukcheon

순천
Suncheon

미 2사단은 중공군에 포위되었음을 인지하고 대열을 갖추어 후퇴를 시도하였다.

선두 돌파 부대에 9연대와 터키 여단(배속), 본대에는 38연대와 사단 지휘부, 포병 연대를 세우고 후미에 23연대가 위치하여 군우리에서 청용점을 통과하여 순천 방향으로 탈출을 시도하였다

중공군의 포위 부대가 대부대임을 모르던 미 2사단 돌파 부대는 연대 규모의 정면 저지 부대에 막혀 전진하지 못하는 동안 청용점, 신도에 이르는 산 고갯길 전 구간에 매복한 중공군의 협공에 견디지 못하고 장비와 화포들을 유기한 채 산길로 분산 탈출하였고, 11월 30일 순천으로 복귀한 부대는 후미의 23연대 일부를 포함한 사단 전투력의 20%에 지나지 않았다. 미 2사단은 이 끔찍한 퇴로를 "인디언의 태형장"이라고 부르며 지금도 11월 29일이면 부대기를 태우며 그날을 기억하는 행사를 하고 있다.

The 2nd division recognized the envelope and decided to breach out to the South. The 2nd division organized the marching columns that the advance unit in front was the 9th regiment with the attached Turkish brigade and the 38th regiment, Division HQs group and the Artillery regiment followed in sequence, and the 23rd regiment followed in the rear for breaching toward Suncheon.

The advanced unit of the 2nd U.S. division in front, blocked by the CCF blocking forces, tried to breach the route because the 2nd U.S. division marching column did not recognize that they were trapped by three CCF divisions. At night, the soldiers of the 2nd U.S. division failed to be breached by the units marching, but individually escaped. Only 20 percent of the total soldiers of the 2nd U.S. division made it back safely the following morning, and never forgot the terrible tragedy that was called 'run the gauntlet' in Kunuri. The 2nd U.S. division conducts a remembrance ceremony to keep the memory of the tragedy annually on the evening of November 29.

청천강의 미 2사단, 1950. 11. 20
The 2nd ID soldiers at Cheongcheongang(River), 20 November 1950

전선 상황이 악화되자 후방의 미 2사단이 증원되어 전방을 보강하였다.
The 2nd ID involved front line as a reinforcing unit

압록강변의 파괴된 마을 갑산으로 전진하는 부대, 1950년 11월
U.S. troops roll through the demolished town of Gapsan in
November 1950.

유엔군에게 미처 준비되지 않은 겨울
Unprepared winter to the UN soldiers

61포병대 숙영지에서
바라본 미 2사단의
북진 행군 트럭들,
중국인의 모자로 불리는
산이 우측에 보인다.
A convoy of 2d
Division trucks driving
north seen from the
bivouac area of A
Battery, 61st FA
Battalion, 25
November 1950. The
hill called Chinaman's
Hat is on the right.

중공군에게 포위되어 항복하는 미군들, 1950년 겨울
American GIs surrender to Chinese Infantry in the Winter 1950

의료 시설이
미비했던
초기에
중환자들은
모두 일본으로
후송되었다.
Wounded
soldiers are
evacuated to
Japan.

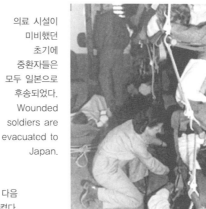

중공군에게 포위되어 궤멸된 유엔군이 유기한 무기와 장비들은 사용하지 못하도록 다음
날 즉각 공군 폭격으로 파괴시켰고, 중공군은 이를 피해 밤새워 안전장소로 이동시켰다.
Abandoned weapons and vehicles by the UN Forces because of CCF
envelopment had to be destroyed by the UN airforce in the following day.
So the CCF tried to hide the valuable captured weapons and vehicles at
the night.

평양에서 포로가 된 미군들, 1950년 12월
U.S. soldiers surrendering, Pyeongyang, December 1950

중공군 군수 담당 부사령관 홍학지
Hong Hak-ji, Deputy Commander for Logistics,
The Suprime Command of CCF

미 2사단을 지원하기 위하여 배속된 영국군,
27여단 1대대원들이 군우리 방향으로 전진하고
있다. 1950년 11월
Men of the 1st Bn, the Middlesex Regiment
and American tanks moving toward Kunuri
in support of the 2nd U.S. Division.

먼지 속에서 후퇴하는 유엔군, 평양 남방 10마일
UN troops retreat along a dusty road 10 miles south of
Pyeongyang

자비의 상징인 앰불런스에도 총탄이 날아들었다.
Even the symbol of mercy is shot up but
this Ambulance is still rolling, evacuating casualties.

밤낮으로 계속된 행군과 중공군의 포위 사선을 뚫고 온 미 2사단의 병사들은 녹초가 되어 틈만 나면 잠에 곯아 떨어졌다.
After walking all day and night through Chinese lines and roadblocks, exhausted soldiers of the 2nd U.S. Division take sleep when and where they can get it.

중공군의 작전 토의(좌), 포병대 사격(우) The Chinese Communist Forces in Korea, Winter 1950

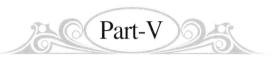

Part-V

되돌아온 38선 Reback to the 38th Parallel

한만 국경 마을 혜산진의 파편이 널린 어수선한 도로를
7사단 선발대가 통과하고 있다.
7th U.S. Infantry Division advance through the rubble
strewn streets of Hyesanjin, near the Manchurian border.

북진의 선두에 선 미 7사단의 선두 부대 17연대
The first three American soldiers at the Chinese border,
17th RCT, 7th Div

국경선에 선 동부전선 북진의 리더들:
(좌로부터) 케이퍼 준장, 호데스 준장, 10군단장 알몬드 소장,
7사단장 바르 소장, 파웰 대령
21 November 1950, at the Manchurian border, from
left; BG Homer Keifer, BG Henry Hodes, MG Edward,
Almond MG. David Barr and Col Herbert Powell

중공군이 북한으로 야간이동을 하고 있다. 1950년 10월
Chinese are sucking in NK territory at night, October 1950.

혹한 속으로 전진하던 미 7사단의 병사들이 국경 마을 혜산진에서
추수감사절 예배를 드리고 있다. 1950. 11. 24
7th U.S. Infantry Division soldiers being held Thanksgiving
Day services on the bank of the Apnokgang(River), near
Hyesanjin, 24 November 1950

해병 5연대의 대대장 태플릿 중령이 지휘소 천막에 걸린 화환에 붙은 카드를 보고 있다. 1950. 11. 24
"메리 크리스마스, 제기랄!"이라고 쓰여 있다. 앉아 있는 캐니 소령은 1주일 후 장진호 전투에서 전사하였다.
LTC Robert Taplett, Cdr of a Marine Bn is grinning while points to Christmas wreath. It said "Merry Christmas, what the hell" on 24 November 1950. Major John J. Canny (right) was killed in action at the Jangjinho reservoir a week later.

알 수 없는 정적 속으로 조심스럽게 전진하던 미 1해병사단도 결국 중공군의 포위망 속에 갇히고 말았다. 그들은 즉각 전진을 멈추고 방향을 되돌려 포위망을 돌파해야만 하였다. 중공군 9개 사단에게 포위된 세계 최강의 미 해병이 전멸할 것인지가 세계 뉴스의 초점이 되었다.
The 1st Marine Division finally was in the CCF trap. They had to stop to move forward and breach out backward. It was top news of the world that the Marines can survive out or not from envelopment by nine Chinese communist division.

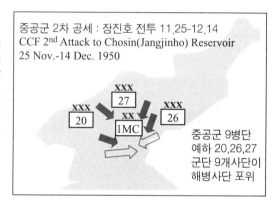

중공군 2차 공세 : 장진호 전투 11.25-12.14
CCF 2nd Attack to Chosin(Jangjinho) Reservoir 25 Nov.-14 Dec. 1950

중공군 9병단 예하 20,26,27 군단 9개사단이 해병사단 포위

1950년 11월 23일, 추수감사절 전 날 북진하던 모든 부대에게 차가운 칠면조 통조림이 특식으로 공중 투하로 보급되었다.
On 23 November 1950, U.S. soldiers in the far north of Korea were supplied by airdrop with Thanksgiving Dinner.

중공군의 공격은 통상 괴상한 나팔소리와 함께였다.
The bugle that signaled so many Communist assaults

압록강변에서 목표에 도달한 미군 병사들이 전쟁이 곧 끝날 것으로 기대하며 추수감사절에 차가운 칠면조 석식을 즐겁게 먹고 있다. 1950. 11. 24
U.S. soldiers chewing a Thanksgiving cold turkey dinner on the Banks of the Apnokgang(River), 24 November 1950

장진호(미군들은 초신이라고 부른다) 일대에 이미 중공군 대부대들이 골짜기마다 스며들어 있었다.
Jangjinho(or Chosin) Reservoir in late 1950. Chinese Red Forces already soaked into the valley.

장진호(미군들은 일본군 지도에 나와 있는 대로 장진호를 초신 저수지라 부른다)

험준한 1,000미터 이상의 고지대 개마고원 일대에 펼쳐진 산악은 최악의 도로망으로, 100Km가 넘는 깊은 계곡에 접근하는 위태로운 단일 도로로 연결되어 있어, 유일한 도로 위의 교량이 질단되면 차량은 이동이 불가능하였다.

10군단장 알몬드 장군은 평양에서 철수한 북한의 임시 수도 강계를 점령하고 북한을 석권할 욕심에, 해병 1사단에게 황초령고개를 넘어 하갈우리(장진호 입구)-유담리를 거쳐 강계로 전진할 것을 독촉하였으나, 해병 사단장 스미스 장군은 신중하게 준비된 전진 작전을 수행하였고, 그런데도 해병 부대는 유담리에서 포위되어 기다리던 중공군 대부대의 포위망에 갇힌 채 최초의 공격을 받게 되었다.

Jangjinho was called Chosin reservoir by a GI which name shown on the military map was made by the Japanese Army. The Jangjinho was on the high land above 1,000 meters high in the rough mountain area of Hamkyeongdo province Northeast of the North Korean territory called 'highland of Gaemagowon' where the only approaching route to the reservoir is more than 100Km deep from Hamheung, a port at the East Sea. MG Almond desired very much to capture Ganggye, the wartime Capital of North Korea, and finished the war by himself. He ordered and pushed MG Smith, CG of the 1st U.S. Marine division, to advance toward Ganggye through Jangjinho as soon as possible.

MG Smith was a very careful general so he advanced toward Hagaluri and Yudamri passing by Jangjinho after preparing several supply bases on the route. The 9th CCF enveloped completely and the blocking unit was waiting for the Marines at Yudamri.

The 9th CCF Army enveloped the 1st Marine division with nine divisions that had 10,000 infantry soldiers each.

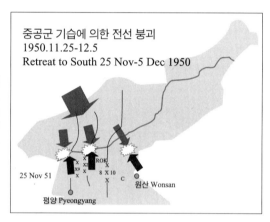

미 1해병사단을 포위한 중공군 정예 9병단은 1만 명 규모로 편성된 중공군 사단 9개로 구성되어 있었다.
The 9th Chinese Communist Forces (CCF) Army organized with 9 divisions which has 10,000 infantrymen each. The 9th CCF Army was enveloping the 1st U.S. Marine division.

63. 장진호 전투(중공군 2차 공세)
Jangjinho(Reservoir) battle: the Second Offensive of CCF

11월 19일 미 7사단이 혜산진에 도달하였고, 11월 26일 국군 3사단과 수도 사단이 한소 국경까지 진격할 태세로 길주와 청진에 도달해 있었다. 10군단장 알몬드 장군의 독촉에도 불구하고 11월 23일 해병 1사단은 신중하게 전진하여 하갈우리에 사단 지휘부를 설치하였다. 송시륜이 이끄는 중공군 9병단 예하 9개 사단은 미 1해병사단을 포위 섬멸할 대형으로 은밀히 전개하고 있었다. 동부 지역에서의 격전은 대포위로 시작된 서부 지역 2차 공세 이틀 후인 11월 27일 시작되었다.

7연대가 유담리에 도달한 11월 25일 서부의 8군이 중공 13군의 기습 포위로 혼란에 휘말리자 미 1해병사단은 급히 목표를 강계에서 무평리로 전환한 후 8군의 측방으로 지원 기동하려 했으나 유담리에서 중공군의 대규모 공격을 받고 저지되었다. 이들도 이미 중공군 9병단 예하 9개 사단의 포위망에 걸려든 후였다. 스미스 장군은 무적의 미 해병도 전멸될 것인지에 전 세계의 이목이 집중되자, 이를 새로운 방향으로의 공격이라고 호언하며 두터운 포위망과 영하 30도의 혹한 속에서 흥남항으로 탈출을 시도하였다. 해병은 11월 27일 선두 7연대가 중공군 포위 부대와 첫 교전을 시작으로 하갈우리, 고토리, 황초령고개, 진흥리를 돌파하여 흥남항까지 총 125Km의 거리를 16일간 밤낮없이 싸우며 혈로를 뚫고 전진한 끝에 탈출에 성공하였다. 전사자보다 동사와 동상환자가 더 많았던 혹한기 장진호 전투는 많은 진기록과 교훈을 남겼다. 중공군 9병단도 완전히 포위된 미 해병 사단에게 16일간 수없는 펀치를 날렸지만 격멸시키지 못하고 자신이 먼저 지쳐 쓰러진 이후 이듬해 3월까지 전선에 나타나지 못하였다.

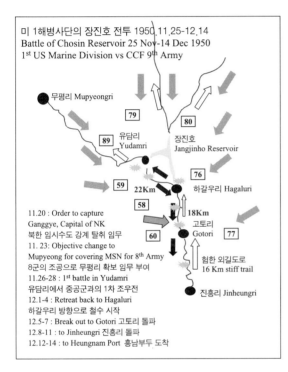

미 1해병사단의 장진호 전투 1950.11.25-12.14
Battle of Chosin Reservoir 25 Nov-14 Dec 1950
1st US Marine Division vs CCF 9th Army

무평리 Mupyeongri

79

80

89 유담리 Yudamri

장진호 Jangjinho Reservoir

76

59 22Km 하갈우리 Hagaluri

58 18Km

60 고토리 Gotori 77

험한 외길도로
16 Km stiff trail

진흥리 Jinheungri

11.20 : Order to capture Ganggye, Capital of NK
북한 임시수도 강계 탈취 임무
11. 23: Objective change to Mupyeong for covering MSN for 8th Army
8군의 조공으로 무평리 확보 임무 부여
11.26-28 : 1st battle in Yudamri
유담리에서 중공군과의 1차 조우전
12.1-4 : Retreat back to Hagaluri
하갈우리 방향으로 철수 시작
12.5-7 : Break out to Gotori 고토리 돌파
12.8-11 : to Jinheungri 진흥리 돌파
12.12-14 : to Heungnam Port 흥남부두 도착

The 7th U.S. Division reached Haesanjin, near the Manchurian border on November 19, and the 3rd ROK and the Capital ROK Divisions reached Gilju and Cheongjin where they were not far from the border with the Soviets on November 26. The 1st Marine Division carefully advanced toward their objective 'Ganggye', and they set up their forward command post at Hagaluri, beside Jangjinho November 23. Even MG Almond pushed MG Smith to hurry. The nine divisions under the 9th CCF Army advanced quickly and spread their wings to envelope and crush the U.S. Marine Corps. On November 27, just two days after the second attack in the Western area, the Jangjinho battle began with the completed envelopment of the Marines.

November 25, General MacArthur changed the Objective of the Marines from "Ganggye" in support of the capture of the North Korean Capital to 'Mupyeongri' to attack to the West in support of the 8th U.S. Army, because of the 8th Army's chaotic retreat from the CCF surprise attack in the west. By the time the 7th Marine Regiment reached Yudamri, the Marine was already enveloped by the 9th CCF and could not advance anymore. MG Smith did not shrink, but boldly proclaimed, "Just attack in another direction", while the world media showed great interest in whether they could breach the envelopment or be destroyed.

MG Smith led his division in the successful breaching operation through 16 days of fierce battles in terrible frozen conditions, from Yudamri to Heungnam port, a distance of 125Km.

The Jangjinho battle established many unique records and there were numerous lessons to be learned. This battle saw more injuries and deaths from cold, exposure, and frostbites than from combat. The 9th CCF Army failed to knockout the Marines even though they battered the cornered Marines for 16 days. Finally, the 9th CCF Army became exhausted and could no longer be committed at the front until the following spring.

장진호. Jangjinho called as Chosin Reservoir

해발 1,000m 이상의 고원 지대에 펼쳐진 골짜기로 이어진
외길은 차량 부대의 전진을 매우 어렵게 만들었다.
An aerial view of the Tortuous road to the
Reservoir in October 1950

이미 시작된 혹한 속에서 해병들은 북한의 임시
수도인 강계 탈취의 명을 받고 장진호의 중간
마을 하갈우리까지 깊고 좁은 산악도로를 따라
전진하였다. 1950년 11월
U.S. Marines toward Hagaluri, a deep,
narrow, single and rude road toward
Ganggye, temporary capital of NK after
retreat from Pyeongyang, November 1950

전진하는 해병들
추위와의 싸움이 먼저 시작되었다.
fight against the extreme cold
weather

하갈우리에 진입하는 해병 선두 부대
Marines reach to Hagaluri.

하갈우리
Marine look down from Hagaluri.

유담리에 도달한 해병 선두 부대에게 투하되는 공중 보급품
An air drop to the Marines at Yudamri on November 1950

해병 7연대장 리젠버그 대령
Col(P) Homer L.
Litzenberg, who led
troop in the battles at
the Chosin Reservoir

중공군 9병단의
포위 공격
Mass attack
to U.S.
Marine, 9th
CCF Army

주요 보급로상의 유엔군 공중 폭격
UN airstrike on the enemy MSR

장진호 일대의 중공군 포로들

해병들은 유담리에서 덕동고개를 넘어 험한 길을 가는 중에도 흔들리지 않고
장비와 부상자 심지어 전우의 시신까지 모두 거두어 함께 철수하였다.
혹한의 날씨 속에서 유담리-하갈우리 돌파 전투를 준비하고 있다.
The Leathernecks brought their equipment, their wounded, and in some cases even their dead with
them from Yudamri and Deokdong pass on November 1950.
In subzero weather the marine prepare to fight South from Yudamri to regain the perimeter at Hagaluri.

스미스 장군은 현명하게 해병 사단의
장비와 전투력을 보존한 채로 철수에
성공하였다.
"후퇴라고? 웃기는 소리, 우리는 이제
다른 방향으로 전진하는 거야!"
General Oliver Smith insisted
evacuating equipment, thereby
preserving the First Marine Div's
fighting capacity.
"Retreat, Hell. We are attacking in
a new direction!"

유담리의 지친 해병들   Marines in Yudamri

중공군과 접전, 장진호, 1950년 11월
Chinese mass attack at Jangjinho in late November 1950

장진호 지역에서 철수하는 해병
U.S. troops retreat from Jangjinho.

포위한 중공군 포위망을 돌파한 후 피로에 지쳐 눈밭 위에 쓰러져
휴식을 취하는 해병들, 1950년 12월
The First Marine Division rest on the snow-covered
roadside after overcoming an ambush on December 1950.

혹한 속에 영웅적인 돌파 전투를 수행하던 도중 도로 위에서 휴식을
치하는 해병들
Leathernecks catch a few minutes' rest during their heroic
breakout from the Chosin Reservoir on November 1950.

깊은 산악 속의 좁은 외길 철수로 Only the single deep mountain trail for retreat

유담리에서 하갈우리, 고토리, 진흥리, 황
초령, 함흥, 흥남까지의 125Km 철수로.

영하 30도를 오르내리는 혹한 속에서 9개
사단에 포위된 미 해병 1사단은 초인적인 인
내심과 투지로 중공군의 포위를 돌파하였다.
고지와 애로 지역에 매복하고 기다리는 중공
군의 위협을 제거하기 위하여 끊임없이 고지
공격을 반복했고 동상 때문에 잠들어서도 안
되었다.

숙영지 천막도 칠 수 없었다. 무엇보다도
동상에 대한 공포와 추위는 가혹한 적이었
다. 수통은 얼어서 터져 버리고, 전투 식량은
녹여 먹지 않으면 배탈이 났다. 군의관은 모
르핀이 얼지 않도록 입 속에 넣고 다녔고, 수
혈은 난로 옆이 아니면 불가능했다.

On the 125Km long retreat trail form
Yudamri, Hagaluri, Gotori, Jinheungri,
Hwangchoryeong(Funchilin Pass), Hamheung

to Heungnam port, and under bitterly cold conditions that hovered at 30 degrees centigrade below the frozen point, the 1st Marine Division broke-out to the South with superhuman efforts. They could not sleep even at night due to the threat of frostbite, but had to attack up to the hill constantly in order to overcome the numerous roadblocks. Even though enveloped by nine CCF divisions, through tough combat, with discipline and endurance, they overcame their fear and pain to succeed. They could not set-up any tents for shelter. The severe cold weather at night was their most fearful enemy. Canteens were torn apart when the water was frozen in them and the cold C-rations caused stomach problems. The surgeon had to keep morphine in his mouth to keep it from freezing, and the blood transfusions were impossible anywhere except by a campfire.

이동 중인 해병에게 중공군의 박격포 공격
Chinese mortars are firing to the 1st Marine Division.

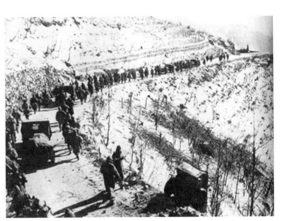

해병은 고토리를 지나 흥남으로 이어지는 황초령고개를 통과하고 있다.
1950. 12. 10
Marine are marching south of Gotori through Funchilin Pass
to Heungnam port, 10 December 1950

해병들은 전우의 시신을 버리고 가지 않았다. 이런 원칙은 해병들의
사기를 유지하는 원천이기도 하다.
Marine deads only can ride on truck while retreating.

보급 집적소를 불태우고 동쪽으로 후퇴
Retreat back to East after burn a supply assembly area

울퉁불퉁한 철수로상의 목을 확보한 1해병사단, 1950년 12월
Rugged terrain along the MSR occupied by 1st Marine
Division, early December 1950

소총병들이 민동산 후면에서 철수 부대를 엄호하고 있다.
중공군은 해병의 포위 격멸에 실패하고 말았다.
Riflemen take cover behind large boulders and engage the
enemy forces who failed to trap the surrounded Marines.

해변들은 모두 고통을 기꺼이 분담하였다. 부상자, 동상환자, 죽은
자만이 트럭에 탈 수 있었다.
Jangjinho battle only the wounded, frostbitten and dead
ride

하갈우리 남쪽에서 해병 코르세어 전투기가 중공군의 거점을 폭격하는
동안 기다리고 있다.
Jangjinho battle South of Hagaluri Marine ground troops wait
while Corsairs wipe out the enemy strongpoints.

공격 돌파조가 중공군의 차단 부대를 공격하는 동안 후속 부대는
잠시 눈을 붙이고 있다.
While Marine at the Point Fight to Overcome a roadblock,
the men not engaged seek a few moments rest.

추위와 굶주림에 시달린 중공군 포로들
Frozen and starved Chinese surrenders

맹추위 속에서 포위망을 뚫고 전진
Breaching the envelopment in a severe cold weather

중공군 3개 사단의 포위 공격을 돌파한 후 유담리의 얼어붙은 도로 위에 서서
휴식 중인 해병 5연대와 7연대, 1950년 11월
Marines of the 5th and 7th Regiments are shown on the icy road
from Yudamri after hurling back a surprise attack by three
Communist divisions on November 1950.

1해병사단은 장진호 일대 중공군 사단의 포위망을 돌파해 동해 쪽으로
탈출하였다.
The 1st U.S. Marine Division pulls out of the Reservoir while fought
with Chinese troop in December 1950. The road is open and the
ridge is cleared of the enemy. The Marines advance to the sea.

황초령 탈출로상의 수문교가 파괴되어 교량을 연결하지 않으면 철수가
불가능하였다.
The Sumungyo bridge is broken, and must be rebuilt.

해병들이 복구된 수문교를 통과하고 있다. 1950년 12월
The soldiers of the 1st Marine head to safety through
Sumungyo, the repaired bridge on the Funchilin Pass,
December 1950

혹한 속에서 해병들의 생존 방법
Marines in severe winter in Korea

1해병사단의 돌파작전 중 마지막 시련이었던 황초령의 수문교는 일본에서 급히
공수해 온 자재로 긴급히 복구되었다. 좁혀 오는 포위망 속에서 해병은 수문교
를 건넜다. 1950. 12. 6
The broken bridge just below Hwangchoryeong(Funchilin Pass)
and the bridge, Sumungyo was reconnected for retreat of the 1st
Marine Div. at 6 December 1950.

눈 쌓인 철수로상, 중공군의 도로 차단으로 행군을 멈추면 선두 개척
부대가 전투하는 동안 모두 잠에 빠져들었다.
While Marine at the point attack to overcome a roadblock,
the men not engaged seek a few moments rest

장진호 돌파작전
도중 5연대장
머레이 중령의 대령
진급식이 눈보라
속에서 거행되었다.
MG Smith
congratulates
Raymond Murray
on his promotion
to full colonel,
November 1950.

함흥역 방어 Defense at Hamheung station

"치고 빠져라" 장진호 전투 중 전 부대에게 내려진 명령은 혹한 속에서
끊임없이 이동하면서 포위 차단한 중공군의 포위 차단 부대를 공격하여 돌파구를 개척해 이동하는 것이었다. 하갈우리, 1950년 12월
"Fire and Fall back!" That was the order given to the Marines who were surrounded at Yudamri. In sub-zero weather they fought their way through Chinese hordes to Hagaluri on the southern tip of the Chosin Reservoir in December 1950.

황초령을 넘어 드디어 함흥에 도달한 해병
Back to Hamheung port, December 1950

얼어붙은 장진호와 황초령을 돌파하여 흥남항으로 향하는 돌파 부대,
1950. 12
U.S. troops retreat from Jangjinho(Frozen Chosin) towards Heungnam, late 1950.

해병 1사단은 얼어붙은 눈덩이로 뒤덮인 도로를 따라 중공군 대부대의 포위를 뚫고 동쪽으로 이동하여 고토리 남쪽의 해병 부대와 연결하였다.
Marine of the 1st Division head south over snow-crusted roads in convoy to break through the encircling Chinese. Their attack was successful when they met other Marine south of Gotori.

함흥 북쪽 20마일 지점까지 돌파한 해병 선봉 부대 뒤로, 지난 12일간 밤낮없이 포위 공격해 온 중공군 대부대와 격전을 벌였던 장진호 산악 지대가 멀리 어슴푸레 보인다.
A vanguard of Marine 20 miles north of Hamheung rolls over the plains. Behind them are the mountains fought through for 12 days in their retreat from the Chosin Reservoir.

후송을 위해 흥남의 해안에 야적한 항공유 드럼들, 1950년 12월
Barrels of avation gasoline lined up on the Beach at Heungnam, December 1950

흥남항, 1950년 12월
Heungnam port, December 1950

북한의 공업도시 함흥의 성천강 교량을 폭파하는 유엔군 철수 부대
Demolition teams take out the Seongcheongang(River) bridge at Hamheung at UN troop pull out of the northeastern Korean industrial city.

흥남부두에서 전개된 대규모 철수 작전을 위해 접안한 상륙정, 1950년 12월
Landing craft nose ashore to help with the Heungnam evacuation. December 1950.

흥남항 철수 작전을 위해 준비 중인 함선
The evacuation fleet being loaded at Heungnam harbor
during the evacuation of the beachhead.

흥남항에 밀려든 피난민들
NK refugees in Heungnam port

흥남항의 한국군 1군단 장병, 1950. 12. 14
ROK 1st Corps at Heungnam port December 14, 1950

크리스마스 전날 흥남항을 떠나는 미 3사단 병력
The last of the evacuees, troops of the 3rd Division wave
and cheer on the deck of a landing craft as it pulls away
from Heungnam beach, Christmas Eve, 1950

　　흥남항은 예상치 못한 강압 철수를 준비하는 미 10군단과 한국군 1군단의 병력과 장비 때문에 매우 혼잡하였는데, 수십만의 피난민이 추가로 모여 들었다. 해군 수송선의 한계로 피난민의 선박 후송은 계획에 없었으나, 1군단장 김백일 장군의 집요한 요구와 설득으로 피난민들 상당수가 안전하게 부산으로 피난할 수 있었다.

흥남항에서 승선 대기 중인 철수 장비들
Vehicles to be loaded aboard ships at Heungnam during withdrawal

원산항에 밀려든 피난민들, 1950년 12월
Refugees in Wonsan City, December 1950

미군함 베거가 유엔군의 마지막 철수 부대를 태운 상륙정을 기다리는 동안 흥남항이 폭파되고 있다.
흥남 철수 작전은 약 9만여 명의 피난민을 포함하여 성공적으로 이들을 남으로 피난시켰다.
U.S.S. Begor lies at anchor ready to load the last UN landing craft as a huge explosion rips harbor installations at Heungnam.
90,000 Korean refugees flee to safety in South Korea.

64. 워커와 리지웨이 General Walker and General Ridgway

서부전선의 대패배에 충격을 받은 미 8군과 맥아더 사령부는 12월 3일 총퇴각 명령을 내렸고, 12월 5일에는 평양도 포기하고 38도선까지 퇴각하였다. 동부의 미 10군단과 한국군 1군단도 흥남항을 통하여 피난민과 함께 부산으로 대규모 철수 작전을 단행하였다. 미 1해병사단도 12월 중순 마지막으로 흥남항을 떠났고 흥남, 함흥, 원산항은 철저히 파괴되었다. 두 번에 걸친 중공군의 대공세 끝에 극동군사령부와 전선의 8군사령부는 중공군의 실체를 경악의 눈으로 바라보게 되었고, 두 달여 간 고속 전진 끝에 획득한 북한 영토를 불과 일주일 만에 내주고 도망치듯 또다시 38도선으로 되돌아왔다. 그 동안 행해진 것은 북한 영토의 철저한 파괴였고, 얻은 것은 북한을 탈출한 300만 피난민이었다. "크리스마스를 고향에서"라는 즐거운 구호를 내걸고 북진하던 미군과 한국군은 보이지 않는 중공군의 야간 포위 공격의 공포로 그들을 유령의 군대라고 부르며 한동안 남으로 향한 후퇴의 발길을 멈추려 하지 않았다.

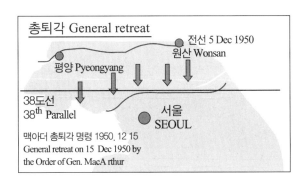

중공군 2차 공세가 시작되던 11월 25일 중공군 총사령관 팽덕회의 보좌역으로 전선에 나와 있던 모택동의 막내아들 모안영이 폭격으로 전사하였다. 12월 23일에는 8군사령관 워커 장군이 의정부 전선으로 가다가 교통사고로 사망하였다. 한국전쟁의 위기를 타개한 명장의 애석한 죽음이었다.

워커 장군의 뒤를 이어 미 육군성 작전참모부장이었던 리지웨이 중장이 후임으로 보직되었다. 신임 8군사령관에게 무너진 전선과 장병들의 사기를 되돌려 전선을 회복해야 할 중책이 부여되었다.

On December 3, 1950, the Far East Command ordered an all-out retreat from the current lines and fell back to the 38th parallel after giving up Pyeongyang on December 5. The 10th Corps and ROK divisions, which included 70,000 North Korean refugees retreated to Pusan from the port of Heungnam in the East. The 1st Marine also was evacuated thru the port and by the middle of December, the ports of Wonsan and Heungnam had been completely destroyed.

The soldiers of the U.S. and the ROK Armies were shocked and driven back to the 38th parallel in a week by the Communist Chinese Forces, who had been called the Ghost Army, and they did not want to halt the retreat out of fear of this unstoppable Ghost Army. The only gain was the ruined North Korean territory and three million North Korean refugees. On November 25, the UN Air Force killed Mao An-young, the last son of Mao Tse-tung, in a bombing raid, while he served as an assistant for Commander Peng at the Command post.

On December 23, LTG Walker, the Commanding General of the 8th U.S. Army, was killed in a traffic accident. His staff car crashed on the way to Uijeongbu City, just North of Seoul. It was a very serious blow to the 8th Army and also to the Koreans who still remember the great general. LTG Ridgway was immediately assigned as the new CG of the 8th Army. He had a very heavy responsibility to recover the demolishing defensive line, and to restore the soldiers' fighting spirit in the midst of a terrible retreat.

새로 보임된 8군사령관 리지웨이 중장
LTG Ridgway, New CG of the 8th U.S. Army

중공군의 공세 지속, 청천강/평양 공격
CCF 2nd Attack to Cheongcheongang River
25 Nov.-5 Dec. 1950

교통사고로 전선에서 사망한 8군사령관 워커 장군
LTG Walker were dead in car accident.

워커 장군의 교통사고 차량, 장군은 의정부 전선으로 이동 중이었다.
1950. 12. 23
Command vehicle for LTG Walker, after the accident on the way to Uijeongbu, 23 December 1950.

북한에 포로가 된 터키군 병사들
Turks in a north Korean Prison camp

맥아더 장군, 리지웨이 장군과 전선 방문, 1951. 3. 7
On 7 March 1951, MacArthur rides with Ridgway outfront.

서부전선에서의 후퇴, 청천강, 1950년 11월
During the withdrawal, November 1950
Cheongcheongang(River)

미 24사단의 즐겁지 않은 크리스마스, 부천, 1950년
Soldiers of 24th ID enjoying a not-so-merry Christmas
dinner near Bucheon, west of Seoul, December 1950

65. 중공군 3차 공세와 1·4 후퇴
The Third offensive of CCF and retreat from Seoul

중공군의 참전이 북한의 영토인 38도선 회복일 것이라고 믿으며 일거에 250Km를 철수하여 38도선에 도달한 유엔군은, 방어선 구축은 고사하고 철퇴의 충격에서 아직도 헤어나지 못하고 있었다. 흥남항을 통해 해상 탈출한 미 10군단과 한국군 1군단은 부산에 상륙하여 재편 중이고, 미 8군은 방어에 불리한 옹진반도와 개성을 포기하고 38도선 상 서측에서부터 미 1군단, 미 9군단, 한국군 2, 3, 1군단 순으로 배치하여 전선을 방어하고 있었다.

공수단 복장에 수류탄 두발을 가슴에 달고 전선에 등장한 리지웨이 장군은 추격해 오는 유령 군대에 대한 공포로 정신적·물리적으로 모두 무너져 버린 8군의 지휘권을 참담한 심정으로 떠안았다. 38도선을 넘어 남침하지 않으리라고 믿고 싶었던 중공군은 38도선을 넘어서도 공격의 기세를 늦추지 않았다.

1951년 1월 1일 중공군은 전면 재남침을 개시, 태백산맥을 따라 주공을 지향하여 취약한 한국군 2군단의 정면을 돌파해 서부전선의 주력 포위를 시도하였다. 1월 3일 미 8군은 서울을 포기하였고, 서울시민들은 혹한 속에서 또 한 번 피난길에 나서야 했다. 이른바 1·4후퇴라고 불리는 고행이 시작되었다.

중공군은 이번에도 중부 산악 지역의 한국군 2군단을 취약 지역으로 보고 이곳을 돌파하여 미 1군단의 배후를 차단하고 포위 섬멸을 시도하였다. 1월 15일 중공군의 공격 기세는 제한된 보급 능력과 도보 부대의 한계점에 도달하여 멈추었지만, 전선은 37도선까지 밀려나 있었고, 중부 산악 지역은 단양까지 깊은 돌파구가 패여 있었다.

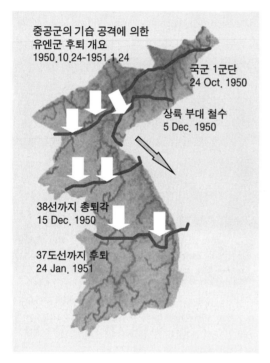

The soldiers of the U.S. and the ROK Armies had not recovered from the initial shock. They had retreated back 250Km from their forward positions along the Manchurian border, and now they hoped the CCF commitment would not reach beyond the 38th parallel. The 10th U.S. Corps and the 1st ROK Corps were reorganizing in the Pusan area after arriving by sea from the lost port of Heungnam, while the 8th U.S. Army stopped its retreat and prepared to defend a line along the 38th parallel. LTG Ridgway, in the habit of wearing the airborne combat uniform with a hand grenade on his chest, took over Command of the 8th U.S. Army when morale was at its lowest. The soldiers had the miserable feeling that they had been demolished, both mentally and physically by the Ghost Army that had driven them back. The CCF was not to stop at the 38th parallel and continually pushed toward the South.

On January 1, 1951, General Peng, Commander of the CCF, tried to envelop the main body of the 8th Army in the West with an attempt to penetrate Taebaek Mountains deep in the 2nd ROK Corps area. This had been determined to be the weakest point. Finally, General MacArthur decided to give up Seoul on January 3, and the people of Seoul had to retreat to the South again under severely cold winter conditions so the Seoul citizens called it 'Ilsa Hutoe' which means 'Fourth of January retreating'. On January 15, the deep penetration to Danyang, along the 37th parallel, thru the middle of the mountains, struck like a spearhead before the CCF attack was stopped.

8군은 서부전선에서 철수하면서 평양을 초토화시켰다. 철수 부대가 대동강 철교도 폭파시켰으나 남으로 향한 북한 주민들은 부서진 다리의 난간을 넘어 남으로 향했다. 자의반 타의반으로 한국군과 유엔군의 북진을 환영했던 이들은 북한 정권에 의하여 또 다른 사상 검증을 받아야 한다는 고통이 고향을 등지게 만들었다.

The 8th U.S. Army retreated back from Pyeongyang after it destroyed the Capital city of North Korea completely. Many North Koreans had to leave their hometown and move down south with the UN troops to avoid a painful brainwashing, certainly to be followed by North Korean authority because they had welcomed the U.S. Forces. Refugees fleeing from Pyeongyang across the tangled girders of a bridge over the river Daedonggang, 4 December 1950.

남으로 끌려가는 북한군 포로들, 1950년 12월
Hooded prisoner, Seoul, December 1950

대동강, 평양
Daedonggang(River) in Pyeongyang

남으로 향한 피난민들
Refugees from North Korea

얼음덩이가 떠내려가는 청천강을 건너는 피난민들
Cross the Cheongcheongang (River) to the South of Pyeongyang

피난민들의 식사,
남녀노소 꼬박
하루 세 번의
식사는 피난 중인
이들에겐
사치이자
고통이었다.
NK's refugees

젖은 몸을 군불에 말리는 병사들
Three riflemen try to dry themselves around small fire in 1950

피난민들의 남행   From North to South

피난민 무리 속의
어린이들
Children in a
group of
refugees

전의를 상실한 채 남으로 후퇴를 재촉하는 유엔군
UN Forces retreat to South losing fight spirit

38도선에서 멈추어 설 줄 알았던 중공군의 공격은 멈추지 않았다. 중공군은 태백산맥 줄기를 타고 인민군 유격대의 안내를 받으며 공격을 계속하였는데, 이번에도 돌파를 노린 지역은 한국군 2군단이 담당하고 있는 중부전선이었다. 태백산맥 줄기를 타고 깊숙이 37도선까지 돌파해 들어온 중공군은 영월과 단양을 석권하고 서부 지역의 미군 주력의 배후를 포위 차단하여 섬멸을 시도하였으나 실패하였다. 그러나 유령처럼 삼림을 통해 스며드는 대군의 공격에 질린 한국군과 유엔군은 후퇴의 발길을 멈출 줄 몰랐다.

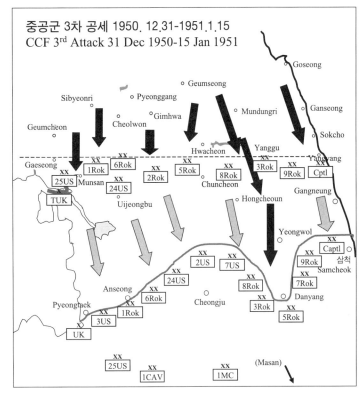

The CCF main attack headed to the 2nd ROK Corps in the Middle East in an effort to envelope the main body of the 8th Army in the West. The deep penetration to Danyang and Yeongwol Cities on the 37th parallel were threatened, but failed to envelope the main body of the 8th Army in the West. But the CCF attack made the soldiers of the 8th U.S. and ROK Armies fear the Ghost Army and they kept falling back.

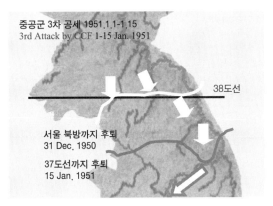

중공군의 공격은 38도선에서 멈추지 않았다
The CCF main attack headed to the 2nd ROK Corps in the Middle East.

대동강에 설치된 차량 도강용 부교 위를 통과하는 차량들, 1950년 11월 말
Treatway bridge as vehicles cross the Daedonggang River when UN troops were treated, late November 1950.

M1 소총을 휴대한 소총병들, 1951년 1월
Infantrymen with their M1 rifle, January 1951

단양 일대에서 사격 중인 미 7사단 포병대, 1951. 1. 16
7th ID Arty firing on NKPA troops near Danyang,
16 Januaryuary 1951

의정부에서 사격 중인 204포병대, 1950년 12월
The 204th Field Artillery, Uijeongbu, December 1950

북한의 월남 피난민은 300만 명에 이르렀다.
Three millions of North Korean moves to South.

1951년 1월 4일 서울시민들은 중공군의 남침으로 얼어붙은 한강을
건너 다시 피난길을 떠났다.
Civilians fleeing Seoul across the frozen Hangang(River) to
re-escape approaching Chinese Communist Forces in 4
January 1951.

후퇴 중 남으로 호송되는 북한 포로들, 1950. 12. 6
South Korean vigilantes guarding prisoners during the UN
retreat, Sariwon, North Korea, 6 December 1950.

대동강변에서
부모를 잃은 아이,
1950. 12. 4
Lost North
Korean baby at
Daedonggang in
4 December
1950.

서울로 향하는 지붕 없는 피난 열차의 피난민들
Refugees in unroofed container train toward South,
December 1950

한강교 위에 설치된 폰톤교는 중공군이 서울까지 밀고 내려오자 1951년 1월 4일 폭파되었다.
Ponton bridge over the icy Hangang(River) was blown up after last of the UN troops Evacuate Seoul 4 January 1951.

원주 남방의 산악도로에서
미 2사단 차량들, 1951. 1. 10
2ID vehicles in mountain
pass south of Wonju,
10 January 1951

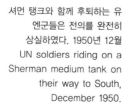

셔먼 탱크와 함께 후퇴하는 유
엔군들은 전의를 완전히
상실하였다. 1950년 12월
UN soldiers riding on a
Sherman medium tank on
their way to South,
December 1950.

영월 남동쪽으로 이동하는 한국군 3사단, 1951. 1. 20
ROK 3rd ID troops move southeast of Yeongwol,
20 January 1951.

한국군 총참모장 정일권 장군과 보좌관 하우스만 소령이 붕괴되는
전선을 방문, 1950년 12월
MG Jeong Il-kwon, ROK Chief of Staff and Major James
Hausman, his advisor, December 1950

서울시민들의 1 · 4후퇴, 1951. 1. 4
Retreat back to South, Hangang(River), 4 January 1951.

삼척 북서측의 강릉에서 눈 속의 피난민들, 1951. 1. 8
Korean refugees slog through snow outside of Gangneung,
northwest of Samcheok in, 8 January 1951.

후퇴하는 유엔군 병사들에게 중공군 사령부에서 만들어 뿌린 투항 권고 심리전 전단
Propaganda leaflets are spreading for attracting surrender made by CCF command.

남으로 가는 마지막
열차, 영등포
The last train to
South,
Yeongdeungpo,
Seoul

서울로 진입하는 중공군 병사들
Chinese Infantry rush in the ruins of Seoul.

수원 근처의 남행
피난민들,
1951년 1월
Refugees near
Suwon,
January 1951

얼음을 깨고 한강을 건너는 피난민들
Seoul citizens crossed Hangang(River) again.

마지막 열차가 떠난 직후의 수원역, 1951. 1. 6
After the last train leave Suwon station, 6 January 1951

중공군의 공격을 피해 남으로 향하는 피난열차가
후퇴하는 영국군 전차부대가 통과할 때까지 기다리고 있다.
A train overflowing with refugees waits for a British Centurian tank
to cross the tracks, all fleeing the Chinese army.

서울 워커힐(후일
명명) 앞의 광진교가
후퇴하는 유엔군에
의하여 완전히
파괴되었다.
1951년 1월
Demolished
bridge over
Hangang(River)
Gwangjin Bridge
near Walkerhill,
Seoul, January
1951

후퇴하는 도중
도로가에 잠시 앉아
생각에 잠긴
리지웨이 장군,
당시에 그가 할 수
있는 일은 없었다.
Commander, LTG
Ridgway
He can not do
anything at the
moment but have
to stop them and
turn around to
fight January
1951.

한강을 건너는 중공군
CCF soldiers cross Hangang(River)

트럭과 탱크가 통과할 수 있는 북한강 상의 폰툰교 대안에 로켓포와 기관총 진지를
구축한 병사들이 지키고 있다. 중공군이 서울을 우회 포위하려는 시도는 좌절되었다.
Infantrymen with rocket launchers and automatic weapons guard a
pontoon bridge over the Bukhangang(River) as trucks and tanks
cross to safety. A new red offensive failed to cut the road to Seoul.

중공군의 대공세로
철원 지역에서
후퇴하는
미 24연대
The 24th
regiment
withdraws near
Cheolwon after
heavy
counterattacks
by Communist
forces.

얼어붙은 시실리 항모 갑판 위의 해병 전투기들, 1951년 1월
Marine Corsairs on the frozen deck of U.S.S. Sicily, January
1951

전선을 방문한 맥아더 장군, 리지웨이 장군과 휘트니
소장이 동행하였다. 1951년
General MacArthur, LTG Ridgway and MG
Courtney Whitney were attended in front
shortly 1951.

66. 리지웨이의 무력 정찰대 General Ridgway's Task Forces for reconnaissance

새로 부임한 미 8군사령관 리지웨이는 겁먹은 병사들과 패배에 익숙해진 전방 지휘관들에게 분노와 한심함을 느꼈으나 이를 억누르며 반전의 기교를 가르쳐 나가기 시작하였다. 한국군과 미군의 지휘관들은 중공군의 공격이 시작되면 심리적 공포감 때문에 포위를 피해 철수하기 바쁘다 보니 공격이 멈추어도 적들이 어디에 있는지 알지 못했다. 리지웨이 장군은 항상 덮개 없는 지프차를 타고 최전선 지휘소를 방문하여, 오직 후퇴할 다음 진지에만 관심을 갖는 지휘관들을 질책하고 호통 치면서 그들이 뒤돌아서서 적의 위치를 알아내 대응하기를 강력히 요구했다.

이에 부응하여 미 25사단에서 27연대장 마이클리스 대령이 울프 하운드 특수임무부대를 구성하여 안개 속의 적진으로 무력 수색을 실시해, 중공군이 수원-이천선 북방에서 멈춘 것을 확인하여 접촉을 유지하는 데 성공하였다. 중공군의 공세가 멈추자 리지웨이는 즉각 군단별 위력 수색을 실시하여 중공군의 주 저항선을 확인한 후 1951년 1월 31일에 반격을 개시하였다.

이 작전은 보이지 않는 적에게 37도선까지 쫓겨 갔던 유엔군이 처음으로 적의 실체를 확인하여 두려움을 물리치고 반격을 실시해 강릉선까지 회복하는 성공을 거두었다. 서부전선(선더볼 작전)과 동부전선(라운드업 작전)에서 실시한 10일간의 무력 수색과 공세적 역습 작전은 심리적 공포를 떨쳐냄과 동시에 서울 수복의 여건을 마련한 획기적인 전환점이 되었다.

2월 10일 유엔군은 선더볼 작전을 종료하며 서울 남방에서 중공군의 공격을 멈추게 하고 유령 군대와 실제 접촉을 유지할 수 있었다.

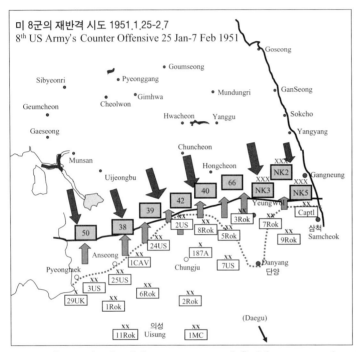

미 8군의 재반격 시도 1951.1.25-2.7
8th US Army's Counter Offensive 25 Jan-7 Feb 1951

LTG Ridgway began to teach the technique of turnover and to demonstrate leadership to his field commanders and officers who were familiar with retreat, but had lost their fighting spirit, while he restrained his anger and disappointment. The field commanders did not know where the enemy was because they were busy falling back and avoiding the feared CCF strategy of envelopment. LTG Ridgway visited the front line positions and asked one question of the commanders, "Where is your enemy?" He moved in an open command jeep even in the severe cold winter. LTG Ridgway shouted to field commanders, and ordered them to turn around, find the enemy and crush them. Colonel Michaelis the commander of the 27th Regiment of the 25th Division, organized a Task Force to conduct a reconnaissance in forces, and he attacked toward the enemy area in an attempt to keep in contact with the enemy. What he found was the CCF forces were located on the line from Suwon to Incheon. It was a very effective action. It allowed UN Forces to locate the enemy and then to decide where and when to attack them. The operations were called Operation Thunderbolt in the West and Operation Round-Up in the East. They began the operations on January 31, when the CCF attack was stopped. The 8th Army could recover not only the lost territory up to the line from the South of the Hangang(River) in the West to Gangneung in the East, but they also recovered the lost fighting spirit after finally locating and halting the feared Ghost Army.

In early February, the 8th U.S. Army set up a line of contact with the CCF that was just South of Seoul when they finished Operations Thunderbolt in the West and the Round up in the East.

한국군의 리더십 The leadership of the ROK Army

리지웨이 장군은 공격적인 공수대원 복장에 수류탄을 가슴에 매달고 혹한의 추위에도 덮개를 제거한 지휘 차에 기관총을 거치한 채 항상 최전선 대대와 연대를 먼저 방문하여 적정과 지형에 대하여 질문하였다. 혹한의 추위와 동상의 위험 앞에서도 방한모로 귀를 덮고 웅크리는 법이 없이 언제나 의연하였다.

리지웨이 장군은 솔선수범이 무엇인지, 지휘관은 병사들 눈에 어떤 모습으로 비춰져야 하는지를 몸소 실천하고 시범을 보였다. 때로는 일부 지휘관들이 허세의 방편으로 오용하기도 하였지만, 리지웨이의 지휘 철학은 한국전쟁 이후에도 수십 년 동안

한국군 장교들 사이에서 입으로 또 행동으로 전해져 내려오는 전통적인 지휘 모범 사례로서, 한국군의 리더십에 커다란 영향을 끼쳤다.

LTG Ridgway, in his distinctive airborne combat uniform complete with a hand grenade, rode in his uncovered command jeep when he visited field commanders in the front-line battalion command posts. He always asked the field commander about his enemy and the terrains.

He was undaunted by the fierce cold weather and wore only his military winter cap in his open jeep when he visited the front. He understood what leadership was and how field commanders must demonstrate this quality to their soldiers as he demonstrated it to his subordinate staff and commanders in the field. It was sometimes seen as a false show of courage, but LTG Ridgway's leadership philosophy, his demonstration in the field as a leader was so impressive, and it became an established leadership doctrine that would be inherited by ROK Army officers for many years to follow.

리지웨이 장군, 한국군 1사단 방문
LTG Ridgway visit 1st ROK Div

한강 도하를 준비하고 있는 한국군 1사단
ROK 1st division is ready to cross Hangang(River).

유엔군은 리지웨이 장군의 지휘 하에 공세적인 무력 정찰을
실시하여 중공군의 위치를 확인한 후, 동부전선(라운드 업)과
서부전선(선더볼)에서 각각 공세적 반격 작전을 실시하였다.
The UN Forces under command by General Ridgway
conducted a limited offensive Operation called
Round-up in the East and Thunderbolt in the West.

리지웨이 장군의 반격
Gen Ridgway's Counter Offensive

미 1군단(서부)의 올프하운드 정찰부대와 선더볼 반격 작전
TF WolfHound from 1Corps(US) and Thunderbolt OPN
TF Johnson from 9th Corps(US) and Round up OPN
미 9군단(동부)의 존슨 정찰대와 라운드업 반격 작전

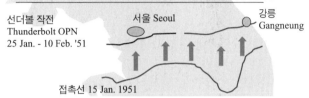

라운드업 작전
Round up OPN
31 Jan. - 7 Feb. '51

선더볼 작전
Thunderbolt OPN
25 Jan. - 10 Feb. '51

서울 Seoul

강릉
Gangneung

접촉선 15 Jan. 1951

서울 서측방에서 선더볼 작전 시행
Thunderbolt operation in the east of Seoul

태국군 교체 병력이 부산에 도착
Troop replacements from Thailand arrive at Pusan.

중공군 총사령관 팽덕회가 김일성과 담화하고 있다.
Peng Te-huai, CINC of the Chinese forces in Korea (the
Chinese People's Volunteers) and Kim Il-sung

미 육군차관 존슨과 킨 소장, 리지웨이 장군이 미 25사단의 전진을
지켜보고 있다. 1951. 2. 5
Asst Secretary of the U.S. Army, Earl D Johnson with MG
Kean and LTG Ridgway watching the 25th Division
advance, 5 February 195.

1951년 1월 25일 선더볼 작전 중 오산으로 전진 중인 미 25사단
25th U.S. ID moving up to Osan January 25 OPN
Thunderbolt was started on 25 January 1951.

현황을 듣는 리지웨이 장군과 브래들리 장군
LTG Lidgeway and BG Bradley (DCG, 25th ID) are listening
a situation briefing from field Cdr, 5 February 1951.

미 780포병 C중대 8인치 포병대, 1951년 겨울
8" HOW of C Btry, 780th FA BN, Winter 1951

정일권 장군과 한국군 사단 지휘관들
ROK division commanders with MG Jeong, ROK Army CofS

영국군 여난상, 터키 여난상 타스킨 소
장, 킨 소장, 맥아더, 1군단 밀번 장군,
백선엽 준장, 수원비행장, 1951. 1. 28
서부전선 미 1군단 지역을 방문한 맥아더
극동군 총사령관
Military leaders of UN Forces at
Suwon Airbase, 28 January 1951
When General MacArthur visited
the USI Corps in the west front.

한국군 1사단장에게 지시하는 리지웨이 장군, 1951년 2월
LTG Ridgway visit 1st ROK Div, February 1951

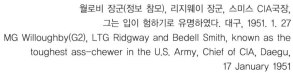

월로비 장군(정보 참모), 리지웨이 장군, 스미스 CIA국장,
그는 입이 험하기로 유명하였다. 대구, 1951. 1. 27
MG Willoughby(G2), LTG Ridgway and Bedell Smith, known as the
toughest ass-chewer in the U.S. Army, Chief of CIA, Daegu,
17 January 1951

67. 지평리 전투(중공군 4차 공세) Chipyungri battle: the Fourth offensive Of CCF

유엔군의 선더볼 작전과 라운드업 작전에 소극적으로 대처하며 전력을 재정비한 중공군은 1951년 2월 다시 한 번 유엔군의 주력 격멸을 시도하였다. 리지웨이 장군은 이제 또 밀리면 기 싸움에서 완전히 패한다는 생각으로 거점 사수를 강조하였고, 원주에 본부를 둔 미 2사단 예하 23연대가 위치한 지평리 일대의 거점이 중요 지역으로 부각되었다.

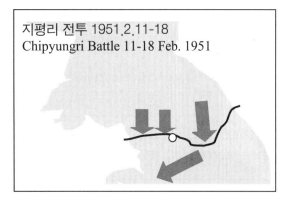

지평리 전투 1951.2.11-18
Chipyungri Battle 11-18 Feb. 1951

중공군은 지난 2월 공세 시 개활지인 서부전선에서 결전을 벌이다가 대량 피해를 입은 이후, 이번에는 산악 지역인 홍천-횡성-원주선의 돌파를 시도하였다. 미군은 미 23연대의 지평리 사수를 더 이상 밀리지 않는다는 불패의 사기 유지를 위해 대단히 중요한 방어 작전으로 인식하고 있었던 반면, 홍천을 돌파한 후 서부전선 배후를 포위하여 유엔군 주력을 격파해야 하는 임무를 띠고 시작한 중공군은 지평리 지역에서 고착되는 바람에 계획한 포위작전을 성공시키지 못하고 말았다.

2월 13일 시작한 지평리 거점에 대한 중공군 3개 사단의 집중 공격은, 프리맨 대령이 이끈 미 23연대 전원이 결사적으로 원형 방어 진형을 사수하고, 미 1기병 사단 5연대의 크롬베즈 대령이 이끄는 전투단의 연결 작전이 성공함으로써 유엔군의 승리로 막을 내렸다. 중공군이 공세에 나설 때마다 후퇴하던 유엔군은 처음으로 지평리를 사수하였고, 미 2사단은 군우리 참패 이후 통쾌한 복수를 하게 되어 사기도 충천하였다.

중공군의 팽덕회는 다시 한 번 우회 돌파를 통한 포위로 유엔군 주력을 격멸하려던 작전에서 실패하고 말았다.

The 10th U.S. Corps moved up to the front and was committed as a part of the 8th Army. General Peng of the CCF tried a fourth attack to crush again the main body of the 8th Army. General Peng planned his attack to penetrate the area of Hongcheon-Hoengseong-Wonju, far east of Seoul, where there is a mountainous region in order to avoid the damage inflicted on him on the plains, which had happened the last time. Furthermore, General Ridgway emphasized the establishment of

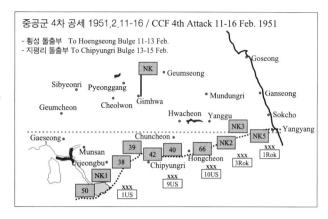

strong points all along the front. The thought of keeping strength and vigor alive in his force was very important to a victory. Once a retreat began again, the war could be lost. The strong point at Chipyungri was to be held by the 23rd Regimental Combat Team of the 2nd U.S. Division. LTG Ridgway believed the strong point was not only an important area to keep, but also important to show all soldiers that they can hold-up under the most terrible Ghost Army attack. The CCF had to keep

지평리 지역, 1951. 2 Chipyungri, February 1951

더 이상 중공군의 공격에 밀려서는 안 된다고 강조하는 리지웨이 장군의 의지로, 미 2사단 23연대와 배속된 프랑스 대대와 카투사 병력은 프리맨 대령의 지휘 하에 책임 지역인 지평리 일대에 사수 결심을 천명하는 원형 방어진을 구축하였다. 미 제23연대장 프리맨 대령(후일 대장으로 승진)은 서부 개척 시대에 인디언을 만난 마차 원정대처럼 원형 진지를 구축하였다.

Colonel Freeman, commander of the 23rd Regimental Combat Team, with the attached French Battalion and KATUSA, Korean soldiers set a circular defensive line like a circling of the wagons against an Indian attack during the Wild West. At Chipyungri, on the plains North-West of Wonju they succeeded in holding-out the strong point under the guidance of LTG Ridgway.

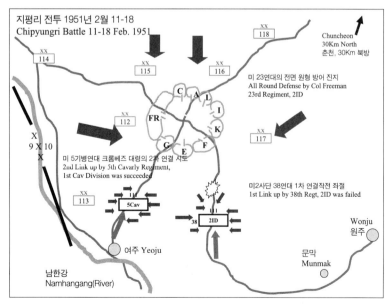

maneuvering to the Southwest to envelope the main body of the 8th Army, but the CCF became hung-up at Chipyungri, the UN strong point. It was an operational fault of the CCF, but fortunate for the 8th Army. The three CCF divisions rushed on Chipyungri where the 23rd Regiment was defending on February 13. Colonel Freeman, the commander of the 23rd Regiment and his soldiers, setup an all-around defense and fought to the death, while the 5th Cavalry Regiment Combat Team, led by Col Crombez, finally succeeded in breaking thru from the South in an effort to link-up with the isolated Regiment. The 2nd Infantry Division soldiers did not retreat, but held the strong point successfully for the first time since the soldiers of the 8th Army had begun their retreat during the first CCF attack. Furthermore, the soldiers of the 2nd U.S. Division avenged the CCF in the battle of painful Kunuri in November 1950.

지평리 이장 부부는 떠날 것을 거부했기 때문에 전투 지역에서
강제 피난시켜야 했다.
U.S. soldiers escort the commissioner of Chipyungri and his wife.
He had refused to leave.

한국전쟁 시 등장하여 효과적으로 운용된 헬기
Two H-5 helicopters was landed on rice paddy in February 1951.

리지웨이 중장과 기병사단장 팔머 장군이 지평리 상황에 대하여 토의하고 있다.
LTG Ridgway and MG Palmer(CG, 1st CAV) discuss the Chipyungri
situation.

북한강을 도하한 해병들이 하선하고 있다.
Marine disembark from an army duck after an assault
crossing of Bukhangang(River).

8군사령관 리지웨이 중장, 기병사단장 팔머 소장, 그리스군(배속 부대) 대대장 다스칼로폴로스 중령, 지평리, 1951. 2. 23
Col Ioannis Daskalopoulos, the Greek Bn Cdr(right), with General Ridgway, MG Palmer, The 1st Cav Div Cdr at Chipyungri, 23 February 1951.

뉴질랜드 병사, 1951년 2월
New Zealand troops, February 1951

리지웨이 중장이 지평리 전투에서 용감히 싸운 프랑스군 대대(미 2사단 배속)에 표창을 한 후 자랑스럽게 사열하고 있다.
General Ridgway reviews the line during presentation ceremony of the Distinguished Unit Citation to the French Bn, February 1951.

지평리 전투 직후, 1951년 2월
After Chipyungri battle, February 1951

리지웨이 장군이 프랑스 대대를 표창한 후 그들의 무공을 치하하고 있다.
LTG Ridgway addresses French forces after awarded for their outstanding action at Chipyungri, February 1951.

맥아더 장군이
퓨 하사에게
십자수훈 무공훈장을
달아 주고 있다.
General MacArthur
presents the
Distinguished
Service Cross to
Sergeant Pugh.

워커 장군이 교통사고로 사망하자 후임으로 보임된 리지웨이 8군사령관
LTG Matthew Ridgway replacement for General Walker,
who was killed in a jeep accident in 23 December 1950

지평리 전투 직후 포로가 된 중공군, 1951년 2월
Captured Chinese soldiers after Chipyungri battle, February 1951

미 25사단 집결 지역, 1951년 2월
The 25th Divison in the west front, February 1951

터키 여단의 지휘관 타스킨 소장
MG Taskin Yazici, CG of the Turkish Brigade

김포비행장의 훈장
수여식, 맥아더 장군
과 24보병연대
General
MacArthur salutes
the men of the
24th Inf at Kimpo
Airfield.

미 25사단장이 24연대 3대대 병사들과 악수하고 있다.
MG Bradley, CG of the 25th Div meets troops of the 3d Bn,
24th Regiment on February 1951.

미 25사단 159포병대 진지
The 159th Field Artillery Bn, 25th Div Artillery

곧 사살될 것으로
오해한 중공군 병사들이
살려 달라고
애걸하고 있다.
1951년 2월
Young Chinese
captives beg for
their lives under the
mistaken belief they
were about to be
shot, February 1951.

붕괴된 교량에 끼여 갇힌 인민군 탱크, 서울 외곽
A collapsed bridge traps a T-34 Red tank as allied troops
move on Seoul.

미군의 8인치 중포 사격
Under fire, the 8 inch Heavy Artillery, U.S. Army

중공군의 한강 방어선을
돌파하고 서울을
회복하기 위하여
진흙길에서 힘든 전진을
하고 있는 유엔군
Allied troops slog
through the mud on
the western front,
heading for Seoul
and the Red's
Hangang(River)
defense line.

68. 38도선상의 공방전 Trench dogfights along the 38th Parallel

리지웨이 장군은 지평리 저지 전투의 성공을 전과 확대하고 적의 주력을 격멸하기 위하여 2월 20일 킬러 작전을 전개하였으나, 중공군의 주력 격멸에 실패하였다. 그러나 이어 행한 리퍼 작전으로 미 25사단이 미사리에서 한강 도하에 성공함으로써 서울과 춘천을 포함한 38도선을 회복할 수 있었다. 남한산 교두보의 중공군 제38군도 한강 이남의 준비된 진지를 포기하고 한강 북쪽으로 물러났다.

미 8군은 지체 없이 공격을 계속하여 한국군 1사단이 한강을 도하하여 서울 서측으로 진입에 성공하자, 중공군 주력이 임진강 이북으로 철수하기 이전에 이들을 격멸하기 위하여 문산에 미 187공정단을 투입하는 작전을 시행하였고, 한국군 1사단도 무악재를 넘어 공정부대와 연결 작전을 수행하기 위하여 진격하였으나, 이 공정 작전도 시기를 놓쳐 중공군 주력 격멸에는 실패하고 말았다.

1951년 3월, 1·4후퇴로 또 한 번 피난길을 떠났던 시민들이 돌아오기 시작했다. 위기의 순간들이 지나고 전선이 38도선 상에서 멈추자 워싱턴 정가에서는 더 이상 피를 흘리지 않고 체면을 유지한 채 전쟁을 끝내고 싶은 유혹이 일기 시작하였다.

북진으로 완벽한 승리에 강한 집착을 나타냄으로써 트루먼 대통령에게는 정치적 협상의 걸림돌이 된 맥아더의 해임이 이즈음 결정되었고, 리지웨이 장군이 맥아더의 후임이 되었다.

4월 11일 맥아더 장군이 해임되고 리지웨이 장군이 유엔군사령관에, 밴 플리트 장군이 새로 미 8군사령관에 보임되었다. 이제 전쟁 양상은 통일과 거리가 멀어지고 미국은 오직 휴전을 위한 구실만 찾고 있는 듯하였다.

LTG Ridgway kicked off Operation Killer on February 20 to exploit the success of the Chipyungri battle, and to maintain contact and eventually destroy the main body of the CCF. Following Operation Killer, Operation Ripper saw the 25th U.S. Division cross the Hangang(River) at Misari and regain the 38th parallel including the eastern part of Seoul and Chuncheon. This was considered a success, even though they failed to completely crush the CCF. The 38th Army of the CCF remained in the southern part of Seoul on Namhansan(Mountain) in a strong point that crossed back to the north of the Hangang(River). The 8th Army pushed up toward north of Seoul and conducted the Tomahawk operation by the 187th Airborne Regiment on Munsan while the 1st ROK Division advanced to Munsan from the southwest of Seoul to link up and crush the CCF South of Imjingang(River) before they were able to cross. This link-up operation, intended to block and destroy the CCF failed due to delays, but the UN forces recovered Seoul and the citizens of Seoul began to return. The political leaders in Washington were looking to end this kind of ineffective war in a way that would allow them to save face, once the front line was reestablished around the 38th parallel.

The decision to dismiss General MacArthur was based on his desire to gain the perfect victory by sweeping thru North Korea. This became a political obstacle to President Truman. General MacArthur was dismissed on April 11, LTG Ridgway followed and LTG Van Fleet was assigned as the 8th Army commander at the same time. The dream of a unified Korea through the Korean War looked likely to vanish, and Washington had to find an excuse to have an armistice.

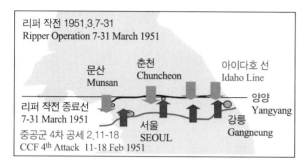

리퍼 작전 1951.3.7-31
Ripper Operation 7-31 March 1951

문산
Munsan
춘천
Chuncheon
아이다호 선
Idaho Line

리퍼 작전 종료선
7-31 March 1951
양양
Yangyang
서울
SEOUL
강릉
Gangneung
중공군 4차 공세 2.11-18
CCF 4th Attack 11-18 Feb 1951

제9군단과 10군단이 한강을 도하하고 굴곡진 전선을 조정하기 위하여 실시한 유엔군의 공세 작전인 리퍼 작전이 1951년 3월 7일에 시작되었다. Operation Ripper kicked off on 7 March 1951 for recovering Seoul.

북으로 다시 반격에 나선 한국군 1사단
ROK troops, counterattack to North again

한국군 1사단이 행주에서 한강을 도하하였다. 1951. 3. 14
ROK 1st Divison crossed Hangang(River), 14 March 1951.

도하를 시행하고 있는 한국군 1사단, 한강, 1951. 3. 14
ROK 1st division at Hangang(River) side, 14 March 1951

한국전에 처음 투입되었던 해병들이 교대되어 캘리포니아 오클랜드로 개선하였다. 1951년 3월
Rolling out the red carpet at Oakland California, for the first Marine rotated back home, March 1951.

한국군 1사단을 방문한 정일권 총장, 안양, 1951. 3. 6
LTG Jeong visited 1st Div in Anyang, 6 March 1951.

중공군 진지에 포격을 유도하는 포병 관측팀
Directing Artillery Fire on Chinese positions as UN forces
advance to North near the 38th parallel March 1951.

서부전선의 고지 전투 후, 1951년 3월
West front, March 1951

미 1군단의 한강 도하 작전, 1951년 3월
The U.S.I Corps at Hangang(River), March 1951

1군단장 밀번 장군과 헤롤드 소장이 한국군 1사단을 방문
LTG Milburn and MG Harold from I Corps visited ROK 1st Div.

맥아더 장군도 한국군 1사단 방문, 격려
General MacArthur visit ROK troop in Seoul.

전운이 감도는 홍천의 거리를 지나는 탱크와 정찰 보병, 1951. 3. 17
Tank and infantry patrol moving thru a war-torn street in
Hongcheon, 17 March 1951.

리지웨이 장군의 작전 토의를 지켜보는 정일권 총장, 1951년 3월
LTG Joeng, ROK Chief of Staff and LTG Ridgway, West
front, March 1951.

한국군 1사단이 한강 도하에 성공하고, 중공군의 전투력이 소진되었음을
확인한 8군은 187공정단을 투입하여 한국군 1사단과 연결 작전을 수행해
중공군 주력을 임진강을 건너기 전에 포위 격멸할 계획이었다.
서대문과 독립문 옆을 통과하는 한국군, 1951. 3. 15
Once the 1st ROK division crossed Hangang(River) successfully,
they advanced to North through the Highway 1 without delay for
link-up operation with the 187th Airborne RCT(U.S.) at Munsan,
15 March 1951.

문산의 벌판에 낙하하고 있는 187공정대원들, 1951. 3. 23
토마호크 작전 Tomahawk OPN.

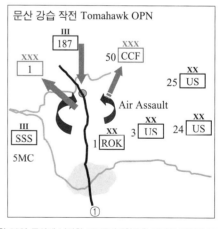

1951년 3월 23일 문산에 낙하한 187공정대원들은 재빨리 임진강 교
량을 확보하고 도강하지 못한 중공군 주력을 한국군 1사단과 협공하여
격멸하려 하였으나, 이미 중공군 주력은 철수한 이후였다.

서울 북방 문산 지역에서 감행된 공중 강습 작전, 토마호크 작전, 1951. 3. 23
Air assault at Munsan, Northwest of Seoul, TomaHawk Operation, 23 March 1951

수원을 다시 탈환한
유엔군, 1951년 3월
Recaptured
Suwon, south of
Seoul, March
1951

동해안의 미군 함정을 방문한 한국군 1군단의 지휘관들
ROK commanders visit U.S.S. in the East Sea.

한강 방어선의 한국군 저격병
A sniper of ROK defense unit at Hangang(River)

미 25사단 병력이 미사리 일대에서 한강 도하, 1951. 3. 7
Troops of the 1st Bn, 35th Regiment, 25th Infantry Division, pile
into assault boats to cross the Hangang(River), 7 March 1951.

다시 돌아온 서울의 폐허, 1951년 3월
Seoul, March 1951

서부전선의 유엔군, 1951년 봄
UN soldiers in the west front, Spring 1951

진흙 도로에 빠진 지프, 1951년 2월
Jeep in a mud path, February 1951

나를 따르라!
Follow me!

중공군 포로
Chinese
POW

1951년 4월 3일 야전
지휘관 회의
강릉 지휘관 회의에
참석한 맥아더 장군을
영접하는 리지웨이 장군
General MacArthur is
greeted by General
Ridgway upon
MacArthur's arrival at
Gangneung, 3 April
1951.

토마호크 강습 작전 직후 파괴된 임진강 철교 옆에 부설된 가교, 1951년 3월
Imjingang(River) Bridge where northwest of Seoul that was broken, March 195.

지붕이 반파된 수원성문을 통하여 수원에 입성하는 유엔군
U.S. troops enter the old city of Suwon through the gate the
roof were half demolished in February 1951.

캐나다군 부대의 이동, 1951년 3월
Canadian troop, March 1951

적의 주 저항선이
가깝다는 경고
표지판
A road sign
marks the
main line of
resistance
(MLR)

중공군의 포위 기습 결과로 파괴된 차량들과 미군들의 시신이 널린 홍천 전투
The remains of a Red ambush, wrecked vehicles and dead GIs
in the foreground near Hongcheon on the central front.

1기병사단 포병대가 포탄을 장진하고 있다. 1951년 3월
Artillerymen of the 1st Cavalry ram home the big stuff on a
cannon somewhere on the west central front March 1951.

전선이 바뀔 때마다 피난을 떠나야 하는 시민들
1년도 채 되지 않아 피난을 세 번이나 경험하였다.
For the third time in a year refugees flee the changing
battle lines, carrying what few belongings they have.

1951년 3월 27일 강릉의 전방지휘소 *Commanders meeting at Gangneung Airbase, 27 March 1951*

지휘관 회의- (왼쪽부터)미 8군 참모장 알렌 소장, 미 24사단장 브라이언 소장, 군사 고문단장 파렐 준장, 미 1군단장 밀번 중장, 미 1기병사단장 팔머 소장, 미 1해병 사단장 스미스 소장, 미 8군 부사령관 콜터 중장, 미 9군단장 하지 소장, 국군 3군단장 유재흥 소장, 미 25사단장 브래들리 준장, 미 3사단장 소울 소장, 국군 6사단장 장도영 준장, 미 2사단장 루프너 소장, 국군 1사단장 백선엽 준장, 미 10군단장 알몬드 중장, 미 8군사령관 리지웨이 중장, 국군 총참모장 정일권 중장, 국군 1군단장 김백일 소장

ROK and U.S. military generals after conference, in front of U.S. 8th Army advanced CP (From left: MG Allen, CofS EUSA, MG Blackshear M. Bryan, U.S. 24th Div CG, BG Francis W. Farrell, CG KMAG, LTG Frank W. Milburn, CG, U.S. I Corps, MG Chaples D. Palmer, CG 1st CAV Div, MG Oliver P. Smith, CG U.S. 1st Marine Div, LTG John B. Coulter, Deputy CG, EUSA, MG William M. Hoge, CG, U.S. IX Corps, MG Yoo Jae-heung, CG ROK III Corps, BG Joseph S. Bradley, CG, U.S. 25th Inf Div. MG Robert H. Soule, CG, U.S. 3rd Inf Div. BG Jang Do-young, CG, 6th ROK Div. MG Clark L. Ruffner, CG, U.S. 2nd Div, BG Paik Sun-yup, CG, ROK 1st Div. LTG Edward M. Almond, CG, U.S. X Corps. LTG Matthew B. Ridgway, CG, EUSA. LTG Jeong Il-gwon, CofS ROK Army. MG Kim Baek-il, CG, ROK 1st Corps).

맥아더가 해임되기 며칠 전, 그는 곧 자신의 후임 극동군사령관이 될
8군사령관 리지웨이 중장과 마지막 전선을 방문하였다. 1951년 4월
LTG Matthew B. Ridgway, grenades clipped to his chest visits a
battlefield with General MacArthur in April 1951, a few days before
succeeding him as U.S. Cdr in Korea.

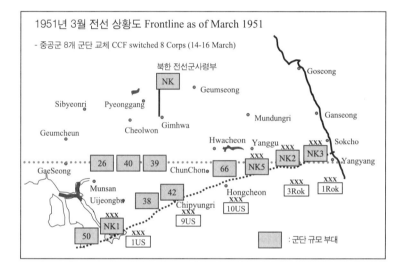

1951년 3월 전선 상황도 Frontline as of March 1951

- 중공군 8개 군단 교체 CCF switched 8 Corps (14-16 March)

북한 전선군사령부
NK
Geumseong
Sibyeonri   Pyeonggang
Geumcheun   Cheolwon   Gimhwa   Mundungri   Ganseong
                    Hwacheon   Yanggu XXX   XXX Sokcho
                              XXX NK2 NK3
             26   40   39   ChunChon   66   NK5   Yangyang
GaeSeong
       Munsan   Hongcheon   XXX   XXX
       Uijeongbu   38   42   XXX   3Rok 1Rok
                      Chipyungri   10US
                      XXX
       50   9US
       XXX   XXX   : 군단 규모 부대
       NK1   1US

Goscong

1951년 3월 전선 상황
이즈음 중공군은 새로이 투입된 8개 군단과 부대 교
체를 실시하였다.
The Chinese Communist Forces switched
eight field Corps to reinforcer the frontline,
March 1953.

간호 장교 미 여군
대위의 휴식 시간,
1951년 3월
An Army nurse
captain off
duty, March
1951

재탈환된 서울,
1951. 3. 17
Retaken Seoul,
17 March 51

전선을 방문한 이승만 대통령을 정일권 장군이 영접하고 있다.
LTG Jeong escorted President Rhee, ROK when he visit front.

69. 캔자스 선 Phase line Kansas

보급 부족과 극심한 전투력 피해를 입은 중공군의 총사령관 팽덕회는 모택동 주석과 토의 끝에 봄이 오기 전에 전력을 재정비하여 4월 총공세를 시행하기로 하였다. 중공군은 19개 군 57개 사단으로 재편하였고, 인민군도 18개 사단을 창설 또는 재편하였다. 신임 8군사령관 밴 플리트 장군은 공격적인 지휘관이었으나, 극동군사령관이 된 리지웨이 장군은 확전을 원치 않는 워싱턴의 정책을 신중하고 조심스럽게 따르려 하였다.

적의 주력 격멸보다 종전을 위한 유리한 지형 탈취와 확보에 중점을 두는 소극적인 작전만이 워싱턴의 승인을 얻을 수 있었다. 4월 9일 미 8군은 휴전을 염두에 둔 38도선 북방 10~20Km 선에서 방어에 유리한 지형인 캔자스 선을 확보하려는 러기드 작전을 개시하였다. 이는 판문점에서 38도선을 따라 연천, 화천, 간성을 연결하는 최단선으로 방어 전면을 38Km 가량 줄일 수 있는 유리한 방어선이었다. 4월 중순 서부전선의 미 1군단은 임진강을 따라 문산-동두천을, 미 9군단이 철의 삼각 지대(평강, 철원, 김화)를, 미 10군단이 인제와 양구를 목표로 한국군 3군단과 1군단이 동부 산악 지대와 해안선을 따라 북으로 조심스럽게 전진하고 있었다.

4월 하순 유엔군의 조심스러운 북진에 대항하여 중공군과 동부 지역의 인민군은 또 한 번 대규모 공격 작전을 준비하고 있었다.

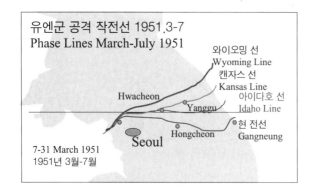

유엔군 공격 작전선 1951.3-7
Phase Lines March-July 1951

와이오밍 선
Wyoming Line
캔자스 선
Kansas Line
아이다호 선
Idaho Line
Hwacheon
Yanggu
현 전선
Gangneung
Hongcheon
Seoul
7-31 March 1951
1951년 3월-7월

Peng reorganized his Army and increased the combat capability to 57 divisions while Kim Il-sung reorganized his NKPA to 18 divisions. In the spring of 1951, Peng planned another big attack for April.

General Ridgway, CG of the Far East Command, tried to carefully follow the guidance from Washington, while LTG Van Fleet, the new CG of the 8th Army, wanted to conduct a more active and aggressive operation. But the operations designed to gain or keep limited terrain for the better defense only were approved. The idea of big crushing the enemy was rejected.

On April 9, the 8th U.S. Army kicked off Rugged Operation for advancing to Phase Line Kansas that would be 10−20Km north of the 38th parallel. This was supposed to provide for a better and shorter line for defense. Phase Line Kansas was along Yeoncheon-Hwacheon-Ganseong, and it was the 38Km shorter than the current defense line.

The 1st U.S. Corps advanced toward Munsan and Dongducheon in the West, the 9th U.S. Corps to the Iron triangle area in the center, the 10th U.S. Corps to Inje and Yanggu in the Center-East, and the 1st and 3rd ROK Corps advanced to the North along the Taebaek Mountains trails and the roads along the east coast.

At the same time, the CCF and NKPA were also ready to begin a general attack to the South.

1951년 4월의 전선 상황도
Situation Map, April 1951

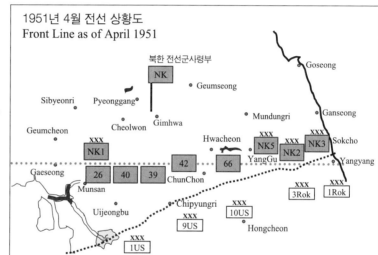

북한군의 대공포
NK's Anti Air Artillery Gun

중공군 보급 부대는 유엔 공군의 폭격을 피해 밤에만 활동해야 하였다.
Chinese supply units had to move at night only because of the powerful airstrike by UN Airforces.

한국전쟁 중에 등장한 특이한 조직으로 카투사 조직 이외에 한국인 노무단 (Korean Service Corps: KSC)이 있었다. 이들은 지게를 이용하여 험한 산 위로 중요한 탄약과 식량을 져 날랐고 부상병을 신속하게 후송하기도 하여 때론 산악 지형에서 군인들보다 더 효과적이었다.
지게 때문에 A-Frame Army라는 명성을 얻었다
A-Frame Army (Nickname of Korean Service Corps)

논두렁에 미끄러진 패튼 전차를 다른 전차가 견인, 1951년 4월
A M46 patton pulls another from the mud on the way to the front, April 1951.

고지대에서 돋보인 한국인 노무단의 활약
The porters wind their way up a Korean hillside. They all conscripted civilians provided vital assistance for the UN forces.

해군기가 공중에서 어뢰들을 투하하여 화천댐이 파괴되고 있다. 1951년 4월
The Hwacheon dam under attack by Navy skyraiders using aerial torpedoes, April 1951.

사격 중인 미군 전차
U.S. tank under fire, February 1951

루스벨트의 총애를 받으며 제2차 세계 대전을 치른 맥아더 장군은 부통령이던 트루먼이 대통령이 된 뒤에도 얕보고 좋아하지 않았다. 두 사람은 서로 관대한 미소를 보였으나 매우 불편한 관계였다. 웨이크 섬 회담장, 1951년 10월
Despite mutual antipathy, Mr. Truman and General MacArthur manage broad smiles for one another at the Wake Island conference, October 1951.

의회에서 한 연설 "노병은 결코 죽지 않는다.…" 1951. 4. 19
After delivering his "Old soldiers never die speech to Congress." on 19 April 1951.

연설 후 환영 시가행진
Welcome parade in San Francisco for General MacArthur

맥아더 장군은 미국을 떠나 해외 임지에서 14년 만에 귀향하였다. 샌프란시스코는 그의 개선을 대대적으로 환영하였다. 1951. 4. 17
It was the first time in fourteen years he had been on the mainland.
The City was to accord him a triumphal welcome. 17 April 1951, General MacArthur arrived in San Fransisco.

M46 패튼 전차가 의정부 방향으로 전진하고 있다. 1951년 4월
M46 Patton tank moving up to Uijeongbu, April 1951

현지에서 만들어
입은 초병용
방탄조끼
Field made
bulletproof
jacket for a
guard

70. 글로스터 대대 The Chinese Spring Offensive and the battle of Gloster Hill

중공군의 5차 공세는 4월 22일 대규모 포병 사격에 이어 야간에 시작되었으며, 서부에서 미 1군단과 9군단의 전투 지경선을 돌파하고 중부전선에서 10군단의 좌익을 돌파하는 양익 포위를 시도하여 중앙의 미 9군단을 섬멸하려고 시도하였다.

서부전선 돌파의 정면에는 한국군 1사단과 영 연방 29여단이 방어 중이었고, 중부전선을 지향한 중공군의 주공은 사창리의 한국군 6사단을 돌파하여 광덕산을 넘어 가평, 양수리, 수원 방향으로 진출해 유엔군의 서부 지역을 후방에서 포위하여 붕괴시킬 계획이었다.

그러나 서부전선의 중공군 조공 정면에는 한국군 1사단의 선전과 영국군 29여단 1대대(글로스터셔 대대)의 옥쇄로 진지를 방어함으로써 중공군의 포위격파 의도가 좌절되었다. 중공군의 주공이 위치한 중부전선에서는 약 1주일간 중공군 19병단과 인민군 1군단이 서측에서, 3병단이 중앙에서, 그리고 9병단과 인민군 2개 군단이 동측에서 총공격을 감행하였다.

영국군 글로스터 대대 방어 전투
Gloster Hill Battle 22-25 April 1951

중공군이 공격하면 대책 없이 밀리던 전례를 깨기 위하여 밴 플리트 장군은 각 군단별로 예비대를 두어, 미 1군단에 미 1기병사단, 9군단에 미 7사단과 한국군 2사단, 미 10군단에 미 2사단과 한국군 5사단으로 작전 종심을 확보하고 홍천강선과 서울을 방어하였다.

한강 북쪽과 청평, 홍천, 대포리를 잇는 적극 방어선(노네임 선)을 사수하고, 유엔군은 또 한 번 중공군의 공세를 물리치며 서울을 사수하는 데 성공하였다. 이제 유엔군 병사들과 지휘관들은 진지 고수에 대한 자신감을 회복하였고 유령 군대였던 중공군에 대한 공포를 극복하고 있었다.

The fifth attack by the CCF began at night under a massive artillery preparatory fire on April 22. They tried the double envelopment with penetration between the boundary of the 1st Corps and the 9th Corps in the West and the weak point of the 10th Corps in the center-front, in an all-out attempt to destroy the main body of the 9th U.S. Corps. The general attack of the CCF and NKPA began with the 19th Army of the CCF and the 1st NKPA Corps attacks in the West, the 3rd Army of the CCF in the center and the 9th CCF Army and two NKPA Corps attack in the East. The 29th British Brigade, Gloucestershire Regiment, was defended against a CCF supporting attack in the West while the 6th ROK division was defending along the CCF's main line of attack that was going to push on Suwon through to cross over Gwangdeoksan(Mountain) and Yangsuri to envelope the UN Forces in the West. The CCF supporting attack was blocked and delayed by the brave defense of the 1st ROK Division and by the heroic sacrifice of the 1st battalion of the 29th British Brigade. LTG Van Fleet ordered to maneuver the 1st Cavalry Division for the 1st Corps, the 7th U.S. Division and the 2nd ROK Division for the 9th Corps and the 2nd U.S. Division and the 5th ROK Division for the 10th Corps. His plan called for maintaining strength in depth and they successfully held the defense line along the Hongcheongang(River) and Seoul. This served to destroy the notion that UN forces would retreat whenever they faced a CCF attack.

The 8th U.S. Army repelled the fifth attack of the CCF and kept the No-named defense line along the north of the Hangang(River), Cheongpyeong, Hongcheon and Daepori including Seoul. The field commanders and soldiers of the 8th Army had recovered from their fear of the CCF Army, which they had once called the Ghost Army.

참모총장 정일권 중장, 1군단장 백선엽 소장, 최홍희 준장(참모장),
이준식 준장(육본 강릉지휘소)
LTG Jeong I. K., MG Paik S. Y., BG Choi H. H. and BG Lee
J. S. at Gangneung, Cmd post of ROK Army HQs

1군단장 백선엽 소장이 동해함대사령관 버크 제독(소장급)을 방문,
순양함 로스앤젤레스
A ROK commander visit RADM Burke to Cruiser LosAngels,
East sea, June 1951.

이승만 대통령 전방 방문, 한국군 1사단, 1951. 5. 9
President Rhee visited the 1st ROK Division, 9 May 1951.

미군의 포병 사격, 1951년
U.S. Artillery, 1951

영국군 글로스터셔 대대원
Men of Glosters, 1951

리지웨이 장군의
후임으로 8군사령관에
보임된 밴 플리트 중장
LTG James A. Van
Fleet New
Commanding
General, Eighth U.S.
Army in April 1951.

북한강 일대에서 투항하는 중공군 병사, 1951년 4월
Chinese were surrendered in April 1951 at Bukhankang(River).

화천 저수지 일대의 네덜란드 대대, 1951년 4월
The Netherlands troop prepare for the action at nearby
Hwacheon Reservoir on April 1951.

한강 남안의 고지에서 서울 북서 지형을 관측 중인 해병
The rugged terrain northwest of Seoul as seen by Marine
from ridge on south bank of Hangang(River).

노새를 이용한 중공군의 화기 운반, 1951년 봄
Chinese troop move up to hill with heavy weapons using
mules, Spring 1951.

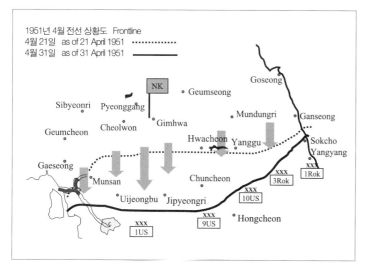

1951년 4월 전선 상황도 Frontline
4월 21일 as of 21 April 1951 ·············
4월 31일 as of 31 April 1951 ──────

NK

Goseong
Sibyeonri   Pyeonggang   · Geumseong
Geumcheon   Cheolwon   · Gimhwa   · Mundungri   Ganseong
                    Hwacheon Yanggu   Sokcho
                                            Yangyang
Gaeseong   XXX
        · Munsan   Chuncheon   XXX   1Rok
            Uijeongbu   Jipyeongri   XXX   3Rok
                                    10US
                    XXX   · Hongcheon
                    9US
            XXX
            1US

중공군의 제5차 공세는 4월 말에 시작되었으나 쌍방 간의 공세 주도권을 유지하려는 시도 때문에 5월까지 이어졌다.

중공군의 공격 대기
Chinese soldiers
are waiting an
action.

중공군 수뇌부(왼쪽부터)- 부사령관 한선초, 정치주임 김사기, 2군단장 진갱, 1951년 4월
Han Sun-cho, Deputy Commander, CCF, Kim Sa-ki, Senior
political advisor CCF, and Jin Gaeng, commander, II Corps of
CCF, April 1951

전선을 방문한 중공군 총사령관 팽덕회
Peng Te-huai in front visit

영국군 29여단장 테일러 준장
BG Taylor CG, 29th British BDE

71. 한국군 3군단의 치욕 Dishonored crumbling of the 3rd ROK Corps

이제 미군이나 한국군 부대들도 자신감을 회복하면서 후퇴를 수치스러운 것으로 생각하게 되었고, 주어진 진지를 보강하고 축성하는 적극적이고도 전술적인 방어 기술에 익숙해지기 시작하였다. 대표적인 사례가 미 2사단 38연대 3대대(헤인스 중령)가 준비하고 축성한 벙커힐 고지의 방어 준비였다. 잠시 주춤한 듯해 보이던 중공군의 공세는 5월 15일 밤, 미 10군단과 한국군 3군단의 전투 지경선인 소양강변 인제 지역에서 집중 돌파를 시도하면서 재개되었다.

기습을 받은 한국군 3군단은 전방 7사단이 돌파되고 주요 철수로였던 오미재고개가 적에게 차단당하자 다시금 지난겨울 중공군의 호된 포위 공격의 악몽이 되살아나, 주요 화력 장비와 차량을 유기한 채 산중으로 분산하여 탈출하면서 붕괴되는 치욕을 당하고 말았다.

이 때문에 5월 18일 아침이 되자마자 미 공군은 모든 항공기를 동원하여 유기된 한국군 3군단의 장비들을 적이 이용하지 못하도록 하루 종일 폭격으로 파괴해야만 하였다. 3군단 붕괴의 여파로 미 2사단이 홍천 북방에서 다시 중공군에게 포위되었으나, 미 2사단은 공군의 집중된 근접 화력 지원의 엄호 하에 가까스로 포위망을 뚫고 탈출할 수 있었다. 우측방 강릉비행장도 피탈될 위기에 빠졌다.

동부전선의 커다란 돌파구는 전 전선 연쇄 붕괴의 위기를 몰고 왔다. 미 8군사령관은 급히 의정부 북쪽 광릉에 위치한 미 3사단을 증원 부대로 하여 홍천까지 이동할 것을 명하였고, 미 3사단은 경이적인 기동력을 발휘하여 돌파구 저지에 성공하였으며, 한국군 1군단도 대관령을 선점함으로써 강릉을 지킬 수 있었고, 중공군이 시도한 돌파구의 확장을 막을 수 있었다.

팽덕회는 적 주력 격멸의 기회가 사라졌다고 판단하자 5월 21일 돌연 공격을 중지하고 후퇴하였다. 겨우 전선이 진정된 5월 25일 밴 플리트 장군은 국군 참모총장 정일권 중장에게 3군단의 해체와 육본의 작전 개입 금지를 단호하게 통보하였다. 한국군 3군단장 유재흥 소장은 또 한 번 불명예스럽게 지휘권을 내놓게 되었고 육본의 전방 지휘소도 폐쇄되었다.

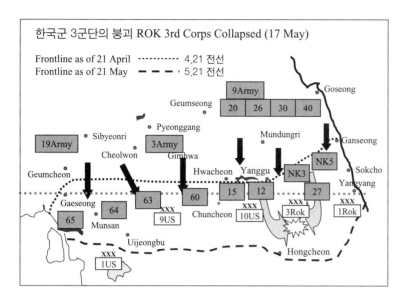

한국군 3군단의 붕괴 ROK 3rd Corps Collapsed (17 May)

Frontline as of 21 April ··········· 4.21 전선
Frontline as of 21 May ▬ ▬ ▬ · 5.21 전선

The soldiers of the U.S. and ROK forces were recovering their confidence and they began to feel that retreat was a dishonor. They learned how to prepare better defensive positions. The best example of this was the Bunker Hill defense that was prepared and executed by the 3rd Battalion of the 38th Regiment of the 2nd Infantry Division(U.S.).

On the night of May 15, 1951, the CCF attacked and penetrated between the boundary of the 10th U.S. Corps and the 3rd ROK Corps at Inje near the Soyanggang(River). The 3rd ROK Corps was hit by surprise and was demolished when they heard that an unknown unit of the CCF blocked their line of retreat over Omije Hill. The terrible situation that had developed was similar to the envelopment that they had suffered the previous winter, north of Pyeongyang. This was another nightmare for the soldiers and it caused them to again fall into chaos, panic, and run away individually without keeping their major heavy weapon and vehicles. The following morning, all available air forces flew in to destroy the stockpiles of heavy weapons and vehicles that were abandoned by the soldiers of the 3rd ROK Corps. The 2nd U.S. Division was enveloped North of Hongcheon, partially aided by the destruction of the 3rd ROK Corps, and the division had to break-out and retreat South, even though Bunker Hill was defended like an iron-clad bastion.

Gangneung Airbase, on the east coast, was in danger of falling by the CCF attack. LTG Van Fleet ordered movement of the 3rd U.S. Division to Hongcheon to block the deep penetration in the 3rd ROK Corps area while the 1st ROK Corps held Daegwanryeong, as the strong point for defending Gangneung Airbase. General Peng, Commander of the CCF, ordered an immediate retreat, on May 21 when he recognized that he had lost the opportunity to crush the main body of the 8th Army. On May 25, LTG Van Fleet, CG of the 8th U.S. Army informed the ROK Army that the 3rd ROK Corps was inactivated forever and denied any operational involvement by the ROK Army leadership. MG Yoo Jae-heung, the CG of the 3rd ROK Corps was dismissed in dishonor and the command post of the ROK Army HQ in Gangneung was closed for good.

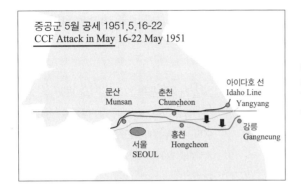

중공군 5월 공세 1951.5.16-22
CCF Attack in May 16-22 May 1951

문산
Munsan
춘천
Chuncheon
아이다호 선
Idaho Line
양양
Yangyang
서울
SEOUL
홍천
Hongcheon
강릉
Gangneung

국군 3군단의 붕괴를 몰고 온 중공군의 5월 공세는 동부 산악 지역에서
이루어졌다.
The CCF attack in May, led a collapse of the 3rd ROK Corps,
occurred in the eastern mountain area.

딘 장군이 수용된 곳으로 믿어진 평양 근교의 포로수용소
POW Camp near Pyeongyang, where we believed MG
Dean, CG, 24th Divison was, 1950-1953

홍천의 격전, 1951. 5. 22
Hongchun, 22 May 1951

춘천 북방의 불타는 가옥, 1951년 5월
Building burning in village north of Chuncheon in May 1951

김일성, 1951년
Kim Il-sung in 1951

왼쪽부터, 박정애, 허정숙, 김일성, 박헌영, 평양,
1951년 5월
Park Jeong-ae, Heo Jeong-suk(Minister of
Health), Kim Il-sung and Park Heon-yeong in
Pyeongyang, May 1951

산악 지대의 고통스러운 겨울, 1951년
Painful winter on the highland, Korea 1951

극동군사령관 리지웨이
대장
General Ridgway on
front in 1951

학살의 현장에서 비통에
떠는 여인들, 1951년 5월
Grief-stricken North
Korean woman at
massacre site, May
1951

전선에서 교대된 24연대원들이 장비를 손질하고 있다.
Men from Company D, 24th Infantry clean their weapons
after spending 38days on the front.

왼쪽부터, 9군단장 하지 소장, 24사단장 브라이언 소장, 8군사령관
밴 플리트 중장, 극동군사령관 리지웨이 대장
MG Hoge(CG, IX Corps), MG Bryan(CG, 24th ID), LTG Van
Fleet(CG, EUSA) and General Ridgway, May 20, 1951

46명의 제2기 룩셈부르크 소대 자원 입대자가 멜스브르크 공항에서
출발 전 포즈를 취하고 있다. 1952년
46 Luxembourgian volunteers of the 2nd detachment Prior
to aboard to Korea at Melsbroeck Air Port in 1952.

4연대의 박격포 소대원들, 1951년 10월
Member of the mortar platoon of Company M, 24th Infantry
on October 1951

한국군 8사단 병력이 전투에 지쳐 후방으로 이동하는 교대 병력과
스쳐 지나가고 있다. 1951년 5월
ROK 8th ID troops on their way forward passing Combat
worn troops resting on their way to the rear May 1951.

8인치 중포를 동원하여 견고한 적의 엄호 진지를 포격하고 있는
피의 능선고지 전투, 문등리
Mundungri, Korea 780th FA Bn firing 8" How

3사단 7연대원들이 소양강에 적이 설치한 임시 목제 다리를 건너고
있다. 1951년 5월
Enemy make foot bridge used by 7th infantry, 3rd ID in
withdrawing from the front lines May 51, near
Soyanggang(River).

부상당한 미 2사단 병사를 후송하고 있다. 중동부전선, 1951년 5월
Evacuating 2ID casualties across the Soyanggang(River),
May 1951.

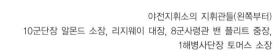

미 1기병사단 부트 소령이 자신의 부대에 배속된 한국군 카투사들의
소총을 검열하고 있다. 1951년 7월
Major Van De Voort, U.S. 1st Cavalry Div inspects the
rifles of ROK soldiers attached to his unit in July 1951.

야전지휘소의 지휘관들(왼쪽부터)
10군단장 알몬드 소장, 리지웨이 대장, 8군사령관 밴 플리트 중장,
1해병사단장 토머스 소장
Leaders of the UN forces. General Ridgway at an advance base
with LTG Almond, Cdr X Corps, LTG Van Fleet, Cdr, Eighth Army
and MG Thomas, Cdr 1st Marine division 1951.

가파른 산악 지형을 오르는 미군들 발 앞에 중공군들의 시신이 누워 있다.
GIs move up a steep slope. In foreground are Chinese felled in earlier action.

8063야전병원에서 부상자 치료
8063 MASH caring for wounded soldiers.

보전 합동 기동 전투, 전차는 보병을 보호하고 보병은
전차의 눈이 되어 전진하였다.
An integral part of open warfare, a tank provides cover for
infantry and the infantry sees what the tankers can't see.

72. 고착 전선과 휴전회담 Adherence frontline and the Armistice talks

중공군의 공세가 약화되자 밴 플리트 장군은 전과 다르게 즉각 반격 작전에 돌입하였다. 깊숙이 치고 들어온 중공군 사단들이 이번에는 유엔군의 압박과 역공에 고전하며 물러났다. 중공 60군 180사단이 후퇴 중 길을 잃고 미군 부대와 조우, 격전 끝에 전멸한 피해도 이때 발생하였다.

중공군 5차 공세전으로 불리는 밀고 당기는 지역 전투가 6월 10일까지 계속되었고, 전선은 대략 요도에서 보는 바와 같이 문산 북방, 철원, 김화, 문등리, 간성 북방을 잇는 선에서 대치하게 되었다. 미군들은 이를 와이오밍선이라고 불렀다.

팽덕회 사령부는 5차 전역을 끝으로 모택동 주석에게 공세 작전에서 방어 작전으로 전환을 건의하고, 이를 승인받자 본격적으로 진지 고수를 위한 방어 준비와 보급 및 군 편성 재정비를 시작하였다.

자연스럽게 상호 필요에 의한 휴전회담도 제의되었다. 회담은 7월 10일 개성에서 시작되었고 일주일 정도면 휴전 조건이 성사되어 전쟁이 끝날 것으로 대부분 기대하였으나, 중공과 북한은 이 시기를 군부대 재정비의 시기로 이용함과 동시에, 회담을 통해 유리한 협상을 얻어내려는 심리전을 적극적으로 시작함으로써 회담은 한없이 길어지게 되었다.

이러한 북한과 중공의 지연 전술 때문에 평양-원산까지 북진하여 주도권을 빼앗자는 미 8군사령관의 건의와, 적이 회담장으로 나오도록 압박을 가하는 선에서 소규모 공격만을 승인하자는 워싱턴의 줄다리기가 진행되면서 유엔군의 공세적인 기동 전투는 점차 소극적이 되어 갔다.

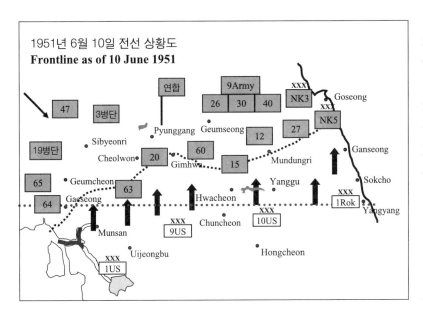

1951년 6월 10일 전선 상황도
Frontline as of 10 June 1951

LTG Van Fleet conducted an immediate counterattack when the CCF retreat began.

The CCF's deepest penetrating forces were severely damaged in their withdrawal, and the 180th Division of the 60th Corps was destroyed at that time. The fifth attack of the CCF was continued on June 10 and the line of contact was along Munsan-Cheolwon-Gimhwa-Mundungri the North of Ganseong. This line was called the Wyoming Line. After the campaign, General Peng of the CCF recommended to Mao, head of Communist China, that they should consider a shift from offensive to defensive operations and begin to fortify the defense positions and reorganize the CCF on the Korean peninsula. Armistice talks were suggested and truce talks began.

In the South, the armistice talks were expected to bring peace within a week, but the North and the CCF used this period of initial talks to fortify their defensive positions and delay the negotiations by using the place of the talks for psychological warfare.

LTG Van Fleet recommended the general attack to the North without delay when he recognized. The delay was intentional, but Washington allowed only a limited attack the North to push them out on the armistice talks.

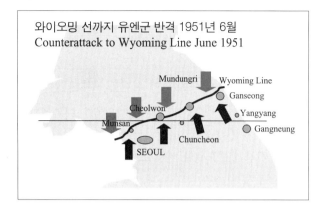

와이오밍 선까지 유엔군 반격 1951년 6월
Counterattack to Wyoming Line June 1951

1951년 6월 작전선 와이오밍을 목표로 한 제한된 공격 작전이
시작되었다.
그러나 휴전을 위한 회담에 대한 관심이 높아지면서 종전에 대한 기대
때문에 대규모 기동 공세 작전은 워싱턴으로부터 거부되었다.
The limited counter attack to the Wyoming Line started on
June 1951. But the bigger attack was not approved by
Washington because of a hope to finish the War through
armistice talks.

탈취한 미군 트럭으로 보급 작전을 수행하는 중공군, 1951년
Chinese soldiers are using 'Made in U.S. trucks' for their supply
support operations, 1951.

대규모의 중공군
시신을 씁쓸한 시선으로
바라보는 미군, 1951년
GIs solemnly survey
a mass of dead
Chinese in May
1951

1951년 중공군의 춘계 공세는 대규모의 희생자를 내었다.
해병은 400명 이상의 적을 사살하였다.
Mass assaults by the Chinese resulted in tremendous casualties during the
spring 1951 offensive. Marine machine guns and rifles cut down more than 400
of the enemy.

최초의 휴전회담 유엔 협상팀, 1951. 7. 16
UN negotiating team, Gaeseong, 16 July 1951.

개성의 회담장
Gaeseong, 1951

최초의 휴전회담 대표가 구성되었다.
크레이기 소장, 백선엽 소장, 터너 제독(소장) 호데스 소장, 버크 제독(소장),
1951년 7월
이들은 어떤 형태로든 곧 휴전될 것으로 생각하였다.
MG Laurence C. Craigie, MG Paek, Admiral C. Tuener Joy, MG
Henry Hodes, Admiral Arleigh Burke, 1951

개성의 회담 대표 휴게소
Rest house for UN side, Gaeseong, 1951

조이 제독이 헬기에서 내리는 것을 한측 회담 대표인 백선엽 소장이 도와주고 있다.
중공과 북한군 대표의 협상이 1951년 7월에 시작되었다.
ROK. MG Paik helps Admiral C. Turner Joy descend as he arrives at
Gaeseong to begin negotiations with the Chinese and NK in July 1951.

초기 회담장의 분위기는 매우 상호 우호적이었다.
Mood in Gaeseong initially was very cooperated each other.

개성회담 실무 협상 장교들, 머레이 해병 대령, 키니 대령, 한국군 이수영 중령,
언더우드 중위, 통역관 중국계 미군 우 준위
Gaeseong delegations: from left, Col Murray, Col Kinney, ROK LTC
Lee Soo-young, Lt Richard Underwood and CWO Kenneth Wu,
Chinese interpreter for the U.S. Army.

단장의 능선
고지 위의
프랑스 대대원,
1951년 10월
The
Frenchmen
on the
Heartbreak
Ridge in
October 1951

고지 위의 탱크 진지, 1951년 10월
Tank on the hill, October 1951

중장으로 진급한 전 10군단장 알몬드 장군이 귀국을 앞두고 있다.
1951. 7. 15
LTG Edward M. Almond, former CG, X Corps is preparing to start
back to the States and a new assignment on July 15, 1951.

미 3군단에 배속된 푸에르토리코 병사들이 적이 파놓은 교통호 진지에
들어가 있다. 1951. 6. 1
Puerto rican infantrymen, 3rd ID in an enemy made trench,
June 1, 1951.

전투공병대원들이 탱크가 지나갈 수 있도록 지뢰 제거 작업을 하고
있다. 철원 남쪽, 1951. 6. 10
Engineers probing for enemy mines ahead of a creeping
tank, south of Cheolwon, 10 June 1951.

　　1951년 7월 이후, 전선은 고착
상태에 빠져 들었다. 미국민들과
워싱턴 수뇌부들은 전쟁이 장기
화되어 가는데 불안과 염증을 나
타내기 시작하였고 종전회담을
강력히 희망하게 되었다.

Since July 1951, Washington
was eager to have a 'peace talk'
with the Communists because most
people of the United States wanted
to stop the War in Korea and bring
their sons back home.

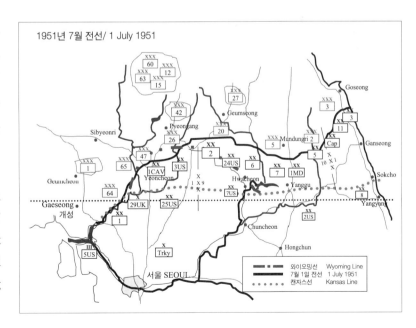

1951년 7월 전선/ 1 July 1951

워싱턴의 전쟁 종결 방침에 따라 전투는 사단 규모 이내로 제한되었다. 오직 종전을 위한 회담 압박과 전후 유리한 지형과 방어선 확보를 위하여 전투하였다. 전투는 작전적으로 유리한 지역인 철의 삼각 지대, 펀치볼, 금성 지역 등에서 치열하게 치러졌다.

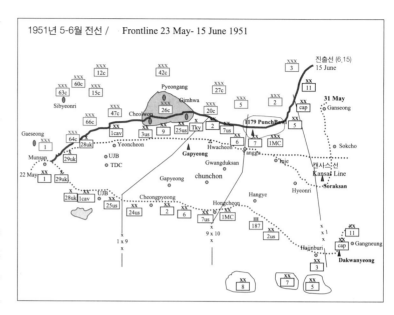

Washington decided to finish the war internally and order the Far East Command to concentrate all the efforts for the 'peace-talk'. The division and above the level's offensive operation was not allowed, but only a limited operation to capture a terrain for a better position for defense in the future or to help the armistice talk at Gaeseong, Korea, 1951.

공병이 인제로 향하는 유실된 도로를 복구공사하고 있다. 1951. 7. 21
Engineers repairing road damage caused by heavy rain near Inje, 21 July 1951.

벨기에군 병사, 1951년 6월
Belgian troops, June 1951

새로 통합 재편성된 영국군 사단은 영연방의 아일랜드, 스코틀랜드, 호주, 캐나다, 인도 군을 혼합 편성하였다.
Members of the first Commonwealth Division from Dublin Ireland, Glasgow Scotland, Queensland Australia, Ottawa Canada and Amrit Lal of India, 1951

수심 판정을 잘못해 깊은 북한강 물에 빠진 탱크가 견인되어 나오기를
기다리고 있다.
A 1st Cavarly tank looking for a shallow crossing misjudges
the rain-swollen Bukhangang(River) and wait for the tank
retriever which will pull it ashore.

조이 제독과 미측 회담 대표들, 개성, 1951. 8. 22
Admiral Turner C. Joy and two delegations at Gaeseong,
Korea, 22 August 1951

새로 옮긴 회담장 판문점, 1952년
1주일 이내에 끝날 줄 알았던 휴전회담은 북측이 전선 재정비를 위한
고의적인 지연을 반복하여 지루하게 2년을 넘게 계속되었다.
Tent City at Panmunjeom, 1952

피의 능선 고지 전투의 미 2사단을 지원하는 탱크 포격전, 1179고지,
문등리, 양구, 1951. 9. 18
M4 Tanks firing in support of the 2ID, north of hill 1179,
Bloody ridge attack, 18 September 1951

고지 네이팜 공격
Napalm on a hilltop

73. 개성, 철의 삼각지 그리고 펀치볼 Gaeseong, Iron triangle area and Punchbowl

더 이상의 대규모 영토 확장을 위한 기동전이 워싱턴으로부터 승인되지 않는 현 시점에서 피아 공히 방어에 유리한 지형으로서 확보하고 싶어하는 곳이 세 군데였는데, 수도 서울의 관문인 개성 지역, 주요 병참 보급망과 비옥한 철원평야가 있어 의정부 축선 공격의 발판이 되는 평강-철원-금화 지역(철의 삼각 지대) 그리고 중동부 산악 지역에서 대규모 부대의 보급과 부대 재편성에 유리한 골짜기 속의 평야(일명 펀치볼 분지)가 그곳이었다.

팽덕회의 중공 원정군이 대규모 군 재정비를 하는 동안 미 8군사령관 밴 플리트 장군은 유리한 지형을 확보 후 종전을 염두에 둔 여러 가지 공세 작전을 유엔군 사령부에 건의하였으나, 조기에 종전을 원하는 워싱턴은 번번이 이를 거부하였다.

유엔군은 제한적 공세 전투로 철의 삼각 지대를 확보하려는 파일 드라이버 작전을 6월에 전개하였고, 7~8월에는 펀치볼을 확보하려고 피의 능선과 단장의 능선을 공격하였다. 워싱턴은 인명 소모를 줄이고 조속히 전쟁을 끝내려는 소극적 정책과 회담 압박용인 소규모 전투가 예상외의 대규모 인명 피해와 탄약 소모전이라는 결과로 나타나자 매우 당황하였다. 펀치볼 주변의 감제고지 몇 개를 위해서 3천여 명의 인명 피해와 36만 발의 포탄이 소모되었다.

회담은 의외로 지지부진하였고 종전을 희망한 워싱턴의 소극적인 자세로 보충병도 제때 오지 않아 움직이지 않는 전선에서 피해만 늘어 갔다. 1951년 10월 3일 미 8군은 회담 압박용으로 대규모 추계 공세 작전(작전명 코만도)을 준비하였다.

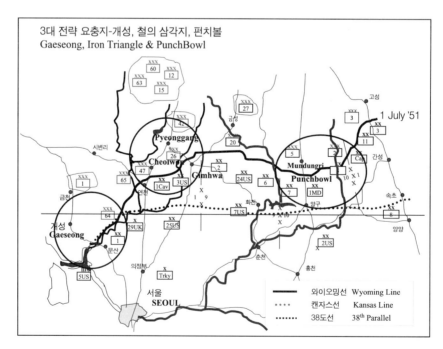

The three areas that the South must hold in order to the better defend in the event of a massive enemy offensive operation were Gaeseong, Iron triangle and Punchbowl. Gaeseong is the most important key terrain because of the entrance gateway to Seoul in the West. The Iron Triangle area with Pyeonggang, Cheolwon and Gimhwa was not only the backdoor for an attack on Seoul through the Uijeongbu axis, but it also contained major logistic support bases and the Cheolwon plain for food production was located along the center-front. Finally, the Punchbowl area was the wide plain with logistic support bases near the Mountainous central-East. LTG Van Fleet constantly encouraged the conduct of offensive operations to gain terrain for the a better defense while the CCF concentrated their work on fortification of the current line of contact, but this plan was not formally approved due to the worry about the armistice talk. In June the 8th Army conducted Operation Pile driver. This was a limited offensive operation designed to gain the Iron triangle in the middle, and attack Bloody Ridge and Heartbreak Ridge and seize the Punchbowl in the east. This limited offensive operation was approved in an effort to avoid significant battle damage before the expected armistice. However, the results of the limited offensive seriously frustrated Washington because the battle damage was far beyond expectations. This kind of passive action designed to push up the armistice, such as gaining hills near the Punchbowl, resulted in more than 3,000 KIAs or WIAs and the expenditure of over 360,000 rounds of artillery ammunition.

The effect of this battle damage on the 8th Army was significant, due to the decrease of reinforcements and unit replacement imposed by the policy of passive support of the military action by Washington while the armistice talk slowly dragged on. Finally, the 8th Army executed a sizeable commando operation on October 3, 1951, which pushed North Korea to become more active in the armistice talks.

재정비한 증강된 중공군, 1951년 8월
The Chinese Communist Force, August 1951

미군과 카투사가 한 조가 되어 경계근무, 1952년
An American GI and a ROK soldier team up at a defense
position, Middle front, Korea, 1952.

중공군이 새로운 무기와 군대로 증강하여 교체 투입, 1951년 8월
CCF reinforced the new weapons and troops to Korea,
August 1951

미측 유엔 대표가 소련이 북한에 불법으로 무기를 제공했다고 항의,
1951. 9. 18
U.S. delegate of UN protest to Russia for providing weapons
to NK, 19 September 1951.

낮에만 움직이던 미군들도 이젠 야간 전투에 제법 익숙해졌다.
해병의 M46 탱크가 야간 공격을 감행, 1952년 1월
Marine M-46 tanks are moving toward the front for a night attack
in January 1952.

해병의 전투, 동부전선
Marines in September 1951

중공군을 기다리는 준비된 벙커 진지, 서울 북방
Ready and waiting in a Bunker for the Chinese advance
along the front near Seoul

중부전선의 미군 탱크, 1951년
U.S. tanks in middle front, Korea, 1951

양구의 해병,
펀치볼, 1951년
U.S. Marine at
Yanggu, East
front Korea,
1951

들것을 휴대한 병사들이 1179고지를 오르고 있다. 양구 문등리, 1951년
Stretcher-bearers accompanying Troops up hill 1179

미 25사단 관측병이 중공군 지역을 관측하고 있다.
Soldiers of the 25th Div watch phosphorus shells hit
Communist-held areas in February 1951.

북한군 자주포 SU76, 동부전선, 펀치볼 지역, 1951년 7월
SU76 self propelled Artillery gins, NK, 1952 southwest edge
of the Punchbowl July 1951.

유엔군이 재개한 춘계 공세 전투의 해병
Marine soldiers in battle during the renewed UN offensive of
Spring 1951

해병 포병대, 1952년
Marine Artillery fire, Korea, 1952

육군총장 콜린스, 리지웨이 대장, 밴 플리트 중장, 바이어 소장, 백선엽
소장
Gen Collins, Gen Ridgway, LTG Van Fleet, MG Byers and
MG Paik, ROK

부산항에 입항하는 컨테이너 상륙함, 1951년 8월
LST loaded with boxcars moving into Pusan, August 1951

1951 여름 장마로 수백 야드나 떠내려간 폰톤 부교, 미 3사단, 인제
Ponton bridge in 3rd ID sectors on Soyanggang(River)
washed several hundreds yards downstream by flash flood,
Inje, August 1951.

작전 후 영국군의 진흙범벅이 된 박격포들, 임진강 지역 전투, 1951년 9월
A muddy British mortar is firing 4.2' shells across the
Imjingang(River), early September 1951

74. 코만도 작전(1951년 10월) Commando Operations on October 1951

10월 초 서부전선에서 수도 서울 방위의 종심 확보를 위하여 미 1군단이 주공으로 문산 북방 14Km 지점의 사미천-임진강-철원선(James Town선)을 목표로 공격하는 동안 미 9군단, 미 10군단과 동해의 한국군 1군단이 조공으로 전 전선에서 공세를 취했다.

이번에도 피아간(彼我間) 상당한 피해를 입었으나 유엔군은 서울 북방의 방어 종심을 확보하는 성과를 거두었고, 중부전선의 9군단(한국군 2, 6사단, 미 24사단)도 금성을 공격하여 탈취하였으며, 10군단도 미 2사단을 주공으로 한국군 5, 8사단이 합세하여 지난 여름 장마로 실패한 단장의 능선 탈취를 다시 시도하였다. 동해안의 한국군 1군단도 동해 미 함대의 함포 지원에 힘입어 고성과 월비산까지 진격, 이를 확보하였다. 북한 인민군 5군단은 이때 격심한 전투 피해로 붕괴되어 인민군 2군단으로 대체되었다.

1951년이 그렇게 저물어 갔고 워싱턴은 더 소극적이 되어 1개 사단 규모 이내의 소규모 작전만 승인하며 휴전회담에 적극적으로 매달렸다. 1952년 겨울이 오면서 전선은 대책 없이 소강상태에 들어갔고 막연히 지겨운 전쟁을 마치고 귀국하고 싶어하는 유엔군 병사들이 허술한 방어 진지에서 겨울을 나는 동안, 중공군과 인민군은 동절기임에도 불구하고 전 전선의 동굴 요새화 공사에 박차를 가하였다. 소위 지하 만리장성이라 불리는 진지 보강 공사가 이때에 시행되었다.

1952년 한 해는 반복되는 소규모 고지 전투, 진지 보강 공사 그리고 군의 훈련과 재정비를 하면서 어떤 형태로 다가올지 모를 불안한 새해를 기다리고 있었다. 1952년 말 중공군과 북괴군은 전선에서 약 85만 명, 유엔군은 60만 명의 전력을 유지하였다.

The U.S. I Corps pushed the main attack forward to phase line 'James Town' along the Samicheon-Imjingang-Cheolwon, 14km north of Seoul. This was designed to keep an in-depth defense of Seoul. While the U.S. 9th and 10th Corps, 1st ROK Corps joined in support of the attack in the central front and Eastern salient, the U.S. I Corps reached the phase line 'James Town'. In an effort to maintain an in-depth defense of Seoul in the west, the U.S. 9th Corps reached Geumseong in the central front and the 10th US Corps tried to retake Heartbreak Ridge because they had failed the previous summer due to the heavy monsoon rains. The 1st ROK Corps advanced to Goseong and reached Wolbisan(Mountain), the

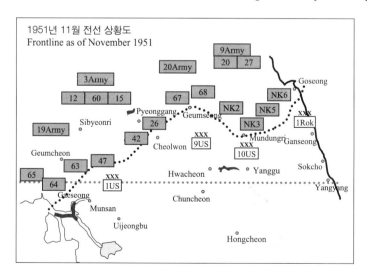

1951년 11월 전선 상황도
Frontline as of November 1951

commanding hill for Goseong under the support of naval gunfire from the East Sea. It was a very fierce battle and both sides suffered terrible casualties. The NKPA 5th Corps was severely damaged. Following the battle, the 2nd Corps replaced them.

Washington had reduced the size of its commitment to a big maneuver operation, but instead focused on small, limited operations involving less than a division at a time. These operations kept the current ground and actively maintained strong points, while Washington was counting on the armistice talks. During the winter of 1951, the CCF and NKPA began serious construction in the fortification of their defense positions that would be called 'The great wall underground. All the while, the soldiers of the UN forces languished, homesick in lonely and desolate trenches under a state of temporary ease. The year 1952 passed with limited local combat on hills repeatedly, strengthened, fortified, and conducted continuation of unit training, while awaiting the successful conclusion of the armistice talks. By the end of 1952, the CCF and NKPA fielded some 850,000 military personnel, and the UN forces in the South fielded about 600,000.

부상당한 해병의
커피타임
A wounded
Marine sips
hot coffee.

올드 발디 고지의 철조망 장애물 설치
Setting up barbed wire entanglements on Old Baldy

부상당한 해병이
후방 병원으로
후송을 기다리고
있다.
A wounded
Marine
awaiting
evacuation to
a rear area
hospital

펀치볼, 양구, 1952년
Punchbowl in 1952

한국전쟁 중 잠자리비행기로 불리는 헬리콥터는 인명을 구하는 데
많은 공헌을 하였다.
War of the whirlybirds which saved the lives of so many
wounded men and shot-down aircrews

부산항, 1952년
Port of Pusan in 1952

행사장에서 함께 걸어 나오는 이종찬 육군총장, 이승만 대통령,
밴 플리트 8군사령관, 광주, 1952년
이 대통령은 서울 사수를 최우선으로 하지 않는 밴 플리트 장군의
작전 수행 방식 때문에 갈등을 빚기도 하였다.
Rhee with Gen Van Fleet and MG Lee Jong-chan, Gwangju,
January 1952

유엔군 묘지, 부산, 1952년
The UN Cemetery, Pusan Korea, 1952

철원, 철의 삼각지
Cheolwon, Iron-triangle, Korea

강릉의 국군 전방지휘소에서, 1951년
1군단장 백선엽, 참모총장 정일권, 3군단장 류재흥
MG Paik, I Corps, LTG Jeong, CofS ROKA, MG Ryu, III Corps, at ROKA Command post in Gangneung, Korea, October 1951

1군단장 백선엽 소장,
한국군 11사단장
오덕준 준장, 1951년 11월
MG Paik, Cdr of I
Corps with BG Oh
Duk-jun, Cdr of the
ROK 11th division,
October 1951

봅 호프의 인솔로 한국전선을 찾은 위문 공연단, 1951년
A Stage of USO for the U.S. soldiers in front, Korea, 1951

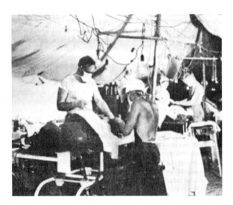

교대 부대로서
미 40사단이
인천항으로
입항하고 있다.
1952년 4월
U.S. 40th Div at
Incheon, April
1952

무더위 속에서도 수술이 계속되는 노르웨이 야전병원
Many surgeries performed even in sultriness in NORMASH.

춘천의 야전 우체국이
우편 수발 지원을 하고
있다. 1951~1952
Mail service for
APO 24,
Chuncheon, 1951–
1952

8225 육군 기동 수술 지원팀, 1951년 10월
The 8225th Mobile Army surgical Hospital October 1951

금성 입구의 추파령 고지
를 점령한 미 24사단에
배속된 콜롬비아 대대
Colombian BN troops
in trench Under 24th
ID on Chuparyeong
overlooking the
Geumseong valley,
October 1951.

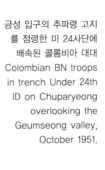

피의 능선 전투에 매달린 미 2사단 보병, 1952년
2d U.S. Infantry Division troops on Bloody Ridge in 1952

미 7사단을 방문한 미
합참의장 브래들리 장군이
5전술공군사령관 에버레스트
소장과 악수,
9군단장 하지, 25사단장 스위
프트 소장
Gen Omar N Bradley,
Chairman of the JCS
visited 7th ID (from left)
LTG Hoge(CG, IX Corps).
Gen Bradley, MG
Swift(CG, 25ID), MG
Everest (CG, 5th AF) who
is shaking hand with,
October 1951

단장의 능선 전투에 매달린 미 2사단 예하 프랑스 대대, 양구, 1951년 9월
French BN near Heartbreak ridge September 1951

되돌아온 38선. 적 방향 화살표 아래 개새끼들이 있는 곳이라고 낙서되어 있다.
Back to the 38th Parallel

금성 공격에
참가한 프랑스 대대,
1952년
French BN troops
are attacking at
Geumseong, 1952

75. 지리산 토벌기(빨치산 약사) Red Partisan resistance history

제1기: 빨치산 형성기(1945. 8-1951. 10)
Part I: Red guerrillas in South Korea (August 1945-October 1951)

남조선 노동당의 배타적 폭력성 때문에 미 군정청이 이들을 불법 단체로 규정하던 1948년 이전까지는 남한에서 공산주의자들도 함께 자유를 구가하였으나, 이후 불법 단체로 규정된 남로당 세력은 지하로 숨어들어 일부는 월북하였고, 일부는 산중으로 숨어들어 빨치산 세력을 형성하기 시작하였다. 1948년 4월 제주도에서 남한 단독선거(5월 10일)를 부인하는 김달삼과 그 추종 세력이 주도하는 폭력시위가 일어났고, 6월 18일 제주 치안을 담당하는 9경비연대장 박진경 대령이 공산주의자에게 암살당하자 대대적인 토벌이 시작되었으며, 주민의 고통을 외면한 빨치산의 기생지인 중간산 부락의 초토화 작전으로 확대되자 많은 주민들이 집을 잃고 산으로 숨어들었다가 통비분자로 낙인찍혀 무고한 희생자가 늘어났다.

1948년 10월 여수에서는 한국군 14연대 내에서 좌익 세력에 의하여 반란이 일어났고, 주동자 김지회와 홍순석이 이끄는 반란군 주력은 군내 반란이 실패로 돌아가자 지리산으로 피신하여 투쟁하다가, 1949년 4월 지리산 전투지구사령부(정일권 준장)에 의하여 대부분 토벌되었다.

1949년 5월 녹음이 우거지자 빨치산들은 백운산을 중심으로 부활하였고, 한국군 호남 전투사령부를 5여단으로 개칭(후일 5사단, 원용덕 준장)하여 토벌을 계속하였다. 북으로 도피한 남로당 추종자들이 유격전을 통한 남조선 혁명을 이루고자 북한의 강동학원에서 무장 세력으로 재교육을 받은 후 남파되어, 인민유격 1병단(오대산), 인민유격 2병단(지리산: 이현상 부대), 인민유격 3병단(태백산: 김달삼 부대)을 이루어 투쟁을 재개하였다.

빨치산의 세력은 다소 위축되었으나 1950년 6월까지 이현상이 이끄는 지리산 세력과 태백산 일대의 빨치산 세력이 여전히 활동하고 있어 한국군 8사단이 강릉에서 태백산의 빨치산을, 한국군 5사단이 광주에서 지리산 일대의 빨치산을 토벌하는 데 묶여 있었다. 한국전쟁이 낙동강 전선에서 치열하던 그해 8월 인민유격 2병단은 이현상의 지휘 하에 6연대(산청), 7연대(백운산), 8연대(조계산), 9연대(덕유산)로 세력을 확대하여 낙동강 전선에서 북한 인민군을 지원하였으나, 인민군의 총퇴각 명령이 내려지자 지리산의 2병단도 월북을 결정하고 태백산을 거쳐 북상을 시도하였다. 그러나 중공군의 참전을 인지한 남로당의 대남총책 이승엽의 지시로 2병단은 지리산으로 다시 남하하면서 재무장과 세력을 확대하여 3천 명 수준의 무장 빨치산으로 거듭 태어나게 되었다.

빨치산의 생명력은 끈질겼다. 1951년 5월 경찰은 태백산 전투경찰사령부와 지리산 전투경찰사령부를 각각 연대 규모로 창설하여 태백산맥과 지리산 일대의 빨치산 토벌에 임하였다. 빨치산과 주민들의 관계가 물과 물고기의 관계와 같은 만큼 토벌 부대는 빨치산이 주민들 속으로 파고드는 것을 차단하기 위해, 주민들을 강제로 이주시켜 집단 부락을 만들게 하거나 빨치산이 접근할 수 있는 산 속의 부락을 파괴하였다. 그러자 고향에 대한 애착과 정체 성향이 강한 주민들이 심하게 반발하였고, 상당수는 이를 경찰의 또 다른 주민 탄압으로 이해하여 자발적으로 입산, 빨치산이 되어 자신을 괴롭히는 체제에 저항하기도 하였다.

더 이상 인민군과 중공군이 그들의 희망대로 남쪽으로 밀고 내려와 지리산을 해방시킬 수 없게 되자 1951년 5월에 지리산 송치골에서는 남한의 6개 인민도당 대표회의가 열렸고, 전남도당 위원장 박영발과 전북도당 위원장 방준표가 반발하며 협조하지 않는 내분 속에서도 조직을 개편하여 이현상을 사령관으로 임명하고 투쟁을 지속할 것을 결의하였다.

그 해 만연한 장티푸스로 산 속에서도 많은 빨치산들이 죽어 갔는데도 빨치산들은 주민들 속에서 끈질긴 생명을 이어 갔고, 지리산을 거점으로 후방 병참선을 교란하고 유엔군을 괴롭혔다.

Since August 15, 1945, when the U.S. Army released South Korea from 35 years of Japanese colonial rule, the communist party, Namrodang was allowed to participate in political activities just as any other political party in South Korea. After 1948, when the South Korean government announced the prohibition of any violent communist activities, the communist party had to go underground or flee across the border to the North while some armed groups hid out in the mountains. On Jeju Island, in April 1948, the communist Kim Dal-sam and his followers demonstrated violently against the decision of the national vote to establish the South Korean government. As a result, on June 18, 1948, Colonel Park, commander of the 9th ROK Regiment began to provide security for Jeju Island, but he was assassinated by one of his fellow soldiers who were a communist. That was the main reason to subdue the communist guerrillas that were in hiding at Hanrasan(Mountain). During the subsequent operation, the punitive forces ordered the residents near the mountain to leave their villages in order to isolate the guerrillas from the local residents of the area who had been suppressing them. This military operation resulted in the suppression of not only the red guerrillas, but also some of the local residents who still lived in their villages near the mountain or who had fled to the mountain for safety. In October 1948, the communist in the 14th ROK Regiment rose in revolt against the ROK Army in Yeosu, a southern sea port and they held a couple of local cities for a while but fled to Chirisan(Mountain) in

Jeonranamdo province. They continued to resist and were called 'Partisans in Chirisan'. In May of the following year, 1949, once the forest became deep in the early summer, the partisans and the infiltrated guerrillas from the North, after training at Kangdong School in North Korea, reorganized the 1st Ranger Unit in Odaesan(Mountain), the 2nd Ranger Unit in Chirisan(Mountain) under Lee Hyun-sang and the 3rd Ranger Unit in Taebaeksan(Mountain) under Kim dal-sam, a leader of the Jeju revolution. They tried to overthrow the South Korea government, but they failed in the face of a strong military operation of the 5th ROK Brigade commanded by BG Won Yong-duck, which became the 5th Division later. The ROK punitive forces inspired by the local residents did not imitate the violent actions of the communists.

Even though they failed to overthrow the South Korean government, the ranger units resisted in Chirisan(Mountain), far south of Seoul, under Lee Hyun-sang and Taebaeksan(Mountain), far east of Seoul, until the outbreak of the Korean War. Therefore, the 5th ROK Division was committed as the punitive force in rear area of Chirisan(Mountain) while the 8th ROK Division was forced to do the same mission in the Taebaeksan(Mountain) area. During the battles at the Pusan perimeter, Lee Hyun-sang reorganized the 6th Rangers at Sancheong, the 7th Rangers in Baekunsan(Mountain), the 8th Rangers in Jogyesan(Mountain) and the 9th Rangers in Deokyusan(Mountain), and disrupted the 8th U.S. Army from the rear in support of NKPA's attack. When the general retreat order was issued to NKPA in October, Lee Hyun-sang decided to retreat and moved up to the North through the Taebaek Mountains with the Chirisan(Mountain) rangers, but the troops moved back to Chirisan(Mountain) later under the guidance of Lee Seung-yeop, the top leader of guerrilla warfare. The Chirisan(Mountain) guerrillas rearmed and expanded to 3,000 guerrillas on the way backs to Chirisan(Mountain).

During the Korean War, in May 1951, the South Korean National Police created the Taebaeksan Combat Police Regiment and the Chirisan Combat Police Regiment in an attempt to suppress the guerrillas. The combat police tried to suppress the guerrillas by isolating them from the local residents, and the combat police ordered the local residents to be moved into collective villages and burned or destroyed the old isolated houses or villages. The local Korean residents could not accept these acts that forced them to lose their homes and lands that they had inherited from their ancestors. Because of these desperate acts, they hated and resisted the police. Some residents ran to the mountains to join the guerrillas in their fight against the police and their families suffered severely as communist families. In May 1951, once the retreated NKPA could no longer return to the South, the Chirisan(Mountain) guerrillas and the communist leaders of the communist people's committee in the South Korean Provinces had a meeting to decide their future. They decided to keep-up the resistance under the command of Lee Hyun-sang. The Chirisan(Mountain) guerrillas were strong and tenacious enough to resist and even to survive the terrible typhoid fever epidemic, which swept thru the guerrillas that year.

They resisted and even attacked the lines of communications of the UN Forces in the rear area and struck small units and bases. This constantly bothered the 8th U.S. Army in its rear area military operations.

제2기: 지리산 토벌기(1951. 11-1952. 2)
Part II: Subdue red guerrillas in Chirisan(Mountain) (November 1951-February 1952)

전선의 진지 보강을 위한 소강상태에서도 공산군은 끊임없이 또 다른 전쟁을 지속하였는데, 이는 지리산을 중심으로 한 후방의 제2 전선과 포로수용소 내부의 투쟁이 그것이었다.

1951년 11월, 밴 플리트 장군은 워싱턴이 전선에서의 대규모 공세 작전을 승인하지 않아 전선 활동이 위축된 틈을 이용하여 지리산을 중심으로 활동하고 있는 적 제2 전선을 무력화시키기로 하였다.

미 8군사령관은 한국군 1군단장 백선엽 장군을 지휘관으로 지명하여 제2 전선 붕괴를 위한 백야전 사령부를 비밀리에 창설하고, 한국군 8사단과 수도사단을 과감히 전선에서 빼내어 지리산으로 은밀하게 이동시켰다. 공비 소탕 작전은 물고기를 잡는 것과 흡사하여, 투망을 든 사람이 접근하는 것이 알려지면 모두 숨어 버려 고기 잡이는 실패하게 되기 때문이었다.

펀치볼 지역에서 전선의 임무를 다른 사단에 인계하고 훈련 목적으로 이동 명령을 받은 8사단은 육로로 남하하여 남원과 함양에, 동해의 수도사단은 해군 함정으로 이동하여 여수에 상륙하여 광양과 하동의 지리산 외곽에 포위망을 구축하였다.

적기에 최전선 2개 사단을 이동시켜 작전을 수행하도록 지시한 밴 플리트 장군의 용단과, 게릴라 토벌 작전의 특성과 한계를 잘 이해하고 있는 백선엽 장군이 주민들의 인권을 최대한 존중하며 용의주도하게 토벌 작전을 펼쳐, 낙동강 전선의 패잔병과 토착 무장 세력으로 자체 구성된 북한 인민군의 비정규전 사단들을 와해시키는 데 성공하였고, 2월 말 사단은 무사히 전선으로 복귀하였다.

The NKPA conducted three separate wars simultaneously. They fought on the frontlines of the regular war, they fought thru the guerrillas in Chirisan(Mountain), and they fought thru the unarmed soldiers in the POW camps. While the frontline combat was so quiet, in November 1951, LTG Van Fleet decided to suppress the guerrillas in Chirisan(Mountain). He figured this would be the best opportunity to sweep them away.

LTG Van Fleet nominated MG Paik, the CG of the 1st ROK Corps due to his experience with guerrilla warfare and he confidently pulled the 8th ROK division and the capital division from the frontlines. The operation to envelope the guerrillas had to be kept a secret, otherwise they would scatter like fish when a net was cast. The 8th ROK division left the Punchbowl area in the East to Namwon and Hamyang by land, and the capital ROK division left the East front by sea and landed at Yeosu, and they approached Gwangyang and Hadong in an effort to circle and envelope Chirisan(Mountain). The Paik Punitive Command successfully suppressed the guerrillas and returned to the front in February 1952. Their success was largely due to proper timing set by LTG Van Fleet and the careful operation in suppressing the guerrillas without harming the local residents by MG Paik, two experts of guerrilla warfare.

제3기: 빨치산 후기(1952. 3–1963. 11.12)

Part III: Demolished red guerrillas in Chirisan(Mountain) (March 1952–12 November 1963)

1951년 7월, 휴전회담이 시작되자 회담 압박용으로 대남 총책 이승엽은 지리산의 2병단에게 소규모 부대로 개편하여 적극적인 교란과 후방 작전을 지시하였으나 이러한 북의 지시는 적시에 전달되지 못하였고, 1953년 4월 김일성이 남로당의 박헌영과 이승엽 등을 위험한 정치 세력으로 인식하여 숙청할 때 남로당파였던 이현상도 함께 후방 투쟁 실패의 책임을 물어 북의 지원을 단절하였다. 백선엽 장군의 대대적인 토벌이 완료되자 이현상의 2병단 지대들은 와해되어 조직을 재편할 수밖에 없었다. 빨치산 조직은 지대를 해체하고 중대 이하의 소규모 부대로 재편하여 소극적인 잠복 활동기에 들어갔고, 1952년 7월 전선 소강기에 한국군 1사단이 다시 회문산, 덕유산, 지리산을 덮쳐 토벌 작전을 실시하였으나 전과는 신통치 않았다.

경찰토벌대에 의한 잔존 빨치산의 토벌은 휴전 이후까지 계속되었고, 1953년 9월 지리산 2병단장이자 빨치산의 정신적인 지주였던 이현상이 사살되었다. 1954년 1월 전남도당 위원장 방준표도 끝까지 저항하다가 지리산에서 사살되었고, 1955년 4월 1일 금지되었던 지리산 입산이 드디어 일반인에게 허용되었다. 그러나 산청군에서 마지막까지 저항하던 최후의 빨치산 이홍이가 사살되고 정순덕이 총상을 입고 포로가 된 것은 그로부터 9년이나 지난 1963년 11월 12일이었다.

Once the armistice talks began, in July 1951, Lee Seung-yeop, the top guerrilla leader of NK, ordered Lee Hyun-sang, the commander of the 2nd Rangers in Chirisan(Mountain), to perform active guerrilla operations in the rear area. This was designed to put pressure on the ongoing armistice talks. But it was not delivered due to the delivering difficulty and that was why Lee Hyun-sang was blamed for the failure of the guerrilla warfare when Kim Il-sung purged Park Heon-yeong and Lee Seung-yeop, the leaders of Namrodang, the Communist party in South Korea, as a dangerous political rival in April 1953. Lee Hyun-Sang's 2nd Rangers in Chirisan(Mountain) were demolished by MG Paik's counter guerrilla operation.

The 2nd Rangers were reorganized into small units, smaller than company size, and transferred to avoid total destruction. Again, in July 1952, the 1st ROK Division conducted counter-guerrillas operations on Hoemunsan(Mountain), Deogyusan(Mountain) and Chirisan(Mountain). Again, this was at a time when the frontlines were quiet, but the military goal was not satisfied. The National combat police continued to suppress guerrilla operations and in September 1953, Lee Hyun-sang, commander of the 2nd Rangers and the spiritual leader of all communist guerrillas in the South was killed in action or maybe purged by the North in Chirisan(Mountain). In January 1954, Bang Joon-pyo, the former chairman of the people's committee in Jeonranamdo province, was killed in resistance actions and Chirisan(Mountain) was finally opened to the public on April 1, 1955. But the last resisting guerrillas, Lee Hong-I was shot to death and Jeong Sun-duck, the last woman guerrilla, was wounded, and then captured at Sancheonggun on November 12, 1963.

항의 데모, 동대문, 서울, 1947년
Protest demonstration, East Gate, Seou, 1947

좌익 집단의 남산 집회, 1947. 5. 1
A leftist mass meeting at Namsan, Seoul, 1 May 1947

남한 단독 선거를 반대하는 좌익주의자가 체포되고 있다. 1948. 3. 1
A leftist demonstrator against the separate elections being
led away by police in Seoul, 1 March 1948.

전남 지방에서 인민공화
국기를 휴대한 공산 공비
들이 체포되었다.
Communists rebels
with a big flag of
North Korea in South
Korea, Southern part,
1948.

김달삼에 의해 주도된 제주폭동, 1948년 4월
A riot in Jejudo(Island) leaded by Kim Dal-sam, April 1948

남로당 활동 혐의로 체포된 여성, 1948. 5. 10
Lee Chu-gyung, an activist with the South Korean Labour
Party, arrested 10 May 1948

백두대간, 게릴라 활동의 온상이 되었다.
"Baekdu-Daegan Mountains" a
backbone of the Korean peninsula,
was home of the communist
guerrillas.

공산 여성 게릴라
Leftist guerrillas

이념 차이로 발생한 동족상잔의 현장
Massacre between brothers

학살의 현장
Massacre

전주에서 체포된 게릴라 혐의자, 1952. 1. 14
Captured guerrillas in Jeonju, 14 January 1952

지리산, 오랫동안 공산 좌익 게릴라들의
고향이 되었다.
Chirisan(Mountain). Home of leftist
guerrillas in South Korea

전주의 학살 현장
Massacre, Jeonju, South Korea

대전에서 발생한 잔인한 학살 현장, 1950. 9. 29
Atrocities committed by the North Koreans discovered near
Daejeon, 29 September 1950.

체포되어 격리된 여성 게릴라들
The captured women guerrillas

게릴라 색출을 위한 포위 작전, 1951, 11
guerrilla warfare in Chirisan(Mountain), November 1951

후방의 혹, 게릴라 전선의 진압을 위해 구성된 백야전 사령부는 작전명 '쥐잡이 작전'을 전개하였다. 남원, 1950. 12. 30
MG Paik sun-yup with his staff for 'Opn Ratkiller' the anti-guarrrilla campaign, Namwon, 30 December 1950

8군사령관 밴 플리트 장군은 전선이 소강국면에 접어들자 때를 놓치지 않고 후방의 제거해야 할 혹으로 지리산 공비를 소탕하고자 결심하였다. 1951년 11월 토벌사령관에 백선엽 소장을 임명하고 한국군 수도사단과 8 사단을 전선에서 빼내어 지리산에 투입하였다. 수도사단은 해군 함정으로 이동하여 여수로 상륙하였고, 8사단은 육로를 통해 훈련 목적으로 이동한 다는 기만 하에서 남원으로 이동하였다.

지리산의 한국군 부대, 1951년 11월
ROK units in Chirisan(Mountain), November 1951

LTG Van Fleet decided to suppress the guerrillas in Chirisan(Mountain) due to lessened activities at the front. LTG Van Fleet nominated MG Paik, the CG of the 1st ROK Corps due to his experience with guerrilla warfare and pulled the 8th ROK and the capital divisions out from the front in November 1951. The 8th ROK Division moved to

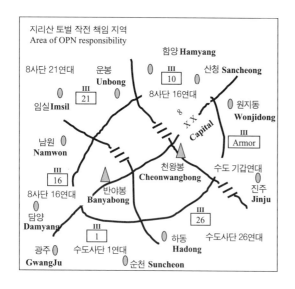

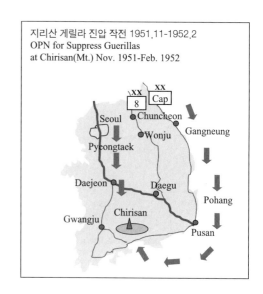

Namwon by ground, and the capital ROK division landed on Yeosu by the sea.

또 다른 전쟁 게릴라전 Guerrilla warfare, another kind of War in Korea

게릴라들은 주민들 속으로 스며드는 속성 때문에 양민들과 구분하기가 매우 어려워 게릴라전이 심화된 지역에서는 수를 확인할 수 없는 무고한 양민들이 더불어 희생되었다.

Many pure civilians were sacrificed and massacred sometime because of the guerrilla without military uniform likely to seep in the local resident society and live with them while resist or attack to the regular army or Government authorization.

76. 한국군 2군단 Re-establishing the 2nd ROK Corps

1952년 봄 미국은 조만간 전쟁을 끝내고 철수해야 한다는 것과, 한국군도 더 이상 미군들에게 의존하여 전선을 지킬 수 없다고 한국 정부에 통보하고 종전을 위한 준비에 착수하였다. 한국군의 증강과 증편도 대대적으로 시작되었다. 모든 한국군 사단들이 미 9군단에 설치한 야전 훈련장에서 9주간씩 교대로 전술훈련을 받았고, 육군사관학교와 육군대학도 진해에 재건하였다.

안전하고 원활하게 미군 사단들이 철수하기 위하여 한국군이 20개 사단으로 증강되어야 한다는 견해가 설득력을 얻었고, 4월에 드디어 미군 편제와 동일한 신편 한국군 2군단이 창설되었다. 한국군이 소망하던 155미리 곡사포 대대를 포함한 포병단과 공병단, 보급지원 부대를 갖춘 독립 작전 능력을 지닌 정규 군단의 태동이었다.

치안 유지가 창설 목적이었기에 군사 훈련의 경험도 없이 빈약한 개인 화기와 인원수로만 채워진 사단으로 전쟁을 치르며 수많은 패배의 수모를 겪었던 한국군에게는 감격스러운 일이었다.

한국군의 초기 신생 군단들은 예비 전력이나 증원 화력을 갖추지 못하여 2군단이 청천강 이북의 회천 일대에서 중공군의 덫에 걸려 거의 괴멸되었고, 1951년 1월 중공군의 3차 공세에 부대가 다시 붕괴, 해체

1952년 5월, 주요 유엔군 배치도 / 한국군 2군단 재창설
May 1952, ROK 2nd Corps created

되었으며 그 해 5월 중공군 공세 시 재편된 3군단이 또 한 번 포위되어 붕괴되고 해체되는 수모 끝에 강력한 한국군 2군단이 새롭게 탄생한 것이다.

이러한 국군 군단들의 실패는 국군의 능력에 대한 미군의 불신으로 이어져 한동안 한국군 사단들을 미군 군단장들이 직접 지휘하였고, 정일권 장군도 참모총장직에서 해임되는 수치를 겪었으나 이러한 불신과 실패를 극복하고 독립 작전 수행이 가능한 한국군 2군단이 탄생한 것이다.

By the spring of 1952, everybody understood the war would be stopped under certain conditions, and the ROK Army should be prepared to keep the front line without U.S. Army reinforcements.

The rearming and reorganizing of the ROK Army began in 1952. All ROK divisions were pulled off the front and were rotated thru nine weeks of training at the new tactical training site that was operated by the U.S. 9th Corps. The Korea Military Academy and the Army College were reactivated in Jinhae City near Pusan. The opinion that the ROK Army needed 20 divisions for self-defense in advance of the U.S. Army's withdrawal was common, so it was decided to reactivate the 2nd ROK Corps in April 1952.

The 2nd ROK Corps was a real Corps that had 155mm Howitzer Battalions, an Engineer Group and proper logistic support units, which was the dream of the ROK Army. At the outbreak of the Korean War, the ROK Army fought with light divisions organized with only light infantrymen, limited light artillery and without unit training. They had lost many battles due to fact that their divisions were organized for guard missions and not for war.

The initial ROK Corps had been destroyed North of the Cheongcheongang(River) in 1950, and was enveloped two times by the CCF, attacked and demolished again and again shamefully due to improper organization that lacked any significant artillery power or reserve forces. These tactical faults of the ROK Corps lead to a distrust of the ROK Army by U.S. commanders. The U.S. Corps commanders operationally and directly controlled the ROK divisions for a while, and LTG Jeong, chief of staff of the ROK Army, was dismissed. The ROK Army soldiers who were full of pride and a sense of strength returned with the return of the new 2nd Corps.

동부 산악 지방의 복판에 위치한 단장의 능선, 1951. 10. 25
동부의 요충지 펀치볼을 감제하는 단장의 능선은 맨몸으로 오르기에도 숨이 찰만큼 가파르고 험한 고지인데 이 고지를 두고 피아간(彼我間) 숨 가쁜 돌격과 전투가 벌어져 단장의 능선(창자가 끊어질 듯 고통스럽다는 의미)이라 이름하게 되었다.
Heartbreak Ridge as seen from the east on 25 October 1951

'Heartbreak Ridge', 8
October 1952. This hill
was known to the Koreans
as 'Height 1211'. The
North Koreans consider
the battle here, in October
1951, to have been the
toughest of the war.

중부전선 방어선을 따라 벌집처럼 파인 엄체호와 진지들, 1952년
Shelters and trenches along the defensive line Middle front, Korea,
1952

산악 지형에서 지역 방어는 피아(彼我) 많은 고통과 희생이 뒤따랐다.
서로 간에 적극적인 심리 작전이 전개되어 초병이 홀로 경계를 서는
곳에 심리 전단이 날아들었다. 1952~1953
Area defense operation at Mountain area required a lot of
pain and sacrifices each other. Many leaflets were scattered
over the soldiers who are guard standing in front for
psychological operation, 1952–1953.

임박한 휴전을 앞두고 피아간(彼我間) 금성 지역에서 격렬히 맞붙었다.
이 지역은 신생 국군 2군단의 책임 지역이어서 한국군에게는
자력 방위의 시험대가 되었고, 중공은 남한 국군의 자신감을 꺾기
위하여 이곳을 최후 공격 목표로 삼았다.
금성 전투에 투입된 한국군, 1952년
ROK soldiers back from Geumseong battle, 1952

한국인 노무단
KSC, A frame
Army, 1952

1951년 겨울에 접어들자 중공군은 소위 지하 만리장성이라 부르는
지하 갱도 진지를 전 전선에 구축하였다. 1951. 11~1952. 3
The CCF soldiers start to construct underground tunnel (called the Great
wall of underground) along the defense line, Fall 1951-Spring 1952.

위문공연 무대에서 인사하는 영국군 장교 영 대령
Col Young, officer of the 1st British Commonwealth Division
calls for a rousing cheer from audience during the Danny
Kaye USO show November 9, 1951.

철원평야를 강타한 1951년의 홍수
Flooded Bridge Crossing on the MSR, Cheolwon Valley

1952년 장마, 중부전선
Summer Monsoon in middle front, 1952

중부전선의 탐조등 포대
Search light unit in middle front

이젠 유엔군도 이동을 멈추면 호를 파는 데 익숙해졌다.
At this time, the UN soldiers also familiarized to dig 'Fox hole'

개인호 속의 보병,
1952년
Infantrymen in a
foxhole, 1952

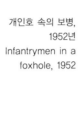

지겹게 반복되는 고지 전투의 보병들
Follow me, Infantrymen!

3.5인치 로켓포를 조준하는 한국군 병사
A ROK soldiers are aiming a 3.5inches of Rocket Launcher.

영국 국방장관 알렉산더 원수의 방한과 전선 방문.
백선엽 장군과 밴 플리트 장군이 동행하였다. 1952. 6. 16
FM Lord Alexander(British Defense Minister), Paik Sun-yup and
James Van Fleet, 16 June 1952

전선에서 탄약 하역 작업을 하는 한국인 노무단 대원들, 1951년 말~1952년 초
Korean workers (KSC) loading Arty shell for the front in late 1951-
early 1952.

운 좋은 부대는
산타와 함께
겨울을 맞았다.
Some troops
with Santa,
Winter 1952

휴전을 앞두고 한국군 자력 방위 계획의 일환으로 미군의 편제와 동일한
한국군 2군단이 탄생하였다.
2군단 포병 155밀리 화포의 사격, 1952년 6월
The 2nd ROK Corps, same organization as U.S. Corps, was created
under the ROK Army self-defense plan.
The 2nd Corps, ROK fires a 155mm Howizer, June 1952.

미 9군단에 의해 시행된 9주 동안의 한국군 순환훈련
ROK Division training by 9th Corps(U.S.)

전선의 미 45사단 179연대, 1952년 1월
179th Regiment, 45th ID, January 1952

달콤한 귀향, 1952년
Welcome home honey, 1952

겨울철의 세탁, 24사단, 1951. 11. 24
Winter washday in 24th ID, 24 November 1951

77. 해군과 공군 참전기 Activities of the UN Navy and Air Forces

한국전쟁 기간 중 공군과 해군의 활약은 지상 전투에 실로 엄청난 영향을 끼쳤다. 개전 초 미처 지상군이 투입되지 못한 상황에서 공군 전투기들은 막강한 화력을 제공하였다. 초기 한반도 지형에 익숙지 못한 조종사들이 한때 아군 부대에 오인사격을 가하거나 폭탄을 투하하여 비난받았으나, 그들의 전투 능력은 급속도로 향상되어 낙동강 전선의 전투 기간 중 확실하게 제공권을 장악하였다. 지상군을 고통스럽게 한 인민군의 T34 전차 246대 중 43%에 해당하는 103대가 공군에 의한 파괴였으며, 적 병력 피해의 47%, 차량의 81%, 화포의 72%가 공군의 공격으로 파괴되었다.

북진 시점에 이르러 조종사들의 기량은 최고조에 달하여 야간 비행과 공습도 활발하게 이루어졌고, 조그마한 촛불 하나도 표적 삼아 적의 지휘소와 통신시설을 정확하게 타격하였다. 인민군 전선총사령관 김책과 총참모장 강건이 공군의 폭격으로 전사하였고, 모택동의 아들 모안영도 공군의 폭격으로 전사하였으며, 수많은 인민군과 중공군의 야전 지휘관들과 장교들이 폭격으로 목숨을 잃었다.

무적 해병이 낙동강 전선 전투와 장진호 혈투 그리고 단장의 능선, 피의 능선, 펀치볼 전투에서 투혼을 발휘한 것은 해병을 근접 지원하는 해병 항공대의 전폭적인 지원이 있었기에 가능하였다.

동해와 서해에서 해군의 활약도 가공할 만한 것이었다. 모두 불가능하다고 말하던 인천상륙작전에 260척의 7함대 함정을 동원하여 한 치의 오차도 없이 성공적으로 작전을 수행하였고, 북진 시 동해안의 함포 지원 사격은 패주하는 인민군 5사단을 철저히 파괴하여 강릉을 지나기도 전에 태백산맥으로 뿔뿔이 흩어지게 만들어 괴멸시켰으며, 제일 먼저 38도선을 돌파한 사단의 명예를 한국군 3사단에게 안겨주었다.

동해안 함포 지원의 위력은 1951년 4월 이후 휴전 시까지 내내 한국군 1군단에게 작전 우세권을 보장하여 동해안의 인민군 작전을 무력화시켜, 휴전 시에는 동해안 지역에서 38도 선 이북으로 80Km 이상 북진한 선에서 휴전선을 고정시키는 탁월한 전과를 이루어 내었다.

미 전략공군과 전술공군 10개 연대 4개 대대와 해군 항공대 4개 대대 약 1,100여 대의 전투기와 폭격기가 33만 회의 공격과 지상 공격을 감행하여 145만 톤의 폭탄을 퍼부었다. 1만 7천 개의 교량과 철도, 항만, 조차장, 주요 군수 시설을 파괴하여 적의 후방을 무력화시켰고, 미 7함대와 영국 함대의 항공모함, 전함, 순양함들이 함포 지원 사격으로 제해권을 장악하여 정전 이후 한동안 원산 앞바다의 작은 섬까지 유엔군의 장악 하에 있었고, 지금도 서해의 백령도, 대청도, 소청도에서는 해군과 해병대가 북한의 옹진반도와 해주까지 사정권에 두고 있어, 북한에게는 눈 밑의 가시와 같은 불편함을 안겨주고 있다. 이곳은 지금까지 가장 위험한 충돌과 도발 지역이 되고 있다.

유엔 공군의 공중 공격과 폭격에 의한 극심한 피해와 공포를 경험한 북한은, 이 때문에 전후에 가장 역점을 두고 대공 방어 능력을 증강시켜 현재 세계 최고 수준의 방공망을 유지하고 있다.

The activities of the UN Navy and Air Forces greatly supported and impacted on the ground battles. The Air Forces' combat power in the early days of the war reinforced the ground forces that could not rapidly be committed, and served as the backbone of combat power in close battles. Early on the pilots were blamed for strikes on friendly forces because of misreading the terrain, but they quickly seized air superiority from the battle of the Pusan perimeter. The Air Forces killed and destroyed 103 T-34 tanks of 246 NK tanks, 47% of troops, 81% of the tactical vehicles and 72% of the enemy artillery.

The targeting skill of the UN pilots was the highest when their ground forces advanced to the North. They had to fly at night to bomb and strike enemy ground forces and pinpoint targets. They hit the enemy command posts and communication centers precisely, guided only by the dim light of a candle from the target. General Kim Chaek, field commander of the NKPA and General Kang Geon, Chief of Staff of the NKPA, both died under the bombing while Mao An-young, the son of Mao, leader of Red China, also was killed in a nighttime air strike. Many other leaders and soldiers of the NKPA and the CCF were killed by similar Air Force attacks.

The invincible Marines could fight bravely at the Pusan perimeter; they breached the double envelopment of the CCF at Jangjin(Chosin) reservoir, and bravely fought at Blood Ridge, Heartbreak Ridge, and the Punch Bowl because they were covered by air support from the Marine Corsairs. The activities of the UN Navies in both the West and the East also were powerful. The 260 Navy vessels of the 7th Fleet supported the Incheon Landing, which had been deemed impossible. These landings were conducted without any accidental error.

They applied naval gunfire on the retreating NKPA 5th Division along the east coast and destroyed them when the UN Forces advanced to the North. This also allowed the 3rd ROK Division to quickly breach the 38th parallel under the support of naval gunfire. The Naval gunfire support along the east coast provided ground operational superiority to the 1st ROK Corps and they could advance 80Km deep inside the 38th parallel, which was the deepest advance along the defensive line when hostilities were suspended. UN air assets included ten Air Force Regiments and four Air Force Battalions of the United States Strategic Air Forces and Tactical Air Forces to include other UN Air Forces, and four Navy aviation battalions.

The 1,100 aircraft, both fighters and bombers, conducted 330,000 ground attack sorties and dropped 1,450,000 tons of bombs that destroyed 17,000 bridges, railroads, ports, and switch yards including massive amounts of logistic supplies held in support for both close and deep battles. The naval supremacy of the 7th U.S. Fleet and the British Fleet in the East and West Seas could control both seas and all the islands including a small island outside of Wonsan for a while, even with suspended hostilities. The South Korean Navy still controlled six major islands including Baeknyeongdo, Yeonpyeongdo and Daecheongdo in the West Sea near NLL that was an uncomfortable threat to Haeju and Ongjin Peninsula of the North because of its range of artillery fire from the islands.

The Yeonpyeongdo battle between the Navies of the North and the South happened, there is a possibility of conflict to happen more often in the future. After the Korean War, North Korea concentrated significantly on air defense weapons systems, and now they have one of the strongest anti air weapon systems of any nation in the world. There felt to be such a strong need because they had suffered and were punished so severely by the UN air attacks during the Korean War.

미 순양함 톨레도   U.S.S. cruiser Toledo

미 항공모함
프린스턴,
동해, 한국
U.S.S. Aircraft
Carrier Prinston
in East Sea,
Korea

프린스턴 항공모함 위를 나르는 코르세어 기
Corsairs fly on the U.S.S. Aircraft Carrier Prinston

항공모함
프린스턴에
비상착륙하는
코르세어
Corsairs are
landing on
Aircraft Carrier
Prinston

사격 중인 한국 해군 순찰함, 동해, 1952년
Firing rockets from a PT boat is manned By ROK Navy at
East sea, 1952.

북한 청진항에
포격 중인
전함 미주리,
1952년 10월
Guns of the
battleship U.S.S.
Missouri
blasting the port
of Cheonjin in
North Korea, 12
October 1952

미 항공모함 박서
U.S.S. Aircraft
Carrier Boxer

포격 중인 미주리 전함의 16인치 중포, 한국, 1951년
U.S.S. Battleship Missouri, Korean War, 1951

미 항공모함 갑판 위의 전투기 F 9F 팬더
F 9F Panther fighter on the deck of aircraft carrier

미 순양함 톨레도
U.S.S. cruiser
Toledo

함포 사격은 위력적이었다.
Powerful Naval Gun fire.

미군 비행장 외곽의 대공포, 한국, 1952년
Anti Air Artillery weapon at U.S. airfield, Korea, 1952

미 공군의 신형 제트 전투기 세이버
F86 Sabre, new fighter of U.S. Air Force

북한으로 출격하는
세이버, 1952년
F86 Sabre to
North, 1952

F7F 타이거캣은 침투 및 야간용 전투기로 사용되었다.
The F7F Tigercat used as a night fighter and intruder.

출격 준비 중인 B29 중폭격기, 한국전쟁, 1952년   B29 Bomber, Korean War, 1952

동해안을 따라 작전 중인 한국군 1군단을 지원하는 포격 중인 미 전함 뉴저지 호, 1952년
U.S.S. New Jersey, U.S. battleship suppressed the east coast for supporting the ROK I Coprps 1952.

동해안의 해군 함포 지원은 대단한 위력을 발휘하였다. 동해안 전선을 담당한 한국군 1군단(3사단, 수도사단)은 반격 시 가장 먼저 38도선에 도달한 부대의 영광을 안았고, 북진 시에도 서부 전선의 기동화된 미 1군단보다 더 빠르게 북진하였다.

휴전 시에는 어느 전선보다 깊게 북으로 진격하여 고성 일대까지 진출하였는데, 38도선을 따라 평행이던 전선을 대각선으로 깊숙이 전진할 수 있었던 공적은 동해안의 미 해군 함포 지원 사격 때문이었다.

The Naval gunfire of UN Naval units in the East was extremely powerful. The 1st ROK Corps breached the 38th parallel for the first time and advanced north faster than the 1st U.S. Corps, the main attack of the 8th Army. When hostilities were suspended, naval gunfire support in the east coast allowed the 1st ROK Corps to advance deep into North Korean territory near Goseong, as far as 80Km North of the 38th Parallel.

16인치 포의 위용을 자랑하는 뉴저지함
U.S.S. New Jersey firing her 16 inch Guns near the 38th Parallel

북으로 출격 중인 B29 중폭격기, 1952년
B29 Bombers to North, 1952

평양 폭격, 1952년
Drop bombs,
Pyeongyang,
1952

미 5공군 452경폭격편대 B26 폭격기가 원산에서 남으로 뻗은 철로 조차장에 네이팜탄 투하, 1951년 3월
Marshaling yard on the main rail line leading south from Wonsan undergoing a fiery
napalm bomb attack by B-26s of the 452d light bomb wing, 5th AF, March 1951.

세이버 전투기, 한국, 1952년　F86 Sabre, Korea, 1952

5전술 공군의 조종
사들은 64대의 미그
기 격추, 미그 15기
를 향해 출격 중인
세이버, 1952년 9월
F86 Sabre Jets
over NK hunting
for MIG-15s,
During
September 1952,
pilots of 5th AF
shot down 64
MIGs

폭격 중인 하늘의 요새라는 별명의 B29 폭격기, 1952년
B-29 superfortresses from Far East AF's Bomber Command
on a bomb run over NK, Korea 1952.

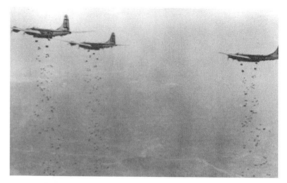

B29 폭격기가 원산항에 비처럼 폭탄을 쏟아 붓고 있다. 1951년 1월
B29s raining tons of bombs on Wonsan, January 1951

B29 폭격 이후의 평양, 1952년 8월
Pyeongyang after bombed by B-29s, August 1952

B29 중폭격기가 폭격 중인 평양, 1952년 8월
Pyeongyang being bombed by B-29s, August 1952

정렬되어 있는 그리스 공군 C47 수송기
Line up of C47's, the Hellenic Air Flight

피폭 중인 원산항, 1952년
Wonsan port, 1952

수풍댐, 북한 최대의 발전 시설이 유엔 공군의 폭격으로
파괴되었다. 1952. 6. 23
Supung dam, the biggest electric generating
facility in North Korea was destroyed by UN Air
strike, 23 June 1952.

B26 폭격기 인베이더가 표적 위를 비행, 1951년 6월
B-26 Invader over a target in NK, June 1951

B29 중폭격기가 폭격 중인 평양, 1952년 8월
Pyeongyang being bombed by B-29s, August 1952

피폭 중인 북한의 철도 조차장, 1952년
North Korean railroad yard under bombing, 1952

원산을 폭격 중인 B29 중폭격기, 1952년
B29 bombers are bombing Wonsan, 1952

북한 지역,
폭격 전
Before
bombing,
North Korea

원산은 유엔
공군의
단골 표적이었다.
1952~1953
Wonsan, one of
the Major
targets, 1952-
1953

북한 지역,
폭격 후
After
bombing,
North Korea

항공모함
프린스턴으로
귀환 중인
F7F 팬더,
1952년
F9F Panther
Jets returning
to the Carrier
U.S.S. Prinston
after a
bombing MSN,
1952.

평양 폭격 후 일본 가데나 기지로 귀환하는 B29 폭격기
B29 bombers back to Gadena, Japan from Pyeongyang

북한 최대의 항구인 원산에 위치한 정유공장이
폭격으로 완전히 파괴되었다. 1952년
Completely destroyed oil refinery facilities
in Wonsan, the biggest port in North
Korea, 1952.

78. 고지 쟁탈전 Scrambles for the front Hills

38도선 상에서의 불안정한 대치 상태가 계속되는 동안 유엔군과 북한군은 고지와 계곡에서 땅뺏기와 기 싸움을 주고받으며 끊임없이 격돌하였다. 유엔군은 1952년 6월부터 애로우헤드(281), 폭 찹 힐(255), 올드 발디(266) 고지전을 치렀고 중공군 5차 공세 시 화천 파로호와 사창리 격전(한국군 6사단), 가평 전투(영 27여단, 한국군 6사단), 글로스터힐 전투(설마리/영국 29여단)에 이어서 인제 가리산 일대에서 미 2사단과 해병 1사단이 벙커힐 전투를 치렀다.

1951년 5월에는 대관령과 설악산 전투(한국군 수도 사단과 11사단)가 있었고 캔자스 선 확보를 위한 5월 용문산 전투(한국군 6사단)도 한국군의 전투 능력이 돋보인 전투였다. 1951년 6월 양구 도솔산 전투(한, 미 해병), 인제군 1105고지(한국군 5사단) 쟁탈전, 2년을 끌어온 고성군 월비산 전투(한국군 5, 11, 15, 수도사단)도 승리하였다. 미 9군단, 미 10군단 지역에서 피의 고지, 단장의 능선, 독수리고지, 수도고지, A고지와 B고지 쟁탈전이 벌어졌고, 1952년 9월에는 지형 능선을 탈환하였다. 한국군 9사단이 1952년 10월에 치열한 포격전과 20여 회의 백병전 끝에 백마고지를 탈취하였고, 저격 능선은 탈취하였으나 삼각고지를 빼앗겼다.

서부전선에서는 미 1기병사단, 미 3사단, 한국군 1사단과 영국군 사단이 티본, 켈리, 테시, 니키, 베티, 노리

고지 전투를, 영국군이 후크고지 전투를 치렀고, 동부 미 10군단의 펀치볼 지역에서는 이 분지를 둘러싸고 있는 유리한 고지를 확보하기 위한 치열한 전투가 휴전 시까지 계속되었다.

휴전선 일대의 고지 전투 Highland Battles

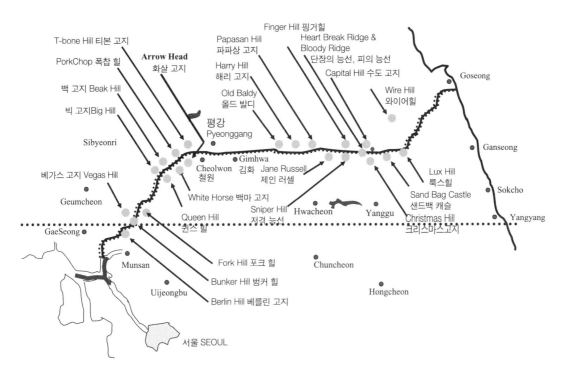

The scramble on all the hills over the current defense line continued. Many hills became famous through the battles during the 1952-1953 periods. There was Arrowhead(Hill 281), Pock chop Hill(255), Old Baldy(Hill 266) in June 1952, and Paroho battle(Hwacheon), Sachangri battle(ROK 6th division), Gapyeong battle(British 27th Bde and 6th ROK division), Gloster Hill(Seolmari; British 29th Bde) and Bunker Hill battle at Garisan(Inje; 2nd U.S. Division and 1st U.S. Marine) during the 5th CCF attack. The Daegwanryeong battle(ROK Capital Division), Seolaksan battle(11th ROK Division) and Yongmunsan battle(6th ROK Division) for reaching the Phase line Kansas were famous as fierce battles.

The Dosolsan battle(Yanggu; ROK/U.S. Marines), Hill 1105 battle(Inje; 5th ROK Division) and Wolbisan battle(Goseong; ROK 5th, 11th, 15th and Capital Divisions were rotated) lasted for more than two years, but they were eventually won. The battles of Blood Ridge, Heartbreak Ridge, Doksuri Hill(Eagle), Capital Hill, A and B Hills were fierce in the area of the 9th and 10th U.S. Corps and Jihyeong ridge(Terrain ridge) was finally captured in September 1952. The 9th ROK Division kept White Horse Hill through the fierce artillery and foxhole battles that saw the Hill seized, lost and re-taken more than 20 times in October 1952.

The Sniper Ridge was retaken, but the Samgak Hill fell back into enemy hands. The 1st U.S. Cavalry Division, the 3rd U.S. Division, the 1st ROK Division and the 1st British Division fought on the Hills of T-borne, Kelly, Tessie, Nickie, and on Nori Hill and Hook Hill in the West. The U.S. 10th Corps hung on with fierce battles gaining the key hills and allowing for the preservation of the Punchbowl in the East.

한국군 참모총장 이·취임식, 대구, 1952년
왼쪽부터 유재흥, 이종찬, 밴 플리트, 백선엽
Change of Command for Army Cof S, ROK. with Gen Van Fleet, July 24, 1952, Daegu

왼쪽부터 이종찬 중장(이임), 백선엽 중장(취임), 유재흥 한국군 참모총장의 이·취임식, 대구, 1952년
Change of Command ceremony for Army Cof S, ROKA, LTG Lee, outgoing, LTG Paik, incoming at Daegu, 1952

2군단장 유재흥 중장과 신임 참모총장 백선엽 중장, 중부전선, 1952년
LTG Ryu Jae-heung, Cdr, II Corps and LTG Paik Sun-yup. New ROK Army Chief of Staff in middle front, 1952

군정장관을 지낸 하지 중장이 미 본토 지상군 사령관(대장)으로서 한국을 방문하였다. 대구, 1952. 10. 20
Gen John R. Hodge, Commanding General of the Force Command visited ROK HQ at Daegu, 20 October 1952

참호 속의 중공군, 중부전선, 1952년 겨울
Chinese soldiers in foxhole, middlefront, Winter 1952

폭 찹 힐 고지, 1953년
At Pork Chop Hill in 1953

밴 플리트 8군사령관이 이임, 출국에 앞서 이승만 대통령과 전선을
방문, 1953년
General Van Fleet, Outgoing Cdr, the 8th U.S. Army visited
front with President Rhee, 1953.

수도 고지에서 박격포 사격 준비 중인 한국군
A South Korean Mortar emplacement on Capital Hill

중부전선, 한국, 1952년
Middle front, Korea, 1952

병사의 야전 목욕, 1952년
Bathing in the field, Korea, 1952

중공군 포사격, 1952년
Chinese Artillery, 1952

미군의 포사격, 1952년
U.S. Artillery, 1952

지역 순찰
Patrol

아이젠하워 대통령 당선자가 중부전선 철원을 방문, 1952년 12월
Eisenhower visited frontline Cheolwon, Korea, 4 December 1952

1952년 12월 대통령 당선자 아이젠하워가 달갑지 않은 표정으로 이승만
대통령의 태극기 선물을 받고 있다. 아이젠하워는 한국 방문 시 미군 부대만
방문하고 골치 아픈 과격 반공주의자 이승만을 만나려 하지 않았다.
President-elect Dwight D. Eisenhower meets an embittered Rhee,
the president of South Korea, December 1952.

3사단(송요찬 준장)을 방문한 아이젠하워, 1952년 12월
Eisenhower meet a ROK soldier. BG Song Yo-chan, Cdr of
3rd Division escorted, Korea, 4 December 1952.

아이젠하워가 한국군 3사단 방문, 1952. 12. 4
Eisenhower visited ROK 3rd Division, 4 December 1952.

고지 위의
해병 저격병,
1952년
A Marine
sniper on a hill,
1952

미 대통령 당선자 아이젠하워가 미 3사단을 방문하여
장병들과 야전식사를 하고 있다. 1952년 12월
President-elect Dwight D. Eisenhower eats dinner with members
of the U.S. 3rd Division in December 1952.

아이젠하워, 미 3사단 장병들과 함께, 1952년 12월
With members of the U.S. 3rd Division in December 1952

참호 속의 북한군 병사들, 1952년
North Korean soldiers in their trench, 1952

영국 센추리온 전차 승무원들의 휴식시간, 1953년 3월
British Centurion tank crews have some tea and chat,
March 1953.

능선 위의 미 보병 분대원, 1951년
A squad of American infantrymen a ridge in 1951

백마고지 전투 직후, 한국군 9사단 30연대 1대대
After battle of White Horse, 30-1st Bn, 9th ROK Inf. Division

백마고지 전투에 사용된 엄청난 양의 포탄 탄피들
Artillery fire support for the battle of White Horse

한국군 9사단 병사들, 백마고지, 1952년
Soldiers of 9th ROK Division, White Horse hill

백마고지 전투 중 포병 지원사격, 철원, 1952년 10월
Artillery Fire at White Horse hill, Cheolwon, Korea, October 1952

돌격 대기 중인 한국군 9사단 병사들 백마고지, 1952년 10월
Soldiers of 9th ROK Division on the hill, 1952

한국인 노무단원(KSC)들이 보온통으로 더운 음식을 고지로 운반하고
있다. 1953년 겨울
Korean Service Troops carrying insulated containers of Hot
Food to U.S. troops, Korea, Winter 1953

철원 좌측방 백마고지, 1952년 10월
White Horse hill, Cheolwon, Korea, October 1952

티본힐 고지 전경
T-Bone Hill sector

고지 전투 중인 한국군 11사단, 1952년 3월
ROK 11th ID, 17 March 1952

혹독한 추위 속의 중부전선 고지, 1952년
Severe cold winter in 1952, Middle front, Korea

역곡천(철원 서측방)의 중공군 진지에 포격 중인 45사단 병사들,
1952년 5월
45th ID 4.2" mortar firing on Chinese forces in the
Yeokgokcheon(west of Cheolwon), May 1952

백마고지(395고지) 전투, 한국군 9사단 병사들, 1952년 10월
ROK 9th ID soldiers on white Horse hill(395) near Cheolwon,
October 1952

수도고지,
1952년 9월
Capital Hill,
September
1952

그리스 대대 교체 병력이 인천항에 도착, 1953년 1월
Fresh troop for the Greek BN arriving at Incheon, January 1953.

수도고지의
한국군,
1952. 9. 8
ROK
soldiers
on Capital
Hill, 8
September
1952

미 25사단을 위한 USO 야외 위문공연, 마릴린 먼로도 참석하였다, 1954년 3월
USO show for the 25th ID at Cheolwon on March 1954.

춘천 북방 추파령, 금성 지역의 입구, 1953년
Geumseong area, Chuparyeong, north of Chuncheon, Korea, 1953

이 엄청난 양의
포 탄피와 박격포
탄피가 단 한 번의
고지 전투 결과이다.
해리고지 전투 결과
Just one battle
alone procedure
this mountain of
empty artillery
and Mortar
casings. This
waste heap is the
refuse from
Outpost Harry's
fighting.

해리고지 전투 후
전사한 중공군의
시신을 묻으며 전장
(戰場) 정리를
하고 있다.
The cleanup after
the battle for
outpost Harry
continues as
another body is
added to the
graves where the
Chinese dead are
interred.

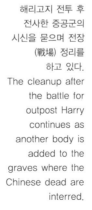

미 40사단에서
야전 제작한
4연발 로켓포
시험 발사
Men of the
40th Division
test a battery
of four
bazookas
mounted on a
homemade rig.

해리고지 전투 시 연
3일 밤을 공격한 끝에
발생한 중공군 시신
집단을 미 3사단 병사
들이 점검하고 있다.
3rd Div GIs check
over the massed
bodies of dead
Chinese killed
when a Chinese
division tried for
three straight
nights to dislodge
the Americans
from outpost
Harry.

79. 1953년 봄, 최후의 혈전 The last fierce battle in Spring 1953

　1953년 초 해가 바뀌어도 고지 쟁탈전은 치열하게 계속되었으나 워싱턴 지도부에는 큰 변화가 있었다. 1월 20일 미국의 트루먼 대통령이 물러나고 아이젠하워 대통령이 취임하였고, 밴 플리트 장군이 전역하면서 테일러 중장이 8군사령관으로 부임하였다. 5월에는 NATO사령관으로 영전하는 리지웨이 대장의 후임으로 클라크 대장이 극동군사령관에 보임되었다. 중공군 총사령관도 진갱이 팽덕회의 후임으로 부임하였고, 3월에는 소련의 스탈린이 사망하였다.

　음지의 강력한 후원자 스탈린이 사망하자 북한은 휴전을 서두르는 기색을 나타내기 시작하였는데, 이는 휴

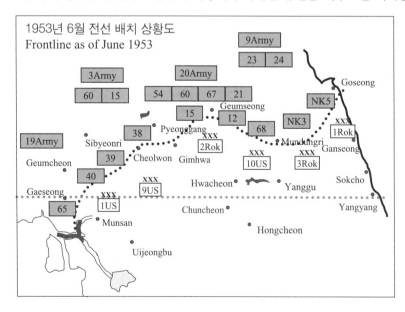

전 전 유리한 지형 탈취의 목적으로 철의 삼각 지대에 대한 중공군과 북한 인민군의 대공세로 나타났다. 중공군도 지난 1951년 10월 미 9군단의 공격으로 빼앗긴 금성 분지를 되찾고 휴전 전 한국군의 기를 꺾기 위해 7월 13일에 5개 군을 동원하여 공격을 재개하였는데, 이번에도 한국군 2군단을 집중 공격하였다.

　전처럼 대규모 후퇴나 붕괴는 더 이상 없었지만 아쉽게도 전방

의 한국군 5사단이 밀리는 바람에 확보했던 금성분지 약 2.5Km를 다시 내주고 말았다. 문산의 한국군 1사단, 금화의 9사단이 공격을 받았고, 미7사단도 폭 찹 힐 고지를 빼앗겼다. 이것이 휴전 전 마지막 격전으로 기록되었다.

이후 더 이상 전선에 변화를 주는 대규모 전투 없이 안타까운 휴전을 맞이하게 되었다.

When 1953 began, the battles along the front were routinely continued but in Washington, there were big changes. Eisenhower was in his office as the new president of the U.S., on January 20, 1953, and Gen Van Fleet retired from the Army while LTG Taylor followed him as the CG of the 8th U.S. Army. Gen Clark was assigned as the CG of the Far East Command to be followed by Gen Ridgway, who transferred to CG of NATO in May.

Stalin, leader of the Soviets died in March, and Gen Peng, CG of the CCF, was replaced by Gin Geng. The NKPA was in a hurry to complete the armistice when Stalin, the great supporter for North Korea died. The NKPA mounted a massive offensive operation into the iron triangle in order to seize better and more defensible terrain before the armistice was signed.

The CCF also conducted a massive offensive operation with five Corps in Geumseong, middle front area, designed to recover the ground that was lost by the U.S. 9th Corps in October 1951, and to break the fighting spirit of the newly created proud 2nd ROK Corps.

The Geumseong basin was lost again because the 5th ROK Division of the 2nd ROK Corps was pushed 2.5Km back but the 2nd ROK Corps was not demolished this time. The 1st ROK and 9th ROK Divisions were attacked and the 7th U.S. Division lost Pork Chop Hill during the CCF offensive in the West. It was the last maneuver operation before the armistice.

이승만 대통령을 방문한 장군들, (왼쪽부터) 신임 8군사령관 테일러 장군, 이임 밴 플리트 장군, 유엔군 사령관 클라크 장군, 백선엽 장군, 1953. 2. 11. 테일러 장군은 그의 저서 『불확실한 승리』를 통해 중요한 교훈을 전하였다. 이는 후일 그가 월남대사로 재직 시 케네디 대통령의 월남전 개입에 영향을 끼쳤다.
LTG Maxwell Taylor, new Cdr of the 8th Army with his predecessor Van Fleet, Gen Mark Clark and Gen Paik, February 11, 1953. General Taylor drcw important strategic lessons from Korea, which he formulated in his influential book The uncertain trumpet; these ideas greatly influenced John F. Kennedy and led directly to the U.S. involvement in Vietnam, where Tayor worked as U.S. Ambassador.

방탄 재킷을 입은 병사들이 정찰 출발 전에 도상토의를 하고 있다.
1953년 2월
Soldiers wearing armored vested are studying a map of
enemy terrain before patrolling, February 1953.

한국군 최초의 4성 장군 백선엽, 1953. 1. 31
Gen Paik became the Chief of Staff of the ROK Army in July
1952 and the youngest and first four star ROK General in 31
January 1953.

1953년 2월 11일 이 · 취임식장에서 밴 플리트 대장, 백선엽 대장, 테일러 중장,
클라크 대장
Gen James Van Fleet, Gen Paik, LTG Maxwell D. Taylor and Gen
Mark Clark on 11 February 1953 for Change of Command.

T66 로켓
사격, 한국,
1953년
T66
Rocket
fires,
Korea
1953

참호 속의 휴식
Take a rest in a trench

클라크 장군은 한국 정부의 이승만 대통령이 반대한다 하더라도 정전 협정서에 서명할 것이라고 말했다.
General Mark Clark tells the Reds he is willing to sign a truce whatever South Korean president Rhee's attitude toward a proposed armistice.

남한의 대통령 이승만이 8군 부사령관 콜터 중장, 8군사령관
밴 플리트 중장, 유엔군 사령관 리지웨이 대장, 주미 대사 무초와 부산에서
포즈를 취하고 있다. 1951년 여름
ROK president Seung-man Rhee posed with LTG Coulter, Deputy Cdr 8th Army,
LTG Van Fleet, Cdr, 8th Army, General Ridgway and John J. Muccio, U.S. ambassador to Korea at Pusan, Summer 1951.

한국군 2군단이 빼앗긴 금성 지역의 땅을 되찾기 위해 증원된 미군 병사들이
홍수로 불어난 하천에 빠진 지프를 트럭으로 견인하려 애쓰고 있다.
A truck rescues a jeep in the churning waters of a flooded creek
near Geumseong, where GIs supported the 2nd ROK Corps as it
recaptured lost ground.

역습을 위하여 투입되었다가 놀아오고 있는 한국군 병사들,
등 뒤로 4일 전까지도 확보하였던 북한강 서측의 고지가 보인다.
ROK troops move to mount a counterattack and take back positions
on Lookout Mountain, east of the Bukhangang(River), which they
had yielded only four days before.

미 육군 참모총장 콜린스 대장이 대구의 육군본부를 방문하였다. 1953. 1. 26
한국전쟁이 발발하던 1950년 6월부터 콜린스 대장이 참모총장으로 재직할
동안 백선엽 대령(1사단장)은 4성 장군으로 승진, 참모총장이 되어 있었다.
General Collins, U.S. Army visited ROKA, HQs, Daegu, Korea, 26
January 1953.

대구의 육군본부에서, 1953. 7. 18
강영훈 소장, 석주암 소장, 백선엽 대장, 민충식 소장, 안춘생 소장
ROK generals posed at HQs, ROKA at Daegu, July 1953.
MG Kang, MG Suk, Gen Paik, MG Min and MG Ahn

이임차 경무대를 예방한 밴 플리트 장군, 1953년 4월
General Van Fleet has his farewell visit and talk with
Dr. Rhee, the president of ROK in April 1953.

정일권 육군 참모총장과 참모들, 1953년
ROK generals posed with U.S. staffs, 1953.

단장의 능선, 1952년
Heartbreak Ridge in 1952

영국군의 신형 탱크 센추리온
New tank in british, Centurion tank

펀치볼 서부의 고지 단장의 능선, 1952~1953
전략적 요충지 펀치볼을 내려다보는 단장의 능선을 사이에 두고
서로 많은 피를 흘렸다.
Heartbreak Ridge, West of Punchbowl, 1952–1953

983 고지
피의 능선,
1951년 9월
Hill 983crest
of Bloody
ridge,
September
1951

미군 병사가 가까이 접근하여 피의 능선을 살피고 있다. 1951년
U.S. infantrymen paid dearly to capture Bloodridge in 1951.

저격병, 동부 산악 전선
Sniper, East front, Korea

M26 셔먼 전차, 한국전쟁 시 미군
M26 Sherman Tank, U.S. Army in Korea

백선엽 대장이 한국군 참모총장 자격으로 미국을 방문하여 미 육군사관학교
생도대장으로 근무 중인 옛 전우 마이클리스 준장(다부동의 전우,
미 25사단 27연대장)과 만났다. 1953년 5월
General Paik met again BG Michaelis(former Cdr, 27th Regiment of 25th
ID) at Westpoint, May 1953.

90밀리 중포를 갖춘 미 M46 중형 탱크
M46 Patton Tank, Heavy 90mm gun mounted

철원 일대의 그리스 대대 전사들, 1953년 1월
The Greek Bn warriors in the frontline in January 1953 at Cheolwon

8군사령관 테일러 중장, 대구의 육군본부 방문, 1953년
LTG Taylor, new Cdr, the 8th U.S. Army visited ROKA HQs, Daegu, 1953.

백선엽 장군이 옛
고향인 1사단 방문,
1953. 7. 7
General Paik
visited the 1st
ROK Division, 7
July 1953.

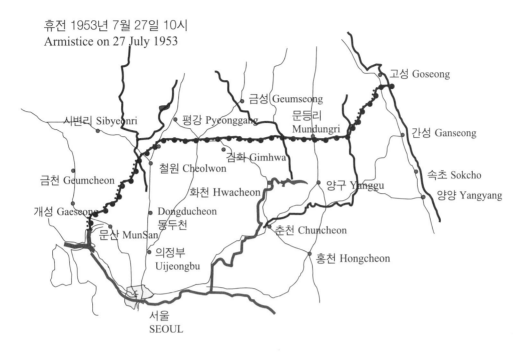

휴전 1953년 7월 27일 10시
Armistice on 27 July 1953

고성 Goseong
금성 Geumseong
문등리 Mundungri
간성 Ganseong
시변리 Sibyeonri
평강 Pyeonggang
김화 Gimhwa
금천 Geumcheon
철원 Cheolwon
양구 Yanggu
속초 Sokcho
양양 Yangyang
화천 Hwacheon
개성 Gaeseong
Dongducheon
동두천
문산 MunSan
춘천 Chuncheon
의정부
Uijeongbu
홍천 Hongcheon
서울
SEOUL

휴전협정 조인 당시의 변화된 국경선
전쟁이 시작되던 당시의 전선인 38도선에서부터 휴전협상 장소인 개성 일대는 빼앗긴 반면
철원, 김화, 양구, 간성 등의 중동부전선에서는 일부 빼앗긴 땅을 되찾았다.
Gaeseong, the place of armistice talks, was lost while
Cheolwon, Gimhwa, Yanggu, Ganseong was regained when the armistice

Part-VI

한국전쟁 이후 Since the Korean War

80. 거제도 포로수용소 POW Camp in Geojedo(Island)

전선이 안정되어 가던 1951년 3월, 공산군 포로는 약 17만 명으로 33개 포로수용소에 분산 배치되어 있었는데, 이 중 거제도가 규모가 가장 컸다. 북한은 17만 명의 포로도 잠재 전투력이라 규정하고 이들에게 끊임없이 폭동을 통해 수용소 내 전쟁을 계속하도록 지령하고 조종하였다. 인민군 13사단 참모장으로 낙동강 전선에서 자진 투항하였으나 포로로 분류되어 거제도에 수용된 이학구 대좌가 수용소 내 투쟁의 중심인물이었다.

전국의 수용소가 급양 불만을 이유로 조직적인 투쟁을 지속하였고, 거제도 포로수용소가 특히 악랄하고 격심하게 저항하였다. 포로들의 폭동이 격심하여 한 해에 수용소장이 여덟 번이나 경질되거나 강등되어 수용소장 보직은 대령의 무덤으로 불리며 기피 보직이 되기도 하였다.

인민공화국 기를 내걸고 수천 개의 수제 창검으로 무장하여 폭동을 일으킬 때마다 100여 명 이상의 사상자가 발생한 거제도는 전쟁터와 다를 바 없었다. 1951년 5월 7일 수용소장 도드 준장을 감금한 이학구(인민군 13사단 참모장)는 후임 콜슨 준장에게 포로 학대에 관한 자인서를 쓰게 하여 휴전회담장에서 정치 선전 자료로 악용하였는데, 이 때문에 수용소장 두 사람이 모두 대령으로 강등되었고, 미 2사단 부사단장이었던 러프너 준장이 일본에 위치한 187공정연대와 네덜란드 대대, 영국, 캐나다, 그리스 전투 부대와 함께 부임하여 조직적인 폭동을 무력으로 제압하였으나 크고 작은 폭동은 이후에도 계속되었다.

1953년 4월 20일 우여곡절 끝에 부상 포로의 교환(공산 6,224명, 유엔 620명)이 있었고, 미군은 반공포로의 석방에 반대하였으나, 이 대통령이 독단으로 2만 7천 명의 반공포로를 기습적으로 석방하였다. 8월 초부터 쌍방 포로가 교환되었고, 자국 송환을 거부한 2만 2천 명의 포로는 인도를 통하여 본인이 희망한 국가로 가게 되었다.

Since March 1951, the Communist prisoners of War numbered about 170,000 and were hold in 33 POW camps including the largest POW camp on Geojedo(Island). North Korea guided and ordered the communist POWs to resist violently in the POW camps. These men were not allowed to surrender mentally because they were recognized as 'potential combat power'. Colonel Lee Hag-gu, former chief of staff of the 13th Division, who was captured at the Pusan perimeter and was in the POW Camp, acted as the leader in the POW camp of Geojedo(Island).

The resistances and violence in the POW Camp of Geojedo(Island) was the most severe and brutal.

That was the reason why the commander of the POW camp in Geojedo(Island) had been replaced eight times already that year, and it was the most feared and hated duty for any U.S. Army colonel. The POWs rose in riot with thousands of hand made knives and spears while they hoisted hand made NK flags. The radical communists in the POW camp tried to punish and clean up anti-communist POWs. Thousands of anti communist Korean POWs were wounded or killed in riots of violence or punishment action by the pro communist Korean POWs in Geoje POWs camp. Colonel Lee Hag-gu, leader of the POWs in Geoje camp, captured U.S. BG Dodd, commander of the Geojedo(Island) camp, by surprise on May 7, 1951 and forced Dodd to write a confession admitting UN cruelty to the communist POWs. The paper was used politically at the armistice talks and UN Forces had to express a public apology. BG Boatner, former deputy commander of the 2nd U.S. Division assigned as the commander of the POW camp in Geojedo(Island) and suppressed the violent actions in the Geojedo(Island) camp with the 187th Airborne Regiment, the Netherlands Battalion, British, Canadians, and Greeks as the reinforcing combined units. The 8th Army commander demoted the former commandants to colonel and tried to set discipline of the POW camp up but the violence in the camp was not suppressed. The little switch that was an exchange program for wounded POWs between the North 6,224 POWs and the South 620 POWs was executed on April 20, 1953. However, the 27,000 anti-communist POWs in Geojedo(Island) camp who had not wanted to go back to the North were released in a surprise decision by Dr. Rhee, president of the South Korea, against the wishes of both North Korea and also the U.S.

The big switch, an exchange program for POWs between the North and the South, was executed from August 1953, and 22,000 POWs who did not want to return to their mother country were sent to third countries or wherever they wanted.

거제도 포로수용소 POW Camp in Geojedo(Island)

거제도 포로수용소, 1953년
Prisoners of War at Geojedo(Island), Korea, 1953

수용된 중공군 포로
Chinese POW

수용소 내 인민군 포로들
NK's Prisoners of War

포로수용소 내에서 인민군 여군을 호랑이
같은 여자라고 불렀는데,
이들도 거제 수용소 내 폭동에 가담하였기
때문이다.
Women POW was called as 'Tiger
women' because of they also
actively joined an aggressive rebel in
the prison of War at Geojedo(Island).

북한 인민군 여 전사
A woman soldier of North Korea

수용소 내의 고아, 1953년
An orphan in the
prison of war, 1953

수용소 천막 내 식사시간, 1953년
Meal time for NK POW in
Geojedo(Island), 1953

거제도 포로수용소 북쪽 부락의 화재, 1952년 여름
미군 측은 이 마을 주민을 소개하고 불태워 포로들을 돕는 불법행위를
차단하였다.

Geojedo POW Camp: a burning village, Summer 1952. The U.S.
Army removed the villagers and burned their houses because they
were helping the POWs.

거제도 포로수용소, 1953년
Geojedo(Island) POW
Camp, 1953

거제도 포로수용소, 1952년
POW camp in Geojedo(Island), 1952

악명 높은 거제도 제76 포로수용병동
Rebel in the 76th POW barracks in Geojedo(Island)

포로수용소 폭동
Rebels in a POW camp

도드 장군의 후임 콜슨 준장
BG Colson after BG Dodd

거제도 포로수용소에서 제76 수용병동을 중심으로 폭동이 일어났고, 1952년 6월 10일 폭동 진압을 위하여 미 187공정사단 병력이 투입되었다.
송환: 후일 기괴한 폭동에 가담했던 수천 명의 공산 포로들은 판문점을 통하여 북한과 중공으로 되돌아갔는데,
이 과정에서도 유엔 측이 제공한 옷과 신발을 벗어던지며 돌아갔다.
Geojedo(Island) POW Camp's compound 76 after bloody fights with U.S. paratroopers, 10 June 1952.
Repartriation: The last, grotesque act of thousands of Communist prisoners being shipped to Panmunjeom for return to China and
North Korea was to hurl away the clothing and boots with which they had been supplied by their UN captors.

도드 장군
BG Dodd, 1952

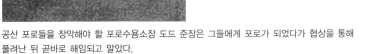

공산 포로들을 장악해야 할 포로수용소장 도드 준장은 그들에게 포로가 되었다가 협상을 통해
풀려난 뒤 곧바로 해임되고 말았다.
A much-relieved BG Francis T. Dodd greeted by a fellow officer after his release
from captivity in the hands of Communist POWs whose stockades he supposedly
commanded.

미 2사단 부사단장 직에서 수용소장으로 부임해 온 보트너 장군
New Commander, BG Haydon L. Boatner from 2ID(U.S.)

신임수용소장 보트너 장군이 배속된 캐나다 군에게 폭동 진압 전 훈시하고 있다. 1952년 6월
New Commander, BG Haydon L. Boatner, harangues Canadian troops under his command about what is expected of them June 1952.

폭동 진압 시 거제도 포로수용소
POW camp in Geojedo(Island)

밴 플리트 장군과 보트너 장군, 1952년 6월
Gen Van Fleet and BG Boatner, June 1952

포로수용소 내에 걸린 북한기와 김일성 초상, 1952년
North Korea flag and Kim's photo in POW camp, 1952

수용소 내에서도 공산 포로들은 전사가 되기를 원했다.
NK soldiers tried to be a soldier, not a POW even in POW
camp, under training in camp, summer 1952.

보트너 장군을 비난하는 포로들의 대자보
Placard for blaming BG Boatner, Cdr of POW camp

거제 포로수용소 내 폭동은 밤새워 진행되었다. 1952년

Rebel was going on over night at Geojedo(Island), 1952.

거제도 포로수용소 내의 폭동을 진압하기 위한 작전이 개시되었다. 1952년 6월
Operation kicked off for suppressing the riot at POW camps in Geojedo(Island), June 1952.

포로들이 칼과 화염병 등으로 무장, 격렬히 저항하였으므로 미군은 전차까지 동원하여 진압하였다.
The U.S. had to mobilize Tank units for suppressing the riot in the POW camps in Geojedo(Island) because of the rebels resisted with powerful Molotov cocktail and knifes like combat soldiers, June 1952.

폭동이 진압되고 다시 포로가 된 공산 포로들, 거제도, 1952년
Surpressed and re-captured NK POWs in Geojedo(Island), Southern Sea of Korea, 1952

이승만 대통령은 거제도 포로수용소를 방문하여 미군이 원치 않더라도
반공 포로들을 석방시키기로 결심하였다.
ROK President Rhee visited the POW camp in
Geojedo(Island). He decided to release the POW in force
without ask to U.S. authority

폭동 시
포로들이
사용했던
무기들,
거제도,
1952년
A ROK MP
displays a
sampling
of weapons
that used
by POW in
Geojedo
(Island),
1952.

81. 휴전회담 Armistice talks

1년여 간 밀고 밀리는 기동 전투의 격정이 지나가고 38도선에 전선이 고착되어 가면서, 쌍방은 더 이상 통일이 불가능하다고 판단하여 1951년 7월 10일 휴전회담을 개성에서 열기로 동의하였다.

1951년 7월 양측이 회담에 동의했다는 의미를 현 전선에서 전쟁 종결을 의미한다고 이해한 유엔군은, 일주일 정도면 모든 것이 마무리될 것으로 이해하였으나 곧 공산 측이 회담 기간을 연장하며 전력 재증강의 기회로 악용하고 있음을 인지하고, 인명 피해가 예상보다 극심한 지상군의 전면 공세전을 제한하고 공군과 해군력을 동원한 대규모 공습을 반복하여 그들을 회담장으로 이끌어 내려고 하였다.

1951년 10월 정전회담장이 적진 내에 위치한 개성에서 중립 지역인 판문점으로 변경되었다. 1952년 5월에 유엔 공군은 북한의 수도인 평양과 진남포에 맹폭을 가하였고, 6월에는 수풍댐을 제외한 모든 수력발전소를 맹폭하여 13개 발전소의 발전 기능을 마비시켰으며, 7월에는 평양, 사리원, 황주 일대의 군수 시설과 보급소를 맹폭하였다. 1952년과 1953년도의 전투는 주로 휴전회담을 유리하게 이끌기 위한 압박용으로 공군과 해군에 의해 이루어졌고, 공군 폭격전은 북한의 군수 시설 파괴와 북한 인민군의 전투 의지 상실을 목표로 이루어졌지만 동시에 아름다운 산하를 폐허로 만들었다. 1953년 6월 서해의 백령도, 대청도 등 주요 5개 도서를 제외한 섬에서 남한의 국민으로 살기를 원하는 주민 10만 명을 남한으로 철수시켰다.

유엔군사령관 클라크 장군은 1953년 7월 27일 원치 않는 정전 서명서에 서명하였다.

The armistice talks begun on July 10, 1951 at Gaeseong when the line of contact firmed around the 38th parallel. After a year of maneuvering, offensive, and defensive operations, both sides believed that it was impossible to unify the peninsula. The UN side understood the meaning of an agreement in the armistice talks was to stop any hostile actions at the current point of contact. It was thought that the armistice talks wouldn't last longer than a week. However, the North used the period of the armistice talks as an opportunity to reinforce and reorganized their forces for future operations. The armistice talks were delayed and dragged-on without an end. Therefore, the UN Forces executed massive Air and Naval operations deep into the North in hopes of pulling the North Korean delegates back to the armistice talks. The place for the armistice talks was changed to Panmunjeom on October 1951.

The UN Air forces executed massive bombing campaigns on Jinnampo and Pyeongyang, the capital of the North in May. They destroyed 13 power plants, including Supung dam on the Manchurian border in June, and then they executed massive bombings of supply points and logistic facilities in Pyeongyang, Sariwon and Hwangju in July 1952. The war was fought mostly by UN Air forces in the years 1952 and 1953, and resulted in the destruction and ruin of not only the logistic facility and the fighting spirit of the North Korean soldiers, but also the beautiful mountains and valleys as well. The UN forces offered a way south to the residents of all islands in the North Korean Sea except the five main islands including Baeknyeongdo, Yeonpyeongdo and Daecheongdo in the West. In total, 100,000 residents of the North Korean islands were evacuated to the South.

General Clark, CG of the UN Forces, signed the unwanted armistice paper on 27 July 1953.

개성의 유엔 측 대표를 위한 시설
Gaeseong guest house for UN delegations

개성 회담장에 나타난 공산 측 대표
Communist delegation at Gaeseong

《런던 데일리 워커》 기자 위닝턴이 다른 공산 측 기자들에게 《타임》지
를 읽어 주고 있다. 개성, 1951년 7월
Alan Winnington of the London Daily Worker, reading *Time*
to other representatives of the Communist press at
Gaeseong in July 1951.

개성이 회담 장소로 적절치 않아 옮겨온 판문점
Panmunjeom in early era, just after moved from Gaeseong

좌로부터 백선엽 장군, 조이 제독, 손원일 제독, 버크 제독, 참모장교(신원불
명)가 회담장인 개성에서 사진촬영에 임하고 있다. 1951년 7월
MG Paik, ROK, Admiral Joy, USN, Admiral Son, ROKN, Admiral
Burke, USN and an unidentified U.S. officer posed in Gaeseong,
July 1951.

북한과 중공의 회담 대표
(왼쪽부터) 지팡, 등화, 남일, 이상조, 장평산
Chinese and NK negotiation representatives from the left;
Xie Fang, Deng Hua, Nam Il, Lee Sang-cho and
Chang Pyung-san.

평화회담을 위한 개성의 한국 측 대표 천막
백선엽 대표를 방문한 이종찬 육군총장, 1951년 7월
ROK delegation for Peace-talk at Gaeseong, July 1951
MG Paik and MG Lee, CofS, ROKA

개성에서 첫 회담에 참석하기 위해 온
백선엽 장군과 조이 제독, 1951. 7. 10
MG Paik and Admiral C. Turner Joy is shown at Gaeseong
where armistice talks began on 10 July 1951

초창기 판문점 회담장, 1953년
The Armistice building, Panmunjeom, Korea, 1953

회담장에 도착하는 대표들, 1953년
Arriving delegation for the Armistice talk, 195

회담을 위해 개성에 모인 유엔 측 대표, 1951년 7월
크레이기 소장, 백선엽 소장, 조이 제독, 버크 제독
UN negotiation, Gaeseong, 16 July 1951
MG Craigie, MG Paik, Admiral Joy, MG Hodes,
Admiral Burke

1952년 7월경 유엔 측 회담 대표가 바뀌었다.
이한림 소장, 모리스 장군, 해리슨 장군, 멕코널 장군,
다니엘 제독, 1952. 7. 6
MG Lee Han-lim, Morris, Harrison and McConnell and
Admiral Daniel at Panmunjeom, 6 July 1952

1953년 4월 회담 대표가 바뀌었다.
글렌 장군, 다니엘 제독, 해리슨 장군, 최덕신 준장, 오스본 장
군, 1953. 4. 26
UNC delegates at PMJ, 26 April 1953,
MG Glenn, Admiral Daniel, LTG Harrison,
BG Choi Duk-sin, and BG Osborn

도로가 불편했던 회담장까지 유엔 측 대표를 실어 나르는 헬리콥터가
정기적으로 왕복하였다. 판문점, 1953년
A shuttle helicopters that carried the UN delegation to and
from the peace talks at Panmunjeom 1953

판문점 북한 지역
Panmunjeom NK site

유엔 측 수석대표 해리슨 중장과 북측 대표 남일 장군이
휴전회담을 종결시켰다.
LTG William K. Harrison, senior UN delegate and
NK's Nam-il who led the delegating teams that
concluded the Korean War.

휴전회담을 위해 회담장에 들어서는 북측 대표 남일 장군 General Nam Il, NK delegation for the armistice talk

유엔군사령관 클라크
장군이 착잡한 표정으로
문산 부근의 서명 장소에
서 있다. 1953년
General Clark was
standing near
Munsan, 1953.

유엔 대표 해리슨 중장이 도착하고 있다. 1953년
Gen Harrison arrives to the Armistice site, 1953.

1953년 4월 11일 먼저 부상자 상호 교환을 위한 합의 각서에 서명하였다.
Signing the Agreement for the exchange of Sick and Wounded
prisoners, Panmunjeom, 11 April 1953

리틀 스위치라고 불리는 부상 포로 교환이 이루어졌다. 판문점, 1953년 4월
The little switch, the exchange of Sick and Wounded prisoners, April 1953

중공 측 회담
대표 등화, 해방
CCF
delegation,
Deng Hwa
and Hae
Bang

판문점 실무 장교 회담, 1953년
Action officers' meeting at Panmunjeom, 1953

82. 휴전의 의미 Meaning of Armistice Agreement

국민들의 집요한 반대에도 불구하고 휴전을 위한 협상이 마무리되자, 이 대통령은 거국적으로 군중을 동원하여 대규모 시위를 전개하고 국제 사회에 호소하며 단독 북진 전쟁도 불사한다고 워싱턴을 위협하는 등 온갖 반대 투쟁을 전개하였다. 그러나 1953년 7월 27일 10시 부로 휴전협정이 상호 서명 교환되었다. 이승만 대통령은 국토 통일의 기회가 영원히 사라진 듯 낙담하였고, 서명한 유엔군사령관 클라크 장군은 패장이 된 심정으로 고개를 들지 못했다.

반면 항미 원조 중공군과 북한의 김일성은 강대국 미국과 반공 이념을 지닌 전 세계 연합군을 상대로 싸워 이겼다는 승리의 의미로 휴전을 확대 해석하고 기뻐하였다. 중공의 모택동도 한국전쟁 참가 결정으로 엄청난 인명 피해와 경제난을 겪었으면서도, 미국을 포함한 전 세계를 상대로 중국이 초강대국의 대열에 합류했음을 보여 주었다고 만족해하였다.

1951년 7월 8일 개성에서 미 해병 머레이 대령과 인민군 장춘산 대좌의 실무 접촉으로 시작된 휴전 협상은, 북한이 고도의 정치 선전으로 재정비와 전투력 재충전의 기회로 악용하는 동안, 유엔군은 제한된 공격을 계속하여 협상을 유리하게 이끌어 내려 함으로써 지루한 협상이 반복되었다. 그러나 결국 1953년 4월 20일 부상 포로 교환에 쌍방 합의하여 7,224명이 북으로 보내졌고 720명이 남으로 돌아왔다. 1953년 8월 5일부터 한 달에 걸쳐 공산 포로 75,079명이 송환되었고 12,941명이 남으로 돌아왔다.

The armistice agreement was signed and became effective as of 1000hrs on July 10, 1953 even though all South Koreans had objected to the armistice talks. President Rhee called for massive demonstrations against the decision and threatened to continue the war until the peninsula was unified. Rhee Seung-man, president and the people of the

ROK, were deeply disappointed that the opportunity to unify the country was lost, and General Clark signed the unwanted paper, which made them feel liked they had lost. Kim Il-sung was satisfied with the results of the war. He felt that he had won the war because they repelled the invasion of the strongest Army in the world and kept the communist country intact.

Mao, leader of Red China, also was satisfied that he had demonstrated that Red China was the one of the strongest nations in the world too. Since the action officers' level of the armistice talks began between Colonel Murray, a U.S. Marine, and Colonel Jang Chun-san, a NKPA on July 8, 1951 and the long and tiresome armistice talks dragged on for more than two years. In the wounded POW exchange of April 20, 1953, 7,224 POWs were sent to the North while 720 POWs were returned to the South. August 1, another 75,079 POWs went to the North, while 12,941 POWs were returned to the South.

유엔군사령관 클라크 장군이 브리스코 제독과 조셉 제독이 지켜보는 가운데 휴전 협정 문서에 서명하고 있다. 문산리, 1953. 7. 27
Gen Clark countersigns the Armistice Agreement at Munsanni,
while Vice Adm. Robert P. Briscoe and Vice Adm. Joseph J. Clark look on. Korea, July 1953.

내키지 않는 평화: 유엔 측 해리슨 장군과 공산 측 대표 남일 장군이 각자의 준비된 자리에서 협정서에 서명하고 있다. 판문점, 1953. 7. 27
휴전협정 발효는 1953년 7월 27일 10시 부로 시작되었다.
A grudging peace: UN and Communist delegates at their respective tables sign the Korean Armistice at
Panmunjom on 27 July 1953. Signing the Armistice Agreement at 1000hrs, 27 July 1953, Panmunjeom.
LTG Harrison sign for the UN And Gen Nam il sign for the Communists.

중공 측 대표 서명 장면, 1953년 7월
The signing ceremony for Armistice in July 1953

휴전 협정 서명을 위해 준비된 9부의 사본
The nine bound copies of the Armistice Agreement

휴전선을 긋는 머레이 대령과 장춘산 대좌
Col Murray and Col Chang initial a line of Demarcation Map

포로 송환 장소에 북측이 준비한 환영 아치
The Communist POW exchange site at Panmunjeom

초기 판문점 회담장 전경, 1953년
Early building for talk at Panmunjeom, 1953

중공군 최고 사령관 팽덕회가 서명을 위해 대표들을 이끌고 입장하고
있다. The CINC of the Chinese troop, Peng Te-huai leading
Chinese delegates to sign the armistice agreement.

전 세계 언론이 한국전쟁 휴전 사실을 전파
Medias delivered the news sign the Korean Armistice.

마릴린 먼로가 양키스타디움에서 환영행사에 참석
Marilyn welcome perade at Yankee's stadium, New York 1953.

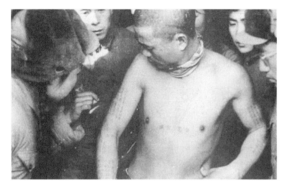

모택동을 추종하는 중국 공산 포로가 문신을 보여 주고 있다.
A returning Chinese prisoner appealed with displaying pro-Maoist tattoos.

유엔군사령관 클라크 장군
General Clark, 1953

대전 방어전 직후 탈출하다가 포로가 된 미 24사단장
딘 장군이 3년여 포로 생활 후 귀국, 1953년 7월
MG Dean walked to cross the border and
back from the three years' POW, July 1953.

90킬로그램의 거구였던 딘 장군은
56킬로그램의 야윈 몸매가 되어 돌아왔다.
MG Dean weight of 90Kg got thin to 56Kg when he
backs because of the hard life in POW.

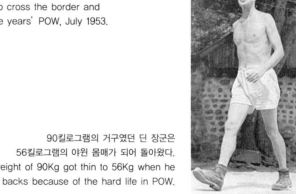

상호 송환되는 포로들, 유엔군은 이 행사를 빅 스위치라고 불렀다.
Western POW being released during 'Big Switch' Korea, 1953.

북한의 포로들은 강제로 돌아가야만 하였다.
빅 스위치, 1953년
NK POWs mustered for return, 'Big Switch',
Summer 1953

포로들의 귀환, 1953년 6월
Prisoner are returning in June 1953

북으로 가는 악명 높은 죽음의 행진에서 살아남은 생존자들
젤러스 목사, 불국의 정신으로 버틴 다이어 여사가
모스크바에서 서 베를린을 통하여 귀환
Civilian survivors of the infamous Death March in North Korea:
The reverend Larry Zellers(left) and the indomitable Nell
Dyer(second from right) arriving in West Berlin from Moscow.

귀환 포로 명단을 대조하는 실무 장교들, 1953년 여름
UN and NK officers acknowledging receipt of returnees,
Korea, Summer 1953

반공 중공 포로들이 대만에서 환영받고 있다. 1953년 7월
Dissident Chinese are joyously welcomed in Taipei
in July 1953.

부상당한 한국군 재향군인들이 통일 없는 휴전에 반대하여 시위하고 있다.
서울, 1953년 여름
Wounded veterans' demonstration protest the armistice Seoul,
Summer 1953

북한 여군 전사들이 귀향 열차를 타고 있다.
NK's women soldiers back to North

귀향을 환영하는 샌프란시스코 포트 메이슨, 1953년 9월
Welcome home San Francisco, Fort Mason, September 1953

판문점 회의실
Conference room in Panmunjeom

중공군 포로가 국제 적십자 요원에게 격렬히 항의,
북한 및 중공 포로들이 수용소 검열을 거부하고 있다.
A Chinese prisoner of war angrily assaults an International Red Cross representative.
The North Koreans and Chinese refused to admit such IRC inspectors to their POWcamps.

전방의 미 해병들이 휴전이 조인된 날 안도와 허탈함으로 앉아 있다.
1st Marine at their firing position after Signed for the Armistice

미 7사단 전초,
1953. 7. 31
7th ID on 31
July 1953

샌프란시스코,
1953. 8. 23
San
Francisco,
23 August
1953

휴전 조인 후의 단장의 능선 지역, 미 40사단
40th ID at Heartbreak ridge after Signed for the Armistice

휴전이 조인되던 날에도 최전방의 미군 진지의 병사들은 경계를 늦출
수 없었다. 1953년 7월
U.S. soldiers keeping watch along the DMZ after The
signing of the Armistice, July 1953.

휴전이 조인되던 날, 수도 고지의 미 3사단 전차들이 철수하고 있다.
1953. 7. 27
3rd ID tank company coming off the front at Capital Hill
area, 27 July 1953.

83. 신병 훈련 Recruit training of the ROK Army

경찰 군대로 태동하여 뼈저린 패배와 실수를 반복하고 고통스러운 전투와 비싼 피의 희생을 치르며 성장한 한국군은 틈틈이 신병 훈련에도 심혈을 기울였다.

1951년 서울을 다시 빼앗기고 대책 없이 후퇴할 때 유엔군이 결전의 의지를 보이지 않고 철군을 고려하자, 제주를 최후의 거점으로 우리 힘만으로도 남북통일을 이루리라 결심한 이승만 대통령은 그 해 1월, 제주 모슬포에 제1훈련소를 설치하였고, 2월에는 논산에 제2훈련소를 설치하여 항전 의지를 다졌다. 그러나 중공군의 남침이 37도선에서 저지되고 위기가 지나가자 제1훈련소는 곧 해체되었고, 논산훈련소만 남아 지금도 신병 훈련의 요람이 되어 정병 양성의 전통을 이어오고 있다. 그러나 이곳도 한때는 군부대 부패의 온상이 되기도 하였다. 몇 주간 거쳐 가는 단기 훈련소였기에 훈련병에게 정상 보급되는 급양과 보급품을 엉뚱한 곳으로 빼돌리기 일쑤였고, 배고픈 훈련병에게 담 넘어 오는 떡 장사의 유혹은 뿌리치기 힘든 것이었으며, 고된 훈련을 피해 가려는 편법이 교관과 조교들을 타락시키는 등 상식 밖의 폐해가 오랫동안 근절되지 않고 이어졌다.

또 훈련소 입대가 곧 전장(戰場)에서의 죽음으로 이어지던 급박했던 시절의 악몽을 떠올리던 노인들이, 자식이 죽기 전에 씨를 받게 해 달라며 훈련소로 며느리를 데려와 자식과 동침하게 해 줄 것을 요구하던 웃지 못할 해프닝이 벌어지던 곳도 이곳이었다.

저자가 논산훈련소에 분대장 실습을 나갔던 생도 시절, 훈련소장은 1950년 낙동강 전투가 치열했을 때 인민군 13사단 포병 지휘관(중좌)이었다가 한국군에 투항해 반공 일선에 섰던 정봉욱 장군이었다.

논산훈련소의 조교들과 선배 교관들은 한결같이 정 장군이 훈련소장으로 부임한 후 부패가 혁신적으로 정화되었다고 말했고, 그 기초 위에 지금의 정예 훈련소로 성장한 것이라고 입을 모았다.

The ROK Army was born as a constabulary force and suffered terrible loses during the Korean War. They had grown into a strong and experienced combat Army through intermediated trainings. When South Korea and the U.S. Army lost their fighting spirit, and retreated back after the loss of Seoul again in January 1951, President Rhee ordered establishment of the 1st ROK Army recruit training site at Moslpo, Jeju island, in January, and the 2nd ROK Army recruit training site at Nonsan in February 1951. His plan was to prepare the ROK Army to stand up against the North even if the U.S. Army decided to give up the war and retreat. The 1st ROK Army recruit training site was soon inactivated when the crisis had passed, but the 2nd ROK Army recruit training site at Nonsan, south of Daejeon, continued to train fresh soldiers who were filled with the fighting spirit, and ready to protect the country they served. The recruit-training center had once been a desolate and decaying compound. The food and supplies for the recruits were inadequately operated once because of some good food and supplies were sold in the black market sometime. The moving PXs followed the recruits wherever in the field training sites for the famished soldiers. Many old men visited the recruit training site and asked for permission for their son to sleep one over night with their daughters in law in order to have a grandson who would be an important descendant in the family line, because he understood that an order to report to the recruit training site meant death on the battlefield, because the war situation was so dangerous in 1950-1951. I heard from my senior military officers of the 2nd ROK Army recruit training center that it was clean and they could concentrate on the tradition to create soldiers who have the spirit to fight and protect the country proudly since MG Jeong was assigned as their commandant.

He was a very strict general to subordinate officers in his command and also to himself, so many young ROK officers respected him very much. I first met MG Jeong Bong-uk, commandant of the 2nd ROK Army Recruit Training Site, when I was attached to the 2nd ROK Army Recruit Training Site at Nonsan, where I trained as a cadet squad leader. MG Jeong had been the commander of the NKPA 13th Division Artillery during the Nakdonggang battles, but he surrendered and then joined the ROK Army until he retired as a Major General of the ROK Army.

신병 훈련, 대한민국 육군 훈련소
Recruit and train soldiers, ROK Army

신병들의 야외 강의 청취, 한국군
Military class in the field, ROK Army

총검술 훈련
Training for Bayonet fighting ROK Army

사격술 훈련
Markmanship training, ROK Army

84. 한국을 도운 우방 Allied nations for the South Korea

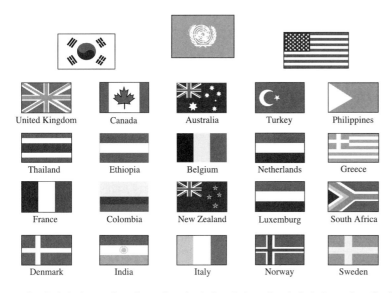

United Kingdom · Canada · Australia · Turkey · Philippines
Thailand · Ethiopia · Belgium · Netherlands · Greece
France · Colombia · New Zealand · Luxemburg · South Africa
Denmark · India · Italy · Norway · Sweden

한국전쟁 시 우리를 돕기 위해 참전한 유엔군을 통상 참전 16개국이라 부르지만, 의료 지원과 보급 지원으로 우리를 도운 나라까지 모두 21개국이다. 이 중 가장 헌신적으로 많은 군대를 보내고 가장 많은 피를 흘린 나라가 미국이었다.

미국은 육군 8개 사단과 극동해군함대, 7함대, 5전술 공군과 2개 폭격비행단과 엄청난 군수품과 전쟁 물자를 제공하여 참전국을 통괄 지휘하였고, 영국이 보병 1개 사단, 전함 8척, 캐나다가 보병 1개 여단과 1개 포병연대, 1개 기갑연대, 구축함과 항공단을, 호주가 보병 2개 대대, 항공모함단과 전투항공단을 참전시켰다. 용맹했던 터키가 보병 1개 여단, 태국이 보병 1개 대대, 필리핀, 에티오피아, 벨기에가 각각 보병 1개 대대씩을 참전시켰고, 네덜란드가 보병 1개 대대와 구축함을, 그리스가 보병 1개 대대와 항공단을, 프랑스가 보병 1개 대대와 전함을, 콜롬비아가 보병 1개 대대와 초계함을, 뉴질랜드가 1개 포병연대와 초계함을, 룩셈부르크 소국은 보병 1개 소대를 참전시켰고, 남아프리카공화국은 전투 폭격비행단을 참전시켜 총 93만 명의 유엔군 전투 병력이 한반도에서 일어난 남과 북의 전쟁에 참가하였고, 3년간 총 572만 명의 장병들이 참전하여 33,629명이 전사하였고, 103,284명이 부상당하였으며, 5,866명이 실종되고 7,140명이 포로가 되는 엄청난 희생을 치렀다. 덴마크, 인도, 이탈리아, 노르웨이, 스웨덴도 병원선과 야전병원, 의약품, 의료진을 보내 많은 인명을 구하는 데 공헌하였다.

이들의 피와 땀으로 이룬 토대 위에 경제 10대 강국으로 도약한 대한민국은 이들에게 진 커다란 빚을 아직도 갚지 못하고 있음을 알아야 할 것이다.

We usually remember the 16 allied nations, who fought in the Korean War, but there were 21 allied nations, which helped South Korea, five were given noncombatant medical support and logistical supply support.

The United States sent the greatest number of combat units and support units, who devoted and suffered the greatest sacrifices. The United States commanded the United Nations Forces while they brought to the war eight combat divisions, the Far East Navy Fleet, the 7th Fleet, the 5th Tactical Air Force, two bomber groups and all of the logistic supplies for the Korean War. The United Kingdom sent an infantry division and eight battleships; Canada sent an infantry brigade, an artillery regiment, an armored regiment, destroyers and an aviation unit; Australia sent two infantry battalions, an aircraft carrier and an aviation unit; Turkey sent an infantry brigade; Thailand sent an infantry battalion; The Philippines, Ethiopia, and Belgium each sent an infantry battalion; The Netherlands sent an infantry battalion and a destroyer; Greece sent an infantry battalion and an aviation unit; France sent an infantry battalion and a battleship; Colombia sent an infantry battalion and a patrol ship; New Zealand sent an artillery regiment and a patrol ship; Luxembourg sent an infantry platoon; The Republic of South Africa sent an aviation unit. The United Nations Forces brought to the Korean War 930,000 soldiers at any one time, and a total of 5,720,000 soldiers had the experience of serving in the war as they were replaced during three years of troop rotations.

The UN forces sacrificed 33,629 soldiers, who were killed in action, 103,284 soldiers were wounded in action, 5,866 soldiers remain missing in action, and 7,140 soldiers were captured and served as Prisoners of War. Denmark, India, Italy, Norway, and Sweden helped South Korea with a hospital ship, field surgery teams, field ambulance teams, and medical supplies and services.

코드 여단장이 그린 중령에게 작전 지시, 왜관, 1950년 9월
Brigadier Coad assigning task to LTC Green, Waegwan, September 1950

홍콩에서 한국으로 향한
세 척의 캐나다 구축함,
카유가, 아더바스칸, 수우
The first three
Canadian destroyers
Cayuga, Athabaskan
and Sioux, leave
HongKong to Korea

쇼우다운 작전 중 콜롬비아 대대 지휘소, 1952년 10월
CP of the Colombian BN while Showdowm OPN October 1952

중부 화살고지, 1952년 9월
Arrowhead Hill(281), September 1952

미 45사단에 배속된
프랑스 대대,
티본 고지,
1952년 7월
French Battalion
at T-bone hill July
1952, under the
45th ID(U.S.)

캐나다군 지휘관 로킹햄 준장(악수하는 이), 보거트 준장(뒷짐 진 이)
Canadian Cdrs with allied and Commonwealth officers: Brigadier J. M. Rockingham(with arm stretched) and Brigadier M. P Bogert(hands behind back)

벨기에 대대 병사
들이 고향 소식을
읽고 있다.
Men of Belux
BN catching up
on news from
home.

전방 진지로 이동 중인 콜롬비아 대대
Colombian BN moves forward to the front.

이승만 대통령이 그리스 대대에 감사패 수여
President Rhee awards a commemorate plate to the Greek
Forces in Korea.

클램업 작전 중 찰리 전초 진지, 1952년 3월
Outpost Charly during 'Clam up'
Operation in March 1952

네덜란드 대대 에크하우트 중령이 밴 플리트 장군에게서
미 대통령 부대 표창을 받고 있다.
The Netherlands BN is awarded the U.S. Presidential Unit Citation
by Gen. Van Fleet, LTC Eekhout stands beside Gen Van Fleet.

16뉴질랜드 화포 정비
연대원들의 정비 작업
The gun crews of
the 16th New
Zealand Artillery
Regiment are busy
loading and
aiming.

필리핀 대대가 부산에서 한국 대통령 부대 표창을 수상하고 있다. 1952. 6. 11
A ROK Presidential Unit Citation is being presented to the 20th
Philippine BCT at Pusan on 11 June 1952.

남아프리카공화국 소속 조종사들이 출항 전 브리핑을 받고 있다.
왼쪽부터, 크루거 중위, 맥도널드 중위, 쿡 중위
The operation officer(Capt M. J. Clys) giving briefing to pilots: Left
to right Lt. V. R. Cruger, Lt. Hector MacDonald and Lt. A. M. Cooke

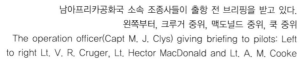

리퍼 작전 중 임진강 일대에서 선두에서 공격 중인 정찰중대, 필리핀군, 1951년 3월
Recon Company spearheads the attack column toward the Imjingang(River) during OPN Ripper in late March 1951.

운천 일대에서 행군 훈련 중인 태국군, 1953년
Thai troops are moving out on foot from the cam in Uncheon for field training, Korea 1953.

선더볼 작전 중 적진지를 공격하는 터키 대대, 1951. 2. 27
Turkish BN attack an enemy held at Osan area on 27 February 1951. During Thunderbolt OPN

철원 일대에서 정찰 중인 터키 대대원, 1951. 7. 26
Turkish patrol digs into position around Cheolwon middle front, Korea, 26 July 1951.

금화 지역에서 야간에 진지 밖으로 나와 소택지로 정찰을 나가는
터키군 10중대원, 1952. 11. 16
Soldiers of 10th Turkish Company leave a hill outpost via a trench into swampy land, near Keumhwa on 16 November 1952.

제1영국군 사단장 케셀 소장이
호주 병사에게 무공훈장을 달아 주고 있다.
MG A. J. H. Cassels, 1st Commonwealth Division Cdr, decorates an Australian soldier with the Military Medal.

의료진, 승무원과 함께 부산에 정박하여 부상자 치료를 위해 활동한
덴마크 병원선 '유틀란디아'
The fully manned Danish hospital ship 'Jutlandia' stands
by ready to care for the wounded at Pusan port.

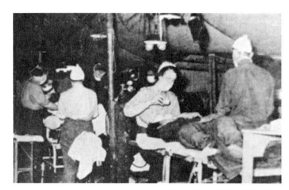

동두천 일대까지 추진하여 활동한 노르웨이 야전병원, 1952~1953
The operating room of the NORMASH close to the front line,
near Dongducheon, Korea, 1952-1953.

이태리 적십자사 책임자와 한 미군 소령이 새로 지을 병원 설계도를
보고 있다.
Director of the Italian Red Cross Hospital(right) and an
American Major from UNCACK discuss plans for a new
hospital building.

에티오피아 근위대대원, 한국, 1951년
Imperial Guardsman of Ethiopian BN, 1951

벨기에 대대장 크라헤이 중령이 대대 진지를 방문한
맥아더 장군과 리지웨이 장군을 수행, 1951. 3. 24
Belgian Army Col Crahay welcomes the visit of General
MacArthur and Gen Ridgway to his Bn on 24 March 1951.

벨기에 대대장 가디 중령이 클라크 유엔사령관과 테일러 8군사령관을
영접, 1953. 3. 6
Col Gathy poses with GEN Clark and LTG Taylor in the
Belgian Bn CP on 6 March 1953.

콜롬비아 대대 지휘관 참모 교체, 1953년 6월
Incoming and Outgoing Cdrs and staffs of the Colombian Bn
June 1953.

프랑스 쥬앙 육군 원수가 유엔사령관 클라크 장군과
영국군 대대 첨병소대를 방문, 1953년 2월
French Marshall Juin and Gen Clark visit with the French Pioneer
Platoon February 1953

전초 진지에서 그리스 대대 열병식, 1951년 11월
Review of the Greek troops in the advanced post November
1951

8군사령관이 그리스 대대 부대 표창, 1953년 7월
Gen Taylor, Cdr of EUSA decorates in the color of the
Greek Bn in July 1953.

그리스 대대장 쿠마나코스 중령이 10군단장 젠킨스 중장,
테일러 장군, 클라크 장군과 함께, 1953년 5월
LTC Koumanakos, the Greek Bn Cdr at his CP with LTG
Jenkins, LTG Taylor and Gen Clark in May 1953

룩셈부르크 소대원들이 부산에 도착, 1951. 1. 31
The members of the Luxembourgian detachment being
given a good send-off and at the port of Pusan,
31 January 1951.

노르웨이 야전병원 부대의 의식 행사, 1951년 6월
An occasional ceremony in the NORMASH on June 1951

부산의 스웨덴 적십자병원의 조경, 1952년 5월
An overview of the Swedish Red Cross Hospital
in Pusan Korea, May 1952

한국에 도착한 태국군, 1950년 11월
Thai troop, Korea, November 1950

한국에 도착한 에티오피아군, 1951년 5월
Ethiopian troops, May 1951

환자를 돌보는 인도군 군의관, 대구, 1951년 10월
Indian Medical officer in Daegu, October 1951

터키군, 1952년 7월
Turkish troops, July 1952

에티오피아 근위대대원
Ethiopian troops, Korea

한국에 도착하는
콜롬비아군, 1951년 6월
Colombian troops,
June 1951

제60인도군 야전병원 부대장 랑가라 중령과 마운트바텐 부인이 헬기
옆에 서 있다.
LTC. Rangaraj, Cdr of 60th Indian Field Ambulance, and
Lady Mountbatten standing by a U.S. helicopter.

스웨덴 적십자병원이 한국 근무 2주년 기념행사를 치르고 있다.
The Swedish Red Cross Hospital celebrating
the second anniversary of its arrival in Korea.

한국전쟁 참전 유엔군의 참전비 *Korean War Monuments for the United Nations*

벨기에, 룩셈부르크, 동두천 Belgium, Luxemburg

태국군, 운천 Thailand

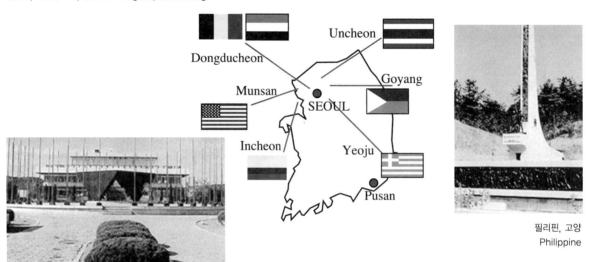

Dongducheon
Uncheon
Goyang
Munsan
SEOUL
Incheon
Yeoju
Pusan

미국, 문산 The United States of America

미국, 문산 The United States of America

필리핀, 고양
Philippine

콜롬비아, 인천 Columbia

그리스, 여주 Greece

영국 연방(잉글랜드, 캐나다, 호주, 뉴질랜드), 가평
United Kingdom(England, Canada, Australia and
New Zealand)

터키, 용인
Turkey

남아프리카공화국, 수원
Republic of South Africa

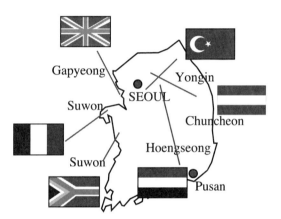

에티오피아, 춘천
Ethiopia

프랑스, 수원
France

네덜란드, 횡성
Netherlands

85. 한국군의 성장 Growth of the ROK Army

경무장된 8개 사단으로 개전 초 3일 만에 그 절반 병력을 잃은 채 대책 없이 남으로 쫓기던 한국군이 1950년 6월부터 1년여 간 겪은 군단과 사단들의 작전 실패 사례들은, 전투 교범만으로 해결할 수 없는 전투력의 한계를 보여 주었다. 그러나 패배의 고통 속에서 서서히 전투 집단으로서 면모를 갖추기 시작하였고, 1951년 7월 미 8군은 미 9군단 부군단장 크로스 준장을 훈련소장으로 임명하여 한국군 사단들을 9주간씩 교대로 조직적 전술 훈련을 미 9군단에서 실시하게 함으로써, 한국군의 조직적인 전투 능력을 한층 향상시켰다. 그 해 11월 말에는 장차 한국군을 이끌어 갈 젊은 장교 250명을 선발하여 150명은 미 보병학교(포트 베닝)로, 100명은 포병학교(포트 씰)로 유학을 보내 부대 운용 전술 교리를 배우도록 기회를 주었다.

1952년 4월 한국군은 군단 포병과 공병단 보급 지원 부대를 갖춘 미군 편제의 군단을 화천에서 창설하였다. 한국군이 드디어 155밀리 중화포를 직접 운용하며 독립 작전을 수행할 수 있게 된 것이다.

1952년 7월 21일 전선의 중공군과 인민군의 병력은 100만 명으로 증강되어 있었다. 미군은 정치적으로 휴전을 기정사실화하고 있었기 때문에 휴전회담 압박용으로 제한적 공세 전투를 지속하는 한편, 철수할 미군을 대체할 한국군 사단의 증·창설에 박차를 가하기 시작하였다.

1952년 11월부터 1953년 6월까지 한국군 10개 사단이 추가로 창설되었고, 이어서 1954년 봄까지 3, 5, 6군단을 창설하고, 미8군을 대신하여 한국군의 전선을 총 지휘할 1군사령부도 창설하였다. 1953년 휴전협정에 서명한 미국은 한국이 자주 국방 능력을 유지할 수 있도록 20개 사단을 편성하고, 이것을 유지하기 위하여 매년 약 2억 달러의 무상 군수 지원을 보장하는 한미방위조약을 체결하였다.

어려웠던 시절 2억 달러의 무상 원조는 군대뿐만 아니라 전 국민이 함께 매달려 먹고 살 수 있었던 생명줄이었다. 그 당시 군수품의 부정 유출은 전후 폐허 속에서 전 국민의 생존을 위하여 필요악이 될 수밖에 없었다. 남과 북은 휴전 이후 무너져 내린 경제와 기간산업을 회복하기 위한 경쟁 체제에 돌입했으나, 상대적으로 풍부한 지하자원을 바탕으로 조직적인 총력 국가 재건에 성공한 북한이 먼저 경제적·군사적으로 앞서 나가기 시작하였다.

북한은 이를 토대로 남한을 내부로부터 붕괴시키려고 끊임없이 대남 공작과 도발을 병행하여 남한을 괴롭혔다. 북한이 여전히 대남 무력 적화통일을 최우선 국가 목표로 내세우고 있던 이 시기는 남한에게 암울하고 안보상 매우 취약한 시기였다.

남한에서 여전히 성숙하지 못한 자유민주주의의 뿌리가 흔들리고 있을 즈음 새로운 도전과 시련이 닥쳐왔다. 불안정한 정치 환경 속에서 군사 쿠데타가 발생한 것이었다. 5·16군사혁명으로 남한은 한동안 자유민주주의의 진정한 자유를 유보당한 채 살아왔으나, 그 대신에 강력한 지도력으로 국론을 분열시키지 않고 미국의 방위 우산 속에서 경제 재건에 집중할 수 있었다. 경제 재건에는 엄청난 자금이 필요하였으나 빈곤과 기아에 시달리는 나라에 회생력은 한계가 있어 보였다. 이 시기에 또 한 번 희생을 요구하는 기회가 찾아왔다. 미국이 제안한 월남전 파병 제의였다.

월남전 파병은 많은 젊은이들의 희생을 의미하는 것이었으나 이를 토대로 한국은 경제 도약의 길로 올라설 수 있었고, 1970년대부터 경제적으로 북한을 추월하기 시작하면서 자주 국방에 대한 자신감을 가질 수 있게 되었다. 1973년 미국은 한국의 핵개발 시도를 포함한 독자적인 자주 국방 노력에 쐐기를 박고자 미 7사단을 철수시켰고, 무상 군사 원조도 전면 중단하였다. 이제 유일하게 남은 미 2사단의 제한 전력과 한국군만으로 한 반도를 방위해야만 하였다.

The initial eight ROK divisions that had been created as constabulary units were crushed leaving only a third of the forces after the first three days when they were suddenly attacked in a surprise move in June 1950. This showed the limited capacity and weakened state of the ROK Army. The ROK divisions gained experience in combat during the first year. Although they suffered terrible losses in the early battles, they have grown into better forces. This would be due, in large part to the nine-week tactical training program the ROK divisions have to rotate through. BG Cross, deputy commander of the 9th U.S. Corps, began this in July 1951. In November 1951, the United States invited 150 young ROK officers to the U.S. Army Infantry School at Fort Benning, Georgia, and another 100 ROK officers to the U.S. Army Artillery School at Fort Sill, Oklahoma, for leadership training in order to secure the ROK Army's future. The United States supported the reactivation of the 2nd ROK Corps at Hwacheon in April 1952. This newly reactivated corps had attached a corps artillery, an engineer group and adequate logistical support units. The ROK Army had 155mm heavy artillery in the 2nd Corps for the first time. The NKPA and the CCF had more than a million military personnel in the North in July 1951.

Because the United States was eager to end the war as soon as possible, the United States tried to increase the strength of the ROK Army in order to begin replacing the U.S. divisions in Korea. Eventually 10 ROK divisions were activated. Additionally, in June 1952, the 3rd, 5th, and 6th ROK Corps were activated. In April 1954, the First ROK Army, designed to replace the U.S. 8th Army, which had previously been in command of the ROK Army, was 'Stood Up'. The United States exchanged a mutual defense agreement with the Republic of Korea, providing support with 200 millions dollar annually in order to keep the 20 ROK infantry divisions for self-defense. The 200 millions dollars in annual support not only keeps the ROK Army strong, but it also serves as a kind of lifeline for the Korean people. This was a necessary black market. The illegal leaking of logistical supplies and food into the Korean civilian society made them survive. After the armistice was signed in July 1953, the North and the South began to restore their demolished economies and industries. North Korea recovered faster than the South due to the wealth of natural and mineral resources in the North. In 1960-1970, it was a dangerous period for the South due to the fact that the South could not survive without U.S. assistance. Aids in the economy and military while under constant violent actions at the front and instigated actions to the South, Korean people feared violence in the rear area in unifying under a communist country.

Many challenges and trials waved over and over South Korea, an anxious democratic country, whose idea was not well rooted or grown yet. Park Jung-hee halted democracy in South Korea temporarily, a powerful military leader, who governed this country with force but had an opportunity to grow up economically. Under President Park's strong dictatorial leadership and with security assurance from the United States, the South could finally begin to develop economically and would eventually overtake the North's economic progress. Another opportunity for growing in economics, but a sacrifice, was to respond to the United States request to involve them in the Vietnam War. Many young Korean men spilt their blood in Vietnam but it could provide a jump-start for local economic growth in the South. South Koreans also took pride in knowing that they were helping another country by protecting the young Vietnamese democracy against communism. Finally, in 1973, the United States decided to remove the U.S. 7th Division from Korea and stop supporting the ROK Army. For the first time since the beginning of the Korean War, the ROK Army had to stand alone, without any military or economic support except for the 2nd U.S. Infantry Division.

한국군 1군단 창설, 철수 도중, 1950. 7. 5
ROK I Corps on the way to retreat to South, 5 July 1950

한국군 22사단 창설, 양양, 1953. 4. 21
ROK 22nd Division, Yangyang, 21 April 1953

한국군 2군단 재창설, 1952. 4. 5
Activating the 2nd ROK Corps; 5 April 1952

한국군 2군단 창설, 함창, 1950. 7. 15
ROK II Corps, Hamchang, Korea, 15 July 1950

미군 9군단장 와이만 중장이 도안한 부대 마크가 새겨진 국군 2군단 부대기를 받는 2군단장 백선엽 장군.
미 9군단 기를 그대로 본떠 로마자 IX를 II로만 바꾼 것인데, 미 9군단에게서 훈련을 받고 모방하여 탄생한 군단이기 때문이기도 하였다.
General Paik receiving the II Corps flag, designed by LTG Wayman, the CG of the U.S. 9th Corps. The flag of the 2nd ROK Corps was essentially the same as the flag of the U.S. 9th Corps, only the Roman numerals IX were switched to II due to the fact that the ROK Corps was re-created by the 9th Corps support.

한국군 9사단 창설, 서울, 1950. 10. 25
ROK 9th Division, Seoul, 25 October 1950

한국군 12사단, 15사단 창설, 양양, 1950. 11. 8
ROK 12th Division(above) and 15th Division(below), Yangyang,
a city at East Sea, 8 November 1950

한국군 3군단 창설, 서울, 1950. 10. 16
ROK III Corps Seoul, 16 October 1950

한국군 11사단 창설, 영천, 1950. 8. 27
ROK 11th Division, Yeongcheon, 27 August 1950

한국군 27사단 창설, 광주, 1953. 6. 18
ROK 27th Division, Gwangju, 18 June 1953

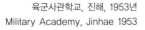

육군사관학교, 진해, 1953년
Military Academy, Jinhae 1953

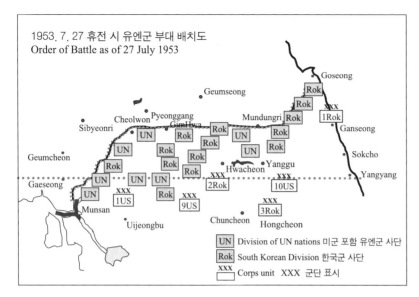

1953. 7. 27 휴전이 성립되었다. 당시에는 증강된 한국군의 사단수가 20개에 달하였고 미군도 1군단, 9군단, 10군단이 모두 주둔하고 있었으나, 9군단과 10군단은 해체되어 귀국할 예정이었다.

The ROK Army was increased to 20 regular divisions while the U.S. 9th and 10th Corps began retreat back to the States when the armistice paper was signed on 27 July 1953.

노장 이응준 장군(육군대학 총장)과 백선엽 장군, 1952. 9. 19
MG Lee, commandant of ROK Army college and LTG Paik, 19 September 1952

한국군 장교 250명이 미국 군사학교 유학길에 올랐다. 1952. 9. 22
ROK 250 officers joined the Military Branch school to the States,
22 September 1952

한국군 25사단 창설, 1953. 4. 21
ROK 25th Division, 21 April 1953

한국군 1군사령부 창설, 인제, 1953. 12. 15
Activated First ROK Army(FROKA), Inje,
15 December 1953

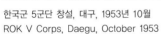

한국군 5군단 창설, 대구, 1953년 10월
ROK V Corps, Daegu, October 1953

한국군 6군단 창설, 포천, 1954. 5. 1
ROK VI Corps, Pocheon, 1 May 1954

한국군 2군사령부 창설, 대구, 1954. 10. 31
Activated Second ROK Army(SROKA), Daegu,
31 October 1954

한국군 32, 33사단 창설, 포천, 1955. 3. 20
ROK 32nd Division(above) and 33rd Division(below),
Pocheon, 20 March 1955

한국군 30, 31사단 창설, 화천, 1955. 3. 20
ROK 30th Division and 31st Division, Hwacheon, 20 March 1955

한국군 35사단 창설, 인제, 1955. 4. 20
ROK 35th Division, Inje, 20 April 1955

한국군 36사단 창설, 인제, 1955. 4. 20
ROK 36th Division, Inje, 20 April 1955

한미간 방위협정 조인, 1954. 11. 18
ROK–U.S. Defense treaty, 18 November 1954

교육사령부 창설, 대전, 1954. 7. 6
ROK Education Command, Daejeon, 6 July 1954

최초의 국군의 날
행사 퍼레이드,
1956. 10. 1
The first ROK
Armed Forces
Day's parade,
1 October 1956

1공수여단 창설, 용산, 1958. 4. 1
ROK 1st Airborne Brigade, Yongsan, 1 April 1958

수도방위사령부 창설, 서울, 1961. 6. 1
ROK Capital Defense Command, Seoul, 1 June 1961

군수사령부 창설, 부산, 1960. 1. 15
ROK Logistic Command, Pusan, 15 January 1960

전투교육사령부 창설, 광주, 1961. 6. 1 소장 박정희(후일 대통령이 됨)
ROK Combat Arms Training Command, Gwangju, 1 June 1961
MG Park Jung-hee(Later he became President of Korea)

한국군 월남파병사령부 창설, 서울, 1965. 9. 25
Created ROK Expeditionary Army in Vietnam, Pildong Seoul, 25 September 1965

한국군 맹호사단 월남으로 이동, 1965. 10. 15
ROK Tiger Division moved to Vietnam, 15 October 1965.

한국군 9사단(백마) 월남으로 이동
ROK 9th Division(White Horse) moved to Vietnam.

향토예비군 창설, 1968. 4. 1
Activated ROK Reserve Army, 1 April 1968.

제1, 2 기갑여단 창설, 가평, 1968. 4. 1
ROK 1st and 2nd Armor Brigade, Gapyeong, 1 April 1968

특수전사령부 창설, 인천, 1969. 8. 18
ROK Special Forces Command,
Incheon, 18 August 1969

전략통신사령부 창설, 서울, 1968. 7. 10
ROK Strategic Signal Command, Seoul, 10 July 1968

육군행정학교 창설, 용산, 1968. 10. 15
ROK Army Administration School, Yongsan, 15 October 1968

육군 제2사관학교 창설, 광주, 1968. 10. 15
The 2nd ROK Military Academy, Gwangju, 15 October 1968.

육군 제3사관학교 창설, 영천, 1968. 10. 15
The 3rd ROK Military Academy, Yeoungcheon, 15 October 1968.

1968년에 창설된 제2, 3사관학교는 남한으로 무장 침투시킨 북한군의 정예 장교로만 구성된 특수 부대에 고무되어,
이에 대항할 더욱 강력하고 리더십을 갖춘 전사들을 양성하기 위해 만들어졌으며, 이후 1972년 4월 26일 영천의 제3사관학교로 통합되었다.
Those two Military Academy schools was activated in 1968 for creating the stronger warriors because of the NK's Special
Forces that was organized with young officers mostly and constantly infiltrated to South.
The 2nd ROK Military Academy integrated to the 3rd Military Academy, Yeoungcheon, 26 April 1972.

영천으로 이동하는 육군 제2사관학교 생도들
Cadets move to Yeongcheon, April 1972

32사단 재창설, 1973. 3. 22
ROK 32nd Division reorganized, 22 March 1973

한미 1군단 창설, 의정부, 1971. 7. 1
Activated ROK/U.S. I Corps, Uijeongbu, 1 July 1971

월남의 한국군
파병사령부, 1966년
ROK Expeditionary
Army Command in
Vietnam, 1966

1966년 월남 해안에 도착하여 신고하는 맹호사단 선발 지휘부
New troop report to arrive in Vietnam Tiger Division,
a beach at Vietnam, 1966

월남에서 전투 중인 한국군 파병 부대, 1967년
ROK soldiers in a battle at Vietnam, 1967

한국전쟁 이후 · 401

86. 고귀한 자의 의무 Noblesse Oblige

'노블리스 오블리제'란 말의 의미는 고귀한 신분에 따르는 도덕상의 의무를 뜻한다. 한 국가의 지배 계층 또는 지역 사회의 지도자들은 대중의 존경과 선망의 대상인 대신에 대중보다 더 무거운 책임과 의무를 지기 마련이다.

선량하고 평범한 백성이 되려면 법을 잘 지키기만 하면 되지만, 상류 사회의 고귀한 신분이나 지도층의 인물이 되려면 물리적인 법뿐만 아니라 도덕적인 의무도 성실히 지켜야만 한다. 나라가 가난으로 도탄에 빠질 때 백성과 동포를 위하여 자신의 재산을 기꺼이 내놓고 외침의 위기에 도망가지 않고 앞장서는 자들이 고귀한 인물이며 지도자의 자질을 갖춘 사람이다.

전쟁은 젊은이들이 주인공이기에 고귀한 신분을 지키려는 사람들은 자신의 아들을 전쟁터에 기꺼이 내보냈고 그들의 죽음을 명예롭게 생각했으며, 또 어머니들은 자식 잃은 고통을 온몸으로 견뎌내었다.

미 8군사령관 워커 장군과 아이젠하워 대통령은 아들의 한국전쟁 참전을 자랑스러워했고, 모택동의 막내아들도 한국전에 참전하였다가 전사하였다. 8군사령관이던 밴 플리트 장군은 자신의 지휘 하에서 폭격수로 참전한 아들의 실종 보고에도 불구하고 의연하게 부대를 지휘하였고, 해병 항공사령관 해리스 장군도 자신의 아들을 한국전쟁에 바쳐 고귀한 사람이 무엇을 해야 하는지 보여 주었다. 빨치산이 주민들을 떠나서 생존할 수 없듯이 고귀한 자와 지도자들도 백성 없는 곳에서는 더 이상 고귀한 사람이 될 수 없다. 그런데도 이미 가진 권력과 재물로 더 많은 권력과 재물에 대해 욕심을 내며, 가진 자들끼리만 우월함과 풍요로움을 누리고, 국가에 위기가 닥칠 때 자신들의 안위를 위해 은밀히 도모하는 사람들만이 눈에 많이 뜨이는 것 같아 부끄럽고 안타까울 뿐이다.

Noblesse Oblige means the noble people are obliged to keep their moral obligations.

Everybody hopes to be a leader in his society, community, and the country because people will respect him. An ordinary person can be a good person if he or she follows the public laws, rules and regulations, but a nobleman or leader should not only follow the public laws but also keep their moral obligations. The noble person willingly donates his food and money to the people who are hungry and in misery. He does not turn away from any national crisis but stands with the people in front lines. He who is a qualified leader must demonstrate his nobility to be respected. The noble person wants to demonstrate his nobility through the act of proudly sending their sons into battle. He understands that he will be honored, by his son's death, and he will never publicly express his pain. LTG Walker, CG of the 8th U.S. Army, and Eisenhower, Presidential nominee of the United States, took pride in their sons who were serving in the military. Mao, leader of Red China, sent his lovely son to the Korean War and he was killed in action. LTG Van Fleet, CG of the 8th U.S. Army, commanded his units without any agitation when his son was missing in action during a bombing mission in the Korean War, and MG Harris, CG of the Marine Aircraft Wing, who supported the MEF in Korea, experienced his son's death during the Korean War.

I am afraid and ashamed of the fact that some rich or influential people ignore the pains of famish on an ordinary person, but seek only their own prosperity and safety stupidly even when national security is in danger.

It is a real stupid thing because there is not any noble person or leader without people to follow like no partisan without residents to assist.

마릴린 먼로의 야외무대 공연, 미 25사단, 1954

그녀는 또 다른 노블리스 오블리제의 표본이었다. 마릴린은 당대 최고의 인기와 부를 얻고 있는 전 미국 남자의 우상이며 여왕이었다. 그녀를 한번 움직이게 하는 데는 막대한 돈이 들었다. 마릴린은 거금을 들고 출연해 주기를 기다리는 흥행업자들을 물리치고 자진해서 출연료도 없는 한국 위문 공연을 위해서 먼 길을 불편해하지 않고 달려와 한국의 매서운 겨울 야외무대에서 함박웃음으로 장병들의 노고를 위로하였다.

Marilyn Monroe in a USO show for the 25th U.S. Division, 1954. She was an example of the idea of 'Noblesse Oblige'. Marilyn was a rich popular movie star, a queen and beautiful sex symbol in the United States. She was in demand all over the world and her appearances were very expensive. She refused the show-business executives, who offered a lot of money to act in their shows. Instead, she performed free on an open-air stage in the winter in the Far East. She stood on the front lines and presented her sexy smiles for the young soldiers who risked death for democracy.

8군사령관 워커 장군이 한국전쟁에 참전 중인 자신의 아들 샘 워커 중위를 참모총장 콜린스 대장에게 자랑스럽게 소개하고 있다. 1950년
LTG Walker introduced Sam, his son, who was serving in the Korean War to General Collins, the chief of Staff.

8군사령관 밴 플리트 장군은 아들이 타고 출격한 폭격기가 추락하여 실종사하였음에도 흔들리지 않고 의연히 부대를 지휘하였다. 1952년
LTG Van Fleet, the CG of the 8th U.S. Army commanded his units without any agitation when his son was reported missing in action during a bombing raid in the Korean War, 1952.

대통령 당선자 아이젠하워도 참전 중인 아들 존 아이젠하워 중위를 자랑스러워하였다. 1952년 12월
Eisenhower, the President nominee of the U.S. took pride in his son
who was in the Military, December 1952.

모택동의 아들 모안영도 항미 원조 전쟁에 참가하여 평양 북방에서 폭격으로
전사하였다. 1951. 11. 25
모택동은 자신의 아들 시신을 다른 병사들처럼 현장에 묻을 것을 지시하였다.
Mao An-young, the youngest son of Mao, leader of Red China, was
killed in bombing raid by the UN Air forces, north of Pyeongyang.
Mao directed that his son was to be buried in Korea like the other
Chinese soldiers, 25 November 1952.

밴 플리트 장군은 퇴역 후에도 적극적으로 고아 지원 사업을 벌여 피폐한
한국의 재기를 도왔다. 1954년 뉴욕의 자선모금.
Gen Van Fleet actively supported relief programs for South Korea
through his personal support of war orphans after retired, 1954.

87. 휴전 이후 회담 약사 Since the Armistice talks

정전협정서에는 조선인민군 최고사령관 김일성, 중국인민지원군 사령관 팽덕회 그리고 국제연합군 총사령
관 클라크 대장의 서명과 실무 대표였던 조선인민군 대장 남일과 국제연합군 대표 해리슨 중장이 증인 참석자
로서 서명하였다.

정전협정 자체를 거부했던 이 대통령의 고집 때문에 한국은 서명에 참석하지 않았고, 이 때문에 북한이 지금도 한국을 협상 대표로 인정하지 않으려는 안타까운 빌미가 되고 있다. 정전협정에는 서명하였으나 155마일에 걸친 휴전선에서는 끊임없이 작은 전쟁이 계속되고 있다.

서로 간에 불신과 팽팽한 긴장 속에서 시작된 정전은 수많은 위반 사례를 예고하였고, 1953년 7월 이래 1999년까지 47년간 지상에서만 43만 건(북측 주장 83만 건)의 위반사례가 보고되었다.

1950~1960년대에는 주로 전방 초소 습격 및 납치와 총격 도발이 빈발하여 비무장지대 수색, 매복 및 정찰 활동이 중요한 작전 활동이었으며 미군들의 철수를 압박하기 위해 미군 막사 습격 빈도도 높았다.

1970년대에 들어서면서 공동경비구역(JSA) 내 미군과 충돌 사건(1976년 8월: 도끼만행), 땅굴 발견이 주요 도발 행위로 나타났으나, 1980년대 이후에는 비무장지대 규정 위반과 사소한 월경 등이 주요 위반 행위였다. 공중에서는 미군 정찰기 격추와 민항기 납치 및 폭파, 해상에서는 어선 납치, 간첩 및 잠수함 침투가 발생하였고, 특히 북한은 눈 밑의 가시격인 서해 5도 주변에서 빈번하게 도발하여 이곳을 자국 영해화하려는 시도를 지금도 끊임없이 자행해 오고 있다.

Kim Il-sung, supreme commander of the NKPA, General Peng, supreme commander of the Chinese Volunteers Army, and General Clark, supreme commander of the United Nations Command signed as the three delegates, and General Nam il of NKPA, and LTG Harrison of the UN Forces signed as the witness attendees. The ROK Army delegation did not attend nor sign because Dr. Rhee, President of South Korea, rejected the armistice as a permanent separation of one unified nation. This is the reason why the North Koreans have recently ignored the South Korean delegation to the armistice talks. The conflicts have continued along the 155-mile long DMZ from the West to the East even after the armistice agreement was signed. The numbers of violations and conflicts caused by mutual distrust and hate have been reported more than 430,000 times, but NK insisted 830,000 times during the 47 years from July 1953 to 1999. The violations along the DMZ in the 1950s and 1960s consisted of striking outposts, firing upon each other, kidnappings and assassinations. This made reconnaissance, ambush, and patrols the most important missions along the DMZ. The NKPA would often strike at the barracks of U.S. soldiers in an effort to force U.S. troop to withdraw. In addition to routine firefights, the 1970s brought unique violations by the North Koreans, such as the axe murders in the JSA in August 1978, and the construction of underground invasion and infiltration tunnels were found along the DMZ. The violations continued, such as the hijacking of a KAL airplane, the kidnapping of local fishermen and the downing of a U.S. reconnaissance airplane. Even the bold attempted assassination of the President of South Korea combined with numerous North Korean Special Forces soldiers, submarines, or armed spies, which infiltrated into the South in an attempt to spread violence and hatred in the 1980s and 1990s. The North Koreans still push against South Koreans all along the DMZ. This resulted in the recent border violations in the West Sea.

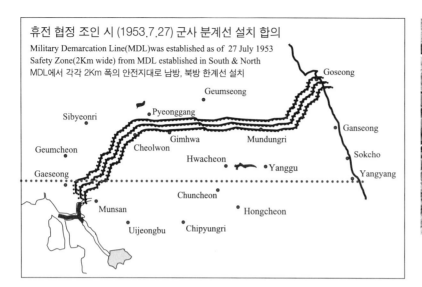

휴전 협정 조인 시 (1953.7.27) 군사 분계선 설치 합의
Military Demarcation Line(MDL)was established as of 27 July 1953
Safety Zone(2Km wide) from MDL established in South & North
MDL에서 각각 2Km 폭의 안전지대로 남방, 북방 한계선 설치

서부전선의 전초 진지, 1965년
General Out Post, west front, 1965

카메라 앞에서 미소 짓는 군사분계선 위의 남북의 병사들
A South Korean guard(right) and a North Korean
guard(left) smile for the camera.

최초의 군사분계선은 매우 허술하여 말뚝과 철조망으로 경계를
구분하였다. 휴전협정 합의각서에 따르면 북한이 분계선 말뚝
596개를, 남한이 696개를 설치하고 관리하도록 되어 있으나 말뚝
보수 및 도색 작업 간 상호 시비와 분쟁이 심화되어
1970년 이후 관리를 포기하였다.
Initial MDL was identified with stakes and wire entanglement
only. Base on the MOA for the armistice, 596 stakes by NK
and 696 stakes by SK should be established and managed,
but the responsibility was given up since 1970 because of
they struggling each other very often at MDL while work for
re-painting or repair it.

미 2사단 전초 진지, 판문점 가는 길목
2nd ID(U.S.) General Outpost on the way to Panmunjeom

초기 군사분계선 출입 통로, 서부전선, 1957년
Initial Gate to DMZ area, west front, 1957

판문점, 1972년
Panmunjeom 1972

울진, 삼척에 침투한 북한 특수부대 120명, 1968년 11월
120 NK's Special Forces were infiltrated and killed at Uljin
and Samcheok, November 1968.

미군의 M56 전차가
서부전선 미 7사단
31연대 책임 지역
내 근무를 서고 있다.
Americans in an
M56 tank on guard
at the DMZ
31Regiment of the
7th Division

미 2사단 순찰병들이
철책을 순찰하고
있다. 서부전선
Men of the 2nd
Division patrol
along a fence
marking the
western corridor.

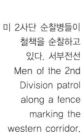

판문점
Panmunjom

남과 북으로 갈라놓은 군사분계선의 유엔군 측 거점에 공동경비구역 병사가 서 있다.
A soldier of JSA surveys the military demarcation line that separates North and South Korea from a vantage point on the UN Command side.

미군 전자정보함 푸에블로 호가 동해상에서 북한 해군에게 나포되었다. 1968. 1. 23
A U.S. electronic Intelligence Ship, Pueblo captured by NK at East Sea, Korea, 23 January 1968

보니파스 대위와 바네트 중위가 공동경비구역 내에서 북한 경비원에게 도끼로 살해되었다. 1976. 8. 18
Captain Bonifas and LT Banett was murdered by ax at JSA, Panmunjeon, Korea, 18 August 1976.

문제의 미루나무를 제거하는 폴 번연 작전, 판문점 공동경비구역,
1976. 8. 31~1976. 9. 4
Paul Burnyon Operation to cut the tree, 31 August-4 September
1976, JSA, Panmunjeom, Korea

북한이 만든 제2땅굴 발견, 서부전선, 1975. 3. 19
The second Tunnel by NK was found at west front DMZ,
19 March 1975.

북한의 특수훈련을 받은 장교 31명이 남한의 대통령을 살해하고자
청와대를 습격, 1968. 1. 21
NK's 31SOF infiltrated to attack Blue House. The ROK
presidential House, 21 January 1968

88. 상이용사와 고아들 Disabled veterans and orphans

　1952년 10월 약 2만 5천여 참전 상이용사가 부산의 천막촌과 정양원에 분산 수용되어 있었고, 이미 퇴원했으나 전선 복귀가 불가능한 상이용사들은 강제 전역되어 그야말로 비참한 밑바닥 삶을 이어 가야만 했다. 기본적인 의족과 의료 기구도 충분치 않았고, 지속적인 치료는 물론 숙식조차 스스로 해결해야만 할 정도였다. 국가를 위해 몸의 일부를 바치고도 존경은커녕 치료받는 것과 숙식도 스스로 해결해야만 하는 지경에 이르렀고 보니 걸인 행세를 하며, 때로는 비참한 자신들의 입장을 몰라주는 세상에 분노를 폭발시켜 국민들의 기피 대상이 되는 슬픈 신세로 오랫동안 살아야 했다. 지금은 원호처와 원호병원이 조직적으로 이들을 뒷바라지하고 있어 늦었지만 그나마 다행으로 여긴다.

3년 전쟁의 아픔을 음지에서 가장 혹심하게 겪은 이들은 단연 6만 5천 명의 과부들, 부상을 입고 퇴역한 남편을 돌보아야 하는 12만 명의 아내들, 4만 명의 고아들이었다. 자랑할 전공도 아니고 역사적인 사건도 아니어서 그늘에 가려져 있었으나, 춥고 배고픔을 스스로 해결하며 생존해야 했던 이들에게 구원의 손길을 내민 사람들은 안타깝게도 외국의 참전 용사들과 선교사들이었다.

전장(戰場)의 끔찍함을 목격한 미군과 유엔군 장병들은 귀국 후에도 잊지 않고 고아들을 위한 후원과 부상자들의 자활을 조용히 그러나 적극적으로 도왔다. 홀트아동복지재단과 수많은 고아원 시설들을 통해 성장한 고아들이 지금 10대 경제 강국이 된 한국을 이끌어 가는 세대들임을 잊어서는 안 될 것이다.

상이용사들의 항의데모, 부산
Disabled veterans are marching in protest, Pusan

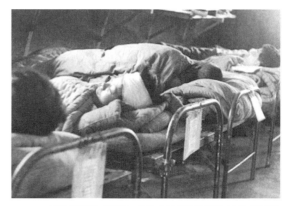

상이군인들을 수용하는 천막 속의 허술한 병상, 부산, 1953년
Poor beds for wounded soldiers in a temporary Tent,
Pusan, 1953

3년 전쟁 중 부상을 당한 후 군에서 쫓겨난 이들은 영웅 대접 대신에 보기 싫은 천덕꾸러기 취급을 받았다. 부상 치료도 부실하였고
무엇보다 먼저 생계를 걱정해야만 하였다. 이들은 차라리 전쟁터에 있을 때가 나았다고 말하곤 했다.
They pushed back the disabled veterans like outcasts in the cruel society instead of respecting them after they retired from the
Army. They not only suffered the pain of their disability, but also had to worry about food and simple survival. The disabled
veterans grumbled, "Life in the trenches was better".

Twenty five thousand wounded soldiers were still in hospitals and care centers that were in military tents city in the Pusan area, but the other disabled veterans were living without jobs or pensions miserably in slums after being expelled from the Army due to their disability. Food, treatment, even prosthetics for lost arms and legs, were not supplied for the disabled veterans. They got angry at the cruel treatment by society. They feared that nobody cared for them. They suffered laughter and scorn. Their sacrifices were ignored, and the fact that they fought and lost a part of their body in combat for their country was often forgotten. Fortunately, the Office of Veteran's Administration and hospitals now have begun caring for the veterans. Those who were suffered or hidden in the shadows were 65,000 widows, 120,000 wives of the wounded veterans and 40,000 orphans.

The Christian missionaries, the foreign Army retirees and humanitarian volunteer workers, send food, supplies, and money to relieve the Korean people of the painful suffering they endured after three horrible war years.

We must remember the fact that the many of our citizens, generations after the Korean War, grew up in orphanages and Holt Children's Services that were established and supported by our foreign friends. These orphans have grown to lead the Republic of Korea and make it now the worlds 10th strongest economy.

전쟁고아, 1953년
A war orphan, 1953

남편을 잃은 여인, 1953년
A wife who lost her husband, 1953

길거리를 방황하는 전쟁고아들을 고아원으로, 1954년
War orphans was collected at street to orphanage house, 1954.

생존하기 고단한 서울 생활, 1954년
Hard to survive in Seoul, Korea, 1954

전쟁 상이용사들의 합동결혼식, 1954. 4. 24
Joint Wedding ceremony for enabled veterans, 24 April 1954

전쟁고아
A war
orphan,
1953

서울역의 지게꾼, 불러주는 이가 없어 잠에 곯아떨어져 있다.
서울역에는 수백 명의 지게꾼이 있어 짐을 가진 여행객을 기다렸다가
서울 어디든지 짐을 운반해 주었다. 1955년
Many young men became a delivery man and gathered
around railroad stations after taking off their military
uniform, 1955.
Nobody call the luggage delivery man at Seoul Station.

고아들은 하우스보이이라고
불리며 미군들의 마스코트로
부대에서 생활하기도 하였다.
A war orphans who live
in U.S. Camps as a
mascot. GIs called them
'House boy'.

제대는 하였으나
직업은 없고…,
1953년
Job hunting
Seoul, 1953

전쟁고아
A war orphan

고아와 미군이 병영에서
함께 생활하였다.
A war orphan and a
GI in a Camp

고아원을 후원하는 미군 병사들
War orphans and GI at orphanage house

피난 중에 가족과 떨어진 아이들
Babies who lost their parent on the way to refuge

고아원에서 아이들이 미국 잡지 속의 그림들을 보며 즐거워하고 있다.
Orphans are laughing when watching an English magazine.

'리틀 조'라고 불리는
고아 소년이 지프 위에
앉아 있다.
25사단 의무 중대
'Little Joe' a south
Korean orphan in a
medical company of
the 25th ID

전쟁고아
A war orphan, 1953

미 해군 수병 바롬이 고아에게 레이션을 먹이고 있다. 1951년
Philip A. Barome, U.S. Navy shares his C-rations with a
Korean youngster, 1951.

'지미'라 불리는
고아 소년이 전쟁 중
미군 함정에서 함께
생활하고 있다.
부산 부근, 1951년
A Korean boy
named Jimmy was
temporarily adopted
by US sailors during
the fighting near
Pusan in 1951.

89. 부서진 산하 Scorched mountains and plains

　1953년 7월 27일 밤 10시, 총성은 멈추었지만 전쟁은 끝나지 않았다. 정전협정서에는 정치적 수준의 평화협정서가 만들어질 때까지 유효하다고 되어 있어, 언제든지 한쪽에서 정전협정을 위반하면 지체 없이 전투 상태에 들어가도록 쌍방이 모두 교전 규칙을 가지고 있었으므로 한반도에는 매우 위태로운 평화가 지속되고 있다. 이는 언제라도 전쟁을 재개할 수 있다는 의미이다.

　3년간의 총력전을 치른 한반도에서 유엔군 젊은이 5백만 명 중 14만 명이, 중공군 7백만 명 중 40만 명이 희생되었다. 한 동포였던 남과 북의 전쟁에 젊은이 750만 명이 참전하여 181만 명이 희생되었고, 민간인 235만 명이 노역에 동원되었으며, 이로 인해 서로 비난하고 미워하게 되었다. 남한 청년 20만 명이 징용에 끌려갔고,

62만 명이 생매장되거나 북한으로 끌려가 생사를 모르게 되었으며, 난민 350만 명과 월남 동포 300만 명이 헐벗고 굶주린 나라에 대책 없이 남겨졌다.

33만 회의 공중 폭격으로 폭탄 145만 톤이 금수강산을 초토화시켰으며, 포탄 1,765만 발이 산을 넘어 날아들어 교량 17,000개가 파괴되었고, 철도와 조차장, 항만, 공장과 댐들을 파괴하였다. 또 가옥 3백만 채가 파괴되고, 학교 4,023개가 파괴된 것으로도 부족하여 지뢰 245만 발을 도처에 묻어 놓았다. 이로 인해 장마 때만 되면 지뢰가 비에 휩쓸려 알지 못하는 이곳저곳으로 떠돌아 이 땅에 남아 있는 것이라고는, 수백만 발의 포탄으로 뒤집어진 산과, 철저히 파괴된 댐과, 저수지 때문에 메말라 버린 들판에서 기아에 허덕이는 수백만 명의 주민, 수십만 명의 과부와 고아들, 수만 명의 전쟁 불구자들뿐이었다.

도로와 철로는 있으되 교량과 철교가 부서져 연결되지 못했고, 나무를 베어 내면 이듬해에 장마로 인해 피해를 입게 된다는 것을 알면서도 추운 겨울을 나기 위해 어쩔 수 없이 나무를 베어 불을 지폈으며, 봄에는 나무껍질을 벗겨 허기를 때워야 했다.

공장을 짓고 생산하여 물건을 팔아 돈을 만들고 재건해야 철저히 파괴된 산하를 되살릴 수 있다는 것을 현명하고 배움을 최고의 덕목으로 알며 살아왔던 우리가 왜 모르겠는가? 공장을 짓고 부서진 교량을 다시 세우기에는 지금 당장이 너무 배고프고 추웠으며 다친 곳이 아팠다.

미국은 약 2백억 달러의 전쟁 비용을 털어 넣어 3년 동안 한국전쟁이라는 거대한 전쟁을 치렀고, 철수한 미군을 대신하여 한국군을 증강(20개 사단)시키고 유지하기 위해 17억 달러의 추가 원조를 제공하였으며, 이후 매년 2억 달러 규모의 무상 원조를 지원하였기에 당장 굶주리는 국민들이 살아갈 수 있었다.

혹자는 미국이 남아도는 식량을 버리기가 아까워 우리에게 선심 쓰듯 주었다고 말하지만, 그 당시 우리에게 급한 것은 식량 제공이었다. 군사력 증강을 위한 비용 제공에 추가하여 한국의 경제 발전을 위해 공장까지 지어 달라고 미국에게 요구하는 것은 무리였다.

1965년 대한민국은 비난을 받으면서도 월남 파병을 시행하여 또다시 젊은이들을 희생시켜 경제 발전의 기틀을 다졌고, 1970년 5월 1천만 달러 무상 원조를 마지막으로 완전한 자립 국가로 태어나게 되었다.

2200hrs, July 27, 1953 the fire ceased, but the war was not over. The agreement was not for peace, but only to stop the war, and the dangerous calm has continued under the constant threat of a return to combat. The North and South have rules of engagement that allows for a resumption of hostilities, engaging automatically whenever the enemy violates the armistice rules.

During the three years of Korean War, 1,810,000 young Korean men were sacrificed while 140,000 UN soldiers and 400,000 Chinese soldiers also were sacrificed. The 2,350,000 civilians involved in supporting works for the war in force was the reason why they harmed and hated each other for more than 50 years. The 200,000 young South Korean men wear the North Korean Army uniform in force and some of them died at the NK side of the front line; 620,000 South Koreans were murdered, missing, or kidnapped to the North: 3,500,000 suffered the lost of their homes and jobs in South Korea and 3,000,000 refugees from the North remained in the South.

The 330,000 sorties of the Air forces strikes and bombing with 1,450,000 tons and 17,650,000 artillery shells blasted on the beautiful mountains and peaceful plains destroyed 17,000 bridges, railroad yard, ports, dams, logistic supply points and factories.

The 3,000,000 houses and 4,023 schools were destroyed and the beautiful and peaceful mountains and plains were completely scorched. A bunch of war widows, orphans, refugees, sufferers and disabled veterans were thrown away on the wild plains where destroyed all. Mountains and forests were burned and turned over by artillery mass fires.

The 2,450,000 mines have been buried all over the mountains and valleys, and the mines that were buried in unknown places are exploding in unexpected times and places, which make Korean people, remember the fact that the war is not over. All railroads and national roads were disconnected due to broken bridges, sufferers striped the bark from young trees because of the horrible famine in the spring and trees were cut for heating because of the severe cold winters even though they recognized the cut trees lead to a horrible flood damage that followed.

The Koreans knew that have to recover the forest and industrial facilities in priority to rebuild the destroyed country, but they lost all and suffered with the famine and severe cold. The United States supports South Korea through the relief program with 200 million dollars annually.

Somebody blamed the United States and said they did not support South Korea to recover economically, but only provided foods and expendable stuff that was surplus agricultural products in the States. However, it was still necessary and essential stuff to Korean people to survive in the famine and cold.

The Republic of Korea is reborn as an economic self-stand country now with the relief program closed to Korea after a 10 millions dollar fund provided in 1970 because the Korean people worked hard in the country and spilt blood and sweat in the Vietnam War.

폐허가 된 서울 도심, 1953년
Completed demolished City, Seoul, 1953

파주의 피난민촌, 1953년
Refugees' Camp in Paju, 1953

남산 근처의 파괴된 건축물, 1954년
Seoul, near Namsan, 1954

파괴된 서울의 명동 도심가, 1954년
Downtown of Myeongdong, Seoul, 1954

여인들에게는
더욱 고단한
서울생활이었다.
Hard to
survive for
women in
Seoul, 1955

파괴된 서울의 도심 복구가 쉽지 않았다. 1955년
Sejongno, Downtown Seoul, 1955

거지,
넝마주이라고
천대받던
전쟁 고아들
War orphans
in a street,
1953

고아원의 아이들, 1954년 War orphans in the shelter, 1954

레이션 깡통으로
만든 호롱불 판매,
1952년 겨울
Trying to stay in
alive, Winter
1952

서울 창신동 언덕배기 피난민촌, 1954년
Refugees' camp in a hillside, somewhere in Seoul, 1954

철저히 파괴되고
부서진 서울이
복구되는 데는
10여 년의 세월이
필요하였다.
Seoul, needed
the more a
decade for
reconstructing
the demolished
constructions as
shown a photo.

미제 물건이 진열된 가판대, 주요한 필수품 유통 수단이었다.
Mobile shop display a variety of American brand goods,
1955.

미군들이 빈번히 오가는 종로 거리, 1954년
Jongno street, Seoul, 1954

파괴되었던 화천댐이 복구되었다. 1955년
Hwacheon dam, northeast of Seoul, repaired 1955

이승만 대통령이 직접 답사하여 동작동에 건설된 국군묘지에는 12만여
명의 전쟁 영웅들이 묻혀 있다.
National Cemetery in Dongjakdong, Seoul was selected the
location by President Rhee and 120,000 war-heroes were buried.

복구 중인 서울역 앞 도로, 1954년
Seoul Railroad Station, 1954

복구된 한강 위의 철교, 1953년
Repaired steel bridge over the Hangang(River), 1953

인천항, 1954년
Incheon port, 1954

90. 주한 미군 The United States Forces in Korea

일본과 결전을 위해 태평양을 항해하던 미 24전투군단이 일본이 항복하자 항로를 바꾸어 한반도에 상륙한 1945년 이래 3년여 동안 군정 부대로 주둔하면서 탄생한 주한 미군.

대한민국 정부가 탄생하자 외세의 간섭을 싫어하는 자주 성향이 강한 남한의 민족주의자들과 남한 적화통일을 노리는 공산주의자들의 조직적인 주한 미군 철수 요구. 그리고 무엇보다도 제2차 세계 대전이 끝나자마자 군에 징집된 젊은이들을 그들의 부모와 애인의 곁으로 돌려보내라는 미국 국민들의 강력한 요구 때문에 미국은 해외에 주둔한 군부대를 철수시켜 해체할 수밖에 없었다.

공산주의자들의 세계 적화 야욕이 표면으로 들어나고 있던 위험천만한 동북아시아에서 미국의 군대는 철수하였지만, 채 2년이 되지 않아서 우려했던 공산주의자들의 도발이 발생하였다. 미군은 1950년 6월 북한 공산군의 남침이 개시되자마자 우리의 기대를 저버리지 않고 제일 먼저 달려왔다. 미 24사단 1대대의 몸을 던진 오산 죽미령 전투를 시작으로 사단장이 포로가 되면서 위기의 순간을 막아낸 대전 전투 이래 속속 투입된 25사단, 1기병사단, 1해병사단, 3사단, 7사단, 40사단, 45사단, 5전투단, 187전투공정단과 1, 9, 10군단이 미 8군사령관의 지휘 아래 허약했던 한국군을 대신해 이 땅에서 격전을 치르고 많은 피를 흘렸다.

미 8군사령관 워커 장군과 9군단장이 전장(戰場)에서 순직하였고 수많은 연대장, 대대장들을 포함한 장병들이 전사하고 부상당하거나 포로가 되었고, 미 대통령, 8군사령관, 군단장과 사단장들의 아들들도 참전하여 더러는 목숨을 잃고 또 실종되기도 하였다.

미국 국민들은 3년간 200억 달러의 전쟁 비용을 기꺼이 세금으로 부담하였고, 전후 한국군 증강에 17억 달러, 그리고 1971년까지 18년간 매년 2억 달러 규모의 무상 원조를 지원하였다. 또 많은 선교 단체와 박애주의자들이 사재를 털어 전쟁 고아와 부상 군인들을 돌보아 한국민들을 굶주림과 폐허의 고통 속에서 소생하도록 도왔다.

조상 대대로 물려받은 고향을 지키며 상부상조할 줄 알고, 이웃에게 친절하며 불평하기보다 매사에 감사하고, 부지런하며 인내심이 강하고, 국가가 위기에 처할 때 죽음을 불사하고 헌신하는 현명함을 잃지 않았던 한국인들은 미국의 헌신적인 희생과 도움에 진심으로 감사하였다. 지금 한국인들은 전보다 더 부유해졌지만 과거의 좋은 전통은 사라지고 개인 중심적으로 변하게 되었다.

오늘날 주한 미군은 대부분의 전투 부대들을 한국에서 철수시키고, 미2사단과 제5전술 공군만이 유엔군 사령부의 깃발 아래 전국의 크고 작은 캠프에 주둔해 있다. 국가간의 교류가 전보다 활발해졌고 잘살기 위한 경제 경쟁이 더욱 뜨거워지고 있으며, 전쟁 수행 방법은 전보다 더욱 교활하고 치사해졌다.

미국은 테러리즘의 위험과 동북아시아에 잠재한 군사적 위협에 주의를 기울이고 있다. 주한미군을 포함한 미군은 당면한 위협에 대처하기 위하여 새로운 개념에 의거한 구조 조정과 군 구조 재편을 시도하고 있다.

우리는 세계가 변하고 있다는 사실과 주한미군도 더 이상 한반도 방위를 위한 전용 수단으로 머물러 있지 않을 것임을 이해해야만 한다. 여러분에게 제안하건대 지난 50년 동안 주한 미군의 존재가 한국인들에게 무엇이었는지, 우리의 미래를 위하여 더 나은 동맹국과의 관계는 어떤 것인지 생각해 보았으면 한다.

When the Japanese Emperor surrendered in 1945, the 24th U.S. Corps, combat troops changed their destination to Korea, and served in the capacity of military administrators. In 1949, after three years, the U.S. Army withdrew from the role of military administrators in Korea.

When North Korea invaded the South in June 1950, they returned immediately, as protectors of freedom. Without hesitation, Task Force Smith, only one small battalion, tried to block the 3rd and 4th NK Divisions. The 24th Infantry Division, the first U.S. division sent back to Korea was sent piecemeal at the initial moment of crisis. They suffered terribly, slowing the enemy in losing battles while MG Dean, the CG of the division was captured on the battlefield. The 8th U.S. Army that was organized with the 24th Division, 25th Division, 1st Cavalry Division, the 1st Marine Division, 3rd Division, 7th Division, 40th Division, 45th Division, the 25th RCT, and the 187th Airborne Regiment fought under the UN flag with the ROK Army to defend its Freedom. LTG Walker, CG of the 8th Army, and LTG

Coulter, CG of the 9th U.S. Corps, were killed on the battlefield. Innumerable officers, leaders including regimental, and battalion commanders were killed, missing, wounded or captured in action. The sons of the noble families like Eisenhower, President of the United States, U.S. Generals including Generals Walker and Van Fleet, both CGs of the 8th U.S. Army, and MG Harris, CG of the U.S. Marines Aircraft Wing in Korea were participated the Korean War. The son of MG Harris was killed in action and son of LTG Van Fleet was missing in action. The people of the United States paid 20 billion dollars taxes for three years of the Korean War. They kept South Korea from communist aggression by supporting 1.7 billion dollars for reinforcement of the ROK Army. Until 1971, for 18years, they paid 200 million dollars for relief for the South Korean people who were suffering terrible famines. Many missionaries and humanitarians from the United States voluntarily helped and supported the orphans, widows and disabled veterans of the Korean War. The Korean people deeply appreciate the contributions of the United States who have been living without moving to the same village as his father and grandfather who lived as a farmer so they could have good and wise traditions to help each other, be generous to their neighbors, give thanks for everything done rather than complain, be diligent, patient and self sacrificed in death whenever the national security is in crisis. Now, the South Korean people have become wealthier, but they have lost the good and wise traditions and become more selfish.

Now, the U.S. Soldiers of the 2nd U.S. Infantry Division and the 5th Tactical Air Force are still stationed in the military bases in Korea under the flag of the United Nation Command.

The world is closer. Economic competition is intense and the way of war is dirtier.

The United States is the more concerned with terrorism and potential military threats in Northeast Asia. The U.S. Army, including the Army in Korea, is greatly changing and reorganizing for the new concept against threats.

We have to recognize the fact that the world is changing, and the U.S. Army in Korea is not the Forces any more with the mission to protect only the Korean peninsula.

I suggest you all think about what was the U.S. Forces in Korea to South Korean from the past 50 years and what is a better relationship with the allied nation for the future.

이승만 대통령이 3년의 포로생활 끝에 돌아온 딘 소장에게 한국의 최고 무공훈장인 태극무공훈장을 수여하였다. 1954. 9. 4
President Rhee welcome MG Dean and Ordered of Military Merit 'Taegeuk' the most Honorable medal in Korea, 4 September 1954

전후 복구에 공헌한 코울터 중장을 기리기 위해 1959년 이태원 로터리에 세웠던 동상이 교통이 복잡해지자 1970년에 철거되었다.
In recognition of LTG Coulter, the status of LTG Coulter were standing on the rotary of Itaewon, Seoul in 1959 but was demolished due to traffic density in 1970.

의정부에 위치한 미 1군단사령부 정문, 1959년
지금은 미 2사단사령부가 위치한다.
Main Gate of I Corps (U.S.) Uijeongbu City Korea, 1959
Now the 2nd Infantry Division(U.S.) HQs is located Camp Red
Cloud, Uijeongbu

아가야 잘 있거라.
한국으로 떠난 아빠는
다시 돌아왔을까?
Bye, baby…, depart
to Korea

고아 소녀
A war orphan,
Korea

미 군사고문단 사령부, 용산, 1953년
HQs, USMAG(Military Advisory Group) To the ROK, Yongsan,
March 1953

미 25사단 위문 차 한국에 온 마릴린 먼로
Marilyn Monroe at 25th ID, Front line, Korea, March 1954

수많은 자유 우방국 병사들이 싸우며 피를 흘렸을 뿐만 아니라 인간애를 발휘하여 전쟁의 고통을
치료하는 데에도 힘을 쏟았다.
Many soldiers of UN countries not only fought in Korea but also shown their humanitarian
spirit and take care of pain of the war in Korea.

기지촌의 여인들,
1955년
Women near the
U.S. Camps, 1955

유엔 민간지원사령부가 남한 민간인들에게 집을 지어 주는 지원 사업
을 펴고 있다. 1952년 7월
UNCACK is supporting South Korean Housing in July 1952.

유엔 민간지원사령부가 서울 시민들을 위하여 지프 위에 설치한 소방차를 제공하고 있다. 1952년
The United Nation Civil Assistance Command in Korea providing Relief for the civil
population of South Korea 'Jeep type of fire engine', 1952.

그리운 애인을 품안에
Welcome Home, Honey,
1953

파란 눈의 아저씨가 때로는 그리운 엄마 품을 대신하였다.
A war orphan and his uncle who has a blue eyes

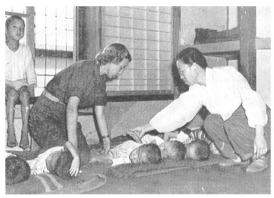

병사들도 고아들에게
관심을 보였다.
Soldiers of the UN
countries also
supported
orphanage houses
in Korea.

우방국의 교회와 선교단은 고아 지원 사업을 지속하였다.
Missionaries and Christian Churches from the U.N. countries Continually
supported orphanage houses in Korea.

철수하는 미 45사단, 1954. 3. 14
The 45th Division(U.S.) retreat March 14, 1954

팀 스피리트 한미 연합 군사훈련, 1978~1992
Team Spirit Exercise 1978-1992(ROK/U.S. Combined Exercise)

U.S. 8th Army

U.S. I Corps   U.S. 9th Corps   U.S. 10th Corps

U.S. 24th ID   U.S. 1st Cav Div   U.S. 2nd ID   U.S. 25th ID

U.S. 7th ID   U.S. 3rd ID   U.S. 40th ID   U.S. 45th ID   U.S. 1st Marine Div

참전하였던 미군: 미 8군사령부 예하, 미 1군단, 9군단,
10군단 사령부, 24사단, 1기병사단, 2사단, 25사단, 7사단, 3사단,
40사단, 45사단, 해병 1사단

워싱턴의 한국전쟁 기념공원
Korean War Memorial Park in Washington

송환되는 미군 유해
A U.S. solder's dead body back to home

미 2사단의 신형 전차, M1A1 전차, 한국
M1A1 Tank in a Camp of the 2nd Infantry Division, Korea

미 2사단 브래들리 장갑차, 1992년
Bradley Fighting Vehicle(BFV), Korea, 1992

미 다연장 로켓 사격, 1993년
Multipul Launcher Rocket System(MLRS), Korea, 1993

탱크 기동 사격, 1993년
M1A1 Abrams Tank, Korea, 1993

블랙호크 기동용 헬기,
2001년
Black Hawk, Korea, 2001

아파치 공격 헬기, 한국
Attack Helicopter,
Apache, Korea

패트리어트 대공 미사일, 2000년 Patriot Anti Air Missile, 2000

91. 남과 북 North Korea and South Korea

우리는 지난 수십 년간 남과 북이 화해하고 평화롭게 통일하여 행복하게 공존하기를 꿈꾸며 살아왔으면서도, 한편으로는 3년 전쟁의 고통과 갈등의 골이 너무도 깊었기에 서로 원수처럼 적대시하며 살아왔다. 그러나 이제 55년의 세월이 흐른 지금 경제적인 재기로 여유를 갖게 되자 피와 땀, 고통과 인내를 요구하는 전쟁의 고통을 더 이상 원치 않게 되었고, 원치 않는 전쟁은 갖춰진 힘으로만이 막을 수 있다는 평범한 진리를 점차 잊어가고 있는 듯하여 안타깝다.

이기주의의 목소리가 더 큰 나라에서는 국난이 발생해도 국가를 위해 목숨을 바치는 헌신과 희생을 기대할 수 없다. 언제부터인가 우리는 방심이 부른 전쟁의 참혹함을 잊고 달콤한 사탕만을 찾는 안이함에 빠져든 것은 아닐까?

도와야 할 북한 동포와 김일성 독재 집단을 확연히 구분할 줄 알던 우리가 언제부터인가 북한은 곧 국가이며 김정일 정부이고 또 북한 동포 자체라는 평화로운 등식을 더 현실감 있게 받아들이게 된 것은 아닐까?

한반도는 세계 제일의 군사 강국 중국을 포함하여 경계해야 할 잠재적인 적대 국가 소련과 일본에게 둘러싸여 있다. 무엇보다도 휴전 상태로 대치하고 있는 적대 세력인 북한은 116만 명의 전투력을 보유한 세계 5대 군사 강국으로, 즉각 전투에 투입할 수 있는 20개 군단, 62개 사단, 113개 독립 여단(남한: 69만 명, 11개 군단 50개 사단)과, 탱크 3천 8백 대(남한: 2,200대), 야포 1만 2천 문(남한: 4,850문)을 보유하고 있으며, 이에 대응하는 남한도 세계 6대 군사 강국으로 75만 명의 군사력을 보유하고 있다.

왜 한반도에 위험하기 그지없는 엄청난 살상 무기가 모여 있는 것인가? 만일 남북한이 전쟁에 돌입한다면 3일 이내에 총력전 체제로 돌입하여, 천만 명(남한: 304만 명, 북한: 745만 명)을 추가로 동원해 가공할 현대적 살상 무기를 사용하여 사정없이 서로를 짓이길 것이고, 이 아름다운 강산을 다시는 재기할 수 없는 폐허로 만들 시한폭탄 지대에 우리가 살고 있음을 잊어서는 안 된다.

조상들의 슬기와 지혜로 오천 년을 이어 온 이 땅을 우리의 현명함과 인내심으로 지켜 가야 할 것이다.

For the last couple of decades the Korean people have dreamed of living together in harmony after the peaceful unification of the Korean peninsula. The unforgettable deadly feud between the South and the North because of the three painful years the Korean War was going on. However, the second generation is forgetting why the war broke out 55 years ago, and now they are not willing to spill blood or sweat in order to unify the county any more.

Instead, they want to live in freedom, as individuals, once they have gotten rich. They have forgotten the eternal truth 'Should be armed enough for the peace.' History teaches us that any country will be defeated and demolished if the people follow the vain luxury of individual pleasure, but refuse to care for the society and the country to which they belong.

The feeling about North Korea and South Korea has undergone a big change like 'North Korea is not our enemy any more, but we have to help and protect them' Somehow, South Korea has lost the idea that the North is our enemy, even with more than a million North Korean soldiers aiming at the South at this moment. North Korea is not our enemy obviously.

We should desire to help and protect the North Korean people who are suffering from famine and survive under terrible living conditions and guarantee their right to live as free human beings, but we should not desire to help or protect the authority of North Korea. North Korea has only the communist idea and goal for unifying the Korean peninsula, governed by Kim Jung-il, the son of Kim Il-sung. Today, the North is a dangerous country like the Japanese Empire, Fascist Italy, and Hitler's 3rd German Empire, all commanded by dictators. The Korean peninsula has only 230,000 Square Km with more than 70% mountainous area, but still has the highest population density of any country in far Northeast Asia.

The Korea peninsula is the most sensitive area geographically in Asia, because four of the world's greatest nations, Red China, Russia, Japan and the United States, restrain each other. In addition, North Korea maintains an oversized military power with 1,160,000 military personnel organized into 20 military Corps, 62 divisions and 113 separate brigades with 3,800 tanks and 12,000 artillery tubes with the 7,450,000 additional supporting reserves. This is aligned against the South Korean's 690,000 military personnel, organized into 11 military Corps and 50 divisions with 2,200 tanks and 4,850 artillery tubes with 3,040,000 additional supporting reserves.

Why the enormous number of troops and weapons are stationing in the Korean peninsula? Why we do not stop the armament race, but try to have nuclear weapons more in Korea? Who wants another war that could mobilize more than 10 million troops with tremendously destructive weapons in the Korean peninsula again?

김일성
Kim Il-sung

전쟁을 통하여 북한은 유엔 공군의 집요하고도 가혹한 공격에 엄청난 고통을 당하였다. 휴전 이후 북한은 대공화력을 집중적으로 강화하여 현재 세계 최강의 방공망을 갖추게 되었다.
NK was pained under unconditional air attacks and strikes by the UN Air Forces during the entire Korean War. After the War, NK constructed their capacity of anti-air defense in the first priority and now NK have one of the most capable anti-air weapon systems in the world.

북한군 자주포병
NK made self propelled Artillery Gun

월맹 호치민과 만나는 김일성, 하노이, 1958년
Kim Il-sung and Ho Chi-min, Vietnam, 1958

남 북한 지상군(군단)비교
NK & SK Ground Forces

한국전쟁 시 양쪽의 전투력은 8~10개 사단 규모였으나 정전 이후 치열한 군비 경쟁의 50년 세월이 흐른 지금, 양쪽 사단의 수가 50~62개로 늘어났고 병력 규모도 69만 명(남한), 116만 명(북한)으로 늘어났다.

탱크와 화포의 수도 한국전쟁 당시에 비해 20~30배가량 늘었다. 수적인 증가보다도 더욱 위험한 것은 무기 성능의 발전으로 치명적인 파괴력, 남한 전 지역을 위협하는 사거리의 증가, 표적 정밀도가 향상되었다는 사실이다. 그러나 더욱 심각한 것은 한 민족간의 갈등과 불신의 골이 너무 깊어 화해가 쉽지 않다는 데 있다.

Since the Korean War with the military power of 8-10Infantry divisions only between NK and SK, there was an armament race in the Korean peninsula for the more than 50 years to 50-62 Infantry and Mechanized divisions with more than 690,000 active troops in South Korea and 1,160,000 in North Korea.

The numbers of Tanks and Artillery tubes has increased 20-30 times, and also the range of fire and destructive power has tremendously increased. However, the most serious problem is the level of distrust between the North and the South.

한국군 제3군사령부 창설, 용인, 1973. 7. 1
Activated Third ROK Army (TROKA), Yongin, 1 July 1973

한미연합사령부 창설, 용산, 1978. 11. 7
Activated Combined Force Command (ROK/U.S.), Yongsan,
Korea, 7 November 1978

월남에서 철수한 맹호사단, 수도기계화사단으로 재창설, 현리, 1973. 3. 21
Tiger Division in Viet Nam back and reorganized as Capital
Mechanized Division, Hyunri Korea, 21 March 1973.

판문점의 긴장은 계속되었다.
Tension in Panmunjeom, Korea

한국군 항공사령부 창설, 경기도 광주, 1978. 6. 1
ROK Aviation Brigade activated in Gwngju, Gyeonggido,
Korea, 1 June 1978.

팀 스피리트 훈련, 1984년 4월
Team Spirit, Korea, April 1984

훈련장에서 훈련 중인 미 2사단, 2002년 2월
2nd Infantry Division in Rodriguez Range, Korea, February
2002

국군의 날 여의도에서 퍼레이드 중인 육군 기계화부대, 서울, 1988. 10. 1
ROK Mechanized Forces perade in Yeouido, Seoul on the
Armed Forces Day, Korea, 1988

한국산 대공 미사일 발사 실험
ROK made Anti-air Missile.

한국산 155밀리 야포 사격
ROK made 155mm Howizter.

한국 공군 F16 전투기
ROK Air Force, with F16 fighters

한국군 다연장 로켓
ROK made Multiple Rocket Lancher(MRL).

한국군 합동 참모본부 창설, 용산, 1990. 10. 1
ROK Joint Chief of Staff, Yongsan, 1 October 1990

한국군 국방대학 창설, 서울, 1990. 10. 1
ROK National Defense College, Seoul, 10 October 1990

국군 정보사령부 창설, 서울, 1990. 11. 1
ROK Intelligence Command, Seoul, 1 November 1990

국산 전차 K1, 한국, 1988년
ROK made K1 Tank, Korea, 1988.

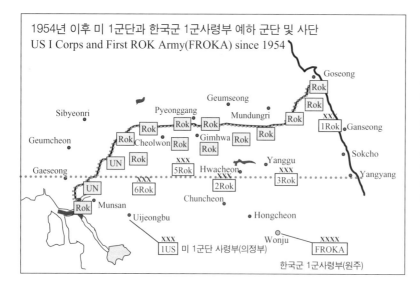

북한의 지상군은 70% 전력이 전방으로 전진
배치되어 있어 여전히 공격적이고 위협적이
다.(사단 단위 부대의 세부적인 위치는 군사
비밀사항임)
The 70% of NK's ground Forces are
stationed forward to attack to South
immediately without relocation.(The
detailed location of the ROK divisions
are classified for the security.)

92. 한국전쟁 유적지 Memorial sites of Korean War

한국전쟁이 시작된 1953년 6월 25일 이래 3년간의 전쟁을 통하여 한반도 구석구석 살육의 고통이 각인되지 않은 곳이 없었다. 오천 년 유구한 역사를 꾸준히 지켜 오던 조용한 산과 들이 또 한 번 폭격과 폭파 그리고 의도적인 파괴의 소용돌이에 휘말렸고, 피 흘리며 죽어간 숭고한 젊은이들을 기리는 전적비는 화마가 휩쓸고 간 산등성이에 피어나는 고사리 줄기처럼 도처에 솟아올랐다.

이 전적비들은 그들의 무공을 자랑하기보다 얼마나 많은 젊은이들이 피어 보지도 못한 채 죽어 가야 했고, 이들의 피와 바꾼 자유가 얼마나 숭고한 것인지를 일깨워 준다. 또 평화를 외치는 시위와 기도만으로는 평화와 자유를 지킬 수 없음을 보여 주고 있다.

전쟁의 화마는 미군과 유엔군이 제공 제해권을 장악하며 전쟁을 수행한 이유로 북한 땅을 더욱 가혹하게 휩쓸었으며, 수많은 젊은이들과 무고한 양민들을 희생시킨 전장에 그들의 넋을 기리기 위하여 전적비와 위령탑을 세워야 할 곳이 북한 땅에도 수없이 많다.

쾌속의 북진을 거듭한 한국군과 유엔군의 전승비가 북한 땅에 없는 것처럼, 개전 초 파죽지세로 낙동강까지 밀고 내려온 북한 인민군의 전승비도 남한 땅에 존재하지 않는다. 전쟁 유적지와 참전비가 객관적인 전쟁의 역사 자료가 되기에는 무리가 있다. 전쟁의 잔인함과 다소 과장된 참전비명을 감안하더라도 한국전쟁의 참혹함은 남한 여러 지역에 산재한 참전비를 통해서 이해할 수 있을 것이다. 사랑하는 이들과 함께 나눌 평화와 인간의 존엄성을 지켜 주는 자유를 원한다면 전쟁에 대비하라.

그리고 평화와 자유를 지키는 이 탑들은 많은 사람들의 피와 희생을 담보로 한다는 사실과 잊어서는 안 될 반복되는 역사의 진리임을 일깨워 주고 있다.

용산 전쟁기념관
War Memorial Hall, Seoul, Yongsan

Nearly every corner of this peninsula suffered under the pain and agony of the three years' of war. The peaceful mountains and valleys that had remained for five thousand years were suddenly tortured and twisted by the three years' of Korean War. This resulted in many war memorials and monuments where the innocent young men spilt their blood and sacrificed themselves for their country.

The monuments show why the young men had to spill the blood for even without the youth and the young blood it is honorable for keeping freedom for it, not only shows how they won but fought bravely on the battlefield.

The monuments explain that the peace could not be protected by merely crying for peace, but you must be willing to bear arms. I am sure that there are still many places to set up monuments in the North Korean territory because those battles should be remembered for the brave and faithful soldiers and civilians, who suffered all, sacrificed all, dared all, and died. We understood that some descriptions on the monuments are exaggerated for the victory and no victory monuments exist for the North Korean Army in the South Korean territory and conversely not for the UN forces or the ROK Army in the North Korean territory. We can imagine how the battles desperate and the cruelty of war when you see the monuments.

If you want the freedom of sharing with your lovers and families, and you want to maintain your dignity as a human being, you must be armed.

Remember! The monuments for freedom and peace ask that your sacrifice and your blood.

서울과 서부전선 지역 *Seoul and West front area*

인천 전쟁기념관
War Memorial Hall, Incheon

네덜란드군 홍천 전투 기념비,
1951. 12. 12.
Netherlands Army for
Hoengsung battle, 12
December 1951

전쟁 기념탑, 인천 수봉공원
War memorial tower, Subong park, Incheon

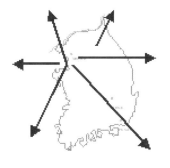

인천상륙작전 기념비, 1950. 9. 15
Memorial tower for Incheon Landing,
15 September 1950

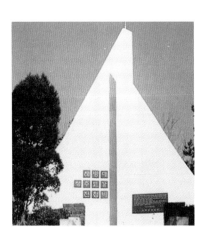

한강도하작전 기념탑, 행주나루
Memorial tower for River
Crossing Operation
at Haengju, west of Seoul

연희고지 전투 기념비, 서울,
1951. 9. 18~28
September 18-28, 1951
Hill 104, West of Seoul

경기도, 서부전선 지역 *Gyeonggido Province, West front area*

임진강 전투 기념비, 문산, 1951. 4. 23~4. 30
Imjingang battle, Munsan, Paju City,
23–30 April 1951

영국군 글로세스터셔 대대 설마리 전투, 1951년 4월
22~4. 25
Seolmari battle for Gloucestershire BN, 29th
Bde, UK, 22–25 April 1951

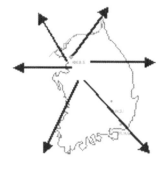

용문산 전투, 양평, 1951. 5. 18~30
Yongmunsan battle, Yangpyeong, east of
Seoul, 18–30 May 1951

한미해병 참전 기념비, 봉일천
War memorial tower for U.S./ROK
Marine Corps Bongilchun, Paju City,
west of Seoul

죽미령 전투, 1950. 7. 5
미 24사단 스미스 대대
Jukmiryeong hill battle, Osan,
5 July 1950
By the TF Smith, 24th Division

스미스대대 참전 기념비
Memorial tower for TF Smith

경기도, 서부전선 지역 *Gyeonggido Province, West front area*

의정부 전투 기념비, 녹양동
War memorial tower
Uijeongbu battle, 25-26 June 1950
Behind the Camp Red Cloud,
Uijeongbu City, 1950. 6. 25-6. 26

전쟁 기념비, 철원
War memorial tower at Cheolwon

백마고지 전투, 1952. 10. 6~10. 14
War memorial stone for White Horse
hill battle, 6-14 October 1952

한국군 1사단 전쟁기념탑, 문산
For the Heroes of ROK 1st Division
Munsan, Paju City, west of Seoul

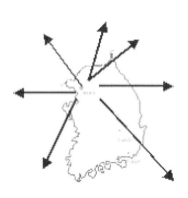

가평 전투 기념비, 1951. 4. 23~4. 25
War memorial tower for Gapyeong
battle, 23-25 April 1951

북한강 전투,
1950. 10. 1~10. 7
War memorial stone for
Bukhangang(River)
battle, Migeumri,
northeast of Seoul,
1-7 October 1950

지평리 전투, 1951. 2. 13~16
War memorial stone for
Chipyungri battle, 13-16
February 1951

사창리 전투, 화천, 1951. 4. 22~24
Sachangri battle, Hwacheon, north
of Chuncheon, 22-24 April 1951

금성 전투, 화천, 1952~1953
Geumseong battle, Hwacheon,
north of Chuncheon, 1952-1953

수리봉 전투, 풍산리, 화천, 1951. 6. 6~6. 11
Suribong battle, Pungsanri, Hwacheon,
north of Chuncheon, 6-11 June 1951

저격능선
전투, 학사리,
화천, 1952.
10. 14~10.
24
Sniper hill
battle,
Haksari,
Keumhwa,
middle
front, 14-24
October
1952

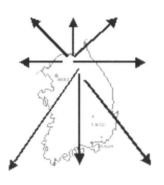

파로호 전투,
화천댐, 1951.
4. 19~20
Paroho
battle,
Geumanri,
Hwacheon
dam area,
19-20 April
1951

춘천, 홍천 전투, 춘천, 1950. 6. 25~6. 30
Chuncheon/Hongcheon battles,
Chuncheon City, 25-30 June 1950

홍천 전투 기념비
Hongchon battle, Hongcheon
town

원주 전투, 태장동, 1951. 1. 6~1. 12
Wonju battle, Taejangdong,
Wonju City, 6-12 January 1951

강원도, 중부·동부전선 지역 *Gangwondo Province and middle/East front area*

현리전투, 오미재, 1951. 5. 16~5. 22
Hyeon-ri battle, Omije, Inje the east
of Chuncheon, 16-22 May 1951

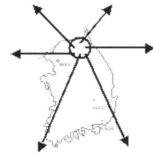

피의 능선, 백석산 전투, 인제 방산
Blood ridge battle and Baeksuksan battle,
Bangsan, Inje, the east of Chuncheon

도솔산 전투, 양구, 동면, 1951. 6. 4~6. 20
Dosolsan(hill, 1,148m), Dongmyeon,
Yanggu, the east of Chuncheon,
4-20 June 1951

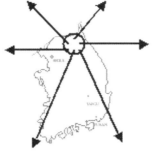

백석산 전투, 고방산 인제, 1952. 9. 24~10. 1
Baeksuksan battle, Gobangsan, Inje,
the east of Chuncheon,
24 September-1 October 1952

펀치볼 전투, 양구, 동면
Battle at Punchbowl, Dongmyeon,
Yanggu, the east of Chuncheon

피의 능선 전투, 양구, 동면, 1951. 8. 18~9. 7
Battle at blood ridge, Dongmyeon,
Yanggu, the east of Chuncheon,
18 August-7 September 1951

향로봉 전투, 인제
Hyangnobong battle, Inje

향로봉 전투, 간성, 1951. 8. 18~8. 24
Hyangnobong battle, Ganseong,
East front, 18-24 August 1951

월비산 전투, 대진, 고성, 1951. 7. 10
Wolbisan(hill, 351m), Daejin, Goseong,
East Sea side, 10 July 1951

인제 전투 기념비
Battle in Inje area

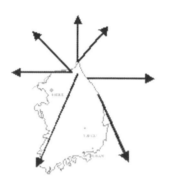

설악산 전투 기념비, 국립공원 내, 1951. 5. 7~6. 9
Seolaksan Area, In the Seolaksan national
Park, 7 May- 9 June 1951

인제지구 전투, 합강, 1951. 4. 9~4. 17
Battle in Inje area, Hapgang(River), Inje
the east of Chuncheon, 9-17 April 1951

강릉지구 전투 기념비
War memorial tower for Gangneung
battle, Gangneung City

충청도와 전라도 지역, 서울 남부 *Chungcheongdo Province and Jeonrado Province area, south of Seoul*

진천 전투, 1950. 7. 6~10
Jincheon battle, Jincheon,
Chungcheongdo Province,
6-10 July 1950

동낙리 전투, 중원, 1950. 7. 5~7. 10
Dongnak-ri battle, Jungwon, Chungcheongdo
Province, 5-10 July 1950

대전 전투 기념비, 음성
Memorial tower for Daejeon battle,
Eumseong, Chungcheongdo Province

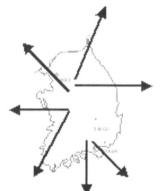

무극리 전투 기념비, 1950. 7. 5~7. 9
Mugeukri battle, 5-9 July 1950

대전 전투, 보문산, 1950. 7. 17~8. 6
Daejon battle, Bomunsan Park,
Daejeon City, 17 July- 6 August 1950

여수반란 현충탑, 죽도봉공원
Memorial tower for Yosu rebellion,
Jukdobong Park, Suncheon City

지리산 전투 기념비, 남원, 1953~1957
Chirisan campaign, Namwon, Jeonrado
Province, 1953-1957

화령장 전투, 상주, 1950. 7. 17~7. 25
Hwaryungjang battle, Sangju, for 17th ROK
regiment and 1st ROK division, 17–25 July 1950

이화령 전투, 문경, 1950. 7. 13~7. 15
Ihwaryeong battle, Munkyeong, for 17th ROK
regiment and 1st ROK division, 13–15 July 1950

왜관 전투, 왜관, 1950. 8. 9~8. 30
Waegwan battle, Waegwan, Chilgok,
Gyeongsangbukdo, 9–30 August 1950

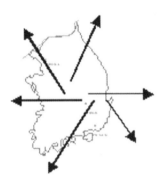

다부동 전투, 왜관, 1950. 8. 13~8. 30
Dabudong battle, Waegwan, Chilgok,
Gyeongsangbukdo, 13–30 August 1950

안강 전투, 경북 월성, 1950. 8. 9~9. 22
Angang battle, Wolseong, Gyeongsangbukdo
9, August– 22 September 1950

포항 전투, 포항,
1950. 8. 9~9. 22
Pohang battle,
Pohang,
Gyeongsangbukdo,
9 August– 22
September 1950

문경 전투 전적비, 문경
War memorial tower for Mungyeong battle,
Mungyeong, Gyeongsangbukdo

낙동 전투 기념관, 대구, 1950. 8. 2~8. 12
Nakdong Campaign, Daegu City,
2-12 August 1950

창녕 전투, 창녕, 1950. 8. 5~8. 19
Changnyeong battle, Changnyeong,
Gyeongsangnamdo, 5-19 August 1950

신녕 전투, 영천, 1950. 8. 30~9. 15
Sinnyeong battle, Yeongcheon,
Gyeongsangbukdo, 30 August- 15
September 1950

진동리 전투, 진주, 1950. 7. 29~8. 5
Jindong-ri battle, Jinju City,
Gyeongsangnamdo, 29 July- 5 August
1950

영천 전투, 영천, 1950. 9. 2~9. 12
Yeongcheon battle, Yeongcheon,
Gyeongsangbukdo, 2-12 September
1950

영천 전투 기념비, 영천
Memorial tower for Yeongcheon
battle, Yeongcehon,
Gyeongsangbukdo

경상남도와 부산 *Gyeongsangnamdo and Pusan*

영산 전투,
경남 영산,
1950. 8. 5~8. 19
Yeongsan
battle,
Yeongsan,
Gyeongsangna
mdo, 5-19
August 1950

충무지구
전투, 충무시
Chungmoo
battle,
Chungmoo
City

거제도 포로수용소
POW Camp in Geojedo(Island)

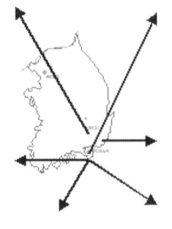

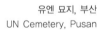

유엔 묘지, 부산
UN Cemetery, Pusan

13만 공산 포로를 수용했던 거제도 포로수용소
거제 포로수용소는 1950년 11월에 건설되어 국군 33경비단과 미 187공정단이 관리하였다.
NK's 130,000 POWs were in Geojedo(Island) Camp.
The camp was constructed in November 1950 and the ROK 33rd Guard group and the 187th Airborne RCT(U.S.) managed.

거제도 포로수용소 기념관
POW Camps in Geojedo(Island)

93. 동북아시아의 미래 The Future of the Northeast Asia

동북아시아, 위험하기 그지없는 세계 최강의 군사력을 보유한 중국(1위), 소련(3위), 북한(5위), 한국(6위), 일본(잠재 군사 강국)이 모여 있으며, 미국(2위)도 태평양의 끝자락에서 자국의 이익을 위해 눈을 떼지 않는 곳.

소련의 부동항에 대한 욕심이 패권주의 중국과 부딪치고 대륙에 대한 동경과 탐욕의 눈길을 떼지 못하는 해양국 일본이 눈을 번득이는 곳, 그 한복판의 조그마한 한반도에서 남과 북이 주위의 위험은 아랑곳하지 않고 서로 피 터지게 대립하는 곳, 그곳을 우리는 동북아시아라고 부른다.

제2차 세계 대전 이후 불붙은 동서 간의 이념 충돌로 3년간의 전쟁을 치르고도 50년 넘게 치열한 군비 경쟁을 계속해 오는 한반도가 위치한 동북아시아는 세계의 관심이 집중된 곳이다. 남북한 간의 증오와 제살을 깎아 먹는 치열한 군비 경쟁은 과연 우리가 스스로 원해서 하는 것인가?

북한을 포함하여 중국과 소련은 우리의 자유 민주주의 이념과 다른 공산주의 국가들이다. 설사 이념이 다른 이들 국가들과의 이념 갈등이 해소되었다 하더라도 이들은 역사적으로 볼 때 끊임없이 해양으로 진출을 시도하는 위험한 패권주의 국가로서 우리에게는 경계해야 할 대상이다. 조그마한 반도의 반쪽 국가가 거대한 대륙 패권주의에 맞서 생존한다는 것은 매우 힘거운 일이다.

비무장을 선언한 일본도 당장은 우리에게 도움이 되지 못할 뿐만 아니라, 설사 무장한다 하더라도 우리의 믿음직한 맹방이 되어 주기보다는, 과거의 역사가 말해 주듯 기회만 있다면 자신들의 목적을 위하여 우리를 이용하고 짓밟을 가능성이 더욱 높다는 사실을 간과해서도 안 된다.

이해관계가 복잡하게 얽힌 이곳 동북아시아에 우리의 영원한 친구나 맹방은 없다. 그래서 우리는 더욱 땀 흘려야 하고, 혈세를 거두어서라도 스스로 힘을 키우고 쓰러져서는 안 되는 것이다.

당장 홀로 서기가 어렵다면 과거에도 그랬듯이 우리가 믿을 수 있는 맹방은 미국이 아닐까? 미국이 우리를 외면한다면 남한은 당장 대륙 패권주의와 공산주의 이념과 대항해 홀로 싸워야 한다. 둘로 갈라져 남과 북이 대치하고 있는 사실은 한민족에게는 매우 안타까운 불행이다.

형제들과 갈라져 그리워하며 살기를 정말로 원치 않기 때문에, 분단의 설움으로 너무도 많이 울었기 때문에, 통일 비용이 천문학적인 숫자임을 알면서도 우리는 통일을 원한다. 또 통일이 된다면 국력도 강해지고 동북아시아에도 평화가 올 것이라고 대다수 국민들이 믿기 때문이다.

한국민이라면 모두가 원하는 통일을 북한이 망설이는 이유는, 경제적인 열세로 인해 남한에 흡수 통일이 될 경우 겪을 체제의 붕괴와 기득권의 포기가 두렵기 때문일 것이라고 많은 국민들은 믿고 있다. 평화통일은 이렇게 모두가 열망하는 것이고 동북아시아 평화를 위해서도 도움이 될 것이므로 조만간 이루어 질 것으로 많은 국민들이 또한 굳게 믿고 있다.

남한과 북한만 화해하고 통일하면 동북아시아에 평화가 오는가? 세계 최강의 군사력을 보유한 중국과 소련, 그리고 미국의 군사력은 남한과 북한의 군사력의 위협에 대응하기 위해 준비된 것인가?

일본은 비록 자위대라고 부르지만 13개 최첨단 사단(전차 1,100대, 장갑차 950대, 화포 800문, 헬기 463대)

과 이지스함, 잠수함, 전투함, 상륙함, 해군 항공기, 전투기를 다량 보유한 24만의 정예군을 가지고 있다.

일본은 남북한의 군사력에 대단한 위협을 느끼는 양 과장된 제스처로 엄살을 떨면서 지금보다 더욱 강력한 군사력을 갖춰야 한다고 대의명분을 찾기에 분주하지만, 우리는 또 다른 해양 패권 국가의 등장을 우려의 눈으로 지켜볼 뿐이다.

21세기에 들어서면서 동북아시아의 화두는 북한의 붕괴 시기와 붕괴 절차에 관한 것이다. 전쟁이나 체제 붕괴 또는 흡수 통일 가능성을 포함하여 어떤 시기와 방법으로 남북이 통일될 것인가 하는 것이 세계의 관심사가 되고 있으며, 이 가능성은 그 어느 때보다 높아진 것이 사실이다.

만일 남북한이 통일된다면 통일 한국은 한동안 통일 비용 때문에 내부적으론 혼란기를 겪겠지만, 곧 군사력과 경제력이 지금보다 커지게 될 것이라는 낙관적인 견해가 설득력을 얻어 가고 있다.

남북한이 통일되는 과정을 지켜보는 주변국들은 동북아시아에서 분쟁 위험이 사라지고 평화가 올 것이라는 기대보다는, 한국이 통일이 되어 더 강해질 것이라는 우려 때문에 통일 독일처럼 격심한 통일 후유증으로 재기 불능의 경제적 약소국가로 전락하기를 더 바랄지도 모른다.

여러 가지 이유와 상황 때문에 성사되기 쉽지 않은 한반도의 통일 문제는 동북아시아 주변 국가들의 드러내 놓고 말할 수 없는 복잡 미묘한 이해관계 때문에 주위의 강대국들에게 진심으로 환영받지 못한다는 냉철한 현실을 우리는 이해해야만 한다. 통일은 민족의 염원이기 때문에 이루어져야 할 감정의 문제가 아니라, 국가간의 이해관계가 얽힌 냉정하고 이성적인 문제로 다가온다는 사실을 당사국인 우리는 간과해서는 안 될 것이다.

통일이 되면 한반도에 평화가 올 것이며 더불어 동북아시아에도 평화가 깃들 것인가? 한반도가 통일되면 중국, 소련, 일본도 스스로 불필요한 무장을 해제할 것인가? 이러한 질문들에 기꺼이 그렇다고 대답할 수 있다면, 이후 우리는 소모적인 우리의 군대를 해산하고 더 나은 삶의 질을 위해 복지 국가 건설에 집중할 것인가? 복지 국가 건설을 위하여 호전적이거나 군을 출세의 관문으로 생각하는 사람들만이 관심을 갖는 강제 징병제는 폐지하고, 최소한의 모병제를 기꺼이 실시할 것인가?

어쩌면 남북한이 통일된 후에는, 우리 아들들이 서울 북방의 문산이나 철원에 배치되어 철조망 너머를 응시하는 대신에, 더 먼 길을 떠나 추운 겨울 압록강과 두만강 어느 곳에 서서 북한보다 몇 배 강한 소련이나 중국과 대치하기 위하여 더 강도 높은 훈련과 더 많은 수의 군인들과 값비싼 무기들로 무장해야 할지도 모른다.

동·서해안의 강자 일본과 중국의 해군력에 대항하고, 자국 어민들과 선박의 안전을 위하여 지금보다 훨씬 많은 국방비를 쏟아 부어 해군력을 키워야만 동북아시아에서 생존할 수 있다는 현실 때문에, 더 많은 혈세와 젊은이들의 땀과 피를 요구할지도 모른다.

감성적인 평화와 통일 후의 핑크빛 청사진만을 그려 보며 현실과 동떨어진 환상에 젖기보다 동북아시아의 평화와 한반도의 미래에 대하여 냉정하게 생각하고 대비해야 할 때이다. 힘없는 자가 요구하는 평화는 언제나 짓밟히고 무시되고 만다는 사실을 역사가 말하고 있다. 동북아시아와 한반도에 평화가 지속되기를 바란다면 주변 국가들에게 짓밟히지 않도록 대비해야만 한다.

The Northeast Asia, this was the place where the most powerful militarized countries are assembled including China, the first strongest country, Russia - the third, North Korea- the fifth, South Korea - the sixth, Japan- a potential militarized nation and the United States- the second powerful nation, and competing for their national interests in this critical area.

We called the place Northeast Asia where China and Russia have been in conflict on their boundary North of Manchuria. At the same time, Japan has been keeping an eye toward Manchuria for their constantly desired expansion. The Korean peninsula is located in the middle of the Northeast Asia. Who will try to hold this peninsula next after Japan gives up its 35 years' of colonial rule over the Korean peninsula in force in 1945 by the world powers? The Soviet Union and the United States, the victorious nations of the World War II who divided the Korean peninsula into two parts and governed them like occupying owners of the Korean peninsula for a couple of years until 1948.

The United States only stationed in South Korea since the Chinese Communist Forces retreated in 1953 when the armistice was agreed. Does it mean the United States is the most avarice country in Northeast Asia?

I could not show the right answer, but the fact that the Republic of Korea could survive as a free democratic country and keep the progress as one of the world's strongest economies because of the military balance with the United States Forces in Korean peninsula has been keeping peace without war.

The world changed and the threat of cold war also looks gone. The most interested issue now a day in the world looks at economic prosperity, not ideology. Even though South Korea has superiority economically on the North, North Korea is still a powerful and dangerous communist country to the South.

Now as we are entering the 21st Century, many of the South Korean people look at recovering self-confidence without any supporters even the United States but looks can stand-alone.

However, it is not a good idea but dangerous because South Korea tries to stand-alone without any friend but tries to hug an ugly guy on one-side no matter what the situation is in dangerous Northeast Asia.

It is very sad that the Korean peninsula was divided into two within different ideology and against each other more than 50 years because the peninsula had been one Nation. Korean people really want to reunify the North and the South in the peninsula even though the expense to unify will be huge, because they have missed each other very much having heartbreak for the more than 50 years.

Many Koreans and politicians are keeping watch, asking to love and live together with the North no matter what the reality of North Korea and the mood of our neighbors in Northeast Asia because the Koreans just want it. Simply, most Koreans believe that a unified Korea will have prosperity faster, stronger and keep peace forever. Will the peace come in Northeast Asia after the Korean peninsula is unified?

Is China or Russia supposed to be good neighbors without a threat to Korea? Even though China and Russia changed their national policy to put their first priority in economic progress their country with free democratic countries, they are still a powerful country so we should watch them carefully. Is Japan supposed to be a good neighbor without a threat to Korea?

Japan has concentrated on economic prosperity without armament but is now changing slowly their policy to join the armament race in East Asia. Japan has a Self-Defense Force now, but it is stronger than any other regular national defense military power in Asia. That's why the countries of Asia are worrying.

Japan has 240,000 military personnel with 13 of the most modern military divisions with 1,100 state of the art tanks, 800 artillery tubes and 463 military helicopters on the ground and the state of the art Navy and Air Force power on the sea and in the air. That is a stupid estimation to compare with the number of soldiers if you do not consider the invincible capability to operate an up-to-date weapon system and expansion capability of quantity and quality in the future of the Japanese military power. If you have confidence to unify the North and the South in one country sooner or later, you had better think and prepare the situation after Korea is unified in Northeast Asia.

Maybe the countries in the Northeast Asia including China, Russia and Japan does not want Korea unified in one country because it expects to be the stronger country in economics and military.

Korean people should understand and recognize the true situation in the Northeast Asia and prepare the right and proper things to do carefully without becoming emotional.

Eager to do is not always Need to do. The issue of a unified Korea is not an issue to want emotionally, but an issue of multiple understanding among the nations in Northeast Asia logically and rationally.

If we do not prepare the future properly and be patient, we will probably have the worst situation in Northeast Asia with terrible hostility among the nations and we should be keeping in the armament race.

Maybe young men and women of Korea should stand at the Manchurian border, further away from home and against the stronger and the more powerful nations. Maybe Koreans should build more troops and collect more taxes for the expense of a military defense to protect the west and east Seas from Japan and China. We have to live together and keep good relationships and a proper military balance for keeping peace in Northeast Asia.

Remember; any insistences from those who are not armed and ready to fight are always ignored.

참고 자료 Information

* 1950년 동북아시아 세력 균형 *Military Balance in Northeast Asia in 1950*
* 한국전쟁 주요 인명록 *Who's who during the Korean War(Korean only)*
  한국군 ROK Army
  미군 및 유엔군 U.S. Army and allied armies of U.N. nations
  북한 인민군 North Korean People's Army
  중공군 (항미 원조군) Communist Chinese Force
  소련 Russian Army
* 한반도 주요 도시 및 지명 *Korean peninsula Map with key terrain recognition*
* 한국전쟁 주요 국지 전투 *Name of Major battles in Offensive/Defensive(Korean only)*
* 주요 유엔군 작전 명칭 *Major Military Operations with Code Names*
* 주요 작전별 작전선 명칭 *Major operational phase lines*
* 유엔군 참전 및 철군 약사 *UN Forces in during the Korean War*
* 연대기 *Chronology between 1945-1978(Korean only)*
* 21세기 동북아시아 군사력 *Military Balance in Northeast Asia in 2004(Korean only)*
* 약어 및 군사 용어 *Acronyms and Military Terminology*
* 자료 출처 *Data sources*

1950년 동북아시아 세력 균형
Military Balance of Northeast Asia in 1950

1945년 제2차 세계 대전 종전 시까지 동북아시아는 60만 일본 관동군의 주도 하에 있었다.

일본이 태평양 전쟁에서 패배하고 동북아시아에서 힘의 균형이 깨지자 이곳에서 주도권을 쥐려고 가장 먼저 달려든 국가는 소련이었다.

중국은 장개석 국민당 정부와 중국 공산당 세력 간의 치열한 국공내전에 휘말려 있었고, 미국은 일본의 항복을 받아냄으로써 기나긴 전쟁이 끝났다고 생각하고 있었다.

1950년 5월 태평양 전쟁이 종료된 지 약 5년이 지난 후 동북아시아에서의 군사적 세력 균형은 다음과 같았다.

The Northeast Asia was under the controlled by Japanese Imperial Army until they surrendered in 1945 when the World War II was over. Russia was the most eager to have the initiative in Northeast Asia when Japan surrendered.

In China, the inter-war was still going on between Chiang Kai-suk of Kuk-min tang and Mao's Communist but the United States want to believe the war is over because of Japan surrendered.

The military balance was shown as below in 1950 when the five years was passed since the World War II was over in Northeast Asia.

• 미국 United States
주일 주둔 미군 4개 보병사단

오키나와 1개 연대

제7함대

제5전술 공군(항공기 약 800대)

필리핀, 오키나와, 괌 공군 기(항공기 약 200대)

Four Infantry Divisions in Japan

An Infantry Regiment in Okinawa

The 7th Fleet

The 5th Tactical Airforce (800 aircrafts)

Military bases in Guam, Okinawa and Philippine(200 aircrafts)

사단 100여 개와 대군 280만 명을 보유하고 있던 미국은 제2차 세계 대전의 승리 이후 국민들의 여망과 의회의 결정으로 군 동원령을 해제하고 현역 사단 수를 10개로 줄이라는 명령을 받아 군을 급속히 해체시키고 있었다.

The United States of Army, the most powerful Army in the world which had the more than 100 divisions(2,800,000 troops) had to reduce the number of division as 10divisions by the order of the Senate because of the war was over.

• 소련 Russia
극동 소련 육군: 35개 사단

소련 극동 5함대

소련 극동 공군: 항공기 약 3,200대

Far East Army: 35Divisions

The 5th Far East Fleet

Far East AirForce: 3,200 aircrafts

제2차 세계 대전의 승전국이기도 한 소련은 미국과 달리 전후시기를 세계 적화의 호기로 판단하고, 유럽과 동북아시아에서 세력 확장을 시도하면서 군사력을 계속 증강시키고 있었다.

Russia, one of the victory nations of the World War II, estimated it was the proper time to expand their communist ideology to the world and was expanding their military power in Europe and Northeast Asia while the United States was disestablishing the military.

• 중공 Communist China
중공 육군 사단: 총 사단 수 200개

만주 및 대만 정면 정규 사단 수: 30~35개

The Communist China had 200Infantry Divisions and was estimated 30-35 Divisions in Manchuria(the Northeast Asia)

1948년 말 국민당 군을 대만으로 몰아내고 국공내전에서 승리하여 중국을 통일한 모택동은 전후 경제회복에 진력하기 위해 상당수의 부대를 해체하여 고향으로 돌려보내 마비된 경제 재건에 치중하고 있었다.

Mao Tse-tung, the leader of Communist Army succeeded to unify the mainland China in 1948 after pushed out the Kukmin-dang to Taipei.

Mao also disestablished a major part of the Army and let

the soldiers back to their farm for keeping on their efforts to recover the demolished internal economy.

• 대만 Chinese Taipei
1948년 중공 내전에서 패해 대만으로 철수
육군 10개 사단 보유
Kukmin-dang Army retreated to Taiwan after defeated and kept only 10 Divisions.

• 일본 Japan
자체 치안 목적의 자위대만 유지하고 육 · 해 · 공군 해체
헌법에 의거 영원히 비무장 국가로 남을 것을 선언함
Japan was disestablished their Army, Navy and Air forces for good since they surrendered in 1945, and declared to be Non-armed nation by the national law.

• 북한: 185,000명
North Korea: 185,000 troops
완편 육군 사단 10개, 독립 연대 2개
탱크 여단 1개 및 탱크 연대 1개
후방 예비 사단 3개, 38선 경비 여단 5개
후방 보안 연대 12개
포병사령부, 병참사령부 및 학교 기관
공격과 방어 작전이 모두 가능한 편제 장비 보유
Ten Infantry Divisions and two separate Regiments as well-trained.
An Armor Brigade and a tank regiment.
Three reserved Divisions and five guard brigades along the 38th parallel.
Twelve security regiments in rear area.
Military schools, Artillery Command and Logistic support capacity were established.
Offense and Defense operational capacity with the proper weapons established with.

• 남한: 전투 병력 135,000명
South Korea: 135,000 troops
완편 육군 사단 6개, 감편 육군 사단(3, 8사단) 2개
각종 학교기관 및 사관학교
후방 치안 경찰 4만 명, 동원 예비 병력(비무장) 5만 명
방어 작전만 가능한 경찰형 편제 부대
Eight Infantry Divisions(were not well trained)
Basic military training schools
To have police and guard capacity but not offense and defense operational capacity

한국전쟁 주요 인명록

1. 대한민국 국방군

대한민국 국군의 태동은 참으로 어렵게 시작되었다. 일제의 35년 식민통치 이후 또 다시 지배당하고 싶지 않은 국민들의 염원은 자력에 의한 군대를 갖는 것이었으나, 철저히 수탈당해 아무것도 남지 않은 이 땅에서 현대식 군대를 갖는다는 꿈은 너무도 비싼 대가를 요구하고 있었다. 일본이 물러간 이 땅에 제2차 세계 대전의 승전국이자 최강의 군대인 미국과, 세계의 적화 야욕에 불타는 가장 위험한 공산국가 소련의 군대가 동시에 몰려 왔다. 우리는 공산 위협에 대응할 자주 국방력을 키우는 데 미국이 도와주기를 간절히 원했으나, 공산세력의 위협을 경시한 그들이 우리를 무장시키려 하지 않았다.

미국은 남한에 최소한의 경찰 조직을 유지하는 것으로 충분하다고 생각하였으나 공산주의자의 폭력과 위험성을 경험하고 이들을 제압할 최소한의 치안 및 방어 군사력을 유지하려고 계획을 부분 수정하였다. 남한의 국방군은 명칭에서도 알 수 있듯이 치안경비대, 국방경비대라는 명칭을 거쳐 국방군(國防軍)으로 불렸다.

일제의 잔재 청산이라는 국가가 안고 있는 명제를 무시한 채 군복무 유경험자라는 이유만으로 선별 없이 일본군 복무 한국인들을 받아들이고, 영어를 잘하는 자의 능력 우대 방식과 선착순 입대라는 미국식 군 조직과 계급 서열을 적용하여 우리 고유의 유교적 전통과 정체성을 무시한 것도 군 약체의 한 요인이 되었다.

한 국가의 군대는 수립된 국가의 단일화된 이념을 수호하는 순수 무장 조직이어야 한다는 것은 상식에도 불구하고, 미 군정청은 공산주의자이든 좌익사상을 가진 자이든 구분하지 않고 차별 없이 받아들임으로써 이념상 분열할 수밖에 없는 군 조직을 탄생시켰다.

그 결과 공산 적화를 실현하려는 소련과 그들의 전위대 역할을 수행하는 북한 앞에서 자유 민주주의 공화국을 수호해야 할 국민의 군대는, 군내에서 사상과 이념이 다르다는 이유로 계급과 지휘 계통이 무시된 파벌을 형성하는가 하면, 상호 반목하여 군부대 반란이 발생하고 대대급 부대가 대대장 인솔 하에 월북하는 군내 혼란이 발생하기에 이르렀다. 1946년 군사영어학교를 통하여 임관한 장교 110명 중 최홍희 소장을 포함한 6명과 송호성, 최덕신 등이 월북하거나 친북주의자로 변절하였다.

남한의 군대는 공격과 방어 능력을 모두 갖춘 진정한 의미의 군대가 아니었다. 남한은 포병과 대전차포 하나 변변히 없이 조직된 경비 목적 사단 8개 중 절반인 4개 사단이 후방 지역에서 공산 무장 세력과의 전투에 휘말려 있는 동안 전면전의 기습을 당하였다.

전쟁 초기 3일 만에 전방의 사단 4개가 와해되고 국군 전력의 2/3를 잃고 와해된 채 대책 없이 후퇴하게 되었고, 전 국토의 7/8을 빼앗긴 채 낙동강전선에서도 미군과 유엔군의 전력에 의지하여 필사적인 방어를 해야만 하는 수모를 겪었다.

장비 부족, 훈련 부족, 전투 경험 부족 그리고 리더십의 부족이라는 치명적인 한계 때문에 국군 사단들이 전투 중에 붕괴되고 와해되었으며, 두 번에 걸친 한국군 군단의 붕괴 때문에 한국군 지휘부는 미군 지휘관들에게 무시당하고 지휘권조차 박탈당하는 수모를 겪기도 하였다.

물러서면 더 이상 갈 곳이 없다는 절박한 배수진과 조국을 지켜야만 산다는 정신력으로 버티며 수많은 젊은이들이 고통 받고 피와 땀을 흘린 끝에 국군은 서서히 단련되어 갔다. 대부대 군사 기동 훈련과 전투 경험이 없어 초창기에는 고전하였으나, 전쟁 중반기부터 소규모 기동 전투와 고지 공방전에서 국군은 역량을 발휘하기 시작하였고, 미군 지휘관들에게 신뢰를 회복하면서 연합 작전을 수행할 수 있는 부대로서 국군 20개 사단을 새로 창설하였다. 한국군은 점차적으로 미군이 맡고 있던 전선을 인계받으며 스스로 홀로 설 수 있는 자주국방의 초석을 세우게 되었다.

〈대한민국 국군〉
• 이름 옆에 표시된 계급은 한국전쟁 중의 계급임

김홍일 소장: 1898년 평북 용천 출생, 1919년 중국 귀주 무관학교 졸업, 중국에서 항일의용군사령관, 1949년 육사 교장, 1950년 6월 보병학교장, 한강철교가 폭파되자 패잔병을 수습하여 시흥지구 전투사령관으로 한강선 방어 수행, 1950년 7월 1군단장, 1951년 예편

김구: 상해임시정부 수반, 독립투사, 남북 단일 정부 수립을 주장한 민족주의자, 이승만과 정치적인 갈등을 겪었음. 배후가 불확실한 안두희에게 암살당함.

김백일 소장: 1917년 함북 출생, 만주군관학교 5기, 1946년 2월 군번 55번으로 군사영어 학교 졸업, 1950년 1월 제3사단장, 1950년 6월 육본 참모부장, 1950년 9월 제1군단장, 1950년 12월 흥남부두 철수 작전 시 미군 함정을 이용한 북한 피난민 후송에 기여, 군단장 재직 중 강릉에서 1951년 3월 28일 항공기 사고로 순직, 사후 육군 중장으로 추서

김석원 준장: 창군 원로, 개전 초 한강선이 무너진 후 현역에 복귀하여 수도사단장

김형일 준장: 7사단장, 1951년 국군 3군단이 오마치고개에서 붕괴될 당시 사단장

김익렬 대령: 개전 초 백선엽 장군 예하 1사단 13연대장

김점곤 중령: 1사단 12연대장, 개전 초 인민군 6사단에 의해 기습을 받고 부상당한 전성호 대령의 후임

김정열 소장: 1919년 서울 출생, 일본 육사 54기, 초대 공군참모총장(1949. 10)

김종갑 준장: 연세대학교 졸업, 일본군 장교 군번 30번으로 군사영어학교 졸업, 1950년 6월 한강선 방어부대 참모장, 1군단장, 국방차관

김종오 준장: 1921 충북 청원 출생, 학도병 일본군 소위, 1946년 군번 31번으로 군사영어학교 졸업, 1950년 6월 제6사단장으로 춘천 지구 방어에 성공하여 북한군 서울 포위를 좌절시킴, 1950년 10월 제9사단장, 1951년 3월 제3사단장으로 오마치고개에서 패배함. 1952년 5월 9사단장, 1952년 11월 육사교장, 1954년 6월 1군단장, 1961년 6월 육군참모총장

김계원 대령: 일본군 장교 군번 35번으로 군사영어학교 졸업, 1948년 13연대장, 육군참모총장

강문봉 준장: 1923년 함북 출생, 만주군관학교 5기, 일본 육사 59기, 1945년 12월 군번 17번으로 군사영어학교 임관, 1951년 백선엽 후임으로 1사단장, 1952년 10월 제2사단장, 1953년 5월 3군단장, 1954년 초대 제2군사령관, 1956년 김창룡 소장 살해사건으로 무기 징역형

강태무: 1923 경남 출생, 남한에서 육사 2기생으로 임관 대대장, 1948년 5월 국군 소령으로 월북, 인민군 대대장, 연대장, 1953년 2월 3사단 부사단장, 1958년 10사단장, 1991년 1월 조국평화통일위원

공국진 대령: 1사단 작전참모, 1군단 작전참모, 지리산 토벌군 작전참모

노재현 소령: 개전 초 국군 1사단의 포병대대장, 1952년 4월 미 9군단의 도움으로 새로 창설되는 국군 2군단의 초대 포병사령관, 육군참모총장, 국방장관

민기식 대령: 1921년 충북 청원 출생, 만주 건대 졸업, 학도병 일본군 소위, 1946년 3월 군번 18번으로 군사영어학교 졸업, 1949년 9월 보병학교장, 1950년 10월 제5사단장, 1953년 2월 제25사단장, 1963년 6월 참모총장

박임항 대령: 1919년 함남 홍원 출생, 만군1기, 일본 육사 56기, 1948년 10월 육사 특별7기, 1951년 7월 제1사단장

박정희: 1917년 경북 선산 출생, 1942년 만주 신경군관학교 졸업, 일본 육사 57기, 1946년 육사 2기, 개전 전 군내 숙군 심사 시 좌익계 장교로 분류되어 강제 전역, 후에 복직, 1954년 10월 포병학교장, 1955년 6월 제5사단장, 1957년 9월 제7사단장, 1959년 부산 군수사령관, 대통령

백선엽 준장: 1920년 평남 강서 출생, 1941년 12월 만군 9기, 1946년 2월 군번 54번으로 군사영어학교 졸업, 1949년 7월 제5사단장, 1950년 4월 제1사단장, 1951년 4월 제1군단장, 1951년 7월 휴전회담 대표, 1951년 11월 지리산 토벌사령관, 1952년 3월 제2군단장, 1952년 7월 육군참모총장, 1953년 1월 최초로 대장 진급, 1954년 2월 제1군사령관,

1957년 5월 육군참모총장, 1959년 2월 합참의장, 1960년 5월 예편, 국군 성장사의 주역

백인엽 준장:
1922년 평남 강서 출생, 학도병 일본군 소위, 1946년 군번 23번으로 군사영어학교 졸업, 인천상륙작전 시 17연대 전투단장, 1951년 제1훈련소장, 1952년 4월 제6사단장, 1956년 4월 제1군단장, 1958년 제6군단장, 1960년 5월 중장 예편

송요찬 준장: 1918년 충남 청양 출생, 지원병으로 입대, 종전 시 일본군 하사관, 경찰 재직 중 해방, 1946년 군번 96번으로 군사영어학교 졸업, 1950년 9월 수도사단장, 1953년 제8사단장, 1954년 8월 제3군단장, 1957년 제1군사령관, 1959년 참모총장, 1960년 5월 중장 예편

신성모 국방장관: 1891년 경남 의령 출생, 중국 남경 해양대 졸업, 영국 상선 선장, 1949년 국방부장관, 해양대학장

신상철 준장: 해방 이전 일본군 출신으로 한국전쟁이 발발하기 전 헌병감이였으며 한국전쟁 중 7사단장으로 오마치고개 참패의 책임으로 문책을 받음

신태영 소장: 해방 전 일본군 대좌, 군사영어학교에 합류하지 못했으나 1949년 10월~1950년 4월 육군총참모장이었다가 채병덕 소장에게 직책 인계, 1952년 3월~1953년 6월까지 국방부장관으로 재직 중 작은 아들이 전선에서 전사하였다. 고귀한 자의 국가에 대한 책임을 몸소 실천한 흔치 않은 모범 사례

양국진 대령: 전직 만주군 대위, 군번 6번으로 군사영어학교 졸업 후 초대 경찰학교 교장, 한국전쟁 발발 당시 육군본부 군수국장, 1960년 4월 중장

오덕준 대령: 일본군 장교, 히로시마 피폭으로 화상을 입음, 군번 59번으로 군사영어학교 졸업, 9사단장, 1951년 5월 11사단장, 군단장 소장 예편

유승열 준장: 1894년 충남 공주 출생, 일본 육사 26기, 1949년 5월 제2사단장, 1949년 10월 제1사단장, 1950년 7

월 신병으로 소장 예편 사망, 유재흥 장군의 부친

유재흥 소장: 1921년 일본 나고야 출생, 충남 공주, 일본 육사 55기, 1946년 1월 군번 3번으로 군사영어학교 졸업, 1949년 5월 제6사단장, 1950년 1월 제2사단장, 1950년 6월 제7사단장으로 의정부 방어 실패, 1950년 7월 제2군단장으로 북진 중 중공군에게 참패, 1951년 5월 제3군단장으로 중공군 5월 공세 시 군단 붕괴로 밴 플리트 장군이 3군단의 해체를 선언하고 한국 육본(총참모장 정일권)의 작전 간여를 금지하는 수모를 겪음. 1952년 1월 휴전회담 대표, 1952년 7월 제2군단장, 1957년 5월 합참의장, 1959년 2월 제1군사령관, 1960년 7월 중장 예편

유흥수 대령: 개전 초 수도사단 기갑연대장

이응준 소장: 1891년 평남 안주 출생, 일본 육사 26기, 일본군 육군 대좌, 1945년 12월 미 군정청의 고문으로 추대받아 마지막 군번 110번으로 군사영어학교 졸업, 1948년 12월 총참모장, 1949년 7월 제3사단장, 1950년 4월 제5사단장, 1955년 9월 중장 예편, 이형근 장군의 장인

이종찬 준장: 1916년 서울 출생, 일본 육사 49기, 일본군 고급장교 신분 때문에 국군 창설에 가담을 거부, 한국전쟁 발발 후 특별 임관, 1950년 6월 수도경비사령관, 1950년 6월 제3사단장, 1951년 6월 총참모장, 1953년 7월 육대 총장, 1960년 5월 국방장관

이용문 준장: 남부지구 전투사령관 시 항공기 추락사

이한림 준장: 1921년 함남 안변 출생, 만주군관학교 2년 졸업, 일본 육사 59기, 1946년 군번 56번으로 군사영어학교 졸업, 1950년 10월 제2사단장, 1953년 제9사단장, 1954년 제6군단장, 1960년 10월 제1군사령관

이치업 대령: 1922년 생, 군번 34번으로 군사영어학교 졸업, 1947년 1월 국방경비대 사관학교장, 1948년 5월 보병학교장, 1951년 1, 3, 7사단 부사단장, 1955년 7월 8사단장

이형근 준장: 1920년 충남 공주 출생, 일본 육사 56기, 전직 일본군 대위, 군사영어학교 1기, 군번 1번으로 임관, 1946

년 5월 국방경비대 사관학교 교장, 1949년 8월 제8사단장, 1950년 6월 한국전쟁 개전 시 보병 2사단장, 1950년 10월 제3군단장, 1951년 9월 휴전회담 대표, 1952년 1월 제1군단장, 1954년 대장 진급, 연합참모본부 의장, 1956년 육군참모총장

이성가 준장: 중국 봉천 출신, 국민당군 소좌 출신, 군번 37번으로 군사영어학교 임관, 1950년 초대 8사단장으로 영천 전투 승리(낙동강), 영변 맹산에서 중공군에게 패전하여 중형을 받았다가 복직되기도 하여 승패의 기복이 심했던 지휘관, 7사단장, 소장 예편

임부택 대령: 1919년 전남 나주 출생, 1946년 6월 육사 1기, 6사단 7연대장, 1951년 11월 제11사단장

원용덕 준장: 해방 이전 만주군 중좌 군의관, 군번 41번으로 군사영어학교 졸업 후 국방경비대 사관학교 교장, 춘천에서 8연대장, 1953년 헌병사령관, 이승만 대통령의 지시로 반공 포로 석방, 미국의 미움을 받음, 중장 예편

장도영 준장: 1923년 평북 선천 출생, 학도병으로 일본군 소위, 1946년 군번 80번 군사영어학교 졸업, 1950년 10월 제6사단장, 1951년 제5사단장, 1953년 6월 제8사단장, 1954년 2월 제2군단장, 교육 총본부장, 1961년 육군참모총장 예편

장창국: 1924년 서울 출생, 1945년 일본 육사 59기, 1946년 1월 군번 13번으로 군사영어학교 졸업, 제주에 창설한 9연대장, 1950년 6육군본부 작전국장, 1군단 부군단장, 1950년 9월 헌병사령관, 1951년 7월 제5사단장, 대장 예편

정일권: 1917년 시베리아 출생, 만주 봉천군관학교 5기, 일본 육사 55기, 일군 대위, 1946년 1월 군번 5번으로 군사영어학교 졸업, 1947년 1월 육군사관학교 교장, 1947년 9월 국방경비대 총참모장, 채병덕 총장 전사 후 뒤를 이어 1950년 6월 총참모장에 재기용, 1951년 5월 야전 지휘관 경험이 전혀 없어 미국 유학 후 1952년 제2사단장으로 보임, 1952년 7월 제2군단장, 1954년 2월 참모총장, 대장 예편

채병덕: 1917년 평양 출생, 일본 육사 49기, 병기 소령으로 임관, 1946년 1월 군사영어학교 군번 2번으로 졸업, 1946년 5월 통위부 특별부대장, 1950년 4월 2대 총참모장,

1950년 6월 개전 초 남침 저지 실패, 정일권 장군에게 총참모장 직을 인계하고 전선 지휘를 자청하여 전남 지역에 인민군 6사단 출현 시 1950년 7월 26일에 미 25사단 선발 부대와 함께 전투 지역 하동에서 전사, 사후 중장으로 추서

최덕신 준장: 1951년 3월 11사단장, 1952년 2월 휴전회담 대표, 전역 후 월북

최남근 중령: 14연대가 여수 순천 반란 시 순천 주둔, 15연대장, 반란군과 내통한 공산주의자로 사형

최석 준장: 3사단장, 1951년 4월 국군 3군단이 오마치고개에서 붕괴 시 9사단장

최창식 대령: 일본 육사 56기, 1948년 12월 공병감, 1950년 6월 28일 한강교 조기 폭파 이유로 1950년 9월 2일 사형, 전쟁 후 재판으로 명예회복

최경록 대령: 전직 일본군 장교, 군번 11번으로 군사영어학교 졸업, 1사단 11연대장, 1961년 2월 육군참모총장, 중장 예편

최홍희 대령: 1군단 참모장, 태권도 오도관 창설, 국군 내 태권도 보급의 창시자, 전역 후 캐나다로 이민, 태권도 보급을 통한 친북 활동

최영희: 해방 전 일본군 장교, 군번 51번으로 임관, 이성가 후임으로 8사단장, 1953년 10월 5군단장, 2군사령관, 육군참모총장

표무원: 국군 소령으로 1949년 5월 대대원을 이끌고 월북

한신 대령: 1922년 함남 영흥 출생, 학도병 일본군 소위, 1946년 12월 육사 2기, 1951년 5월 수도사단 1연대장으로 대관령 고지를 선점 사수함으로써 중공군 5차 공세를 저지하는 수훈을 세움, 1956년 수도사단장, 1969년 제1군사령관

〈역대 육군참모총장〉

초대	소장	이응준	1948. 12. 15-1949. 5. 8
2대	소장	채병덕	1949. 5. 9-1949. 9. 30
3대	소장	신태영	1949. 10. 1-1950. 4. 9
4대	소장	채병덕	1950. 4. 10-1950. 6. 29
5대	소장	정일권	1950. 6. 30-1951. 6. 22
6대	중장	이종찬	1951. 6. 23-1952. 7. 22
7대	대장	백선엽	1952. 7. 23-1954. 2. 13
8대	대장	정일권	1954. 2. 14-1956. 6. 27
9대	대장	이형근	1956. 6. 28-1957. 5. 17
10대	대장	백선엽	1957. 5. 18-1959. 2. 22
11대	중장	송요찬	1959. 2. 23-1960. 5. 22
12대	중장	최영희	1960. 5. 23-1960. 8. 28
13대	중장	최경록	1960. 8. 29-1961. 2. 16
14대	중장	장도영	1961. 2. 17-1961. 6. 5
15대	대장	김종오	1961. 6. 6-1963. 5. 31
16대	대장	민기식	1963. 6. 1-1965. 3. 31
17대	대장	김용배	1965. 4. 1-1966. 9. 1
18대	대장	김계원	1966. 9. 2-1969. 8. 31
19대	대장	서종철	1969. 9. 1-1972. 6. 1
20대	대장	노재현	1972. 6. 2-1975. 2. 28
21대	대장	이세호	1975. 3. 1-1979. 1. 31
22대	대장	정승화	1979. 2. 1-1979. 12. 12
23대	대장	이희성	1979. 12. 13-1981. 12. 12
24대	대장	황영시	1981. 12. 16-1983. 12. 15
25대	대장	정호용	1983. 12. 16-1985. 12. 15
26대	대장	박희도	1985. 12. 16-1988. 6. 11
27대	대장	이종구	1988. 6. 11-1990. 6. 11
28대	대장	이진삼	1990. 6. 1-1991. 12. 6
29대	대장	김진영	1991. 12. 6-1993. 3. 9
30대	대장	김동진	1993. 3. 9-1994. 12. 27
31대	대장	윤용남	1994. 12. 27-1996. 10. 19
32대	대장	도일규	1996. 10. 19-1998. 3. 8
33대	대장	김동신	1998. 3. 8-1999. 10. 28
34대	대장	길형보	1999. 10. 28-2001. 10. 13
35대	대장	김판규	2001. 10. 13-2003. 4. 7
36대	대장	남재준	2003. 4. 7-2005. 4. 7
37대	대장	김장수	2005. 4. 7-2006. 11. 16
38대	대장	박홍렬	2006. 11. 17-

2. 미군 United States of Army

미군은 전투 사단100여 개와 군단 20여 개, 태평양과 대서양에서 막강한 함대와 공군력을 보유하고 제2차 세계 대전을 승리로 이끈 세계 최강의 군대였다. 그러나 전후 미국은 국민들의 요구에 의하여 공산주의자들의 팽창의도를 무시하고 용맹을 날리던 전투사단과 군단들을 해체하는 작업을 시작하였고, 용감하게 싸웠던 미국의 젊은이들은 귀국 날짜를 기다리며 점령국에서 방심과 태만에 빠져 들었다.

소련이 동북아시아 적화의 꿈을 실현하기 위하여 북한을 무장시키는 동안 미국은 무장을 해제하고 있었고, 도로가 협소한 일본 땅에는 중형 전차가 필요 없다는 이유로 경전차로만 무장된 치안 목적의 경량화 4개 사단만을 상주시켰고, 이들도 해체와 철수의 과정에 있었기 때문에 귀국한 병사들의 자리는 재보충되지 않아 비어 있기 일쑤였다. 중대장이나 소대장이 없는 부대도 다수였으며, 군인들의 일상 과제인 훈련도 생략되기 일쑤였다. 병사들은 훈련 받는다는 것이 군인의 본분임을 망각하였고, 강도 높은 훈련을 요구하는 장교들을 국민과 언론이 곱지 않게 보는 분위기였다.

태평양의 영웅 맥아더 장군도 승전국 사령관으로서의 자부심에 스스로 고무되어 두려운 것이 없어 보였다. 공산국가 소련의 위험한 팽창도, 장개석의 국민군을 대만으로 밀어내고 겨우 중국을 통일한 모택동의 중국도 막강한 공군력과 핵무기로 무장한 미군의 적수라고 생각하지 않는 듯하였다.

미국의 실수는 전쟁 방식의 변화에 대한 오판이었는데, 이는 일본에 투하한 원자폭탄의 위력 때문이었다. 워싱턴의 전쟁 지도자들은 미래의 전쟁은 대규모 지상군 유지와 상륙작전, 값비싼 항공모함의 유지가 더 이상 필요 없이 핵에 의한 억지력으로 국제 질서의 유지가 가능하리라 믿었다.

소련이 유럽과 동북아시아에서 대양으로 세력을 확장하려는 의도는 러시아가 끊임없이 시도한 역사적 욕구였다는 사실과, 중공이 국공내전의 고전을 겪을 당시부터 북한이 국민군에 대항하여 함께 피 흘려 싸운 혈맹의 우의로 다져진 동맹국이라는 사실도 미국은 간과하였다.

미국은 한국전쟁을 통하여 많은 실수와 희생을 치렀는데, 특히 준비하지 않고 나선 승전군대의 자부심, 무력한 정보 수집력, 얕잡아 보는 거만함, 하찮아 보이는 동양인의 비정규전 전쟁 수행 방식으로 거대한 중국이 통일되었다는 사실을 눈여겨보지 않았다는 실수를 지적할 수 있다.

전투 인원 부족과 장비의 열세, 군수 지원의 단절 상태라는 치명적 약점 속에서도 굴하지 않고, 열세의 약점을 지형과 기상을 절묘히 조화 · 운용하여 유리한 상황을 만들어 싸울 줄 아는 동양인들의 전쟁 수행 방식과, 때론 옥쇄나 사수로 표현되는 대량 인명 피해도 필요하다면 전술의 한 방법으로 거침없이 운용하는 동양인들의 의식구조도 경험하였다.

공중과 지상에서 대규모 화력 지원 하에 장갑 기동화된 부대로 도로를 따라 진격하는 방식과 야간에 휴식하고 주간 전투만을 수행하는 방식으로 제2차 세계 대전을 승리로 이끈 미군은 같은 방법으로 인민군과 중공군을 제압하려 하였다.

미군은 예상치 못한 때와 장소에서 공격받고 포위되었으며 퇴로를 차단당하여 중요 전투 장비를 유기하였고, 패주하기를 여러 번 반복하는 수모를 겪었다. 미 공군은 미군은 포위당하여 패주할 때 버리고 간 갓 생산된 신형 차량들과 화포 군수품들을 적이 사용하지 못하도록 폭격하기를 수도 없이 반복하였다.

미군의 공중과 지상 화력은 가공할 만한 위력을 나타내었으나 악천후와 야간에는 제한을 받을 수밖에 없었으며, 인민군과 중공군은 미군들의 약점을 최대한 이용하여 도로가 없는 산악 지형으로 기동하였고 야간 전투를 주로 강요하였으며, 산악 전투와 참호 구축 능력에서 미군에 비해 탁월한 능력을 발휘하였다. 이는 전혀 새로운 전투 수행 양상이었고, 한동안 당황스러운 전투 수행 방식과 전투 결과를 미군들은 이해하지 못하였다. 인간 체력의 한계를 넘나드는 극한적인 인내심을 요구하였고, 때때로 인권을 유린하고 무시하는 명령이 수시로 시행되는 공산군의 잔인한 전쟁수행 방식 때문에 미군은 고전하였으나, 인권을 중시하는 미국인의 정서상 같은 방식으로 전쟁을 수행할 수 없었다.

세계 최강의 미군은 이전에는 요구되지 않았던 강요된 야간 전투와 수도 없이 고지를 뛰어오르고 내리며 쉴 틈도 없이 참호를 파고 하릴없이 또 메우는 체력 소모전에 진저리를 치면서도, 이것이 피를 아끼고 생명을 보존하는 방법임을 체험하였다. 이러한 비정규 게릴라전 수행 방식으로 전투하는 방법을 경험한 미군은, 후일 한국전쟁의 경험을 기초로 월남전쟁에서 고지를 손쉽게 접근할 수 있는 헬리콥터 기동전을 발전시켰고, 야간 전투에서 우위에 설수 있는 야간 투시 장비도 개발하여 전투 부대에 보급함으로써 전선 없는 전방위 주야간 게릴라 식 전투에도 대응할 수 있게 준비하였다.

결과적으로 미군은 한국전쟁에서 150억 달러 이상의 엄청난 전쟁 비용을 들이고, 젊은이 58만 명이 참전하여 15만 명이 고귀한 피를 흘려가며 새로운 전쟁 수행 방법에 대한 값비싼 경험을 얻은 셈이 되었다.

〈미군 및 유엔군〉

더글러스 맥아더 원수(Gen Douglas MacArthur): 1880년 아더 중장의 아들로 출생, 미 육군 내 전설적인 인물, 미 육군사관학교를 최고 성적으로 졸업, 제1차 세계 대전 시 최연소 사단장, 최연소 미 육군참모총장, 필리핀 창군의 주역, 태평양 지역 미군 총사령관으로 일본 점령, 1950년 7월~1951년 4월 미 극동군 총사령관, 유엔군 총사령관, 1951년 4월 트루먼 대통령에 의해 해임

브래들리 대장(Omar Bradley): 제2차 세계 대전의 영웅, 패튼 장군(2군단장)의 부군단장, 군사령관으로 고속 승진하여 패튼 장군의 2군단을 지휘하기도 함, 대전 후 나토군 총사령관, 한국전쟁 시 미 합참의장 맥아더의 인천상륙작전에 회의적이었고 한국전쟁 수행에 피동적이고 비관적이었음.

콜린스 대장(Lawton J. Collins): 미 육군참모총장, 인천상륙작전에 대하여 맥아더 장군과 이견이 있었으나 결국 계획에 동의함.

하지 중장(John R. Hodge): 미 24군단장, 1945년 9월 한국에 상륙한 24군단장으로서 한국의 군정 총책임자, 군정 수행 방법으로 이승만과 심한 갈등을 겪었음, 귀국 후 미 본토군 사령관, 대장 승진

아놀드 소장(Archibald Arnold): 미 7사단장으로 한국전쟁 전 군정장관 역임

처치 준장(John H. Church): 1892년 펜실베이니아 출생, 1947년 준장 진급, 극동사령부 군수차장, 맥아더에 의해 개전 초기 주한 미군 연락단장으로 임명됨, 딘 장군 실종 후 24사단장에 보임, 소장

에이첼버거 중장(Robert L. Eichelberger): 1944년 9월~1948년 9월 제2차 세계 대전 중 창설된 초대 미 8군사령관, 1948년에 워커 장군과 교체됨.

스트레트메이어 공군 중장(George Stratemeyer): 제5 전술공군 사령관, 한국전쟁 중 공중 우세권을 장악함.

워커 중장(Walton H. Walker): 텍사스 출생, 1948년 9월~1950년 12월 제2대 미 8군사령관 겸 초대 주한미군사령관, 제2차 세계 대전 시 패튼 장군 밑에서 20사단장, 4기갑 군단장, 1948년 일본 주둔 8군사령관, 저돌적인 공격전의 명수, 한국전쟁 중에는 낙동강 전선에서 내선의 이점을 이용한 방어 작전을 성공시켜 명성을 얻음, 낙동강 전선의 위기 시 죽음으로 전선을 사수하라는 가혹한 명령으로 구설수에 오름, 불독 워커라는 애칭, 낙동강 전선의 방어에 성공하여 반격의 발판을 만듦, 한국전쟁 중 아들이 중위로 함께 복무하고 있음을 자랑스러워하였으나 1950년 12월 전선에서 교통사고로 전사함.

스미스 중령(Charles B. Smith): 뉴저지 출생, 미 24사단 21연대 1대장, 한국전쟁 초기인 1950년 7월 5일 명에 의거 일본에서 한국으로 이동, 오산 죽미령에서 인민군 4사단 선봉연대와 첫 전투를 치렀으나 북한 인민군 T34 탱크의 저지에 실패함.

딘 소장(William F. Dean): 1899년 일리노이 주 출생, 유럽 전선의 44사단장, 1948년 남한의 군정관으로 근무, 서울에서 7사단장, 한국전쟁 발발 시 미 24사단장으로 일본에서 한국전에 참전, 오산 전투에 첫 개입 이후 인민군 주공을 저지하였으며 대전 전투를 끝으로 행방불명되었다가 포로가 됨, 3년여 포로생활을 의연하게 버티어 생환함, 미 의회 최고 훈장과 한국 정부로부터 태극무공훈장을 받음.

마틴 대령(Robert R. Martin): 한국전쟁 초기 딘 장군에 의해 소집, 천안 전투에서 신임 3 연대장으로 투입되어 시가전에서 인민군 전차와 맞서 싸우다가 1950년 7월 8일 전사함.

바르 소장(David G. Barr): 인천상륙작전 시 미 7사단장

뷰챔프 대령(Charles E. Beauchamp): 마틴 대령 전사 후 34연대장으로 보임되어 대전 전투를 치름, 후일 미 7사단 32연대장으로 인천상륙작전에 참가하여 8군과 연결 작전을 성공시키고 북진 시 원산에 상륙하여 혜산진까지 진격함.

게이 소장(Hobert R. Gay): 제2차 세계 대전 중 패튼 장군의 참모장, 한국전쟁 시 미 1기병 사단장, 1950년 7월 일본에서 포항으로 상륙하여 영동, 왜관에 투입한 이래 한국전쟁의 선봉에서 전투, 피난민이 몰려드는 낙동강 상의 왜관교 폭파의 어려운 결정을 내렸던 장본인, 북진 시 주공으로 평양 탈환, 중공군 침입 시 운산 지역에서 5기병 연대의 포위로 예하 대대 구출을 포기하고 고통스러운 철수를 경험

킨 소장(William B. Kean): 미 25사단장, 상주에 투입하여 낙동강 전선의 우익을 담당하다가 인민군 6사단이 진주 방향에 출현하자 긴급히 마산으로 기동하여 킨 특수임무부대를 편성해 인민군 6사단의 마산 침공을 저지함.

화이트 대령(Horton V. White): 미 25사단에서 유일하게 흑인으로 구성된 24연대의 백인 연대장, 미 남북전쟁 시 흑인들의 자긍심을 높이고 전투력 제고를 위해 북군에서 편성 운용했던 흑인들로만 구성된 버팔로연대에서 전통적으로 유래되었으나 인권 문제와 효율성 때문에 한국전쟁 중에 해체되어 흑백인 혼합 부대로 재편성하였다.

클라크 해군 대위(Clark): 미 해군 정보부 소속, 인천상륙작전을 위한 첩보 수집 차 영종도에 잠입하여 첩보 수집, 인천상륙작전에 기여한 공로로 미 해군 수훈십자훈장 수여

윌로비 소장(Willoughby): 미 극동사령부 정보참모장, 극동 지역의 정보 수집 부대를 총괄 지휘하였음, 미 CIA의 전신인 OSS부대를 지휘함.

라이트 준장(Light. Edwin k.): 극동사령부 작전부장, 맥아더 장군의 명에 의거 상륙 작전을 연구하고 계획을 기안함.

쉐퍼트 해병 중장(Shepherd): 한국전쟁에 참전한 미 해병사령관

크레이그 해병 준장(Edward A. Craig): 해병 1여단이 낙동강 전선에 투입 시 항공지원사령관

스트러블 해군 중장(Arthur D. Struble): 인천상륙작전 시 해군함대총사령관

도일 해군 소장(John H. Doyle): 인천상륙작전을 계획하고 시행한 해군 제독, 해병 상륙 부대가 해두보를 구축할 때까지 상륙 작전 지휘관이었음.

버크 해군 소장(Arleigh Burke): 7함대 예하 5순양함대사령관, 동해안에서 한국 1군단의 전투를 함포로 지원하였음, 극동해군 참모부장으로 1951년 7월 개시된 휴전회담의 미군 측 대표, 한국전쟁 이전 존슨 국방장관에게 전략적 견해 차이를 표명하였다가 극동해군으로 좌천되었으나 1953년 아이젠하워가 대통령이 되자 두 계급 전격 진급하여 해군참모총장에 올라 6년간 재임한 전설적 인물

스미스 해병 소장(Oliver P. Smith): 인천상륙작전의 선봉 상륙 부대로 작전을 성공시킨 해병 1사단장, 인천상륙작전 시 10군단장 알몬드 장군과 작전 수행 방법을 놓고 자주 충돌함. 세심하고 주의력이 깊은 지휘관, 북진 시 원산에 상륙하여 중공군 9병단 9개 사단의 포위와 혹한 속에 사투를 벌이며 탈출에 성공하여 극찬을 받음.

머레이 해병 중령(Raymond L. Murray): 미 1해병사단 5연대장, 인천상륙작전 선발대로 소집되었으나 낙동강 전선이 위기에 봉착하자 낙동강 전선에 투입되어 영산 전투, 진동리 전투 등에서 공을 세움, 인천상륙작전 시 5연대장으로 선봉 연대 임무를 수행함, 서울 수복작전 시 행주도하작전을 성공시킴, 중공군의 포위망을 돌파해 유명한 장진호 전투를 치름, 휴전협정 시 미군 측 실무 대표로 휴전선을 확정지음.

풀러 해병 대령(Lewis B. Puller): 미 1해병사단 1연대장

리젠버그 해병 대령(Homer L. Litzenberg, Jr): 미 1해병사단 7연대장

해리스 해병 소장(Field Harris): 미 해병의 항공지원부

대장

알몬드 소장(Edward M. Almond): 극동사령부 참모장, 맥아더 장군에게 충성하여 인천상륙 작전 시 10군단장에 보임, 한국전쟁에 참가, 원산 상륙과 장진호전투 등 북진 시 10군단을 지휘

포스터 중령(Foster): 미 2사단 정보참모, 1950년 9월 북진 시 극동사령부 명에 의거 북한 최고사령부 기밀을 수집하기 위하여 정보 수집반을 편성해 1기병사단 선발대와 평양에 입성하여 수집 자료를 극동사령부로 보냄.

존슨 중령(Harold Johnson): 제1기병사단 8연대 3대대장, 1군단 작전참모, 월남전 시 미 육군참모총장

오몬드 중령(Rovert Ormond): 존슨 중령의 후임으로 제1기병사단 8연대 3대대장, 운산에서 중공군 포위에 걸려 대대 전체가 섬멸당함, 전사

브래들리 소장(Joseph Bradly): 미 25사단장, 1951년 4월 미사리 지역에서 한강을 도하하여 서울 동측 수복

카이저 소장(Lawrence Keiser): 군우리 전투 시 미 2사단장, 참패의 책임을 지고 해임

러프너 소장(Clark L. Ruffner): 지평리 전투 시 미 2사단장

프리맨 대령(Paul L. Freeman): 미 2사단 23연대장, 1951년 2월 중공군 4차 공세 시 지평리에서 거점 방어 지역을 고수함으로써 중공군의 우회 포위 돌파를 저지함, 대장 진급, 유럽 주둔군 사령관

몽클라 중장(Ralph Monclar): 미 2사단 23연대에 배속되어 지평리 전투에 참가한 프랑스군 대대장, 부대 지휘를 위해 중령 계급으로 참전한 노장

크롬베즈 대령(Marcel B. Crombez): 미 1기병 사단 5연대장, 지평리 전투 시 크롬베즈 특수 임무 부대를 지휘하여 고립된 23연대와 연결 작전을 성공시킴.

밀번 소장(Frank W. Milburn): 1950년 12월 워커 장군 전사 후 잠시 8군사령관에 보임, 제2차 세계 대전 시 서독에서 미 1사단장, 프랑스 전선에서 21군단장, 1950년 9월 반격 및 북진 시 주공인 1군단장, 한국군 1사단을 배속시켜 연합 작전 능력을 전수하였고 평양 공략 시 국군 1사단을 조공으로 기용하여 평양 선봉 입성의 영예를 줌.

트랍넬 준장(Thomas J. H. Trapnell): 북진 중이던 1950년 9월 20일 평양 북방의 숙천과 순천에 공중 강습 작전을 수행하였고 1951년 3월 23일 문산에 2차 공중 강습 작전을 수행한 미 187공정부대장

보웬 준장(Frank Bowen): 1952년 7월 이후 187공정부대장이었으나 작전 수행 기회는 없었음, 후임은 웨스트모얼랜드 준장(William Westmoreland)으로 후일 주월 미군 사령관을 역임, 대장

클라크 중장(bruce Clark): 한국군 1군사령부 창설 지원, 1953년 4월 제10군단장, 유럽 주둔군 사령관, 대장

에이브람스 대령(William Abrams): 제2차 세계 대전 시 패튼 장군 예하 선봉 전차 대대장, 1954년 12월 제10군단 참모장, 한국군 1군사령부 창설 지원, 주월 미군 사령관, 미 육군참모총장, 에이브람스 전차(M1)에 그의 이름을 명명, 그의 아들 에이브람스 장군도 미 2사단장(1993~1995) 근무로 한국과 인연, 대장 예편

코드 준장(B. A. Coad): 반격 및 북진 시 미 1군단에 배속되어 전투에 참가한 영국군 27 여단장

리지웨이 대장(Matthew B. Ridgway): 1950년 12월 ~1951년 4월 주한 미 8군사령관, 1951년 4월~1952년 5월 2대 미 극동군 및 유엔군 총사령관, 제2차 세계 대전 시 82 공정사단장, 공정대원의 복장에 수류탄 두 개를 달고 최전선에 상주하며 지휘관으로서 솔선수범의 모범을 보임, 한국군 지휘관들에게 지휘 통솔력을 직접 몸으로 가르친 가장 영향력이 많았던 장군, 맥아더 해임 후 극동사령관, 나토군 사령관을 역임

밴 플리트 대장(James A. Van Fleet): 1951년 4월

~1953년 2월 주한 미 8군사령관, 리지웨이 장군의 후임으로 부임하여 한국전쟁의 중심에서 전쟁을 지휘하고 한국군을 훈련시킨 인물, 대 게릴라 전투의 전문가로 1951년 12월 백선엽 장군에게 지리산 토벌을 지시하고 작전을 지도함.

바이어즈 소장(LTD Wayman): 1951년 4월 이후 알몬드 장군이 중장으로 승진 영전 이후 미 10군단장으로 펀치볼, 단장의 능선 전투를 지휘

무어 소장(Bryant Moore): 미 9군단장 재직 중 헬기 추락으로 전사

하지 중장(William Hoge): 순직한 무어 장군의 후임 9군단장, 제2차 세계 대전 말기 베를린 진공 시 레마겐의 철교를 강습 탈취한 지휘관

와이먼 소장(Wayman): 1952년 4월 미 9군단 부군단장으로 백선엽 중장의 한국군 2군단 창설을 실질적으로 도운 인물

크로스 소장(Thomas Cross): 제9군단 부군단장으로 1952년 전선이 소강상태에 접어들자 한국군을 사단별로 하여 4주씩 교대로 집중 훈련시켜 한국군 전투력 향상에 공헌함.

조이 해군 중장(Turner C. Joy): 미 극동해군사령관, 1951년 7월 개시된 휴전회담의 미군 측 수석대표

호데스 소장(Hank Hodes): 미 8군 참모장, 1951년 7월 개시된 휴전회담의 미군 측 대표

크레이기 소장(Lawrence Craigie): 미 극동공군 부사령관, 1951년 7월 개시된 휴전회담의 미군 측 대표

클리랜드 소장(Joseph Cleland): 1952년 4월 미 40사단장

오대니얼 중장(John O'daniel): 1952년 4월 미 1군단장

팔머 중장(William Palmer): 1952년 4월 미 10군단장

젠킨스 중장(Reuben Jenkins): 1953년 6월 금성 전투 시 미 9군단장

윌리암스 소장(Samuel Williams): 금성 전투 시 미 25사단장으로 위기에 처한 국군 2군단의 임시 부군단장으로 보임되어 사태를 수습, 제2차 세계 대전 직후 뉘른베르크 전범 수용소장으로 전범들을 처형함, 주월 미군 사령관, 대장

클라크 대장(Mark W. Clark): 1952년 5월~1953년 10월 3대 미 극동군 및 유엔군 총사령관 제2차 세계 대전 시 이탈리아 방면 5군사령관, 미 51방면 군사령관, 1953년 7월 휴전 조인 문서에 서명

헐 대장(John E. Hull): 1953년 10월~1955년 4월 제4대 미 극동군 및 유엔군 총사령관

테일러 대장(Maxwell D. Taylor): 1953년 2월~1955년 4월 주한 미 8군사령관, 1955년 4월~1955년 6월 제5대 미 극동군 및 유엔군 총사령관 제2차 세계 대전 시 101공정사단장, 독일 주둔군 사령관

렘니처 대장(Lyman L. Lemnitzer): 1955년 4월~1957년 7월 주한 미 8군사령관, 한국전쟁 시 7사단장 역임, NATO군사령관, 육군참모총장, 합참의장

화이트 대장(Issac D. White): 1955년 7월~1957년 6월 제6대 미 극동군 및 유엔군 총사령관

데커 대장(George H. Decker): 1957년 7월~1959년 7월 제7대 유엔군 사령관 겸 제9대 주한 미 8군사령관

맥그루더 대장(Carter B. Magruder): 1959년 7월~1961년 제8대 유엔군 사령관 겸 제10대 주한 미 8군사령관

멜로이 대장(Guy S. Meloy, Jr): 1961년 7월~1963년 7월 제9대 유엔군 사령관 겸 제11대 주한 미 8군사령관, 한국전쟁 초기 미 24사단 19연대장으로 참전하여 대전 북방 대평리 전투에서 부상을 입고 후송되었음, 대장 진급

하우즈 대장(Hamilton H. Howze): 1963년 8월~1965년 6월 제10대 유엔군 사령관 겸 제12대 주한 미 8군사령관

비치 대장(Dwight E. Beach): 1965년 7월~1966년 8월 제11대 유엔군 사령관 겸 제13대 주한 미 8군 사령관

본스틸 대장(Charles H. Bonesteel): 1966년 9월~1969년 9월 제12대 유엔군 사령관 겸 제14대 주한 미 8군사령관

마이클리스 대장(John H. Michaelis): 1969년 10월~1972년 8월 제13대 유엔군 사령관 겸 제15대 주한 미 8군사령관, 한국전쟁 초기 미 25사단 27연대장으로 참전, 제한된 전투력 때문에 8군사령관이었던 워커 장군의 유일한 기동 타격 연대로서 인민군들의 돌파 지역마다 종횡무진으로 기동하며 돌파 지역을 봉쇄해 내어 워커 장군을 내선 방어전의 명장으로 만드는 데 기여함, 국군 1사단과 연합하여 다부동 전투(일명 볼링장 전투)를 승리로 이끎, 마산 위기 시킨 특수임무부대의 일원으로 전투에 참가함, 미 육군사관학교 생도대장, 사단장, 대장

베네트 대장(Donald V. Bennett): 1972년 9월~1973년 7월 제14대 유엔군 사령관 겸 제16대 주한 미 8군사령관

스틸웰 대장(Richard G. Stilwell): 1973년 7월~1976년 10월 제15대 유엔군 사령관 겸 제17대 주한 미 8군사령관, 1953년 6월 국군 1군단 군사 고문관

베시 대장(John W. Vessey): 1976년 10월~1979년 7월 제16대 유엔군 사령관, 제1대 한미연합사령관, 제18대 주한미군사령관 겸 미 8군사령관

위컴 대장(John A. Wickham, Jr): 1979년 7월~1982년 6월 제17대 유엔군 사령관, 제2대 한미연합사령관, 제19대 주한미군사령관 겸 미 8군사령관

세네월드 대장(Robert W. Sennewald): 1982년 6월~1982년 6월 제18대 유엔군 사령관, 제3대 한미연합사령관, 제20대 주한미군사령관 겸 미 8군사령관

리브시 대장(William J. Livsey): 1984년 6월~1987년 6월 제19대 유엔군 사령관, 제4대 한미연합사령관, 제21대 주한미군사령관 겸 미 8군사령관

메네트리 대장(Louis C. Menetrey): 1987년 6월~1990년 6월 제20대 유엔군 사령관, 제5대 한미연합사령관, 제22대 주한미군사령관 겸 미 8군사령관

리스카시 대장(Robert W. RisCassi): 1990년 6월~1993년 6월 제21대 유엔군 사령관, 제6대 한미연합사령관, 주한미군사령관

럭 대장(Gary E. Luck): 1993년 6월~1996년 7월 제22대 유엔군 사령관, 제7대 한미연합사령관, 주한미군사령관

크라우치 중장(William W. Crouch): 1992년 12월 1~994년 10월 제23대 주한 미 8군사령관

티렐리 대장(John H. Tilelli, Jr): 1996년 7월 ~1999년 12월 제23대 유엔군 사령관, 제8대 한미연합사령관, 주한미군사령관

티몬스 중장(Richard F. Timmons): 1994년 10월~1997년 8월 제24대 주한 미 8군사령관

하우스 중장(Randolph W. House): 1997년 8월~1998년 9월 제25대 주한 미 8군사령관

슈워츠 대장(Thomas A Schwartz): 1999년 12월~2002년 5월 제24대 유엔군 사령관, 제9대 한미연합사령관, 주한미군사령관

페트로스키 중장(Daniel J. Petrosky): 1998년 9월~2000년 9월 제26대 주한 미 8군사령관

자니니 중장(Daniel R. Zanini): 2000년 9월~2002년 11월 제27대 주한 미 8군사령관

라포트 대장(Leon J. LaPorte): 2002년 5월 제25대 유엔군 사령관, 제10대 한미연합사령관, 주한미군사령관

캠벨 중장(Charles C. Campbell): 2002년 11월 제28대

주한 미 8군사령관

벨 대장(Burwell. B. Bell, Ⅲ): 2005년 2월 제26대 유엔군 사령관, 제11대 한미연합사령관, 주한미군 사령관

발코트 중장(David P. Valcourt): 2006년 4월 제29대 주한 미 8군사령관

3. 북조선인민군

북한은 소련 25군사령부 민정부대의 지원 하에 북한 전역 89개 군에 소비에트 식 민정사령부를 설치함과 동시에 최용건을 사령관으로 보안 간부 훈련 대대를 편성한 후 이를 모체로 제1소(1사단의 전신), 2소(2사단), 3소(3독립 혼성 여단)을 창설하여 집단군 사령부라 칭하였다.

외견상 북한 인민군도 남한의 국방경비대처럼 초기에 각 도와 시, 군을 거점으로 치안 목적 경비 부대를 창설하였으나 목적 이외에 불순분자 제거, 정치 교화를 통한 공산주의 사상학습으로 북한을 공산 소비에트화하는 조직적인 공산화 전위 부대의 역할을 수행하였다.

1948년 북한은 인민군 창설을 선포하고 소련의 지원 하에 공격과 방어 작전이 가능한 소련군과 동일한 사단들을 편성할 수 있었는데, 이는 소련의 입장에서 전위 위성국인 북한이 남한을 적화 통일하려는 시도를 제지해야 할 이유가 전혀 없었기 때문이었다.

소련의 팽창 정책은 동북아시아에서의 미국과 이념 충돌이 예견되어 국제 사회의 노골적인 비난을 최소화하기 위해 북한을 은밀하게 무장시켰다.

게다가 북한은 공산군이 장개석 국민군에 쫓겨 고전할 때 피신처를 제공하고 동북 의용 지원군을 조직해 직접 전투를 지원하였기 때문에, 중공과 끈끈한 혈맹 관계를 유지하고 있었다.

북한은 전쟁 시작 전부터 이미 소련과 중공의 든든한 후원 하에 전쟁을 준비한 셈이었다. 이 때문에 1949년 여름 국공내전이 공산군의 승리로 끝나자 모택동은 조선인들로 구성된 동북 의용군 부대를 무장된 채로 북한에 보내 줌으로써 보답하였고, 이때 돌아온 부대의 주축이 팔로군 164사단과 166사단이었는데, 인민군 5사단과 6사단으로 개칭되어 후일 한국전쟁 시 남침의 선봉에 섰다.

개전 초 조선인민군은 소련제 T34 전차 240여 대를 앞세우고 파죽지세로 전선을 돌파하였고 3일 만에 서울을 함락시켰는데, 소련제 신형 전차의 공격 시 충격 효과에 양측이 모두 놀랐다.

북한 수뇌부는, 초기 수원 이북에서 국군의 주력을 포위 격멸하고 서울을 함락시키면 박헌영의 장담대로 남한 국민들의 자발적인 내부 동조에 힘입어 남한 전역이 스스로 적화 해방될 것으로 기대하였다.

그러나 인민군 2군단의 포위 작전이 지연되어 국군 주력 격멸에 실패하였고, 서울이 함락되어도 남한 국민들은 자발적으로 북한에 동조하지 않았을 뿐만 아니라, 예상 외로 미군의 참전도 결정되었다. 되돌릴 수 없는 거대한 미국과 생사를 건 한판 전쟁을 시작한 김일성은 미군 부대와의 초전이 싱거운 승리로 결판나자 자신감을 가지고 8월 15일을 부산 해방일로 선포하고 미군을 결사적으로 공격하였다. 그러나 배후에서 인천상륙작전의 성공으로 기습을 받자 총 퇴각 명령을 내릴 수밖에 없었고 동시에 김일성은 모택동에게 구원을 청하게 되었다.

모택동은 미군과의 전쟁은 중국의 안전을 위해서도 피할 수 없는 전쟁이라고 생각하였고, 동북의용군을 파병해 도와준 북한의 의리를 보아서도 거절할 수 없었다. 북한은 한국전쟁 중에 모든 수단과 방법을 동원하여 총력전을 펼쳤으나 초강대국 미국을 이길 수 없었을 뿐만 아니라, 엄청난 물량으로 지원되는 군수 물자와 갈수록 강해지는 군대의 무한한 힘을 경험할 수밖에 없었다. 특히 미군의 엄청난 폭격과 화력을 경험한 북한 인민군은 후일 전 국토를 지하 요새화하였고, 세계 최강의 대공포를 보유한 방공 강국이 되었다.

북한은 휴전 이후 남한처럼 철저하게 파괴된 국토 위에 동부전선 일부를 제외하고 전 전선을 중공군에 의지할 수밖에 없었던 상황을 딛고 일어서서, 중공군의 철수 이후 인민군의 재창설에 성공하였고 100만 대군의 군사력으로 여전히 남한 적화통일을 북한 노동당 제일의 목표로 삼고 있다.

〈북한 인민군〉

* 인민군의 장군 계급 체제는 미군, 한국군과 달라 소장(한국군 준장에 해당), 중장(한국군 소장), 상장(한국군 중장), 대장(한국군 대장)으로 되어 있다.

김일성: 평남 대동군 출생, 1931년 중국 공산당 입당, 만주에서 항일 빨치산 활동을 하다가 관동군에 쫓겨 소련으로 건너가 소련군 소좌로 북한에 들어와 함께 진주한 25군사

령관 슈티코프의 후원으로 북한에서 정권을 잡는 데 성공함, 1945년 12월 조선공산당 북조선조직위원회 책임 비서, 1948년 9월 내각수상, 1950년 6월 개전 시 군사위원장, 7월 4일 최고사령관으로 직접 전쟁 지도, 8월 15일 부산 해방을 독려, 중국과 외교 협상으로 중공군을 끌어들임, 한국전쟁 기간 중 최고 사령관 겸 전쟁 지도자로서 역량을 발휘, 휴전 후 전쟁에 승리하지 못한 책임을 물어 정적들을 제거하고 일인 독재 체제 확립, 자주 노선을 주창하여 장기 독재 실시, 1994년 사망

최용건: 1900년 평북 출생, 운남군관학교 졸업, 황포군관학교 교관, 1926 공산당 입당, 1930~1945년 김일성과 게릴라 활동, 1948년 김일성의 오른팔, 민족보위상, 1950년 남침 당시 인민군 최고사령관, 인천상륙작전 시 서울 및 서해안 방어사령관, 1952년 팽덕회 항미 원조군 사령부 부사령관, 1953년 2월 차수

강건 중장: 1918년 경북 상주 출생, 1947년 4월 최초 창설한 인민군 2사단장, 민족 보위성 부상 겸 군 총참모장, 1950년 6월 인민군사령부 총참모장, 전선총사령부 참모장, 1950년 8월 낙동강 전선(안동)에서 유엔군 폭격으로 전사, 1975년 10월 강건 종합군관학교에 그의 이름을 추서

김일 소장: 문화훈련국장, 민족보위성 부상, 개전 후 전선사령부 군사위원, 9월 총 퇴각 후 해임

김영수: 함경북도 인민위원회 위원장, 1950년 6월 민족보위성 부상, 소련계 문민 출신

김봉률 소장: 개전 초 인민군 포병사령관

김책 중장: 소련군 케페우 대위 출신, 김일성의 오른팔, 개전 초 부수상, 1950년 7월 전선 사령관, 1951년 1월 중공군 재침 시 폭사, 출생지 성율시를 김책시로 추모

김광협 중장: 1913년 함북 출생, 소련 육군사관학교 졸업, 제2차 세계 대전 중 길림시 보안군 부대장, 민족보위성 작전국장, 1948년 2월 인민군 2사단장, 1948년 6월 제3사단장, 1950년 6월 제2군단장으로 중부전선에서 춘천의 국군 6사단의 선전으로 서울 포위 및 국군 주력 격멸에 실패

하여 2군단 참모장으로 좌천, 1주일 후 제1사단장, 1950년 9월 제2군단장 복직, 1951년 2월 인민군 총참모장, 1952년 대장, 1953년 인민군 총참모장, 1957년 보위상, 1960년 부수상

김무정 중장: 중공 대장정에 참가한 유일한 한국인이자 전투 경험이 풍부한 팔로군 포병 사단장, 귀국 후 민족 보위성 부상, 인민군 포병사령관, 1950년 7월 2군단장 김광협 중장이 춘천 탈환 및 국군 주력 격멸을 위한 포위에 실패하자 후임으로 보임, 낙동강 전선 공격의 지휘관이었으나 1950년 9월 인천상륙작전으로 북한 인민군 총퇴각 시까지 전선사령관, 1950년 12월 21일 노동당 중앙 3차 회의 시 무분별한 퇴각의 책임을 물어 숙청됨

김웅 중장: 1914년 경북 김천 출생, 황포군관학교 졸업, 8로군 연대장, 1945년 만주의 조선의용군 제1지대장, 팔로군 166사단장, 1948년 귀국 후 민족보위성 전투훈련국장, 인민군 1사단장, 1950년 6월 제1군단장으로 서울 탈환 및 낙동강 전선 서측 군단장, 1950년 9월 강건 후임으로 전선총사령부 참모장, 1951년 2월 중공군 참전 후 동부 지역의 인민군 2, 3, 5군단을 지휘한 전선총사령관, 1951년 민족보위성 부상, 1953년 2월 전사한 김책 후임으로 전선사령관(상장), 1958년 대장으로 예편되었다가 연안파 반 김일성 사건에 연루되어 숙청, 1968년 10년 만에 다시 복당

김달삼: 제주도 출생, 박헌영의 남로당계, 학도병 일본군 소위 출신, 박헌영의 지시로 1948년 4월 제주폭동을 일으킨 주모자, 폭동 실패 후 월북

리영호 소장: 만주파, 개전 초기 인민군 3사단장, 포천 축선으로 남침하여 의정부 축선에서 국군 7사단을 격파하고 서울 점령, 1957년 중공대사, 1965년 대장

리권무 소장: 연안계, 개전 초기 인민군 4사단장, 동두천 축선으로 남침하여 국군 7사단을 돌파하고 서울을 탈환한 첫번째 입성 부대장, 낙동강에서 총퇴각 후 중공군과 재침 시 서부전선에 재편된 인민군 1군단장

리덕산 소장: 팔로군 출신, 동북의용군 164사단 부지대장, 사단장, 1949년 4월 난징이 해방되자 그 해 7월 팔로군

166사단을 이끌고 북한에 입성하여 인민군 5사단으로 개편, 인민군 5사단장, 김창덕으로 개명

리방남 소장: 인민군 10사단장, 대구 서측방을 공격하다가 총퇴각 후 원산 일대로 탈출하여 게릴라 부대를 지휘함

류경수 소장: 만주파, 제105전차여단장, 최신형 소련제 T34 전차 242대를 운용, 서울을 함락시킨 후 제105전차사단으로 승격되었으나 낙동강 전선에서 총퇴각할 당시에 한 대의 전차도 돌아가지 못했음.

방호산 소장: 팔로군 출신, 동북의용군 166사단 정치위원, 사단장, 1949년 7월 팔로군 166사단을 이끌고 북한에 입성하여 인민군 6사단으로 개편, 1950년 6월 제6사단장으로 개성을 기습 남침하여 국군 1사단 전방연대를 괴멸시키고 1950년 7월 기습적으로 진주에 출현하여 미 8군을 위기에 몰아넣었던 인물, 마산 공략에 실패하자 지리산과 태백산을 통해 탈출한 후 중공군 남침 시 인민군 5군단장으로 동부전선 펀치볼 전투에 재등장, 1953년 말에 숙청됨.

박헌영: 전쟁 중 부수상으로 2인자, 경성제일고보 졸업, 1946년 11월 실질적인 남조선 노동당을 이끄는 지도자였으나 남한에서 공산당 활동이 불법화되자 월북하여 1948년 9월 내각부수상 겸 외상으로 전쟁을 치름. 그러나 남침 초 장담하던 남조선 노동당원과 동조자들의 호응 봉기가 저조하고 남침 통일이 실패로 돌아가자 1953년 3월 반당, 반국가 파괴분자, 간첩혐의로 당적에서 제명, 동시에 부수상 겸 외상에서 해임, 1955년 12월 처형당함.

박일우: 평남 출생, 1942년 연안에 들어가 독립 동맹 간부로 활약, 7월 조선의용군 부사령관(사령관 김무정), 1945년 11월 조선의용군을 이끌고 입북, 1948년 9월 내무상, 1950년 11월 중공군 참전 결정 후 팽덕회 의용군사령부의 조선인 부사령관으로 일했으나 조선군 사령관 김일성의 지시보다 모택동의 참모로서 행동하여 1953년 2월 민족보위상 최용건으로 교체되었고 겸직하던 내무상으로 복귀시킴, 후일 숙청당함.

박효삼: 1950년 6월 서울 점령 후 인민군 서울 위수 사령관

전우 소장: 연안계, 인민군 12사단장

최현 소장: 김일성과 생사고락을 함께한 소련군 출신, 만주파, 개전 전 서해 3경비여단장, 개전 초 인민군 2사단장, 춘천에서 국군 6사단에 대패, 서울 포위에 실패하였으나 후일 낙동강 전선에서 총퇴각 후 패잔병으로 게릴라 부대를 형성 태백산 원산 일대의 제2전선 사령관으로 유엔군 전투력의 30%를 후방에 고착시키는 데 공헌, 인민군 2군단장으로 중공군의 남침을 선도한 수훈을 세움, 1956년 대장, 1965년 민족 보위상

남일 중장: 1939년 소련 타시켄트사범대 졸업, 1942년 소련군 대위로 제2차 세계 대전 참전, 1945년 김일성과 입북해 북조선인민위원회 교육국 차장, 군사 경력이 전무하였으나 인민군 전선사령부가 붕괴된 9월 29일 총참모장에 임명되어 유능하게 총참모장 직책 수행, 휴전회담의 북측 수석 대표, 1957년 9월 부수상, 1972년 정무원 부총리 겸 경공업위원장

최인 소장: 1950년 6월 인민군 7사단장, 최초 공격 실패에 책임을 물어 해임

이청송 소장: 1950년 6월 남침개시시 인민군 2사단장, 최초 공격의 실패 책임을 물어 해임, 후일 복직

오백룡 소장: 1950년 6월 인민군 5사단장, 동해안을 따라 진격하여 국군 8사단을 패퇴시킴.

길원팔 대좌: 남로당 빨치산 출신, 1949년 월북, 대좌 계급으로 766유격부대를 지휘하여 동해안에 침투해 태백산맥에서 인민군 5사단과 합동 작전을 수행

유성철 중장: 소련계, 민족보위성 작전국장

이승엽: 박헌영의 오른팔로 남로당의 거두, 남로당의 활동 불법화 이후 월북하여 사법상이 됨, 간첩 혐의로 사형당한 김수임의 애인, 개전 직후 서울시 임시 인민위원회 위원장에 취임, 후일 숙청됨.

이현상: 서울 출신 남로당원, 남로당 활동이 불법화되자

지리산으로 잠입하여 게릴라 제4지대(남부군)를 결성하여 활동, 지리산에서 전사

이상조 소장: 해방 전 연안에서 활동, 1951년 인민군 전선 사령부 참모장, 휴전회담 북측 대표, 1955년 8월 소련 대사, 1956년 9월 반당사건에 연루되어 숙청, 이후 소련에서 거주

장평산 소장: 1940년까지 중국 강서 방면 8로군 중대장, 대대장, 1950년 11월 제2사단장(소장)으로 한국전쟁 참전, 1951년 인민군 1군단 참모장으로 휴전회담 대표, 1956년 6월 군 참모부 차장(중장), 1957년 9월 제4군단장, 1958년 4월 연안파로 몰려 숙청

강태무 중좌: 1923년 경남 출생, 남한에서 육사 2기생으로 임관, 대대장, 1948년 5월 국군 소령으로 월북, 인민군 대대장, 연대장, 1953년 2월 3사단 부사단장, 1958년 10사단장, 1991년 1월 조국평화통일위원

최춘국 소장: 전우 소장의 후임으로 1950년 7월 초 12사단장에 보임되었으나 7월에 전사

최강진 소장: 낙동강 전선 전투 시 인민군 13사단장, 성격이 포악하여 전선을 이탈하거나 유엔군에 투항하는 자가 많았음, 참모장 이학구 총좌, 포병연대장 정봉욱 중좌가 투항하였고 연대장도 경찰에 투항하는 등 군기가 가장 해이된 부대였음.

최광 소장: 만주파, 개전 초기 인민군 1사단장, 문산 축선으로 남침하여 국군 1사단을 돌파함, 1950년 9월 총퇴각의 지휘 무능으로 해임

한일무 중장: 개전 초기 인민군 해군사령관

왕연 중장: 개전 초기 인민군 공군사령관

허가이: 소련파, 전쟁 기간 중 군사위원회와 별도로 당 지도부 당권 실무 책임 전쟁 중 당권을 장악한 3인자였으나 전후 숙청당함

전승화 소장: 1947년에 창설한 인민군 1사단장

최민철 소장: 1947년 최초 창설한 인민군 3독립 혼성 여단장

이익성: 1950년 3월에 숙천에서 창설한 인민군 10사단 초대 사단장

최용진: 1950년 6월에 신의주에서 창설한 인민군 13사단 초대 사단장

박성철: 1950년 6월에 화천에서 창설한 인민군 15사단 초대 사단장

〈인민군 사단(1만 명) 편성의 특징〉

3각 편제, 3개 보병연대, 82/120밀리 박격포, 1개 포병연대, 122밀리 곡사포 12문, 76밀리 곡사포 24문, SU76 자주포 12문, 45밀리 대전차포 12문, 14.5밀리 대전차포

인민군 사단의 특징은 사단당 1개 정찰대대(국군의 수색대대에 해당)에 민간인 복장의 침투 정찰 중대가 편성되어 있어 사단의 공격 작전 시 피난민과 섞여 조기 침투하여 주요 지역 선점, 포병 사격 유도, 피난민 선동, 적 지휘관 암살 및 공격 부대를 선도함

4. 항미 원조군 (중공군)

중국 공산군을 중국은 항미 원조군이라 부르며 한국전쟁을 항미 원조전쟁이라고 부른다. 장개석의 국민군은 미국의 전폭적인 군사 지원에도 불구하고 군대 조직이 부패하고 국민들의 지지를 얻는 데도 실패하여 전쟁에서 패배하였다. 상당수의 국민군이 모택동 공산군으로 전향하였고, 미국이 제공한 수많은 미제 최신 무기는 모택동의 중공군 주력 장비로 변하여 장개석 국민군을 곤경에 빠뜨렸다.

북한은 국공내전 시 모택동의 공산군에게 적지 않은 힘이 되어 주었다. 중국 공산군이 국민군에 쫓겨 동북 지방까지 밀려올라왔을 때도 정치적 모험을 감행하며 영토 내에 은신처를 제공하였고, 상당수의 북조선 청년들이 동북의용군으로 국공내전에 참가하여 중국 공산군의 편에 서서 공산 정권 수립을 위하여 기꺼이 전투에 참가하였다.

1949년 10월 1일 모택동은 오랜 국공내전을 종식시키고 장개석의 국민군을 대만으로 몰아내어 감격의 중화인민공

화국 성립식을 거행하였다. 그러나 모택동의 중국 통일은 완전히 끝난 것이 아니었다. 대만의 장개석이 공공연히 미국의 지원 하에 본토 수복을 외치고 있었고, 막강한 미 7함대가 대만 해역을 맴돌고 있었기 때문이다. 중공은 대만 해역에만 정예 부대를 배치하고 대부분의 부대를 해산하여 오랜 항일 전쟁과 국공내전으로 황폐해진 국가 경제를 재건하기 위하여 힘을 쏟고 있었다.

단시일 내에 끝날 것으로 예상하던 한국전쟁이 의외로 미군이 참전하고 인천상륙작전의 성공으로 북한이 패퇴하자, 모택동은 여러 날 잠을 못 이루며 참전 여부를 결심하지 못하고 고민한 끝에 오랜 내전을 끝내고 막 고향으로 돌아간 농부들에게 다시 국가 동원령을 선포하고 한만 국경으로 부대를 이동할 것을 지시하였다.

미군과의 전쟁은 중국의 안전을 위해서도 피할 수 없는 전쟁이라고 생각하였고, 동북의용군을 파병해 국공내전을 지원한 북한과의 의리를 보아서도 거절할 수 없는 것이었다. 맥아더 장군의 상황 오판, 중국 공산군에 대한 평가절하, 중공군의 은밀한 이동 성공, 자만과 나태에 빠진 유엔군의 방심, 그리고 38선에서 멈추지 않고 북진하는 유엔군의 위세를 본 모택동은 피해 갈 수 없는 미국과의 한판 대결이라면 유리한 상황에서 기습이 최상책이라고 판단하고 국공내전의 명장 팽덕회를 사령관으로 임명하고 항미 원조 전쟁을 결심하였다.

중공군의 초기 기습 공격은 충분히 준비되지 못했음에도 불구하고 운산 일대, 청천강 일대, 장진호 일대에서 북진하는 유엔군의 예봉을 저지하고 일거에 평양과 서울을 탈취한 후 유엔군을 37도선까지 밀어내는 대승리를 쟁취하였다. 그러나 기습으로 전술적 대승리를 쟁취했음에도 불구하고 유엔군의 주력을 격멸하는 데 실패하여, 이후 중공군은 120만 대군을 투입하고 신장된 병참선으로 보급 부족의 고통과 매일 반복되는 공중 공습으로 고통스러운 장기 전쟁의 수렁에 빠져들었다.

중공군은 유엔군의 약점을 잘 파악하였고 영토보다 전투력 격멸이 승리의 관건이라고 판단하여 취약한 국군을 상대로 집요하게 돌파하고 포위 섬멸을 시도하였으나, 극심한 보급품 부족과 제한된 야간 산악 전투만을 통해서 미 공군의 대규모 공군 지원 하에 전투를 수행하는 유엔군을 격멸시킬 수는 없었다.

그러나 중국은 120만 명의 대군을 파병해 집요하게 싸웠고 엄청난 피해를 입었으며, 비록 승리하지는 못하였지만 세계 최강의 군대를 물리치고 군사 강국의 대열에 대등하게 서는 정치적 승리를 얻었다.

모택동(1893-1976): 항일 빨치산 전투와 국공내전의 주역이자 승리자, 대장정을 승리로 이끌고 장개석 국민군을 대만으로 몰아내어 중국을 통일, 1949년 10월 1일 중앙인민정부를 북경에 수립하고 주석 겸 인민혁명군사위 주석이 됨, 한국전쟁 참전을 결정하고 미국과 대항하여 항미 원조 전쟁을 치름, 1956년 9월 제8기 중앙위 주석, 중앙정치국 위원, 1976년 사망

팽덕회(1898-1974): 호남성 상담 출신, 모택동과 1928년 4월 중국 공산당 입당, 호남 국민당군 제2사단 대대장으로 호남성 평강에서 국민당 군을 이끌고 홍군에 가담, 1929년 홍군 제5군을 편성하여 군단장이 됨, 1935년 제5군, 제8군을 이끌고 대장정 참가, 1936년 제1방면군사령관 겸 서북전 공군총사령관, 1937년 국민혁명군 제8로군 제18집단군 부총사령관, 1946년 서북인민해방군 사령관, 1949년 제1야전군 및 서북군구사령관, 1946년 10월 중앙인민정부위원, 인민혁명군사위 부주석, 1950년 10월 항미 조선의용군 총사령관에 임명되어 1953년 초까지 조선에서 항미 전쟁을 지휘, 1954년 9월 국방위 부주석, 국무원 부총리 국방부장, 1955년 원수, 1967년 3월 류소기파로 비판받음, 1968년 8월 홍기 제2호에 우익분자로 비판받음, 1974년 11월 북경에서 4인방의 잔혹한 박해를 받으며 사망, 당시 76세, 1978년 삼중전회(전당대회)에서 명예 회복

주은래(1908-1976): 1949년 10월 인민혁명군사위 부주석, 정무원 총리 겸 외교부장

등화(1910-1980): 호남성 출신, 1949년 제4야전군 제15병단 사령관으로 광동 점령, 1950년 2월 광동성 인민정부위위, 해남도 군사 관제위 주임, 초기 투입된 중공 13집단군 사령관, 항미 원조군의 총사령관 팽덕회의 부사령관으로 보좌, 1951년 4월 제19병단 사령관, 휴전회담 중국 측 대표, 1955년 9월 상장, 1974년 사천혁명위 상무위원과 1977년 8월 제11기 중앙후보위원, 1980년 7월 상해에서 사망, 당시 해방군 군사과학원 부원장

하진년: 1934년 섬서 봉기에 참가, 1949년 2월 제4야전

군 15병단 부사령관 겸 동북군구 부사령관, 1953년 동북 군 정위원, 1954년 9월 기갑부대 부사령관, 1955년 상장, 1982년 9월 중앙고문위 위원 겸 기갑부대 부사령관

해방: 1908년 생, 본명 해패연, 일본 육군사관학교 졸업, 1945년 임표를 따라 동북에 들어가 동북군구정치부 선전부장, 팽덕회의 항미 원조군 참모장 겸 정치위원, 휴전회담 시 중국군 대표, 종대 부사령관, 상장, 1982년 1월, 해방군 후근 학원 등을 역임

한선초: 1912년생, 호북성 출신, 장사중학 졸업, 1930년 중국 공산당 입당, 1936년 섬북 항일 군정대학에서 연수받음, 항전 초기 8로군 115사단에 편입해 연대장, 항일 전쟁이 끝난 뒤 제4야전군 40군단장 평진 전역에 참가, 1949년 4월 제4야전군 12병단 부사령관, 1950년 호남군구 부사령관, 한국전쟁 시 팽덕회 사령부의 전선 독려 부사령관, 1951년 2월 38도선을 넘어 재남침 시 인민군 1군단과 후위의 6군단을 포함하여 예속 지휘함, 1954년 9월 국방위원, 1956년 중앙후보위원, 1966년 해방군 부총참모장(대장), 1971년 복건성 당위 제1서기.

양홍초: 1928년 주덕을 따라 정강산에 들어감, 1934년 대장정에 참가, 한국전쟁 시 제4야전군 38군단장, 1차 공세 시 지연 기동으로 실패하였으나 2차 공세 시 공을 세움, 1957년 광동군구 부정치위원, 1971년 사천성 당위원회 제2서기, 1972년 임표 사건에 연루돼 실각

황영승: 1910년 생, 1949년 광서군구 제1부사령관, 한국전쟁 시 15병단 사령관, 1953년 19병단 사령관, 1968년 3월 총참모장, 중앙군사위 비서장, 1981년 1월 4인방 사건에 연루되어 징역 18년형 선고받음

홍학지: 1913년 호북성 출생, 한국전쟁 시 1950년 10월 항미 원조군 부사령관, 1951년 4월 제3병단 사령관, 인민해방군 총후근부 부장, 육군 상장, 1959년 전인대 대표, 홍위병에게 테러를 당하고 실각, 복권, 정치협상회의 부주석

송시륜(1907-1990): 호남중학 및 황포군관학교 졸업, 1930년 제20군 참모장, 왕진, 장종손과 함께 하룡 장군 휘하의 3대 용장으로 꼽힘, 1937년 항일전 발발 후 임표 휘하

의 연대장, 1946년 제4집단군 제28군단장, 1949년 제3야전군 제9병단 사령관, 한국전쟁 시 9병단을 이끌고 장진호에서 미 1해병 사단을 포위 공격하였으나 섬멸에 실패함, 1952년 항미 지원군 부사령관, 1954년 9월 국방위원, 1955년 상장, 1958년 군사과학원 부원장, 1967년 실각, 1972년 복권, 1980년 군사과학원장, 중앙고문위 상무위원

양득지: 1910년생, 1928년 공산당 입당, 1934년 대장정 참가, 항일 전쟁 초기 8로군 115사단장이었다가 임표, 등소평 휘하로 들어감, 1950년 화북 야전군 19병단 정치위원, 사령관, 1954년 등화 후임으로 지원군 사령관으로 승진, 1980년 해방군 총참모장

진갱: 1903년생, 1924년 황포군관학교 1기 졸업. 1934년 대장정, 1951년 제3병단 사령관 겸 정치위원, 1952년 4월 팽덕회 후임으로 원조군 총사령관, 1956년 군사공정학원장, 대장

엽검영: 1897년생, 1924년 황포군관학교 교관, 1934년~1935년 대장정 참가, 1949년 1월 북경군사관제위 주임, 북경시 인민정부 시장, 같은 해 9월 중공중앙화남분국 제1서기 광동군구사령관 겸 정치위원, 1955년 9월 원수, 1956년 9월 중앙정치국 위원, 1983년 중앙군사위부주석

고강: 1905년생, 1926년 중국 공산당 입당, 1946년 동북민주연군 조직 후에 임표와 함께 동북에서 활동, 길림군구 사령, 1949년 1월 중공 중앙동북국 제1서기 겸 동북군구 사령관, 1954년 2월 반당연맹 독립왕국 결성 등의 협의로 감금, 1955년 4월 실각, 당시 자살했다고 함

뇌전주: 1910년생, 1928년 혁명 참가, 1931년 홍군 5군단 제13군 정치부 비서장, 동북 야전군 제6종대 정치위원, 중국인민해방군 총간 부부 제1부부장, 북경군구 정치위원

임표: 1907년생, 1924년 황포군관학교 입학, 1945년 동북민주연군사령관, 동북인민해방 군사령, 동북국 서기 등을 거쳐 1949년 2월 제4야전군사령관 겸 정치위원, 1964년 9월 군사위원회 제1부주석 겸 국방부장, 1971년 9월 13일 쿠데타 음모 실패 후 비행기로 탈출 중 추락사

초경광: 1903년 생, 호남성 제1사범학교 졸업, 모스크바 노동공산동방대학 유학, 귀국 후 황포군관학교 교관, 1937년 연안 8로군 참모장, 1945년 임표와 함께 동북에 진주해 동북인민해방군 부사령관, 1950년 9월 해군사령관, 1954년 11월 국무원 국방부 부부장, 1955년 해군대장, 1982년 중앙고문위 상무위원

해패연: 한국전쟁 시 팽덕회 사령부의 참모장

류서원: 1917년생, 항일 군정대학 1기 졸업, 한국전쟁 시 중공 38군 정치위원, 1953년 10월 인민혁명군사위 총정치부 청년부 부부장, 1972년 6월 감숙성 혁명위 부주임

오신천: 1910년생, 홍군 4방면군 25군 출신, 1949년 1월 제39군 부군단장, 1953년 7월 동북군구 부참모장, 1981년 포병사령부 부정치위원

서빈주: 1944년 진찰기군구 독립 제8여단장, 종대 부사령관 군단장 역임, 한국전쟁 시 39군 정치위원, 1958년 6월 군사학원 부정치위원

온옥성: 1915년생, 1937년 8로군 편입, 1947년 동북 야전군 제10사단장, 한국전쟁 시 중공 40군단장, 1967년 부총참모장, 성도군구 부사령관, 1970년 6월 이후 임표 사건과 연루되어 실종

원승평: 1912년생, 홍1군단 출신, 장정 참가, 1949년 제4야전군 한국전쟁 시 중공 40군 정치위원, 1955년 북경군구 정치부 주임, 1979년 2월 군사과학원 정치위원, 1982년 9월 중앙고문위 위원

오서림: 1916년생, 1945년 동북에 진출해 동북 민주연군 독립 제1사단장, 1948년 동북야전군 제5종대 부사령, 1949년 제4야전군 제42군단장, 무한으로 옮겨 중경 공격에 참가, 1950년 흑룡강 성 북대황으로 이주해 생산 활동에 종사, 1972년 5월 해군부사령관

주표: 1910년생, 1932년 중국 공산당 가입, 1947년-1952년 화북야전군 종대, 한국전쟁 시 42군 정치위원, 군병단 간

부, 1955년 중장, 1964년 공군사령부 부정치위원

강홍휘: 1916년생, 항천 초기 8로군 115사단 685연대 중대장, 1949년 2월 제38군 112 사단장, 1953년 북경군관학교 연수, 1955년 소장, 1956년 중장, 1983년 복주군구 사령관

이지민: 1905년생, 1927년 중국공산당 입당, 항미 원조군 정치부 주임, 1954년 지원군 정치위원, 1963년 군사학원장 겸 정치위원, 1967년 하룡의 부하라는 이유로 실각, 1972년 복권, 1985년 중공 중앙조직부 청년간부국장

주덕(1886-1976): 사천성 출신, 1927년 주은래, 하룡, 엽정과 함께 8?1봉기를 조직, 1928년 모택동과 정강산에서 만나 중국공농홍군 제4군을 편성해 군단장, 1949년 중앙인민정부 부주석, 인민혁명군사위 부주석

위걸: 1951년 4월 공세 시 전멸한 180사단을 지휘한 중공군 60군단장

정기귀: 1951년 4월 공세 시 60군단의 공격 부대로 참전하여 철수 시 미군과 조우전으로 전멸한 중공군 180사단의 사단장

감사기: 1959년 국방부 부부장, 부참모총장

주순전: 동북군구 후근부장, 제4야전군 후근부장

허세우: 1953년 중공 3병단 사령관

왕근산: 1953년 중공 3병단 정치위원

왕건안: 1953년 중공 9병단 사령관 겸 정치위원

양용: 1953년 중공 20병단 사령관

왕평: 1953년 중공 20병단 정치위원

한반도 주요 도시 및 지명
Korean peninsula Map with Key Terrain recognition

1950년대 남한의 주요 도시명
Major Cities & Towns in South Korea 1950

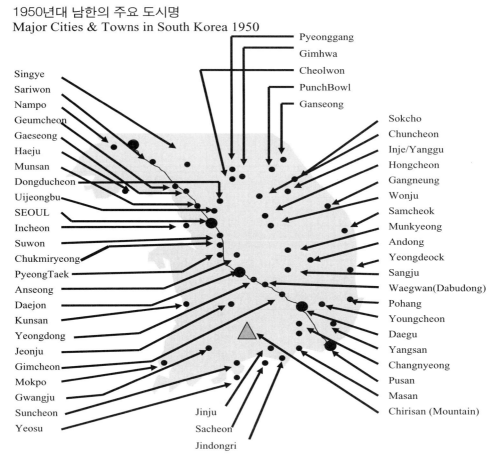

Pyeonggang
Gimhwa
Cheolwon
PunchBowl
Ganseong

Singye
Sariwon
Nampo
Geumcheon
Gaeseong
Haeju
Munsan
Dongducheon
Uijeongbu
SEOUL
Incheon
Suwon
Chukmiryeong
PyeongTaek
Anseong
Daejon
Kunsan
Yeongdong
Jeonju
Gimcheon
Mokpo
Gwangju
Suncheon
Yeosu

Sokcho
Chuncheon
Inje/Yanggu
Hongcheon
Gangneung
Wonju
Samcheok
Munkyeong
Andong
Yeongdeock
Sangju
Waegwan(Dabudong)
Pohang
Youngcheon
Daegu
Yangsan
Changnyeong
Pusan
Masan
Chirisan (Mountain)

Jinju
Sacheon
Jindongri

38도선: 해주 이남–개성 이북–포천 북방–화천 이남–인제–양양을 잇는 선

문산 · 개성: 국군 1사단의 방어 책임 지역

동두천 · 포천: 국군 7사단의 방어 책임 지역

춘천 · 인제: 국군 6사단의 방어 책임 지역

양양 · 강릉: 국군 8사단이 태백산 공비 토벌과 동해 방어 책임을 수행함

죽미령: 수원-오산 사이의 고개, 미 지상군의 선발대인 스미스 대대가 최초로 격돌한 곳

대전: 미 24사단이 최후의 전투를 치름, 사단장 딘 장군은 실종 후 후일 포로가 됨

영동: 미 1기병사단이 처음 방어진을 친 곳

인천: 인천상륙작전이 실시된 곳

상주: 미 25사단이 처음 방어 지역을 형성한 곳

영천 · 포항: 낙동강 전투 시 치열했던 격전장

영산: 낙동강 전투 시 치열했던 격전장

마산: 미 25사단의 킨 특수임무부대 위치

강릉: 국군 1군단과 육본 전방지휘소 위치

왜관 · 다부동: 낙동강 방어전 기간 중 국군 1사단과 미 1기병사단의 방어 지역

문경 · 안동: 국군 사단들이 주로 방어하며 후퇴하였다가 반격 시 북진하던 지역

진주 · 진동리 · 사천: 인민군 6사단의 출현으로 킨 특수임무부대가 격전을 벌이던 지역

지리산: 남로당의 지하 무장 세력의 피난처였으나 낙동강 전투 이후 무장 게릴라와 패잔병들의 은거 지역이 됨

여수 · 순천: 국군 14연대의 군내 좌익 세력에 의해 반란이 일어났던 곳

the 38th Parallel: A line along Haeju-Gaeseong-Pocheon-Hwacheon-Inje-Yangyang

Munsan · Gaeseong: area of ROK 1st Division

Dongducheon · Pocheon: area of ROK 7th Division

Chuncheon · Inje: area of ROK 6th Division

Yangyang · Gangneung: area of ROK 8th Division. Conduct anti guerrilla OPN in Taebaeksan(Mt.).

Jukmiryeong: Hill between Suwon and Osan. TF Smith conducted the first battle against NK.

Daejeon: Main battle area of the 24th Division(U.S.). MG Dean was missing in action after Daejeon battle.

Yeongdong: Defense area of 1st CAV Div(U.S.)

Incheon: Where the landing OPN on September 15, 1950.

SangJu: Defense area of 25th Inf Div(U.S.)

Yeongcheon · Pohang: Main battle area in Nakdonggang (River)

Yangsan: Main battle area in Nakdonggang(River)

Masan: HQs of TF Kean(25th Div) located.

Gangneung: area of ROK 1st Corps.

Waegwan · Dabudong: Main battle area in Nakdonggang (River) to ROK 1st Div and 1st Cav Div.(U.S.)

Mungyeong · Andong: Main battle area of ROK divisions in defense/offense operations.

Jinju · Jindongni/Sacheon: battle area between TF Kean(U.S.) and the 6th Division (NK)

Chirisan: Home of communist guerrillas in SK, and became a hiding place for scattered NK soldiers after UN conduct a counterattack.

Yeosu · Suncheon: where the communist soldiers in ROK 14th regiment against as rebels.

1950년대 북한의 주요 도시명
Major Cities & Towns in North Korea 1950

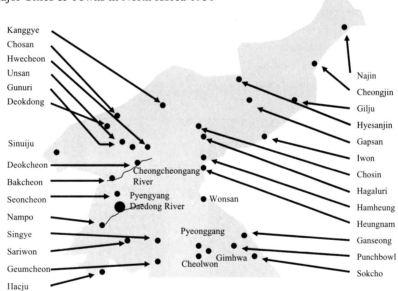

평양: 북한의 수도

순천 · 숙천: 미 187공정사단의 공정 강습 목표

덕천: 미 1군단의 주공 북진로

회천: 국군 2군단이 중공군에게 포위되어 붕괴되던 지역

운산: 국군 1사단과 미 1기병사단이 중공군의 포위망에 걸려 참패한 지역

군우리: 미 2사단이 중공군에게 참패한 지역

청천강: 평양 이북의 동서로 흐르는 강

혜산진: 미 7사단이 도달한 국경 지대 지명

강계: 평양을 빼앗긴 후 옮긴 북한의 임시 수도

초산: 국군 6사단이 북진 끝에 도달한 중공과의 국경선으로 지역, 이곳 압록강의 물을 수통에 담아 대통령에게 보냈음

원산: 인천에서 출발한 미 10군단이 북진을 위하여 상륙

한 장소

흥남: 중공군의 2차 공세 후 10군단의 철수항

이원: 미 3사단이 북진 중 후속 상륙한 지역

청진: 국군 3사단, 수도사단이 북진하던 지역

신계: 인민군 게릴라 거점, 중공군 남침 시 주요 거점

장진호·유담리·하갈우리: 미 1해병사단이 강계를 목표로 북진하다가 중공군의 포위망에 걸려 고전하였으나 후퇴 돌파에 성공함

평강: 인민군 게릴라 본거지, 중부전선에서 중공군 남침 시 주요 거점

철원·김화: 평강과 함께 철의 삼각지대로 불리며 휴전 시까지 치열한 격전지였음

펀치볼 지역: 동부 산악 지역의 거대한 분지로서 보급 기지와 부대 편성에 유리하여 피의 능선, 단장의 능선 전투를 치른 동부전선 격전 지대

Pyeongyang: Capital of North Korea

Suncheon/Sukcheon: Targets of the 187th RCT

Deokcheon: MSR to the 1st Corps(U.S.) to North

Hoecheon: where the ROK 2nd Corps was enveloped and demolished by CCF in October 1950.

Unsan: where ROK 1st Div and U.S. 1st Cav Div were enveloped and damaged by CCF in October 1950.

Kunuri: where 2nd ID(U.S.) was hit by CCF in 1950.

Cheongcheongang: River where north of Pyeongyang

Hyesanjin: Town near the border where the 7th Div(U.S.) reached in October 1950.

Ganggye: Temporary capitol of NK since October 1950.

Chosan: Town near the border where the 6th Div(ROK) reached in October 1950. They delivered a canteen of water from the river to President Rhee.

Wonsan: where 10th Corps(U.S.) landed

Heungnam: a port 10th Corps retreat in December 1950.

Iwon: where 3rd Div(U.S.) landed.

Cheongjin: City the 1st ROK Corps passed to North.

Singye: NK's home of guerrillas and logistics.

Hagaluri: a town near Chosin Reservoir where the 1st Marine Div was enveloped by CCF when they were advanced to Ganggye, capital of NK.

Pyeonggang: a key terrain of Iron tri-angle area in middle front during June 1951~July 1953.

Cheolwon·Gimhwa: key terrains of Iron tri-angle area in middle front during June 1951~July 1953.

Punchbowl: a key terrain of East mountain area in East front during June 1951~July 1953 and where Battles of Blood ridge and breakheart ridge were.

문산(개성) 전투
개전 초기 서부전선 1사단의 방어 전투
일시: 1950. 6. 25-6. 28
장소: 경기도 파주군 문산읍
아군: 국군 1사단
적군: 인민군 1사단, 6사단

의정부지구 전투
개전 초기 중서부전선 7사단의 방어 전투
일시: 1950. 6. 25-6. 26
장소: 경기도 의정부시 녹양동 174
아군: 국군 7사단
적군: 인민군 3, 4사단

축석령 대전차 방어 전투
일시: 1950. 6. 26
장소: 경기도 포천군 축석령
아군: 국군 7사단 5연대, 포병학교 교도대대
적군: 인민군 3사단, T34 전차부대

춘천지구 전투
일시: 1950. 6. 25-6. 30
장소: 춘천, 소양강 말고개, 홍천
아군: 국군 6사단
적군: 인민군 2사단, 7사단

한강선 방어 전투
일시: 1950. 6. 28-7. 3
장소: 서울시 영등포구 노량진동
아군: 시흥 지구 전투사령부(수도 2, 7사단 패잔병으로
  급조 현지 편성)
적군: 인민군 3, 4, 6사단

오산 죽미령(스미스 부대) 전투
일시: 1950. 7. 5-7. 6
장소: 경기도 화성군 오산읍 죽미령
아군: 미 24사단 21연대 1대대
적군: 인민군 4사단

진천(봉화산, 문안산) 전투
일시: 1950. 7. 6-7. 10
장소: 충북 진천군 진천읍 향정리 잣고개
아군: 국군 2사단, 수도사단 17연대
적군: 인민군 2사단

동락리 전투
일시: 1950. 7. 5- 10
장소: 충북 중원군 신니면 동락리
아군: 국군 6사단
적군: 인민군 15사단

이화령 전투
일시: 1950. 7. 13-7. 15
장소: 경북 문경읍 명서리
아군: 국군 6사단 2연대
적군: 인민군 1사단

대전 전투
일시: 1950. 7. 17-7. 20
장소: 충남 대전시 보문산
아군: 미 24사단 예하 2개 대대
적군: 인민군 3, 4사단

화령장 전투
일시: 1950. 7. 17-7. 25
장소: 경북 상주군 화서면
아군: 국군 17연대, 국군 1사단
적군: 인민군 15사단

영동 금천 방어전
일시: 1950. 7. 23-7. 31
장소: 경상북도 영동, 금천
아군: 미 1 기병사단
적군: 인민군 3사단, 105전차연대

진주(진동리) 전투: 킨 특수임무부대
일시: 1950. 7. 29-8. 5
장소: 경남 진주시
아군: 미 25사단, 해병 5연대,
적군: 인민군 6사단

왜관지구(328고지 쟁탈) 전투
일시: 1950. 8. 4-8. 30
장소: 경북 칠곡군 왜관 북방
아군: 국군 1사단, 미 1기병사단
적군: 인민군 1, 3, 13사단

다부동 전투
일시: 1950. 8. 3-8. 22
장소: 경북 칠곡군 가산면 다부동
아군: 국군 1사단, 미 1기병사단
적군: 인민군 3, 13, 15사단

창녕 전투
일시: 1950. 8. 5-8. 19
장소: 경남 창녕군 창녕읍
아군: 미 24사단, 미 2사단 19연대
적군: 인민군 4사단

영산 전투
일시: 1950. 8. 5-8. 19
장소: 경남 창녕군 영산읍
아군: 미 24사단, 25사단 27연대
적군: 인민군 4사단

수암산(519고지) 공격전
일시: 1950. 8. 12-8. 30
장소: 경북 칠곡군 석적면 망정동 수암산
아군: 국군 1사단 12연대, 미 1기병사단
적군: 인민군 3사단, 15사단

유학산(839고지) 공격전
일시: 1950. 8. 12-8. 30
장소: 경북 칠곡군 가산면
아군: 국군 1사단, 미 1기병사단

적군: 인민군 13, 15사단

안강지구 전투
일시: 1950. 9. 15-9. 20
장소: 경상북도 월성군 강동면 안강지구
아군: 국군 수도사단, 3사단
적군: 인민군 5, 12사단

포항지구 전투
일시: 1950. 8. 9-9. 22
장소: 포항시 용흥동
아군: 국군 3, 수도사단, 17연대
적군: 인민군 5, 12사단

신녕지구 전투
일시: 1950. 8. 30-9. 15
장소: 경북 연천군 신녕면 화성동
아군: 국군 6사단
적군: 인민군 8사단

영천지구 전투
일시: 1950. 9. 2-9. 12
장소: 경북 영천
아군: 국군 8사단, 7사단
적군: 인민군 8, 15사단

인천상륙작전
일시: 1950. 9. 15-9. 20
장소: 인천시 남구
아군: 미 1해병사단, 국군 1해병연대
적군: 인민군 18사단, 25여단

연희동 104고지 전투
일시: 1950. 9. 18-9. 28
장소: 서대문구 연희동 104고지
아군: 미 1해병사단, 국군 1해병연대
적군: 인민군 18사단

북한강지구 전투
일시: 1950.10. 1-10. 7

장소: 경기도 남양주군 미금읍 미금리
아군: 한국 해병대, 미 25사단
적군: 인민군 18사단

운산 기습 포위 전투

일시: 1950. 10. 25-10. 26
장소: 평안북도(청천강 이북) 운산, 정주
아군: 미 1기병사단, 국군 1사단
적군: 중공 13집단군

군우리 기습 포위 전투

일시: 1950. 11. 27-11. 30
장소: 평안북도(청천강 이북) 군우리
아군: 미 2사단, 국군 1사단
적군: 중공 13집단군

장진호 포위 돌파 전투

일시: 1950. 11. 27-12. 10
장소: 함경도 장진호 (유담리, 하갈우리, 황초령)
아군: 미 1해병사단
적군: 중공 9집단군

원주지구 전투

일시: 1951. 1. 10-2. 28
장소: 강원도 원성군 소초면 장양리
아군: 미 2사단, 미 1해병사단, 국군 5, 6, 8사단
적군: 인민군 혼성 5군단, 중공군 137사단

지평리 전투

일시: 1951. 2. 13-2. 16
장소: 경기도 양평군 지제면 지평리
아군: 미 2사단 23연대, 1기병사단 5연대
적군: 중공군 39군

인제지구 전투(캔자스 선 회복)

일시: 1951. 4. 9-6. 18
장소: 강원도 인제군 인제읍 합강2리
아군: 국군 5, 7, 9사단
적군: 인민군 혼성 12, 15 사단

파로호 전투(중공군 춘계 공세)

일시: 1951. 4. 19-5. 20
장소: 화천군 간동면 구만리
아군: 국군 6사단, 해병 1연대
적군: 중공군 10, 25, 27군

사창리 전투(중공군 춘계공세)

일시: 1951. 4. 22-4. 24
장소: 강원도 화천군 사내면 사창리
아군: 국군 6사단
적군: 중공 20군 58, 59, 60사단

가평지구 전투

일시: 1951. 4. 23-4. 25 중공군 춘계 공세
장소: 경기도 가평군 가평읍
아군: 영연방 27여단, 국군 6사단
적군: 중공군 20군

설마리(글로스터 힐) 전투

일시: 1951. 4. 22-4. 25
장소: 경기도 파주군 적성면 설마리 비룡계곡
아군: 영국군 29여단
적군: 중공군 65군

가리산, 벙커힐 전투

일시: 1951. 5. 16-5. 18
장소: 강원도 인제군 가리산(1051) 벙커힐(778)
아군: 미 2사단 38연대, 프랑스 대대
적군: 중공군 1, 27군

현리 3군단 붕괴(중공군 2차 춘계 공세)

일시: 1951. 5. 16 -5. 22
장소: 강원도 인제군 상남면 오미재 고개
아군: 국군 3군단 3, 9사단
적군: 중공군 1, 27군, 인민군 5군단

운두령 전투(중공군 춘계 공세 역습전)

일시: 1951. 5. 19-5. 22
장소: 강원도 인제군 속사리 운두령(1089)
아군: 미 3사단

적군: 중공 1군, 27군

대관령 전투(중공군 춘계 공세 반격전)
일시: 1951. 5. 20-5. 25
장소: 강원도 횡계 능경봉(1123), 황병산(1407)
아군: 국군 1군단 수도사단
적군: 중공군, 인민군 5군단

설악산지구 전투(중공군 춘계 공세)
일시: 1951. 5. 7-6. 9
장소: 강원도 속초시 설악동 국립공원 일대
아군: 국군 1군단 11사단, 수도사단
적군: 인민군 5군단

용문산지구 전투
일시: 1951. 5. 18-5. 30 캔자스 선 탈환전
장소: 경기도 양평군 용문면 신정리
아군: 국군 6사단
적군: 중공 63군

월두봉(454) 전투
일시: 1951. 5. 25
장소: 강원도 춘성군 서면
아군: 국군 6사단
적군: 중공 63군

도솔산지구 전투
일시: 1951. 6. 4-6. 19
장소: 강원도 양구군 동면, 서면 일대 24개 고지군
아군: 미 해병1사단, 한국 해병 1연대
적군: 인민군 5군단 예하 12사단, 32사단

수리봉 전투
일시: 1951. 6. 6-6. 11
장소: 강원도 화천군 화천읍 풍산리
아군: 국군 6사단, 미 17연대
적군: 중공군 20군 예하 58, 60, 115사단

1105고지쟁탈전
일시: 1951. 6. 12-6. 14

장소: 강원도 인제군 단화면
아군: 국군 5사단
적군: 인민군 2사단

351고지 전투
일시: 1951. 7. 10-1953. 7. 18
장소: 강원도 고성군 월비산, 351, 208고지군
아군: 국군 5, 11, 15, 수도사단
적군: 인민군 6, 7, 19사단

두밀령(피의 능선) 전투 983고지, 940고지, 773고지
일시: 1951. 8. 18-9. 7
장소: 강원도 양구군 방산면 고방산리
아군: 미 2사단, 국군 5사단
적군: 인민군 12, 27, 6사단

펀치볼 전투(1055, 924, 1026고지)
일시: 1951. 8. 29-10. 30
장소: 강원도 양구군 동면 임당리
아군: 미 해병1사단, 국군 해병 1연대
적군: 인민군 5군단

향로봉 전투(924, 884고지)
일시: 1951. 8. 18-8. 24
장소: 강원도 고성군 간성읍
아군: 국군 11, 수도사단
적군: 인민군 13, 45사단

김일성고지(1211) 전투
일시: 1951. 9. 4-10. 14
장소: 강원도 양구군 수입면
아군: 국군 5사단, 3사단
적군: 인민군 13사단, 2사단

단장의 능선 전투
일시: 1951. 9. 13-10. 13
장소: 강원도 양구읍 문등리
아군: 미 10군단, 미 2사단
적군: 인민군 3군단

백석산(1142) 전투(단장의 능선 지원)
일시: 1951. 9. 13~10. 13
장소: 강원도 양구읍 문등리
아군: 국군 7, 8사단
적군: 인민군 12, 32사단

월비산(459) 전투
일시: 1951. 10. 12~10. 15
장소: 강원도 고성군 수동면
아군: 수도사단
적군: 인민군 9사단, 19사단

신회산(343)고지 전투
일시: 1952. 2. 6
장소: 강원도 철원군 북면 회생리
아군: 국군 9사단
적군: 중공 42군 124사단

백마고지(395) 쟁탈전
일시: 1952. 10. 6~10. 15
장소: 강원도 철원군 민장면 · 연천군 신서면
아군: 국군 9사단 29연대
적군: 중공 39군 114사단

저격능선 전투
일시: 1952. 10. 14~11. 24
장소: 강원도 철원군 금화읍 학사리
아군: 국군 2사단
적군: 중공 15군

노리고지(NORI) 쟁탈전
일시: 1952. 12. 11~12. 13
장소: 연천군 남서면 고장리 임진강변(CT 215 234)

아군: 국군 1사단 11연대 · 미 1기병사단 · 미3사단
적군: 중공군 140사단 420연대

154고지 전투
일시: 1953. 3. 26
장소: 강원도 고성군 수동면 수령
아군: 국군 15사단
적군: 인민군 3사단

무명고지(200) 전투
일시: 1953. 4. 29~4. 30
장소: 강원도 고성군 수동면 덕산리 200고지
아군: 국군 15사단
적군: 인민군 3사단

구선봉(185) 전투
일시: 1953. 4. 28~4. 29
장소: 강원도 고성군 수동면 감월리(DT 435755)
아군: 국군 15사단
적군: 인민군 7사단

602고지 공격전
일시: 1953. 7. 15~7. 20
장소: 강원도 화천군 원남면
아군: 국군 11사단
적군: 중공군 67군 200사단

351고지 전투
일시: 1953. 7. 14~7. 15
장소: 강원도 고성군 고성면
아군: 국군 15사단
적군: 인민군 7사단

아파치(인디언 부족 이름): 밴 플리트 8군사령관에 의해 1951년 8월 계획된 야심찬 작전 계획으로 미 9, 10군단과 국군 1군단이 참가하는 9월 전 전선 총공격 계획이었으나 승인되지 않았음.

Apache: An ambitious operation plan prepared by General Van Fleet and recommended to General Ridgway in August 1951, calling for a general advance in September by the IX and X U.S. Corps as well as I ROK Corps. But it was not accepted by the UN Command.

빅 스틱(Big Stick, 대지팡이): 1952년 2월 8군사령관 밴 플리트 장군에 의해 공산군의 주요 보급 기지인 시변리를 파괴하고, 8군의 서측방 전선을 개성과 예성강선까지 회복하기 위하여 계획하였으나 시행하지 못한 공세 전투. 1952년 4월 중순에 실시 예정이었던 이 작전이 시행되었다면 미 1해병사단이 이 작전을 지원하기 위한 동해안 고조 지역 양동 상륙 작전을 시행할 예정이었음(홈커밍 작전 참조)

Big Stick: Operation plan presented by the EUSA to the UNC on 2 February 1952 to destroy the Communist supply complex based on Sibeon-ri, to advance the left flank of the UNC lines to the Yeseonggang(River), and to regain Gaeseong. But it was not realized. If it could be realized in mid April 1952, an amphibious feint at Gojo on the east coast was to execute by the 1st U.S. Marine Division to expedite its chances of sucess(See Home coming).

빅 스위치(Big Switch, 큰 교환): 1953년 8~9월 사이에 있었던 상호 포로 교환. 인민군70,159명과 중국 공산군 포로 5,640명이 북으로 송환되었고, 유엔군 포로 12,757명이 남으로 돌아왔다.

Big Switch: Operation for repatriation of POW which took place in August-September 1953. During the period UNC returned 70,159 NK and 5,640 CCF POWs while the Communists sent back 12,757 UN prisoners.

블루하트: 유엔군 사령부에서 1950년 7월 22일을 전후하여 인민군 배후로 상륙을 시도하려는 상륙 작전 계획 비밀 명칭으로서, 낙동강 전선의 압력이 너무 강하여 상륙 가용 병력을 빼낼 수 없어 8월 10일경 취소하고 크로마이트 작전으로 대치됨.

Bluehearts: Code name for the original plan for UNC amphibious landing behind enemy lines on or about 22 July 1950, abandoned by August 10 because of the inability of the ROK and U.S. forces in Korea to halt the southward drive of the enemy. This plan was succeeded by Operation Chromite.

벅샷(사냥용 산탄): 미 1해병사단 7연대가 1952년 7월 시행한 펀치볼 근처의 요크 고지 탈환 작전

Buckshot: Operation conducted by the 7th U.S. Marine in July 1952 to capture Yoke Hill Operation of Punchbowl.

벅샷 16(사냥용 산탄): 국군 11사단이 1952년 7월 8일 실시한 동부전선의 남강 서측에서 첩보 수집을 위해 적 포로를 포획하려는 작전

Buckshot 16: Operation carried out by the 11th ROK Division on 8 July 1952 to take prisoners in the area west of Namgang(River) on the eastern front.

체로키 스트라이크(인디언 부족 이름): 미 7함대가 공군과 연계하여 전선의 적 보급소와 포병 진지를 파괴하기 위해 1952년 10월부터 12월까지 실시한 포격 및 폭격 작전

Cherokee Strikes: Naval airpower strikes launched by the Seventh Fleet in order to destroy enemy supplies and enemy artillery pieces at the front in October through December 1952 with Air Forces joining the operation.

크로마이트(크롬): 1950년 9월에 유엔군 사령부가 계획하고 시행한 인천상륙작전의 암호명

Chromite: Code name for UNC amphibious operation in September 1950, one of which was a landing at Incheon.

클렘 업(Clam up, 침묵): 1952년 2월 10일~2월 15일까지 전 전선에서 움직임 없이 침묵함으로써 혼란스럽고 궁금해진 적들이 움직일 때 포로를 획득하려 시도한 작전

Clam up: An operation designed to confuse the Communists and lead them into miscues. Operation Clam-up imposed silence along the front lines from 10 to 15 February 1952.

클레이모어(Claymore, 양날의 칼, 월남전 시 클레모어 폭풍 지뢰로 잘 알려짐): 1951년 8월 22~24일에 캐나다 25여단이 실시한 작전으로 미 1기병사단 5기병연대의 부대 배치를 지원하는 것이었음.

Claymore: An operation carried out by the Canadian Brigade during 22-24 August 1951. The object of Claymore was to place the 25th Brigade less one battalion, in the rear of the 1st Cavalry Division to support the 5th Cavalry Regiment while it adjusted its positions.

클린업(소탕): 미 1군단 지역에서 미 3사단의 증강된 1개 연대가 1951년 9월 18일에 실시한, 철원 북방의 적을 몰아 내기 위해 시행한 작전

Cleanup: Operation conducted by a reinforced regiment of the 3rd U.S. Division, I U.S. Corps designed to clean up the enemy-held area north of Cheolwon, starting on 18 September 1951.

찹스틱 6 · 찹스틱 16(Chopstick 6/16, 젓가락): 8군사 령관 밴 플리트 장군에 의해 1952년 4월 1일 계획, 찹스틱 6 은 증강된 한국군 사단이 평강 남쪽 분지를 정면 포위하고, 찹스틱 16은 2개 사단으로 남강의 동측과 남측에서 공격하 여 적을 몰아내려는 계획

Chopstick 6 and Chopstick 16: Operation plans proposed by General Van Fleet on 1 April 1952. Chopstick 6 envisaged the envelopment of the high ground south of Pyeongyang by a reinforced ROK division, and Chopstick 16 laid out a two-division attack to drive the enemy from the area east and south of the Namgang(River) in eastern Korea.

코만도(Commando, 특전대): 1951년 10월 2일~15일에 미 1군단이 중서부전선에서 신방어선 제임스타운까지 10킬 로미터를 전진한 직전, 이 작전 결과 적의 공격 발판을 제거 하고 방어선을 확고히 하게 되었음.

Commando: An operation carried out by the I U.S. Corps to make a modest 10 kilometer advance to a new defense line Jamestown in the mid-western front during 2-15 October 1951. As the result of the operation the I U.S. Corps greatly improved its defense position and kept the enemy from launching an offensive of his own.

커리져스(용기 있는…): 8군사령관 리지웨이 장군이 계 획하고 1951년 3월 22일 시행한 총공격 작전으로 서부의 일 부 지역을 제외하고, 서해안의 한강과 예성강 합류점부터 동해안의 양양까지 이어진 전 전선에서 이루어짐.

Courageous: Operation launched by General Ridgway, commencing on 22 March 1951, in a general advance effort except in the westmost sector, to a line generally between the confluences of the Hangang(River) and Yeseonggang(River) on the west coast and Yangyang on the east coast.

클리퍼: 미 9군단과 국군 1군단이 동부전선에서 1951년 8월 18일부터 28일까지 적을 캔자스 선 북방까지 밀어내기 위하여 실시한 유엔군 사령부 공세 작전

Cleeper: Operation conducted by the X U.S. Corps and I ROK Corps on the eastern front during 18-28 August 1951 to improve the UNC defensive positions far above Line Kansas.

커드겔(Cudgel, 몽둥이): 8군사령관 밴 플리트 장군에 의해 중서부 지역의 미 1군단과 9군단 지역에서 와이오밍선 15킬로미터 전방으로 전진하여 적의 전초 진지를 붕괴시키 고 철원~금화 간 보급 철도망을 통제하려고 계획한 작전

Cudgel: Plan drew up by General Van Fleet in September 1951 for an ambitious advance on the I and IX U.S. Corps front from Line Wyoming to drive the enemy further north so as to protect the Cheolwon-Geumhwa railroad line.

데코이(Decoy 미끼): 롱글러 작전이 불승인되자 대안으 로 1952년 10월 15일 거조 지역에서 북한군들이 지하화된 전선에서 물러나게 하기 위해 제7연합 상륙 전단이 실시한 양동 작전

Decoy: A naval operation carried out by the JTF 7 on 15 October 1951. It was a feint operation in the Gojo area, after 'Wrangler' was disapproved, in an effort to draw enemy reinforcements from frontlines and also to create an enemy psychological reaction favorable to the UN forces.

델루드: 1951년 10월 밴 플리트 8군사령관이 계획한 공 세 작전으로, 해시계 작전의 결과로 형성된 방어선을 미 1군 단과 9군단을 투입하여 철의 삼각 지대까지 더 북으로 밀어 올리는 공세 작전이었으나 승인되지 않았다.

Deluth: Line of defense to be established operation

'Sundial' which was planned by General Van Fleet in October 1951 in an effort of advance further north in the Iron Triangle sector putting the I and IX U.S. Corps in the attack. The plan was not approved.

하이보이(Highboy, 옷장): 1952년 1월 전형적인 야포나 박격포의 사격(곡사 간접 사격)으로 파괴되지 않는 적의 유개 진지나 벙커에 미 1군단 포병이 시험적으로 실시했던 직접 조준 사격
Highboy: I U.S. Corps artillery operation conducted in January 1952 to bring direct fire onto enemy positions and bunkers not accessible to other artillery and mortar fire. It was a field experiment designed primarily to reduce enemy fortifications located on steep mountain slopes.

홈커밍(Home Coming, 귀향): 1952년 2월 말 8군사령관 밴 플리트가 계획하였다. 빅스틱 작전과 유사하나 기만을 위한 양동 상륙 작전은 생략한 채 한국군만으로 시변리를 공격하려는 계획
Home Coming: An operation plan proposed by General Van Fleet in late February 1952. The objectives of Home Coming were similar to Big Stick, but contemplated using only ROK troops and also the attack toward Sibyeon-ri and amphibious feint would be omitted

킥오프(경기 시작): 유엔 해군이 1951년 7월에 수행한 원산 지역 포격 작전
Kick-off: Operation carried out by UNC naval forces in July 1951 against enemy positions in the Wonsan area on the east coast.

킬러(Killer, 살인자): 8군 사령관 리지웨이 장군의 명에 의거하여 1951년 2월 21일부터 일주일 동안 후퇴하는 중공군과 인민군의 퇴로를 횡성에서 차단하고 적의 주력 격멸을 시도한 작전
Killer: UN operation ordered by General Ridgway to cut off Hoengseong and destroy large numbers of enemy, lasting two weeks from 21 February 1951. By mid-February, the Chinese and their North Korean allies were in full retreat.

리틀 스위치(Little Switch, 작은 교환): 병들고 부상당한 포로들을 송환시키는 계획. 이를 위한 상호 합의 각서는 1953년 4월 11일 서명하였고, 송환절차는 4월 20~26일 간에 이루어 졌다. 6,670명의 공산 부상 포로가 북으로 돌아갔고 단지 684명의 유엔 부상 포로가 남으로 송환되었다.
Little Switch: Operation for repatriation of sick and wounded POW. The agreement for it was signed on 11 April 1953, and the exchange began on 20 April lasting until 26 April. During it UNC handed over a total 6,67 sick and wounded Communist prisoners, while the Reds returned 684 UN POWs.

믹스마스터: 유엔사령부 전선 부대와 공산군이 전선에서 대치된 긴장된 상태에서 1952년 봄 시행된 대규모 부대 재배치 작전
Mixmaster: Operation designed not for real fighting but for relocation of units, which took place in the spring of 1952, when the UNC and Communist forces were facing each other.

몽구스: 한국군이 1952년 여름에 지리산과 기타 후방 지역에서 공산군 잔적과 게릴라들을 제거하기 위하여 실시한 소탕 작전
Mongoose: Operation carried out by ROK forces in the summer of 1952 in mopping up Communist remnants and guerrillas around Jirisan(Mountain) region and other districts in the rear area.

오버웰밍(압도): 1951년 7월에 미 8군에 의해 계획되었던 대규모 공지해 합동 북진 작전으로 9월 1일을 기해 평양~원산까지를 목표로 한 공격 계획은 워싱턴으로부터 승인받지 못해 시행되지 못했음.
Overwhelming: Plan for a joint amphibious and overland offensive operation toward the Pyeongyang-Wonsan line. But, it was not accepted by Pentagon.

퍼쉐이더(Persuader, 강제 집행자): 1951년 11월 미 9군단이 금성 지역에서 실시한 작전으로 저격 능선의 적을 퇴치한 작전
Persuader: An operation carried out by the IX U.S. Corps in November 1951 to erase the enemy opposition from Sniper Ridge in Geumseong area.

파일드라이버(Piledriver, 말뚝박기): 1951년 6월 초 미 1군단이 철원~금화 지역을 확보하는 동안 미 10군단과 동해안의 국군 1군단이 실시한 제한된 반격 작전

Piledriver: An operation to make limited advances by the I ROK and X U.S. Corps while the I U.S. Corps securing the vital Cheolwon-Geumhwa area early in June 1951.

폴차지(Polecharge, 선점): 1951년 10월 중순 제임스타운 방어선까지 진출하기 위하여 미 1기병사단이 수행한 작전으로 10월 19일 제임스타운 목표에 도달하였음.

Polecharge: Operation plan executed by the 1st U.S. Cavalry Division for capture of hill objectives on the Jamestown Line during the final phase of Operation Commando in 19 October 1951.

랫킬러(Ratkiller, 쥐잡기): 8군사령관 밴 플리트 장군에 의해 계획되고 1군단장 백선엽 장군을 지휘관으로 백야전사령부를 설치하여 지리산 일대를 거점으로 후방을 교란하는 무장 게릴라 부대를 섬멸하려는 작전으로, 1951년 12월 2일부터 1952년 3월 15일까지 진행되었음.

Ratkiller: Anti-guerrilla operation carried out by Task Force Paik to wipe out the Communist remnants scattered around the Jirisan area starting 2 Dec 1951 and ending 15 March 1952.

레드 카우(Red Cow, 붉은 암소): 1952년 10월 8일~10월 25일에 미 5전술공군이 77함대와 연계하여 수행한 작전으로, 적의 주 저항선이나 전선으로 투입되는 부대와 보급 물자를 파괴하고, 회담장인 개성에 가까이 있어 폭격 위험 지대가 아니라고 안심하는 지역을 대상으로 선정하여 기습 폭격

Red Cow: Operation carried out by the Fifth Air Force between 8 and 25 October 1952, in conjunction with Naval Task Force 77, in an effort to destroy enemy positions and troops close to the main line of resistance and the natural zone.

리퍼(Ripper, 살인자): 미 1군단이 서울 동측방 한강 도하의 성공에 따라 형성된 돌출부를 회복하기 위하여 1951년 3월 7일 8군사령관 리지웨이 장군의 명에 의거, 미 9군단과 10군단이 실시한 북진 작전으로 성공적인 결과를 얻음

Ripper: An operation designed by General Ridgway and executed by the IX and X U.S. Corps in order to create a friendly bulge east of Seoul by crossing the Hangang(River) from central and eastern peninsular. This operation which began 7 March 1951 was successful from the beginning.

라운드 업(Round up, 몰이, 체포): 1951년 2월 초 8군사령관 리지웨이 장군의 명에 의거하여 미 10군단이 홍천과 횡성을 장악하고 있는 인민군 2군단과 5군단을 밀어내기 위해 실시한 작전

Round up: An operation ordered by General Ridgway and conducted by the X U.S. Corps to move northward in central Korea against the II and V NK Corps occupying Hoengsoeng and Hongcheon. This operation began on 5 February.

러기드(Rugged, 거치른): 1951년 4월 5일 개시된 미 8군의 작전으로 38선에 연한 캔자스 선을 회복하기 위해 반격 시 확보해야 할 중간 목표 탈취 작전

Rugged: An operation planned by the EUSAK to seize an intermediate objective before reaching the Kansas Line roughly along the 38th Parallel. This operation began on 5 April 1951.

세튜레이트(Satrurate, 집중 폭격): 1952년 3월 북한의 철도망을 대량 폭격하여 전선에 전투력 증강을 차단하려는 공군 작전으로, 적의 주요 철도 조차장을 중심으로 24시간 지속하여 폭격하는 방식으로 공격

Saturate: Air operation for interdiction of enemy railway lines that initiated by UNC air forces in March 1952 to focus the destructive airpower upon specific stretches of the roadbeds of key rail lines in the northern zone.

쇼다운(Showdown, 막판): 1952년 10월 8일 유엔군 사령관 클라크 장군이 승인하고 미 7사단과 국군 2사단이 미 9군단의 접촉선을 금화 이북으로 밀어 올려 삼각 고지와 저격 능선을 확보하려고 실시한 공격 작전

Showdown: Operation launched by the 7th U.S. and 2nd ROK Divisions in October 1952 to seize Triangle Hill and Sniper Ridge so as to improve IX Corps defense line positions north of Geumhwa.

슬램(Slam, 전승): 임진강 지역 일대 9군단 지역에서 영국 1사단과 미 1기병사단이 1951년 8월 4일부터 8일까지 수행한 작전

Slam: Operation conducted by the IX U.S. Corps with units of the 1st British Commonwealth Division and 1st U.S. Cavalry Division in the lead in the Imjingang sector during 4-8 August 1951.

스머크(Smack, 강타): 1953년 1월 말 연합으로 시행된 보전포 공군의 합동 타격. 이는 미 7사단에 의해서 시험적으로 실시된 공지 작전이었는데, 이는 육군과 공군 제병 협동 작전을 통한 전투 능력 발전의 기초를 제공하였다.

Smack: Operation launched by the 7th U.S. Division in the western I U.S. Corps sector in late January 1953 in an air-ground(air-tank-infantry-artillery) coordinated test strike.

스트랭글(Strangle, 질식사): 1951년 8월 중공군의 남진 속도를 둔화시키고 그들의 전방 추진 보급로를 차단하기 위하여 미 5전술 공군이 처음 시도한 항공 차단(AI) 작전

Strangle: Air operation to disrupt the enemy logistics in the north by interdiction bombing. This peculiar term had been loosely used for rail interdiction operations from April 1951 on, but more properly covers the period of August 1951-March 1952.

선다이얼(Sundial, 해시계): 1951년 10월 27일 밴 플리트 장군이 계획한 델루스 방어선 확보 작전. 철의 삼각 지대와 금성으로 전진, 확보하기 위한 작전임.

Sundial: Operation plan to establish 'Deluth' defensive line that was set by General Van Fleet on 27 October 1951, north of the Iron Triangle area and the Geumseong sector.

선더볼트(Thunderbolt, 천둥): 1951년 1월경 37도선까지 후퇴하던 유엔군이 서울 수복을 위한 반격 작전에 앞서 미 1군단과 9군단에게 중공군의 주력 부대 위치를 탐지하기 위하여 실시한 대규모 무력 정찰(위력 수색 전투)

Thunderbolt: A large reconnaissance operation in force spearheaded by the I and IX U.S. Corps in January 1951, in order to feel out the CCF screening force prior to UN general advance towards Seoul.

토마호크(인디언의 도끼): 미 187공정전투단이 1951년 3월 23일 문산 지역에서 실시한 공정 작전으로, 서대문 지역에서 북진하는 크로우덴 특수임무부대와 연계하여 지대 내 적을 포위 섬멸하기 위하여 실시한 작전

Tomahawk: Vertical assault operation launched by the 187th Airborne RCT on 23 March 1951 in an effort to cut the enemy's escape routes along the Seoul-Munsan highway in conjunction with TF Crowden which attacked northward on the ground from the south.

터치다운(Touchdown, 미식축구 용어): 1951년 10월 미 2사단이 실시한 10일간의 단장의 능선 탈취 작전. 많은 희생을 치른 이 고지전에서 중공군과 인민군은 12,500명의 사상자 피해를 입었음.

Touchdown: An operation to gain control of Heartbreak Ridge. This operation was carried out by the 2nd U.S. Division and lasted 10 days beginning on October 1951. In this operation the Chinese and North Koreans suffered close to 12,500 men.

울프하운드(사냥개 이름): 중공군의 대공세로 후퇴하던 유엔군의 전투 의지를 되살리기 위해 1951년 1월경 유엔사 계획에 따라 리지웨이 8군사령관의 적극적인 의지로 적의 위치를 파악하기 위해 실시했던 대규모 정찰 작전

Wolfhound: Operation executed by UNC forces on the western front in mid-January 1951 to probe the enemy situation.

룅글러(Wrangler, 목동): 1951년 밴 플리트 장군에 의거하여 계획한 '쿠드겔'이라고 명명된 동해안 상륙 작전을 후속 지원하는 계획으로, 이 작전의 목적은 미 8군의 동측 미 10군단과 국군 1군단 정면을 압박하는 북한군의 격멸을 목표로 함.

Wrangler: A plan to follow up the operation 'Cudgel' with an amphibious operation on the east coast. This plan was proposed by General Van Fleet in September 1951 and it aimed at cutting off the North Korean forces opposing the I ROK and X U.S. Corps on the right flank of the Eight Army.

데이비드선 선: 1950년 8월 초 맥아더 장군의 명에 따라 낙동강 방어선에서 인민군의 공격을 저지할 수 없을 경우를 대비하여 준비한 2차 방어선. 이 방어선을 수립한 극동군 공병참모의 이름으로 방어선 명칭을 정함. 이 선은 울산 북방 8마일에 위치한 소동리에서 서측으로 밀영 북방에서 무안리로 내려오면서 낙동강 내부의 마산 북동쪽을 연한 최소한의 방어선이었다. 이는 미군의 철수를 위한 최후의 철수 교두보가 될 수도 있었으나 다행히 이 선으로 철수하는 사태는 발생하지 않았다.

Line Davidson: Davidson line outlined in early August 1950 by General MacArthur was a defense line prepared for occupancy in the event Eight Army could not stop the North Koreans at the Nakdong. This line began on the east coast at Sodongni, approximately eight miles north of Ulsan, and extended generally west along high ground to a point northeast of Miryang, then curved down the ridge east of Muanni, turned south across the Nakdonggang(River) and anchored on the high ground northeast of Masan.

덜루드 선: 8군사령관 밴 플리트 장군이, 1951년 10월 말 미 1군단과 9군단을 동원하여 평강 이남과 금성 북쪽을 잇는 방어선을 견고히 하고, 철원~금화 북측 분지의 철도망을 확보하는 선다이얼(해시계) 작전을 위하여 설정한 최종 방어선

Line Deluth: A defense line to be established by Operation Sundial. In late October 1951 General Van Fleet, using the I and IX U.S. Corps, intended to take over the high ground north of the Cheolwon-Geumhwa Railroad and establish a firm screen along the defense line, south of Pyeongyang and north of Geumseong.

게리 선: 동부 지역의 미 9군단과 10군단을 이은 선으로, 서쪽에서부터 548고지, 금성천, 북한강, 629고지, 949고지, 973고지, 석창리 북방의 883고지를 연하는 선

Line Gary: This line connected the IX U.S. Corps and X U.S. Corps. It ran generally in an estern direction, west to east from Hill 548, east of the confluence of Geumseongcheon and the Bukhangang(River) to Hill 629-Hill 949-Hill 973-Hill 883 north of Seokchangni.

아이다호 선: 미 9군단과 10군단이 시행한 리퍼 작전의 목표 도달선. 1951년 3월 중순에 계획된 공격 단계선으로 서쪽에서부터 한강 줄기인 역곡천, 오산동, 필름리, 평반리 서측 3.5킬로미터 지점의 900고지, 재령리 말골, 북패산, 성대산, 물로리, 풍암리, 생공리 1181고지, 계방산, 황병산과 하평동을 잇는 선

Line Idaho: An objective line for operation Ripper conducted by the IX and X U.S. Corps.

Established in mid-March 1951, it ran west to east from Yeokgokcheon on the Hangang(River) through Osandong to Pilleumni to Hill 900 3.5 Kms west of Pyeongbanni to Malgol in Jaeryeongni to Bukpaesan to Seongdaesan to Mullori to Pungamni to Hill 1181 in Saenggongni to Gyebangsan to Hwangbyeongsan to Hapyeongdong.

제임스타운 선: 1951년 10월 미 1군단과 미 9군단 서측 부대가 실시한 코만도 작전의 결과로 새로 확보한 방어선. 임진강 서측 제방에서부터 사미천, 계호동, 역곡천, 추토소와 철원 북동쪽 8킬로미터까지의 방어선

Line Jamestown: A new defense line secured by UN forces as a result of Operation Commando conducted by the I U.S. Corps and western elements of the IX U.S. Corps in October 1951.

Beginning on the west bank of the Imjingang, it lined Samicheon, Gyehodong, Yeokgokcheon, Chutoso and ending 8 Kms northeast of Cheolwon.

캔자스 선: 1951년 5월 유엔군에 의해 38도선 부근에 설치된 방어선. 임진강 입구에서 강의 남안을 따라 거슬러 북동쪽으로 이어져 화천호와 연결되고, 태백산을 넘어 38도선 북방 40킬로미터 지점의 해안과 연결됨.

Line Kansas: A defense line in the vicinity of the 38th Parallel, established by UN forces in May 1951. It began near the mouth of the Imjingang(River) and snaked to the northeast on the south side of the river. Where thee Imjingang(River) crossed the 38th Parallel, Kansas veered toward the Hwacheon Reservoir and then angled to the Taebaeksan(Mountain) until it reached the east coast some 40

Kms north of the Parallel.

미주리 선: 1952년 4월 유엔군의 주요 보급 지대를 방어하는 철의 삼각 지대 지역의 방어선. 평강을 정점으로 남측 좌우에 철원과 금화가 위치한 철의 삼각 지대라고 불린다.

Line Missouri: A defense line constituting the central MRL of UN forces in April 1952. It lined the heart of Iron Triangle that connected Pyeongyang on the apex and Cheolwon and Geumhwa on its left and right bases.

노메드(Nomad, 방랑자) 선: 1951년 10월 중순 미 9군단이 시행한 작전선 명칭. 이 선은 금성 이남 7킬로미터 지점의 도로에서 동측으로 하소교 전리, 434고지, 월봉산, 능동, 금성천을 건너 585고지, 금성천과 북한강 교차 지점임.

Line Nomad: An objective line established in mid-October 1951 by the IX U.S. Corps. This line was approximately 7 Kms south of the key highway center of Geumseong and ran west to east from Hasogyo Jeonni east to Hill 434-Wolbongsan-Neungdong across the Geumseongcheon to Hill 585-the Junction of Geumseongcheon and the Bukhangang(River).

노네임(No Name, 무명) 선: 8군사령관 밴 플리트 장군의 명에 의거하여 1951년 4월 말 중공군의 춘계 공세가 끝나자마자 설치된 방어선. 밴 플리트 장군이 중공군의 기동 능력을 파악하기 이전이었으므로 후속 부대로 지속 공격을 하기보다 노네임 선에서 정지를 결정함 이 선은 서울 북쪽 지점에서 북동쪽으로 동해안의 대포리까지 이어졌는데, 이는 대략 38도선 이북에 위치한 선이었다.

Line No Name: A defense line established by General Van Fleet immediately after the Chinese spring offensive in late April 1951 had been stopped. General Van Fleet, not yet aware of the enemy's inmobility, decided to hold at the No Name Line, rather than to gather his reserves and strike. The line began at a point north of Seoul, gently rising northeast to Sabangu in the center, then slanting sharply northeast to Daepori on the east coast, still above the 38th Parallel.

폴라(Pola, 북극) 선: 1951년 10월 17일 미 9군단이 설치한 목표선으로, 노메드 선을 확보하기 위한 목적임. 이 선은 대략 금성 남쪽 3킬로미터 지점에서 동측으로 양지말, 평화산, 교암산, 송실리, 529고지, 북한강과 금성천이 교차하는 지점의 9군단과 10군단의 경계선을 연결하는 선임

Line Polar: An objective line established also by the IX U.S. Corps upon the capture of line Nomad on October 17, 1951. This line was approximately 3 Kms south of Geumseong running west to east from Yangjimal-Pyeonghwasan-Gyoamsan to a point 2.5 Kms west of Songsilri-Hill 529-the IX-X Corps boundary on the Bukhangang(River) at the junction of the Bukhangang(River) and Geumseongcheon.

유타 선: 미 8군이 시행한 돈트리스 작전을 위해 설치된 목표 도달선. 유타 선에서 임진강을 따라 캔자스 선 북쪽의 태일, 탑거리, 봉망리, 고대산, 금화산, 문혜리, 795고지, 광덕산 철골을 잇는 선

Line Utah: An objective line established for the Operation Dauntless by the EUSAK. Line Utah from Taeil on line Kansas north along Imjingang(River) to Tapkeori, Bongmangni-a point 2 Kms west of Godaesan thence generally east to Geumhwasan-Munhyeri southeast to Hill 795 Jipori-Gwangdeoksan-Cheolgol on Line Kansas.

와이오밍 선: 38도선 북쪽에 설치된 방어선. 철원을 지향한 임진강 북쪽에서 북동쪽으로 금화 동쪽을 거쳐 약간 남동쪽으로 화천댐 근처의 캔자스 선과 이어짐. 1951년 봄 이 선은 캔자스 선의 전초선 역할을 하였음.

Line Wyoming: A defense line north of the 38th Parallel. It looped northeastward from the north of Imjingang(River) towards Cheolwon, swung east to Geumhwa, and then fell off to the southeast until it rejoined Kansas Line near the Hwacheon Reservoir. In the spring of 1951 it served as an outpost line screening the Kansas Line.

유엔군 참전 및 철군 약사
UN Forces in during the Korean War

1. 미군의 참전 및 철군 약사
The United States Army in Korea

24사단: 1950년 7월 1일 스미스 대대를 선발 부대로 부산을 통해 상륙한 이래, 1952년 1월 미 40사단과 교대한 후 1953년 7월에 일본으로 철수하여 그 해 10월 해체

24th Infantry Division: TF Smith landed as an advance combat team Pusan on 1 July 1950. Replaced by 40th ID on January 1952, move back to Japan and disestablished on October 1952.

1기병사단: 1950년 7월 18일 포항으로 상륙, 왜관 지역에서 방어 전투 이후 각종 전투에 참가, 1951년 12월 일본으로 철수했다가 1957년 10월 다시 주둔, 1965년 6월 미 2사단과 문산 지역에서 교대 후 철수하여 귀국

1st Cavalry Division: landed at Pohang on 18 July 1950. Joined variety of battles in the Pusan perimeter and advance to North. Back to Japan in December 1951, return to Korea in October 1957 and back to the States after replaced by 2ID at Munsan in June 1965.

25사단: 1950년 7월 15일 일본에서 부산으로 상륙 후 상주에서 방어 전투에 참가한 이래 각종 전투에 참가, 킨 특수임무부대로 마산 진동리 전투 참가, 1954년 10월 철수하여 귀국

25th Infantry Division: landed at Pusan on 15 July 1950. Joined variety of battles in the Pusan perimeter and advance to North. Back to the States in October 1954.

해병 1사단: 1950년 8월 2일 해병 제1여단(5연대와 해병항공대로 전투단 구성)이 선발대로 낙동강 전투에 참가하였다가 인천상륙작전 시 1사단에 복귀하여 상륙 작전 수행, 1950년 10월 원산항에 재상륙하여 북진 도중 장진호 일대

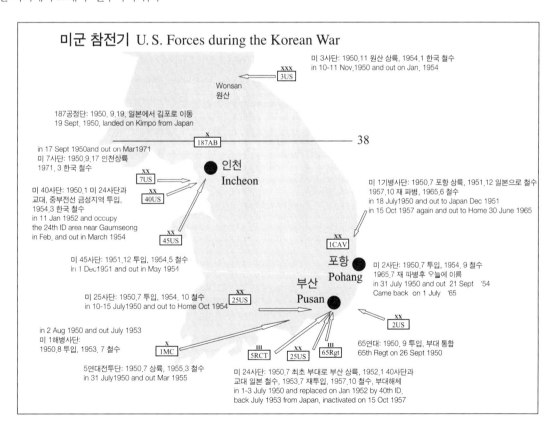

미군 참전기 U. S. Forces during the Korean War

미 3사단: 1950.11 원산 상륙, 1954.1 한국 철수
in 10-11 Nov.1950 and out on Jan. 1954

Wonsan
원산

187공정단: 1950. 9.19. 일본에서 김포로 이동
19 Sept. 1950, landed on Kimpo from Japan

in 17 Sept 1950and out on Mar1971
미 7사단: 1950.9.17 인천상륙
1971. 3 한국 철수

38

미 40사단: 1950.1 미 24사단과 교대, 중부전선 금성지역 투입, 1954.3 한국 철수
in 11 Jan 1952 and occupy the 24th ID area near Gaumseong in Feb. and out in March 1954

인천
Incheon

미 1기병사단: 1950.7 포항 상륙, 1951.12 일본으로 철수 1957.10 재 파병, 1965.6 철수
in 18 July1950 and out to Japan Dec 1951 in 15 Oct 1957 again and out to Home 30 June 1965

미 45사단: 1951.12 투입, 1954.5 철수
in 1 Dec1951 and out in May 1954

포항
Pohang

미 2사단: 1950.7 투입, 1954. 9 철수 1965.7 재 파병후 우늘에 이름
in 31 July 1950 and out 21 Sept '54 Came back on 1 July '65

미 25사단: 1950.7 투입, 1954. 10 철수
in 10-15 July1950 and out to Home Oct 1954

부산
Pusan

in 2 Aug 1950 and out July 1953
미 1해병사단: 1950.8 투입, 1953. 7 철수

65연대: 1950. 9 투입, 부대 통합
65th Regt on 26 Sept 1950

5연대전투단: 1950.7 상륙, 1955.3 철수
in 31 July1950 and out Mar 1955

미 24사단: 1950.7 최초 부대로 부산 상륙, 1952.1 40사단과 교대 일본 철수, 1953.7 재투입, 1957.10 철수, 부대해체
in 1-3 July 1950 and replaced on Jan 1952 by 40th ID. back July 1953 from Japan, inactivated on 15 Oct 1957

에서 중공군 9병단에 포위되었다가 돌파 전투를 통해 명성을 얻음. 1953년 7월 귀국

1st Marine Division: the advance team(1st BCT) landed at Pusan on 2 August 1950 and joined variety of battles in the Pusan perimeter, Incheon and Wonsan landing, highland battles at current DMZ area and back to the States in July 1953. Marine got a nickname as 'Guys who can catch even devil' since Chosin battles.

2사단: 1950년 7월 21일 부산을 통해 상륙하여 낙동강 전선에 투입, 각종 전투에 참가, 1954년 9월 21일 철수했다가 1965년 7월에 1기병 사단과 교대하여 현재까지 한국에 재주둔

2nd Infantry Division: landed at Pusan on 21 July 1950 and joined variety of battles until July 1953. Back to the States in September 1954 and return to Korea in July 1965.

7사단: 1950년 9월 17일 인천상륙작전 시 한국전쟁에 참가, 10월 말 동해안 이원으로 상륙하여 혜산진까지 진격, 종전 이후 계속 동두천, 운천 일대에 주둔, 1971년 3월 철수

7th Infantry Division: landed at Incheon on 17 September 1950 and advanced to Hyesanjin after landed at Iwon and joined variety of battles until July 1953. Back to the States in March 1971.

3사단: 1950년 9월 26일 선발 65연대가 부산에 상륙하여 낙동강 전투에 참가, 1950년 11월 10일 원산에 사단이 상륙하여 전투에 참가, 1954년 1월 철수

3rd Infantry Division: the advance team(65th RCT) landed at Pusan on 26 September 1950, advanced to North after landed at Wonsan and joined variety of battles until July 1953. Back to the States in January 1954.

40사단: 캘리포니아 방위 사단으로 소집되어 1952년 1월 22일 인천에 상륙, 화천에서 24사단과 임무 교대, 1954년 3월 철수하여 귀국

40th Infantry Division: mobilized as California Reserved Division, landed at Incheon, Korea in January 1952 and back to the States in March 1954.

45사단: 1951년 12월 10일 인천으로 상륙, 중부전선에서

임무를 수행하다가 1954년 5월 철수하여 귀국

45th Infantry Division: landed at Incheon, Korea in December 1951 for joining the war at middle front and back to the States in May 1954.

5연대 전투단: 1950년 7월 31일 낙동강 전선에 투입 이래 각종 전투에 참가, 1955년 3월 철수하여 귀국

5th Regimental Combat Team: landed at Pusan, Korea in July 1950 at the Pusan perimeter and back to the States in March 1955.

187공정단: 1950년 10월 여의도에 도착, 숙천, 순천 강습 작전에 참가, 1951년 봄 문산 강습 작전에 재투입, 중부전선 위기 시 투입하여 임무 수행, 1953년 6월 철수

187th Airborne Regimental Combat Team: landed at Yeouido, Korea for an air assault operation to Suncheon in October 1950 and Munsan in March 1951, back to the States in June 1953.

미8군사령부: 1950년 7월 13일 일본에서 대구로 이동하여 현재에 이름

The Eighth United States Army (EUSA): established at Japan on 13 July 1950 and moved to Daegu.

미 1군단: 1950년 8월 2일 노스캐롤라이나 포트 브레그에서 재창설, 그 해 8월 27일 대구에서 임무 개시, 종전 후 의정부에 계속 주둔하다가 1971년 7월 1일 한미 1군단으로 재창설, 미 1군단은 워싱턴 포트루이스로 철수하고 한국에는 한미연합야전군사령부를 창설하여 임무수행 중 한미 합의에 의거하여 1992년 7월 부대 해체, 귀국

I Corps: re-established at Fort Bragg, North Carolina on August 1950 and moved to Daegu, Korea, and leaded variety of battles in west front and stationed at Uijeongbu until back to the Fort Lewis, Washington in June 1971. CFA(Combined Forces Army) has been established in Korea and replaced I Corps until July 1992.

미 9군단: 1950년 9월 23일부 한국전에 투입, 중부전선에서 휴전 시까지 전투 지휘, 1953년 7월 27일부 임무 해제

IX Corps: Landed Korea on September 1950 and leaded variety of battles in middle front until the mission completed on 27 July 1953.

미 10군단: 1950년 9월 15일 인천상륙작전과 동시에 투입하여 휴전 시까지 작전 지휘, 1953년 7월 27일부 임무 해제

X Corps: Landed Korea on 15 September 1950 for Incheon Landing and leaded variety of battles until the mission completed on 27 July 1953.

미 육군: 1개 야전군, 3개 군단, 7개 사단 총 576만 명이 참전하여 37개월 동안 전사 54,246명, 부상 103,284명, 실종·포로 5,178명, 전비 200억 달러 사용

The U.S. Army: Joined the Korean War with an Army, three Corps and 7 Divisions, and called 5,760,000 soldiers during 37 months. Paid 20 billion dollars and sacrificed as KIA 54,246, WIA 103,284 and MIA?POW 5,178

미 해군: 극동 해군, 미 7함대, 77함대, 90함대, 95함대로 동해와 서해의 제해권 장악, 인천, 원산, 진남포 상륙전, 동해와 서해의 지상군 근접 함포 지원 임무 수행, 총 118만 명이 참전하여 전사자 4,501명 포함 10,578명 희생, 해군·해병 항공기 총 275,912회 출격

The U.S. Navy: Joined the Korean War with Far East Navy, 7th Fleet, 77th Fleet, 90th Fleet and 95th Fleet, and called 1,180,000 sailors during 37 months. Conducted 275,912 missions and sacrificed 10,578 sailors included 4,501 sailors in KIA.

미 공군: 극동공군, 5전술 공군, 314 및 315 공군 사단, 13공군, 20공군, 극동공군 폭격사령부, 극동공군 군수지원단, 총 129만 명이 참전하여 전사 1,200명, 실종 1,303명, 부상 379명, 전투기와 폭격기 총 출격 회수 71만 회로 적 지상 부대의 42%가 공군 작전으로 피해를 입음

The U.S. Air Force: Joined the Korean War with Far East AF, 5th Tactical AF, 314th AF Division, 315th AF Division, 13th and 20th AF SQD, Far East Bomber Command and Logistic Support Command for Far East AF, and called 1,290,000 soldiers during 37 months. Conducted 710,000 mission sorties and sacrificed as KIA 1,200, WIA 379 and MIA?POW 1,303

미 해병: 1해병사단, 1해병 항공단, 총 424,000명이 참전하여 전사 4,267명을 포함, 28,205명 희생

The U.S. Marine Corps: Joined the Korean War with 1st Marine Division and 1st Marine aviation, and called 424,000 Marines during 37 months. Sacrificed 28,205 marines included 4,267 marines in KIA. U.S. Marine got a reputation and nickname as 'Guys can catch even devil' since they broke out the envelopment by the 9th Chinese Communist Army(organized with 9 CCF divisions) at Chosin reservoir successfully in November-December 1950.

2. 유엔군 참전 및 철군 약사
Major UN Forces in Korea

(1) 호주 Australia

육군 2개 대대: 1950년 9월 28일 참전, 영국 27여단, 미 1기병사단에 배속되어 작전, 1954년 4월 철군

해군: 1950. 7. 1~1954. 2. 12, 항공모함 1척, 구축함 4척, 기타 4척

공군: 1950. 7. 2~1953. 7. 27, 전투기편대 1, 항공수송단 1

Army: Two Infantry Battalions joined the Korean War between 28 September 1950 and April 1954 as a part of the 27th Brigade of United Kingdom and attached to the 1st Cav. Division (U.S.)

Navy: Joined the war 1 July 1950- 12 February 1954 with an aircraft carrier and 8 navy ships.

Air Force: Joined with a fighter Squadron and a transportation squadron, July 1950~July 1953.

(2) 벨기에 Belgium

육군: 1951. 1. 31~1955. 6, 룩셈부르크 1개 소대를 배속받아 연합 대대를 구성하여 영국 29여단, 미 3사단에 배속되어 서부전선에서 참전

Army: A combined Infantry Battalion with a platoon from Luxemburg joined as a part of the 29th Brigade(UK) and attached to the 3rd Inf Division(U.S.), 31 January 1951-June 1955.

(3) 룩셈부르크 Luxemburg

육군: 1951. 1. 31~1955. 6, 소총소대 1개를 벨기에 대대에 배속 참전

Army: A platoon combined to a Belgium Infantry

Battalion and joined as a part of the 29th Brigade(UK) and attached to the 3rd Inf Division(U.S.), 31 January 1951-June 1955.

(4) 캐나다 Canada
육군: 1950. 12. 18~1953. 7. 27, 초기에는 선발 1개 대대가 영국 27여단에 배속되어 참전, 1951년 5월 25여단 구성 후 영국 1사단에 배속 참전

해군: 1950. 7. 30~1955. 9. 7, 구축함 3척으로 극동 해군에 배속

공군 수송단: 1950. 7~1954. 6

Army: An Infantry Battalion joined the Korean War 18 December 1950-27 July 1953 as a part of the 27th Brigade of United Kingdom until May 1951 and reorganized to the part of 1st Commonwealth Division of UK.

Navy: Joined the war 30 July 1950-7 September 1955 with three destroyers to the Far East Fleet.

Air Force: Joined the war July 1950-June 1954 with a transportation squadron.

(5) 콜롬비아 Columbia
남미 유일의 참전국

육군: 1951. 6. 15~1954. 10. 29, 1개 대대 전투단 구성 미 24사단, 미 7사단에 배속 금성전투, 티본 힐, 올드 배들리 전투에 참가

해군: 프리깃함 1척으로 극동 해군 배속

Army: An Infantry Battalion Combat Team joined the Korean War between June 1951 and 29 October 1954 and attached to the 24th Inf Div and the 7th Inf Div (U.S.) for the battles of T-bone hill and Old Baldy.

Navy: Joined with a frigate to the Far East Fleet.

(6) 에티오피아 Ethiopia
육군: 1951. 5. 7~1965. 1. 3, 셀라 시에 황제의 근위 부대를 엄선하여 1개 대대 전투단 파병, 미 24사단에 배속 참전

Army: A Battalion Combat Team joined the Korean War between 7 May 1951 and 3 January 1965 and attached to the 24th Cav. Div(U.S.)

(7) 프랑스 France
육군: 1950. 11. 29~1953. 11. 6, 미 2사단 23연대에 배속되어 원주, 쌍 터널, 지평리, 단장의 능선, 티본 힐, 화살고지, 청계산 전투 등에서 활약. 프랑스군 퇴역 중장이 자진 참전하여 대대 지휘. UN의장대는 1965년 6월까지 주둔 후 철수

해군 프리깃함 1척 참전: 1950. 7. 22~1953. 7

Army: An Infantry Battalion joined the Korean War between 29 November 1950 and 6 November 1953 and attached to the 2nd Inf Div(U.S.) for the battles of Jipyeongni, Arrow head, Blood ridge, and T-bone hill. The French Honor Guard stationed in Korea until June 1965.

Navy: Joined with a frigate to the Far East Fleet between July 1950 and July 1953.

(8) 그리스 Greece(헬레나의 전사들)
육군: 1950. 12. 9~1955. 12. 11, 그리스는 1946년~1949년에 이미 공산 내전을 경험한 나라로 1개 대대 전투단을 구성하여 미 1기병사단, 7사단에 배속되어 참전

공군 수송단: 1950. 12. 1~1955. 5. 22

Army: An Infancy Battalion Combat Team joined the Korean war and fought under the 1st U.S. Cavalry Division and the 7th U.S. Division between December 9, 1950 and December 11, 1955.

Air Force: Joined the war between December 1, 1950 and May 22, 1955 with a transportation squadron.

(9) 네덜란드 Netherlands
공군: 1950. 8. 27~1953. 9. 7, 공군 전투기 편대(Flying Cjeetahs)가 미 18전폭기 편대에 배속되어 무스탕 F51 전투기 10,373회, 사브레 F86 기가 2,032회 출격함.

Air Force: A combat squadron (Flying Cheetahs) joined the Korean War under the 18th U.S. Fighter-Bomber squadron. Their F51 fighters flight 10,373 sorties and F86 flight 2,032 sorties.

육군: 1950. 10. 26~1954. 12, 육군 1개 대대가 참전 미 2사단 38연대에 배속되어 횡성, 원주, 소양강, 철의 삼각지, 가리산 전투에 참가

해군: 1950. 7. 16~1955. 1. 24, 구축함 3척, 프리깃함 3척

Army: An Infantry Battalion joined the Korean War

between October 1950 and December 1954 and attached to the 2nd Inf Div(U.S.) for the battles of Wonju, Hoengseong, Soyanggang, Iron tri-angle area and Garisan.

Navy: Joined the war 16 July 1950-24 January 1955 with three destroyers and three Frigates.

⑽ 뉴질랜드 New Zealand

육군: 1950. 12. 31~1954. 11, 케이 폴스라고 불리는 16포병단이 영국 27여단, 28여단에 배속하여 화력 지원

해군: 프리깃함 2척 참전

Army: A 16th Artillery Unit, so-called as Kay Force, joined the Korean War between 31 December 1950 and November 1954 as a part of the 27th and 28th Brigade of United Kingdom.

Navy: Joined the Korean War with two Frigates.

⑾ 필리핀 Philippine

육군: 1950. 9. 2~1955. 5, 10대대 전투단이 참전하여 교대할 때마다 부대 명칭이 20, 19, 14, 2대대 전투단으로 바뀜. 미 25사단, 187공정단, 미 3사단에 배속 참전

Army: The 10th Infantry Battalion Combat Team joined the Korean War between 2 September 1950 and May 1955 and attached to the 25th Inf Div, 187th Airborne RCT and the 7th Inf Div(U.S.).

⑿ 남아프리카공화국 The Republic of South Africa

공군: 1950. 8 .27~1953. 9. 7

공군 전투기 편대(Flying Cjeetahs)가 미 18전투 폭격기 편대에 배속되어 무스탕 F51 전투기 10,373회, 사브레 F86기가 2,032회 출격함

Air Force: Joined the war 27 August 1950-7 September 1953 with a fighter squadron, so-called as Flying Cheetahs as a part of 18th Wing(U.S.). Conducted 10,373 mission sorties with Mustang F51 and 2,032 sorties with Saber F86.

⒀ 태국 Thailand

육군: 1950. 10. 22~1972. 6. 23, 최초 연대 규모를 파병하기 위하여 21연대 전투단 본부와 1개 대대가 선발로 참전하였으나 1개 대대만 참전시킴. 1956년 이후 1개 중대만 유지, 운천에서 철수, 리틀 타이거라는 별명을 가진 우수한 전투 집단으로 평양, 개성, 화천, 폭촙 힐 등에서 187공정단, 29영국 여단, 미 1기병사단, 미 2사단에 배속되어 참전

해군: 1950. 10. 22~1955. 1. 31, Corvette 부대- 코르벳 2척, 수송선 1척

공군: 1951. 6. 17~1976. 6. 26, C-47 시누크 수송편대-3대 미 315공군사단에 배속하여 참전

의무 지원대(적십자) 참전

Army: An Infantry Battalion Combat Team joined the Korean War between 22 October 1950 and 23 June 1972, and attached to the 2nd Inf Div, 187th Airborne RCT, 1st Cav Div(U.S.) and the 7th Inf Div(U.S.) and the 29th Brigade of United Kingdom for the battles of Pock chop hill, Hwacheon, Gaeseong and Pyeongyang. They were called as 'Little Tiger'

Navy: Joined with a Corvette and a transportation ship between October 1950 and Jan 1955.

Air Force: Joined the war June 1951-June 1976 with a CH-47 Chinook squadron and attached to the 315th AF division(U.S.).

A Red Cross Medical team joined and supported.

⒁ 터키 Turkey

육군: 1950. 10. 19~1954. 7, 인구에 비하여 대부대 지원, 미국, 영국에 이어서 세 번째로 대규모 부대인 여단이 참전, 군우리 전투에서 큰 피해를 입음(741명 전사, 3,506명 희생), 군우리 전투 시 9군단에 배속, 미 25사단, 1군단 배속 참전, 단장의 능선 전투(미 7사단 배속), 베가스힐, 베를린고지 전투(미 25사단)에 참전, 우수 전투 집단임을 과시

Army: An Infantry Brigade joined the Korean War between October 1950 and July 1954 as the third biggest troop and attached to the 2nd, 7th, 25th Inf Divisions(U.S.) for the battles of Gunuri, Break heart ridge, Vegas hill and Berlin hill. Turkey Army got a reputation as truly fighter.

⒂ 영국 United Kingdom

육군: 27여단 1950. 8~1951. 4
     28여단 27여단과 교체~1953. 3
     29여단 1950. 11~1953. 11
     영국 1사단 1951. 7~1953. 10

총 4만여 명이 참전하여 전사 744명, 포로 1,129명, 희생 4,323명, 설마리에서 글로스터 대대 전멸로써 진지 사수,

희생 1,100명, 뉴질랜드 포병대대, 캐나다 대대, 인도군 의무 부대, 스코틀랜드 대대, 영국 대대가 연합 여단으로 편성하여 참전, 1951년 6월 26일 영국 28여단, 29여단, 25캐나다 여단으로 영국 1사단을 창설하여 코만도 작전에 사단으로 참전

해군: 1950. 6. 30~1953. 7, 항공모함, 구축함, 순양함 21척이 미 극동 해군에 배속되어 주로 서해에서 참전

영국 41해병 코만도: 14,211명이 참전하여 흥남철수작전 시 피해가 컸음(희생 121명).

Army: The 27th and 28th Brigades joined initially and reorganized the 1st Commonwealth Division later(26 June 1951) when the 28th Brigade reinforced for the Korean War between August 1950 and October 1953. Total of 40,000 soldiers joined the war during 39 months and sacrificed 4,323 soldiers as KIA-744 and MIA/POW-1129. A battle of Seolmari(Gloster) is the sample of UK.

Navy: Joined the war June 1950-July 1953 with 21 of aircraft carriers, cruisers and destroyers and mission conducted at the West Sea. The 41st Marine Commando also joined.

⒃ 덴마크 Denmark

1951. 3. 7~1953. 10. 16, 병원선 유틀란디아가 의료 및 수술 지원

Joined with Jutlandia, a medical ship for medical support between March 1951 and October 1953.

⒄ 인도 India

1950. 11. 20~1953. 8. 18, 17,346명 앰뷸런스 부대가 영국 여단 지원

Joined with a medical ambulance unit for medical support between November 1950 and August 1953 as a part of UK brigade.

⒅ 이탈리아 Italy

1951. 11. 16~1955. 1. 2, 부산에 적십자병원 운용, 군의관 67명

Joined with a medical team with 67 doctors for medical support at Pusan between November 1951 and Jan 1955.

⒆ 노르웨이 Norway

1951. 7. 19~1954. 10. 18, 동두천에 NORMASH(육군 이동외과병원) 운용, 군의관 80명, 400명 규모

Joined with NORMASH, a medic with 80 doctors for medical support at middle front between July 1951 and October 1954.

⒇ 스웨덴 Sweden

1950. 9. 23~1957. 4. 10, 부산에 적십자 야전병원 운용, 침상 400개

Joined with a medic team and set a hospital with 400 beds for medical support at Pusan between September 1950 and April 1957.

연대기 1945~1978
Chronooology between

1945년

8. 15: 일본 항복, 조선의 해방
8. 26: 미 7사단 인천 상륙
9. 2: 맥아더 사령부 38도선을 경계로 미?소 양군의 남북한 분할 점령 발표
9. 4: 미 24군단 선발대 37명 김포 도착
9. 7: 남한에 미 군정 선포
9. 8: 미 7사단(사단장 윌리엄 H. 아놀드 소장), 24군단 1진으로 인천 도착
9. 9: 미군, 서울에서 38도선 이남의 일본군 항복을 접수
9. 11: 하지 중장, 미 군정 시정 방침 발표
9. 12: 초대 주한 미 군정장관에 아놀드 소장 취임
9. 29: 미 40사단 부산 도착, 경상도 지역 치안 담당
10. 8: 미 6사단 목포 도착, 전라도 지역 치안 담당
10. 20: 미 군정 부대 본격적으로 진주 시작
10. 24: 군정청 일인 퇴거령 공포
11. 13: 군정청에 국방사령부 설치(주한미군 7만 명)
12. 5: 장교 양성을 위한 군사영어학교 개설
12. 27: 모스크바 3상의회, 한국 5개년 신탁통치안 발표

1946년

2. 14: 미 군정청 최고 자문 기관인 '남조선 민주의원' 발족
3. 20: 제1차 미·소 공동위원회의
5. 23: 38도선 무단 월경 금지 공포
9. 12: 군정청, 한국인 부처장에 행정권 이양 성명

1947년

2. 5: 초대 민정장관에 안재홍 취임(미 군정청의 한국인 체계 확립)
3. 12: 트루먼 독트린 발표
3. 16: 북한, 중공 비밀 군사 협정
5. 21: 제2차 미·소 공동위원회의
6. 3: 미 군정 한국인 기구를 남조선과도정부로 개칭

6. 20: 군정청, 서재필 박사를 특별의정관으로 임명
9. 25: 웨드마이어 미 대통령 특사, 주한미군 철수의 타당성을 트루먼 대통령에게 보고
10. 4: 미 하원 군사 조사단 내한
10. 22: 하지 중장, 한국군은 1년 내에 북한의 침공을 막을 수 있을 만큼 강력해질 수 있다고 미 육군성에 보고
12. 16: 유엔 총회, 한국 총선안 결정

1948년

1. 10: 남한의 점령 행정, 미 국무성으로 이관
3. 1: 하지 중장, 5월 9일(5월 10일로 다시 변경) 선거 실시 발표
4. 8: 트루먼 미 대통령, 전시 동원 체제 해제 방침에 따라 주한미군 철수 정책 승인
6. 8: 미 공군, 독도에서 폭격 연습 총격 16명 사망
6. 10: 이승만 국회의장에 선출
7. 1: 국호를 대한민국으로 결정
7. 20: 국회 선거에 의거 이승만 대통령을 선출
8. 15: 하지 중장, 대한민국 정부 수립 선포와 함께 2년 11개월에 걸친 미 군정 폐지를 발표
8. 24: 주한미군사령부 교체, 하지 중장 물러나고 후임엔 존 B. 콜터 소장
8. 25: 북한 총선거 실시, 김일성 수상으로 선출
9. 9: 북괴 공산 정권 수립
9. 15: 주한미군 철수 비밀리에 시작(미군 병력 1948년 5월 현재 3만여 명이 1948년 12월초 16,000명으로 감소)
10. 8: 이승만 대통령, 기자회견에서 미군 철수 연기를 요구
10. 13: 40여 국회의원, 이 대통령 회견 내용에 반대하여 외군 철수 긴급 동의안 제출
10. 20: 여수, 순천 군 반란 사건 촉발
11. 1: 관련자 89명 사형, 잔당 지리산으로 도주
11. 16: 국회, 미군 계속 주한 요청안 채택
11. 26: 이 대통령, 미군 주한 요청 담화 발표
11. 30: 국군조직법 공포, 육군본부와 해군본부 설치
12. 12: 유엔 총회, 대한민국 정부를 유일 합법 정부로 승인
12. 27: 소련군 북한에서 완전 철수 발표

1949년

1. 15: 미 24군단, 7,500명 규모의 제5연대 전투단만 잔류시키고 완전 철수
3. 22: 미 국가안보회의(NSC), 국무성(철군 연기론)과 육군성(조기철군론) 간의 이견 해소책으로 "한국에 관한 미국의 기본 입장"이란 평가 보고서를 트루먼 대통령에 제출하고 '1949년 6월 완전 철군'을 건의
3. 23: 무초 대사, 주한 미 대사로 부임
4. 2: 주한미군사령부에 최종 철군 명령 하달
5. 28: 주한미군 잔류 부대인 제5연대 전투단 철수 개시
6. 29: 주한미군 철수 완료(군사고문단 500명만 잔류)
6. 29: 김구 선생 피살
7. 1: 주한 미 군사고문단(KMAG), 공식 기구로 발족
10. 1: 천안문에서 중화인민공화국 성립식 거행

1950년

1. 12: 애치슨 미 국무장관, 미의 극동 전초 방위선은 알류선, 일본, 오키나와를 연결하는 선이라고 공표(이로써 한국은 방위선에서 제외)
1. 26: 한미 방위 원조 협정 체결
5. 17: 덜레스 미 국무장관 고문이 내한하여 38도선 시찰, 이 대통령은 미 극동방위선에 한국 포함 요청
6. 16: 간첩 이강국과 내통하던 여간첩 김수임 사형

한국전쟁 발발

6. 25: 6?25기습 전면 남침, 북한 인민군(약 10만 병력) 38도선 전역을 돌파하여 불법 남침
6. 25: 유엔 안보리, 북한군 철수 요구 결의안 채택
6. 26: 재한 미국인(2,500여 명) 철수 개시(인천항)
6. 26: 맥아더 원수, 한국에 무스탕 전투기 10대 인도
6. 27: 정부, 대전으로 피난
6. 27: 트루먼 미 대통령, 미 해?공군에 한국 출격을 명령, 제7함대를 대만해협에 급파
6. 27: 트루먼 미 대통령, 맥아더 사령관에 한국에 무기 제공 지령
6. 27: 유엔 안보리, 대북한 군사 제재 결의
6. 27: 맥아더 사령부, 한국전선사령부(ADCOM) 설치로

미 군사고문단을 예속 통제
6. 27: 맥아더 극동사령부 미 극동공군사령부 예하 제5공군을 한국전에 투입
6. 28: 서울 함락
6. 29: 맥아더 원수, 한국 전선 시찰(30일 주일 미 지상군의 즉각 한국 투입을 워싱턴에 요청), 일본은 미 지상군 4개 사단 주둔 중
6. 29: 미 공군, 38도선 이북 평양 등지의 군사 목표를 강타
6. 29: 미 극동해군사, 동해안 묵호에 첫 함포 사격
6. 30: 트루먼 미 대통령, 맥아더 사령부에 지상군의 한국 출동을 승인
7. 1: 트루먼 미 대통령, 미 극동 해군에 한국 해안 봉쇄령
7. 1: 미 24사단 선발대(스미스 대대), 부산 수영비행장에 도착
7. 1: 맥아더 원수, 미 8군에 미군?유엔군의 군수 지원 책임을 부여
7. 3: 미 해병대에 소집 명령
7. 4: 스미스 기동 부대, 오산 북방 죽미령에서 인민군 4사단과 첫 교전
7. 4: 군사 지원을 위한 부산기지사령부 설치(13일 부산군사지원사령부로 개편, 7월 중 31만 톤의 군사 물자 부산 도착)
7. 5: 미 공군, 대동강 철교를 폭파
7. 6: 부산에 한미연합해군방위사 설치
7. 6: 주한미군에 한국은행권 선불 협정 체결
7. 7: 유엔 안보리, 유엔군통합사령부 설치안 가결(8일 통합사령관에 맥아더 임명)
7. 7: 한국군 유엔군에 편입
7. 8: 미 24사단(19, 21, 34연대, 병력 15,900명) 부산 상륙 완료(사단장 윌리엄 F. 딘 소장)
7. 8: 딘 소장, 예하 부대에 금강 방어선 구축을 명령
7. 9: 주한 미 8군사령부(EUSAK) 대구에 개설(사령관에 월튼 H. 워커 중장)
7. 12: 주한 미국군의 관할권에 관한 협정(대전협정) 체결
7. 13: 워커 중장, 주한 미 지상군 사령관에 임명
7. 13: 미 25사단(24, 27, 35연대), 선발대 부산에 도착
7. 14: 이승만 대통령, 맥아더 유엔군 총사령관에 한국군 작전 지휘권을 위임하는 서신 발(16일 수락 회신)
7. 14: 유엔사무총장, 각국에 지상군의 파병을 요청

7. 16: 정부, 대전에서 대구로 이전

7. 16: 워커 중장, 주한 유엔군 사령관에 임명

7. 17: 맥아더 유엔군 총사령관, 워커 중장에 한국 지상 작전 지휘권을 부여

7. 17: 미 24사단, 금강 방어선 붕괴로 대전 방어선까지 후퇴

7. 18: 미 1기병사단 포항 상륙

7. 20: 미 24사단, 대전 방어선에서 붕괴, 사단장 딘 소장 행방불명(8월 26일 전북 진안에서 북괴군의 포로가 됨)

7. 20: 1기병사단, 영동 방어선 구축

7. 22: 미 1기병사단, 미 제25사 영동 방어선에서 북괴군과 교전

7. 27: 인민군 6사단, 하동에서 진주 방면으로 기습 돌파 시도(채병덕 소장 전사)

7. 29: 미 25사단에게 인민군 6사단을 저지하기 위해 마산으로 이동 명령

7. 29: 워커 미8군사령관, 후퇴를 거듭하는 전 예하 부대에 현지 사수 명령

7. 31: 미 증원 부대(2보병사단, 1해병사단, 5전투단) 속속 한국 도착, 전선 투입

8. 1: 워커 미8군사령관, 낙동강 방어선(일명: 부산 교두보)으로 철수 단행, 전선 축소 조정

8. 4: 낙동강 방어선[동서 80Km, 남북 160Km의 반호(半弧)형] 전선 구축

8. 4: 부산 교두보의 유엔군 총 병력 141,808명(이 중 한국군 82,000명, 미군 47,000명, 기타 12,808명)

8. 5: 김일성의 8?15 부산 해방 지시로 인민군 총공세

8. 7: 킨 특수임무부대(미 25사 5전투단 1해병 여단으로 임시 편성), 마산 이동 진 탈환작전 전개

8. 13: 미 극동공군 휘하 제5공군 기지 한국에서 일본으로 철수

8. 16: B29 폭격기 99대, 왜관 융단 폭격, 성과 기대 이하

8. 18: 정부, 대전에서 부산으로 후퇴 이동

8. 21: 7보병사단, 1해병사단, 한국 해병대로 미 10군단을 장실(군단장 에드워드 M. 아몬드 소장)

9. 5: 낙동강 전선 최대 위기, 포항과 영천 피탈, 미 8군사와 한국 국방부와 육본이 공산군 9월 공세로 붕괴 위기에 놓인 대구에서 부산으로 이동

9. 6: 맥아더 원수, 인천상륙작전 디데이 9월 15일을 워싱

턴에 최종 건의

9. 8: 미 국방성, 인천상륙작전을 승인

9. 9: 미 B29 폭격기, 경인선과 경원선 맹폭

9. 11: 미 10군단, 인천상륙작전을 위해 일본 기지 출발

9. 12: 미 1공격군단 편성(미 1기병사단, 미 24보병사단, 한국군 1사단)

9. 13: 미 전함 인천 앞바다에서 2일간 함포 사격 개시, 군산과 주문진에 양동과 기만 상륙전 실시

9. 15: 미 10군단(병력 약 7만), 유엔군 전함 260여 척과 공군의 지원 하에 인천상륙작전 감행

9. 18: 맥아더 장군 수복된 인천 전선 시찰

9. 19: 인천 상륙 성공에도 불구하고 무너지지 않는 낙동강 전선 때문에 군산상륙작전 숙고

9. 22: 미 8군 유엔군, 낙동강 전선에서 총 반격전 개시

9. 17: 미 1해병사단, 김포비행장 탈환

9. 22: 육군본부 부산에서 대구로 이동

9. 23: 미 1기병사단, 상륙 부대 미 7사단과 연결 성공

9. 25: 1해병사단, 서울 탈환

9. 29: 중앙청에서 서울 환도식 거행

9. 27: 중공, 주은래 수상을 통해 한국전 확전 시 중공이 좌시하지 않을 것임을 시사

9. 30: 이승만 대통령, 한국군 단독으로 38도선 돌파 명령

9. 30: 한국군 3사단 동부전선에서 38선 돌파

10. 1: 유엔군 총사령부 명령 제2호로 북한 진격 승인

10. 1: 맥아더 유엔군 총사령관 북괴군에 항복을 권고(11일 북한 거부)

10. 2: 맥아더 장군 맥아더라인까지 북진 공격 명령(일반 명령 2호)

10. 3: 워커 8군사령관이 예하 미 1군단장 프랭크 W. 밀번 소장에게 북진의 주공 임무 부여

10. 4: 미 9군단 소속 미 2사단, 미 25사단, 경부간 병참선 보호 및 남한 내 잔직 소탕 임무 분담

10. 5: 주공격 군단인 미 1군단이 38도선을 넘어 북진 개시

10. 7: 유엔총회, 유엔군의 38도선 이북 진격과 한국통일부흥위원회(언커크) 설립을 가결

10. 7: 미 10군단, 8군과 분리하여 원산 상륙 준비

10. 10: 김일성, 항복 거부 항전 의지 천명

10. 12: 미 10군단 소속 미 해병 1사단, 한국 해병대, 원산

으로 이동

10. 13: 미주리 호 등 미 함대 함북 해안 일대를 맹포격

10. 13: 중공 13집단군, 은밀히 압록강 도강 개시

10. 15: 트루먼 미 대통령, 웨이크 섬에서 맥아더 원수와 회담(맥아더, 중공군 개입 가능성은 희박하다고 설명)

10. 19: 한국군 1사단, 미 1기병사단, 국군 7사단 평양 점령·

10. 19: 맥아더 사령관, 정주~영월~함흥을 연결하는 맥아더라인(미군 진격 한계선)을 선천~좌인동~평원~성한 선으로 북상시키고 한국군만으로 국경선까지의 진격을 명령

10. 20: 미 187공수전투연대 4,000여 명 숙천, 순천에 낙하(포로 구출 및 인민군 퇴로 차단)

10. 26: 8군과 분리된 미 10군단이 뒤늦게 원산에 상륙

10. 26: 국군 6사단 7연대 초산 도달, 압록강 물을 이승만 대통령에게 전하기 위해 수통에 담음

10. 26~27: 6사단 2연대 온정리에서 중공군에 포위, 붕괴, 8사단 10연대와 6사단 19연대도 포위망에 걸려 붕괴

10. 29: 미 7사단, 원산 북쪽 이원에 상륙, 혜산진으로 전진, 서부 지역에서 6사단 7연대도 포위망에 걸려 고전

11. 1: 미 24사, 신의주 남쪽 40Km 지점까지 진격

11. 2: 국군 1사단 15연대, 미 1기병사단 8연대가 운산에서 중공군 포위망에 걸려 붕괴, 유엔군은 여전히 중공군의 실체를 파악하지 못함

11. 3: 유엔군, 함흥 북방 29Km서 공격 재개

11. 4: 미 8군사, 중공군 2개사와 교전 중이라고 발표

11. 4: 미 해군 한국에 구축함 2척 기증

11. 4: 맥아더 원수, 미 합참본부에 제출한 정세 판단 보고서는 중공군의 대거 개입 가능성에 회의적 견해를 표시

1. 5: 맥아더 유엔군 최고사령관, 유엔 안보리에 중공의 한국전 개입에 관한 특별 보고서 제출

11. 8: B29 폭격기 79대를 포함한 미 공군기 600대 출동, 신의주 일대와 압록강 교량을 맹폭

11. 8: 미 3사단, 원산에 상륙, 항만과 병참선 방호

11. 9: 맥아더 사령부, 중공군 50개 사단이 만주에 집결하여 대기 중이라고 발표하였으나 위협 시위용일 뿐으로 개입 가능성은 없다고 오판

11. 11: 미 10군단, 청천강 전선 일대에서 북진 재개

11. 19: 미 7사단 선발대가 혜산진에 도달

11. 21: 미 7사단 선발 연대, 한?만 국경의 혜산진 점령

11. 24: 맥아더 원수, 화천 ~ 박천 100Km 전선에서 종전 위한 대공세 '크리스마스 작전' 을 명령

11. 25: 중공군, 서부전선에서 13군 18개 군단으로 제2차 대공세 실시

11. 25: 모택동의 아들 모안영, 팽덕회 중공 전선사령부에서 근무 중 공군 폭격으로 전사

11. 27: 한 1군단(7, 8사단), 중공군 2차 기습 공세에 의한 포위 공격으로 붕괴

11. 27: 중공군 9집단군 9개 사단이 동부전선에서 미 10군단 예하 1해병사단을 포위하여 총 공격 시도

11. 28: 맥아더 원수, 워커 8군사령관과 알몬드 10군단장을 동경으로 불러 전황 분석, 중공군 대부대 참전 확인, 원산~평양 선으로 퇴각 결정

11. 28: 애치슨 미 국무장관, 중공을 침략자로 규정

11. 28: 맥아더 사령관, 중공군의 조직적 개입으로 새로운 전쟁에 직면했다고 특별 성명

11. 29: 미 2사단 군우리 지역에서 중공군 포위에 걸려 붕괴

11. 29: 서북 전선의 유엔군, 청천강 남안으로 퇴각

11. 30: 미 10군단장, 미 7사단, 1해병사단에게 철수 명령

11. 30: 트루먼 미 대통령, 의회에 한국전과 관련 18억 달러의 추가 군사 예산을 요청

12. 1: 동북부 전선의 1해병사단, 중공군 포위 속에 유담리(장진호)에서 철수 작전 개시

12. 2: 유엔군, 평양 포기

12. 3: 맥아더 원수, 38도선까지 퇴각을 명령

12. 5: 중공군 평양 입성

12. 9: 맥아더 원수, 미 10군단을 흥남에서 해상 철수하여 부산, 마산, 울산으로 부대를 이동시킨 후 8군 사령관 지휘 하에 작전 통제 변경 명령

12. 12: 유엔군, 흥남철수작전 개시(24일까지)

12. 13: 미 국방성 발표, 개전 이래 미군 피해는 전사 5,570명 포함 33,870명

12. 21: 미 해외 기지 증강법안 의회 통과

12. 23: 워커 8군사령관, 전선 시찰 중 의정부 남방에서 차량 사고로 전사(후임 매튜 B. 리지웨이 중장)

12. 24: 흥남철수작전 완료, 수송선 132척, 동원 병력

105,000명(미 1해병사단, 한 1군단, 미 7사단, 미 3사
단), 피난민 91,000명(실제로는 15∼20만 명으로 추
산), 차량 17,500대, 연료 29,500드럼, 탄약 9,000톤
등을 철수
12. 26: 동북 전선에서 해상 철수한 유엔군(미 10군단, 한
국 1군단), 부산과 포항 기지에 상륙
12. 29: 맥아더 사령부, 중공이 제4야전군의 19개 사단을
서울 북방에 배치하고 대공세 준비 중이라 발표
12. 31: 중공군 제3차 공세 재개

1951년

1. 3: 리지웨이 장군, 서울 철수를 명령하고 주문진∼홍천
∼양평∼수원을 잇는 제2방어선에 병력 배치
1. 4: 정부, 부산으로 이전(1?4후퇴)
1. 5: 중공군이 서울 점령
1. 7: 공산군이 수원 점령
1. 8: 리지웨이 장군이 유엔군의 패배의식을 반전시키고
오산∼수원 간 중공군 배치 상황을 탐색하기 위해 미
27연대에 '울프 · 하운드' 공세작전을 명령(리지웨이
장군 부임 후 첫 공세 작전)
1. 9: 미 합참본부, 12월 30일자 맥아더 건의에 "철수가
필요하다고 판단될 때까지 독자적인 방어 작전을 수행
하라"고 지시하고 대 중공 항전 조치는 검토 중이나 즉
각적인 실천은 불가능하다고 회답
1. 11: 미 2사단이 원주 주변에서 격전
1. 12: 미 합참본부가 기본적으로 "한반도에서의 철수를
바라지 않는다"는 훈령을 맥아더 원수에 하달
1. 13: 미국이 한국에 병력 5만 증파 결정
1. 15: 중공군 3차 공세 종료
1. 21: 미 갤럽 여론조사, 66%가 주한미군의 철수에 찬성
1. 24: 미 국방성이 한국전 개전 이래 미군 사상자 46,210
명(전사 7,400명)이라 발표
1. 20: 리지웨이 8군사령관, "대규모 전투 수색대를 여주
∼수원 선으로 진출시켜 적과 접촉을 유지하라"는 선더
볼트 반격 작전을 미 1군단과 미 9군단에 명령
2. 5: 동부전선에서 라운드업 작전 개시, 한간∼강릉 선을
회복하여 서울 수복의 여건 조성이 목적
2. 11: 중공군 4차(2월 공세) 공격 개시
2. 13: 원주 서북방 지평리에서 미 2사단 예하 제23연대

가 3일간 혈전을 벌여 진지 사수
2. 20: 8군 킬러 작전 개시(접촉 유지를 위한 공세적 방
어)
2. 21: 미 국방성 발표, 한국전 개전 이래 미군 피해
49,132명, 공산군 손해 624,000명(북괴군 418,000명,
중공군 206,000명)
2. 24: 콜린스 미 육참총장이 중공이 한국서 공?해군 동
원 시에는 만주를 폭격한다고 언명
2. 24: 미 9군단장 헬기 추락 전사
2. 28: 한강∼양평∼지평리∼횡성∼강릉 선 접촉
3. 5: 미 5공군이 5만 회 출격을 기록
3. 6: 맥아더 사령부가 중공군 9∼12개 사단이 중부전선
에 새로 나타났다고 발표
3. 7: 리지웨이 장군, 미 9군단과 미 10군단 사이에 형성
된 돌출부 제거를 위한 래퍼 작전을 명령
3. 12: 중공군, 서울에서 퇴각 개시
3. 13: 미 육군, 주한 전투 부대의 소규모 교대를 5월 1일
부터 실시한다고 발표
3. 14: 유엔군, 서울 재탈환 작전 개시
3. 15: 홍천 장악
3. 18: 미 3사단, 서울 재탈환에 성공
3. 21: 춘천 탈환
3. 23: 미 187공수연대 3,000명이 중공군 퇴로를 차단하
기 위해 문산에 낙하(토마호크 작전), 국군 1사단과 연
결 작전 시도, 결과 미미함
3. 23: 유엔군, 의정부 돌입
3. 23: 트루먼 대통령이 충돌을 일으키는 맥아더 장군 해
임 결심
3. 24: 맥아더 원수가 전선을 시찰하고 작전상 필요시에
는 38도선을 돌파하라고 현지 사령관에게 명령
3. 27: 국군 1군단장 김백일 소장 지휘관 회의 후 경항공
기로 강릉 복귀 중 기후 불량으로 추락사
3. 31: B29편대, 한 · 만 국경 교량 폭격
4. 5: 리지웨이 8군 사령관, 캔자스 선을 향한 제2단계 공
세 러기드 작전을 명령(4월 19일 캔자스 선 확보)
4. 5: 38도선 이남의 회복
4. 6: 미 육군성, 중공군 3개 군 10만 명의 한국 도착 보도
를 확인
4. 11: 트루먼 미 대통령, 맥아더 원수를 연합군 최고사령
관. 유엔군 총사령관. 미 극동사령관, 미 극동육군총사

령관 등 4개 중요직에서 해임

4. 11: 유엔군 총사령관에 리지웨이 중장, 미 8군사령관에 밴 플리트 중장 임명

4. 12: 중공군 18만 명 한국 전선에 재투입, 공산군 총 병력 19개 군 57개 사단 69만 명 (유엔군 약 50만 명)

4. 13: 공산군이 전 전선에서 반격

4. 17: 미군 교대법에 따라 제1차 본국 귀환병 이한

4. 19: 캔자스 선 확보로 전선 일단 고정

4. 19: 유엔군이 철의 삼각 지대에 대부대를 집결시킨 공산군의 기선을 제압하기 위해 화천 ~ 김화 ~ 철원 ~ 임진강 선으로 돌출한 와이오밍 선을 향한 재공격

4. 19: 맥아더 원수, 미 의회에서 퇴임 연설(대 중공 강경 전략을 주장)

4. 22: 중공군 5차 공세(4월 춘계 공세), 철의 삼각 지대 (철원~김화~평강)로 대부대를 집결시킨 공산군, 중부에서 1차 춘계 공세 개시(경춘가도, 도봉리 선에서 저지)~광덕산 방향의 국군 6사단(사창리)에 공격~인제, 양구(국군 5, 7사단)에 공격~감악산, 적성(국군 1사단, 영국군 29여단)에 공격

4. 23: 영국군 29여단 1대대(글로스터셔 대대 진지 사수 전멸)

4. 25: 국회는 국군 10개사 증설과 편성용 무기를 미국에 요청키로 결의

4. 25: 서울시민에 철수령(개전 후 세 번째)

4. 26: 유엔군이 서울 동북방에서 반격

5. 1: 유엔군 총사령부가 주한 영국군을 1개 사단으로 증강 편성한다고 발표

5. 3: 유엔군이 전면 공격을 개시, 의정부에 돌입

5. 9: 유엔 공군이 신의주 비행장을 대폭격

5. 15: 중공군 5월 공세 개시, 미 10군단과 국군 3군단의 전투 지경선을 돌파하여 기습 공격

5. 17: 국군 3군단(군단장 유재흥)이 철수 과정 중 포위된 것으로 오판하여 장비와 화포를 유기하고 분산 도주, 붕괴됨. 이후 한동안 3군단은 재편성 운용되지 못하는 불명예를 갖게 됨

5. 18: 3군단이 도로상에 유기 방치한 차량과 화포 및 군수물자는 유엔 공군의 폭격으로 전량 파괴됨

5. 18: 미 2사단 홍천 동북방에서 네 번째로 포위되었으나 탈출에 성공

5. 19: 전 유엔군이 38도선 이북 진지에서 철수

5. 19: 동부의 국군 1군단(군단장 백선엽 소장)의 강릉 사수 결의, 수도사단 1연대장(한신 대령)이 활약하여 대관령 고지 선점으로 강릉 확보

5. 23: 중공군 5월 공세 중단, 유엔군 주력의 포위 섬멸에 실패

5. 21: 킹스리 운크라 단장이 한국전의 피해 5~10억 달러, 민간인 사상자가 100만 명이라고 천명

5. 24: 유엔군이 총공격 개시하여 춘천에 돌입, 동·중부 전선 38도선 돌파

5. 27: 미 2사, 인제 점령

6. 2: 밴 플리트 8군사령관, 중공군 제2차 춘계 공세를 저지하고 진격 전 단계를 완료했다고 언명, 공산군 피해 사상자 10만 명, 포로 1만 명

6. 11: 유엔군이 휴전을 염두에 두고 방어에 필수적으로 유리한 철원~김화~평강을 연결하는 철의 삼각 지대를 확보(와이오밍 선)하기로 결심하고 파일드라이버 작전 개시

6. 15: 유엔군이 펀치볼을 제외한 와이오밍 선 확보

6. 15: 동해안의 국군 1군단, 3일간의 간성 지구 공산군 반격을 유엔군 함대의 엄호 사격 하에 격퇴

6. 20: 의천 상공에서 대공중전, 미그기 4대, 야크기 6대를 격추

6. 20: 미 해군성 발표, 한국전 개전 이래 해군과 해병 소속기 67,000기 출격, 미군 손실 300명, 부상자 57,000명

6. 23: 말리크 유엔 소련 대표, 한국전쟁의 평화 회담을 제안

6. 27: 참전 16개 국 말리크의 정전 제의를 공동 수락

6. 29: 트루먼 미 대통령, 리지웨이 유엔군 총사령관에 한국 정전 교섭을 지시

6. 30: 리지웨이 장군, 공산군 사령관에 휴전회담(원산만 덴마크 함상)을 제의

7. 1: 공산군 측 김일성과 팽덕회가 리지웨이의 제안을 수락, 회담 장소를 개성으로 역제의

7. 3: 리지웨이 장군, 공산 측 제의 수락, 개성에서 10일 동안 개최하는 것에 동의

7. 6: 미 극동공군사, 개성 주변 5마일 이내의 공격 중지를 명령

7. 9: 미 국방성, 한국 전선 유엔군 구성 비율 발표, 지상군: 미군이 45%, 한국군이 45%, 기타가 10%, 해군: 미

군이 75%, 한국군이 25%, 공군: 미군이 98%, 기타가 2%

7. 10: 개성에서 휴전회담 시작

7. 15: 미 8군이 한국군의 독자적인 전투 능력 향상을 위하여 9군단 지역에 필드 트레이닝 코맨드를 설치하여 9군단 부군단장 크로스 준장을 훈련소장으로 임명 국군 사단당 9주씩 훈련 시작

7. 16: 미 8군이 공산 측 병력이 45개사에서 72개사로 증강됐다고 발표

7. 19: 애치슨 미 국무장관이 휴전과 관련하여 외국군 철수는 정치적 문제이며 한국 휴전 성립 후도 미군은 철수하지 않는다고 성명

7. 20: 미 국무성 발표에 따르면 개전 이래 공산군 손상 1,213,544명

7. 24: 마샬 미 국방장관이 외국군 철수는 휴전과 별개의 정치적 문제이며, 휴전 성립 4개 조건 (1) 군사경계선 협정, (2) 재한 병력 증강 불가, (3) 휴전 감시 조치, (4) 포로 취급 협정이 필요하다고 천명

7. 26: 휴전회담, (1) 의제 선택, (2) 군사분계선 문제, (3) 휴전감시 방법 및 기구의 구성, (4) 포로 교환 조치, (5) 쌍방 관계국 정부에 권고 등 의사일정 5항목에 합의

7. 27: 미 2사단 펀치볼 서측방(피의 능선) 공격, 장마로 중단

7. 28: 주한 영국 연방 사단 결성

7. 31: 유엔군 총사령부, 현 전선을 기초로 비무장지대 설치할 것을 성명

8. 18: 유엔군이 전선 정리를 위해 제한 공격을 개시

9. 5: 유엔군이 18일간의 격전 끝에 양구 북서의 '피의 능선' 점령

9. 8: 미·일 안전보장조약 체결

9. 13: 유엔군이 추계 공세(피의 능선, 단장의 능선, 김화 지구에서 격전), 국군 7사단이 백석산 탈취

9. 26: 유엔군이 격전 끝에 양구 북방 '단장의 능선' 상의 일부 고지 점령, 단장의 능선 탈취 실패

9. 20: 이승만 대통령, 휴전 수락 4대 원칙(중공군 철수, 북괴군 해체, 유엔 감시 하의 북한 총선, 휴전협상 기한 설정 등)을 제시하였으나 무시됨

10. 7: 공산군 측이 새 휴전회담 장소로 판문점을 제안(8일 유엔군 측 동의)

10. 8: 양구 북방 '김일성 능선'에서 격전

10. 3~15: 미 10군단(미 2사단, 국군 5, 8사단)이 단장의 능선 재탈환전을 시도하였으나 쌍방 심대한 인적?물적 피해만 일으키고 성과 없이 끝남. 인민군 5군단이 붕괴되어 2군단으로 대체됨. 그러나 동측의 9군단 예하 미 1해병사단과 국군 해병연대는 펀치볼 탈환에 성공함. 동해의 국군 1군단도 월비산과 고성을 확보함

10. 22: 유엔군 9군단, 금성 공격 탈취 성공

11. 2: 미 육군 당국, 교대 계획에 따라 지난 4개월간에 병사 112,000명, 장교 7,300명이 한국에서 미국으로 귀환

11. 18: 8군에 전쟁 수행을 위한 워싱턴 훈령 하달, 향후 불필요한 인원 희생을 요구하는 소모전과 대규모 공격 전투를 불허하고 1개 사단 이내의 작전만 허용

11. 20: 밴 플리트 장군이 후방의 게릴라 평정 작전 결심, 국군 1군단장 백선엽 장군에게 국군 8사단과 수도사단을 후방으로 기동하여 게릴라 활동의 주무대인 지리산을 평정토록 지시

11월 말: 국군의 독자적 전투 수행 능력 향상을 위한 한국군 전투력 강화 계획의 일환으로 국군 고급 장교 도미 유학 계획 수립—미 보병학교 교육 150명, 미 포병학교 교육 100명 입교

12. 1: 지리산 게릴라 토벌 작전 개시

12. 1: 미 국방성 대변인이 한국의 유엔군 전선 후방에 약 18,000명의 공산 게릴라가 있다고 언명

12. 2: 미 전함 위스콘신 호(45,000톤) 한국 해역 작전에 참가

12. 18: 휴전회담 중 포로 명단을 교환, 유엔군 측 포로(한국군 7,142명, 미군 3,198명, 기타 1,216명), 공산군 포로(북괴군 111,754명, 중공군 20,720명)

12. 23: 미 극동공군 개전 이래 12월 20일까지의 공군 전과 발표, 공산군 기 격추 1,051대, 미군기 격추 423대

12. 30: 유엔군 총사령부, 미 45보병사단(전 오클라호마주 보병사단)이 한국전에 참전했다고 발표

1952년

1. 2: 휴전회담, 포로 전원 교환에 합의

1. 9: 트루먼 미 대통령이 연두교서에서 침략을 저지하고 유엔군과 한국의 안전을 보장할 수 있는 휴전 성립 시까지 전투를 계속한다고 강조

1. 12: 정일권 장군에 이어 3성 장군 3명 탄생, 백선엽, 이종찬 육군 중장, 손원일 해군 참모총장
1. 21: 트루먼 미 대통령이 1953년 회계연도에 미군 병력은 370만 명으로 증강된다고 언명
1. 23: 유엔군 총사령부가 주한 미 1기병사단이 일본으로 이동했다고 발표
1. 31: 지리산 게릴라 토벌 작전 종료, 포로 5,842명, 사살 5,612명, 8사단 수도사단 전선 복귀 개시
2. 3: 미 8군사령부가 제40 주 방위사단이 한국 전선에서 활약 중이라고 발표
2. 16: 유엔 해군 당국이 유엔 해군의 원산항 함포 사격 및 봉쇄 작전이 약 1년간 계속되었으며, 매시간 평균 발사 탄 수는 27발이었다고 발표
2. 17: 유엔군 총사령부가 미 24사단이 일본으로 이동했다고 발표
3. 8: 밴 플리트 8군 사령관이 공산군 70만 명이 집결하여 그중 45만 명이 전선에 배치됐다고 언명
3. 10: 유엔군 총사령부가 한국전에서 공산군이 사용하는 무기는 모두 소련이 공급한 것이라고 발표
3. 13: 미 8군사, 제45사, 제2사, 제25사는 전선 배치 중이나 제40보병사단은 전선에 없다고 발표
3. 16: 유엔군사 수용 포로의 수는 17만 명, 33개소에 분산 수용 중이라고 언명
3. 20: 주한 미 40보병사단장, 제40사단은 9월에 캘리포니아로 복귀 예정이라 언명
3. 23: 미 국방성이 미 육군 225,000명, 미 해병대 소속 지상 부대 25,000명, 합계 25만 명이 교체되기 위해 한국에서 철수했으며 현재 한국 전선에는 육군 6개 사단, 해병대 1개 사단이 작전 중이라고 발표
3. 29: 미 육군성이 상원 지출분과위에서 한국 전선의 미 육군 군비액이 약 70억 달러라고 증언
3. 30: 유엔군 총사령부가 공산군이 포로수용소를 북한의 군사 목표 부근의 위험 지역에 설치하고 있다고 비난
4. 3: 8군사령관 밴 플리트 장군의 아들 밴 플리트 주니어 중위 폭격 차 출격했다가 실종
4. 5: 완편된 2군단 재창설(3, 6, 수도사단, 포병단, 공병단, 보급대 포함), 미 9군단의 책임 방어 지역 인수, 한국군 20개 사단 증강 계획 시행
4. 10: 거제도 포로수용소 폭동(쌍방 71명 사상)
4. 19: 밴덴버크 미 공참총장이 소련은 북괴에 매월 MIG기 70대를 공급하고 있다고 언급
4. 27: 리지웨이 장군이 공산군 병력은 75만 명이며 만주에 항공기 1,500대가 집결되어 있다고 발표
4. 28: 트루먼 미 대통령이 북대서양군 최고사령관에 리지웨이 대장을 지명, 유엔군 사령관에 마크 클라크 대장을 임명
5. 7: 거제도 포로수용소에서 이학구 대좌의 주도로 공산 포로 폭동(소장 도드 준장을 3일간 감금)
5. 9: 유엔군 사령부, 거제도 포로수용소장 도드 준장이 7일부터 공산군 포로에 의해 감금 중이라고 발표(허위 자백서를 쓰고 10일 석방)
5. 12: 클라크 대장이 리지웨이 후임으로 부임
5. 15: 미 하원 예산위가 재한 미 육군용 112,800만 달러 추가 예산 가결, 이로써 재한 미 육군 1년 경비는 약 50억 달러에 도달
5. 20: 트루먼 미 대통령이 명예로운 한국 휴전 성립을 희망
5. 21: 리지웨이 장군이 미 상원 군사위 비밀 증언에서 정치적 해결 없이 군사력만으로는 한국전 종결이 불가능하다고 중대 발언
5. 23: 유엔 공군이 평양?진남포의 군수 공업 지대를 개전 이래 최대 맹폭
6. 4: 거제도 포로수용소에서 전차 지원 하에 미군 보병 부대가 제76수용소 등을 제압
6. 6: 애로우헤드(Arrowhead, 281고지), 포크촙 힐(Pock Chop Hill, 255고지), 올드 배드리(Old Baldy, 266고지) 전투
6. 10: 거제도 포로수용소에서 폭동 격화(미군 14명, 포로 160명 사망)
6. 22: 유엔군 사령부가 남한 출신 억류 민간인 27,000명을 석방한다고 발표
6. 23: 유엔 공군기 500대가 처음으로 수풍 등 5대 수력 발전소를 맹폭(수풍발전소 기능 완전히 정지)
6. 23: 거제도 포로수용소 당국이 미심쩍은 공산군 포로 47,000명의 심사를 재개했다고 발표(27일 완료)
6. 24: 유엔군 전폭기대가 수풍을 제외한 4개 발전소를 다시 폭격
6. 29: 미 5공군 사령관 미 전폭기의 폭격으로 북한의 수력발전소 13개가 완전히 파괴됐다고 언명

6. 29: 영천 포로수용소에서 억류 민간인 석방을 시작

7. 11: 유엔 공군이 평양, 황주, 사리원 지구의 군사 공장 시설 및 물자 집적소에 개전 이래 최대 규모의 맹폭격

7. 12: 미 극동공군이 개전 이래 7월 15일까지의 전과를 발표, 공산군기 격추 1,245대 중 MIG 980대, 미 공군 손해 719대, 그중 제트기 266대 동기간 중 유엔 공군 출격기는 524,395회

7. 21: 더글러스 미 상원의원(민주당)이 1949년의 주한미 군 철수는 아이젠하워 원수와 덜레스가 주장한 것이었 다고 언명

7. 21: 클라크 장군이 미 신문 기고서에 공산군은 현재 지 상군 100만, 항공기 2,000대를 보유하고 있다고 언급

7. 22: 이종찬 중장 해임, 백선엽 장군 육군참모총장에 보임

7. 31: 미 국방동원본부가 한국전 발발 이래 100만 명의 장정을 소집했다고 발표

8. 2: 유엔군 사령부가 대구에 한국 후방사령부를 신설 (종래의 미 8군후방기지사령부와 유엔군 포로수용소 사령부를 관하에 두고 민간인 구호 사업도 통할)

8. 5: 미 5공군사가 북한 78개 도시 주민에게 폭격 예정 지구에서 피난할 것을 경고했다고 발표

8. 11: 거제도 포로수용소 폭동, 부상 38명

8. 17: 미 8군사, 한국 전선 유엔군의 부대 배치 보도 금지

8. 26: 클라크 미 극동군사령관이 관하 전군의 능률 증진 과 인원 절약 등을 위해 육?해?공군 3군 통합사령부 설치를 결정

9. 1: 유엔군 함재기가 한?만 국경의 아오지 정유소 등을 대폭격

9. 9~20: 피의 능선, 수도 고지, 독수리 고지, 지형 능선 전투(3사단), A고지, B고지 전투(6사단)

9. 15: 미 공군기 신의주 공장 지대 폭격

9. 18: 지형 능선 격전 끝에 탈환

9. 18: 미 해군이 한국 전선에서 유도탄 사용

9. 20: 유엔군사가 심사 결과 민간인으로 인정된 억류자 11,000명을 석방한다고 발표

9. 20: 아이젠하워 미 대통령 후보가 한국군을 훈련하고 강화하여 유엔군과 일선 배치를 교대시킬 것을 제창

9. 27: 클라크 장군이 한국 주변에 공산군 공격 저지와 유 엔군 보급선 확보를 위해 해상 방위 지역(클라크 라인) 설정

9. 29: 공산군이 전 전선에서 개전 이래 최대의 포격

10. 1: 제주도 포로수용소 폭동으로 공산군 포로 45명 사 망, 120명 부상

10. 6: 마산수용소에서 억류 민간인 11,000명 석방 개시

10. 6~15: 백마 고지 전투(9사단: 철원 서측), 저격 능선, 삼각 고지 전투(국 2사단, 미 7사단)

10. 10: 클리랜드 미 연방재판소가 의회 승인 없이 미군을 한국에 파견한 것은 위헌이라고 트루먼 대통령에게 출두 명령

10. 14: 저격 능선, 삼각 고지 전투

10. 23: 밴 플리트 장군이 한국군은 수적 열세로 공산군 과 단독 대전은 불가능하다고 언명

11. 4: 미 대통령에 아이젠하워 당선(1953년 1월 20일 취임)

11. 8: 양양에서 국군 12사단 창설(윤춘근 준장)

11. 8: 양양에서 국군 15사단 창설(이정석 준장)

11. 10: 중부전선 포크촙 고지에서 격전

12. 2: 아이젠하워 대통령 당선자 내한(5일까지), 전쟁 확 대 회피와 한국군 증강 등 성명

12. 4: 저격 능선을 완전 재탈환

12. 12: 티본(T-bone), 켈리(Kelly), 테시(Tessie), 니키 (Nickie), 베티(Betty), 노리(Nori) 고지 전투(중서부 미군 진지), 후크(Hook) 고지 전투(영연방 사단), 벙커 (Bunker) 고지 전투(1해병사단)

12. 14: 봉광도 포로수용소 폭동, 87명 사망

1953년

1. 2: 이원~심천 간 금강 철교에서 미군 화차 19량 전복 (56명 사망)

1. 3: 미 8군이 1952년 한 해 동안 공산군 사상자 수는 159,394명이라고 발표

1. 5: 이승만 대통령이 유엔군 사령관 클라크 대장 초청으 로 도일

1. 23: 주한미군사령관 밴 플리트 대장의 3월 31일자 예 편, 맥스웰 테일러 중장을 후임에 임명

양측 전력 중공군 377,000명(1952년 11월)
　　　　　　　　　 570,000명(1952년 12월)
　　　　　　　　　 642,000명(1953년 2월)
　　　　　 인민군 225,000명

유엔군 264,670명(1952년 11월)
260,478명(1953년 4월)
국 군 344,113명

1. 31: 백선엽 장군 최초로 4성 장군 진급
2. 4: 주은래 중공 외상, 한국 휴전회담 재개를 제의
2. 9: 양양에서 국군 20사단 창설(유흥수 준장)
2. 9: 양양에서 국군 21사단 창설(민기식 준장)
2. 22: 클라크 유엔군 사령관이 공산군 총사령관에 부상 포로의 즉시 교환을 제의(3월 28일 공산 측 동의)
3. 5: 스탈린 소련 수상 사망
3. 7: 용초도 포로수용소 폭동, 65명 사살
3. 23: 중공군이 중서부전선 불모고지와 포크촙 고지에서 미 7사에 공격(26일 불모 고지서 철수)
3. 27: 서부전선 벙커 고지에서 격전
3. 28: 미 5공군 당국이 재한 미 전폭격기대에는 원자폭탄이 적재 가능한 F86 개량기가 배치되어 있다고 발표
3. 28: 베가스 고지에서 격전
3. 28: 공산군 측 클라크 장군의 부상 포로 교환 제안(2월 22일)을 수락함과 동시에 휴전회담 재개를 제안
3. 30: 유엔군 포로수용소 사령부가 억류 포로 수를 수정 발표, 상병 포로 2,619명, 포로 총수는 132,304명
3. 31: 동부전선 크리스마스 고지 격전
4. 5: 중부전선 텍사스 고지 격전
4. 11: 이승만 대통령이 휴전 반대, 단독 북진 성명
4. 11: 밴 플리트 장군 전역, 테일러 장군 부임
4. 20: 판문점에서 상병 포로 교환 시작 리틀 스위치 (Little Switch) 작전, 북한군 5,194명 중공군 1,030명, 국군 471명, 유엔군 149명 송환
4. 21: 양양에서 국군 22사단 창설(박기병 준장)
4. 21: 양양에서 국군 25사단 창설(문용채 준장)
5. 8: 이승만 대통령이 미 정부에 휴전을 반대
5. 12: 미군 고위 수뇌부 인사이동, 합참의장 래드포드, 육군참모총장 리지웨이
5. 15: 미 국무성이 송환을 원치 않는 공산군 포로 48,500명에게 자유 선택을 주는 문제는 인도주의 원칙에 입각하는 것이라 성명
6. 2: 스티븐슨 미 육군장관이 현재까지 한국전쟁에 쓴 비용은 150억 달러에 달했다고 상원 세출분과위에서 언명
6. 6: 아이젠하워 미 대통령이 이승만 대통령에게 (1) 미

국은 한국 통일에 노력할 것이며 정치 회담에 한국 참가를 기대, (2) 휴전 성립 후 한국과 상호방위조약 체결을 협상할 용의 있다고 서한 발송
6. 7: 이승만 대통령이 휴전에 관한 한국 안을 거부하면 단독 북진하겠다고 성명
6. 8: 포로 교환 협상 조인
6. 9: 전국에서 휴전 반대 데모
6. 9: 윌슨 미 국방장관이 주한미군 철수는 최소한 6개월 후에 개시하게 될 것이라고 상원세출분과위에서 증언
6. 11: 중동부전선 텍사스 고지와 해리 고지에서 격전
6. 13: 공산군 15,000명이 중부전선에서 118,000발의 포탄을 발사하여 유엔군을 공격
6. 15: 미 국무성이 스웨덴, 스위스, 인도, 폴란드, 체코의 5개국이 한국 포로 송환 중립국위 참가를 미 정부에 정식 통고해 왔다고 발표
6. 18: 이승만 대통령이 반공 포로 27,000명 석방
6. 18: 아이젠하워 미 대통령과 덜레스 미 국무장관이 한국 정부의 반공 포로 석방은 유엔군의 권한을 침범한 난동이라고 비난
6. 18: 논산에서 국군 26사단 창설(이명제 준장)
6. 18: 광주에서 국군 27사단 창설(이형석 준장)
6. 19: 유엔군 당국이 서해안 휴전선 이북 용매 등 5개 도서 주민 약 10만 명에게 철수 명령
6. 20: 공산군 측이 휴전회담에서 석방 포로의 전원 재수용을 요구(20일 클라크 대장 거부)
6. 22: 이 대통령이 클라크 유엔군 사령관과 회담하고 휴전 대상 3개 조건(한미상호방위조약 체결, 정치회담 기한의 3개월 제한, 유엔군과 중공군의 동시 철수) 제시
6. 25: 로버트슨 미 대통령 특사가 휴전 설득을 위해 내한 (7월 11일까지 이 대통령과 14차례 회담), 한국군 20개 사단 증강안 제안
6. 28: 수도 고지, 소노리 고지, 백 고지, 퀸 고지에서 국지 격전
7. 4: 테일러 장군이 미 8군사령부를 용산으로 정식 이전
7. 6: 포크촙 힐(Pockchop Hill) 전투(미 7사단) 피탈
7. 9: 이 대통령과 로버트슨 특사가 한미회담 공동성명 발표 (1) 한미 상호방위조약 체결에 합의, (2) 한국은 포로 교환 협정에 동의, (3) 정치·경제·방위 등의 한미 협력에 의견 일치
7. 13: 공산군 5개 군, 중?동부전선 금성에서 대공세, 금

성 돌출부를 중공군에게 빼앗김

7. 19: 공산군 측 휴전협정 조인에 동의

7. 27: 휴전협정 조인, 하오 10시를 기해 전투 중지

7. 29: 미 국무성, 한국전쟁 미군의 인적 피해는 140,546 명(전사자 22,250명, 부상자 104,697명, 행방불명 12,479명)이라고 발표

7. 30: 미 8군사가 전 전선의 유엔군은 30일 하오 9시 50 분 비무장지대에서 철수 완료했다고 발표

8. 5: 포로 교환 시작(9월 6일까지 75,079명 송환, 12,941 명을 인수)

8. 7: 참전 16개국, 공산 측이 휴전협정을 파기하면 중공 본토를 공격한다고 공동 성명

8. 17: 유엔 임시총회(28일까지), 한국 휴전협정 승인

9. 1: 서울 환도 선포

9. 1: 송환 거부 포로 관리를 위해 인도군 한국에 도착(타 마미야 중장 지휘)

9. 4: 전 미 24사단장 딘 소장이 포로 교환으로 귀환

9. 10: 유엔군 측이 송환 거부 반공 포로를 중립 지대의 인도 관리군에게 인도하기 시작(23일까지 22,064명 인도)

9. 11: 아이젠하워 미 대통령이 극동 미군 및 유엔군 사령 관 클라크 대장의 후임으로 존 헐 대장 임명

9. 24: 공산군 측이 송환을 거부하는 친공 유엔군 포로 359명(국군 335명, 미군 23명, 영국군 1명)을 인도군 에 인도

10월: 국군 3군단 관대리에서 창설(강문봉 소장), 미 10군 단 임무 인수

10월: 국군 5군단 철원에서 창설(최영희 소장), 미 9군단 임무 인수

10. 28: 미 육군성이 한국전에서 6,113명의 미군을 고문 학살한 공산군의 잔학 행위에 관한 보고서 발표

11. 12: 닉슨 미 부통령 내한(15일까지)

11. 18: 논산에서 국군 28사단 창설(이상철 준장)

11. 18: 제주에서 국군 29사단 창설(최홍희 준장)

12. 13: 테일러 미 8군사령관, 한국군 26사단과 27사단 창설(이로써 한국 육군은 18개 사단)

12. 15: 한국군 제1야전군사령부 창설

12. 26: 아이젠하워 미 대통령, 주한미군 지상군의 육군 2 개 사단 철수 발표

1954년

1. 23: 반공 포로 21,000여 명이 유엔군 측에서 한국, 중 국 정부에 정식 인도

1. 24: 테일러 미 8군사령관이 주한미군 40사단과 45사 단이 2월 15일부터 철수하며 미국으로 귀환한다고 정 식 발표, 미 3사단은 철수 완료

1. 25: 미 상원이 한미상호방위조약 비준을 승인

2. 5: 이 대통령과 헐 유엔군 사령관, 테일러 8군사령관 등이 한미 고위 군사비밀회담을 하고 한국군 증강 문 제 협의

2. 5: 미 8군사가 미 24사단이 수주 내 본국 귀환할 미 45 사단의 일선 근무를 교대 담당했다고 발표

2. 10: 아이젠하워 미 대통령이 한국에서 미 본국으로 철 수하는 미군 2개 사단은 40사단과 45사단이라고 천명

2. 14: 정일권(참모총장)과 이형근(연합총장) 대장 승진, 백선엽 대장은 1군사령관으로 보임

2. 28: 테일러 미 8군 사령관, 한국군 2개사 신설로 한국 육군병력은 20개 사단에 달한다 고 발표

3. 14: 주한미군 45사단 제1진 1,075명이 한국에서 철수 시작

3. 21: 한국군 제1야전군사령부가 미 10군단으로부터 한 국군 제1, 2, 3군단의 작전 지휘권을 인수

5. 6: 미 대통령 특사와 밴 플리트 장군 등 미 군사사절단 이 한국군 증강 계획서와 군 원조 등 전반적 군사 문제 협의 차 내한(6월 12일 재차 내한, 6월 21일 3차 내한)

5. 1: 국군 6군단(이한림 소장: 포천) 창설, 미 1군단의 동 측 방어 담당

5. 25: 미 극동군사령부가 군표 갱신

6. 2: 미 40사단 철수 제1진 1,100여 명 인천

6. 17: 주일 미 중폭격기부대가 괌으로 이동

7. 16: 미 극동공군사령관이 극동서의 공군 전폭격기는 미 측의 2,400기에 비해 공산 측이 7,500기로 우위에 있다고 언명

7. 25: 이승만 대통령 방미(27~31일, 아이젠하워 미 대통 령과 회담)

7. 26: 미 극동공군사 발표, 미 제51전투기 부대가 한국서 오키나와로 이동

7. 31: 이 대통령, 아이젠하워 미 대통령과 회담 종료 후 한국 휴전은 공문화되었다고 선언하고 중립국 휴전감

시위에 2개 공산국의 축출을 미국에 협력 요청

8. 4: 한국이 현 육군 병력 20개 사단(65만 명)의 유지에 필요한 군 원조 및 해·공군 기지의 유지를 미국에 요청

8. 18: 미 국방성이 주한미군 6개 사단(육군 5개사와 1해병사) 중 4개 사단 및 1개 전투 연대가 수개월 내에 철수할 것이라고 발표

8. 20: 헐 유엔군 사령관이 철수 계획 중인 주한미군 4개 사단 중 2개 사단(25사단과 2사단) 철수 발표

8. 26: 미 5공군사가 주한 미 제트 공군력을 한국에서 일본으로 철수하기 시작

8. 26: 패트리지 미 극동공군사령관이 공군의 기동성을 제고하기 위해 공군기가 한국에서 타 지역으로 계속 이동할 것이라고 언명

9. 1: 주한 미 공군 당국이 미 5공군사령부가 한국에서 일본으로 이동하며 휘하 폭격기대는 10월경 철수 예정이라고 발표

9. 1: 한국전의 전사자 시신 교환이 문산의 비무장지대에서 시작(10월 11일까지, 유엔군은 4,023구, 공산군은 13,528구)

9. 11: 미 극동 공군 당국이 4개월 내에 한국에서 일본 오키나와, 필리핀으로 분배 배치될 미 5공군의 철수 계획 발표

9. 18: 북한이 중공군 40만의 철수를 발표

9. 20: 테일러 미 8군사령관, 미 보병 3사단은 10월에 철수 예정이라 발표

9. 21: 미 2사단 미 25사단 철수 완료

10. 31: 국군 2군사령부(강문봉 중장: 대구) 창설

11.1: 테일러 미 8군 사령관, 주한 미 24사단의 일부가 11월 중 한국을 떠나 일본에 배치 될 것이라고 발표

11. 1: 미 육군성이 테일러 미 8군사령관을 미 극동지상군 사령관으로 겸직 임명

11. 5: 미 국방총성이 미군의 한국전 피해 잠정 최종 결과를 발표(전사 33,629명, 부상 103,284명, 포로 및 행방불명 5,133명)

11. 6: 미 24보병사단 이한

11.17: 한미정상회담 각서(7월27~31일, 이승만과 아이젠하워 회담록으로 일종의 한미협상) 조인으로 즉시 발효, ⑴ 한국군은 유엔군사의 작전 지휘권 하에 둔다. ⑵ 군사·경제 원조 17억 달러의 이행 등)

11. 17: 한미 11월 12일자로 38도선 이북 수복지구 행정권이 한국 정부에 이관됐다고 공동 성명

11. 18: 한미상호방위조약 발효

11. 20: 미 8군사가 일본으로 이동

12. 10: 미 국방성이 중공이 아직도 한국전쟁 포로 2,800명을 억류 중이라고 발표

12. 13: 주한 미 육군 당국이 미 24사단 휘하에 제21보병연대가 한국에서 일본으로의 이동은 연기됐다고 발표

12. 20: 윌슨 미 국방장관이 주한 미 1해병사단이 곧 한국에서 철수해 미국 서해안으로 이동할 것이라고 발표

12. 22: 미 극동지상군 사령관 겸 미 8군사령관 테일러 대장이 한국에서 철수할 미 1해병사단은 현재 일본에 있는 미 24사단에 의해 대치될 것이라고 발표

1955년

1. 25: 주한 미 육군 당국이 미군 후방기지사령부의 후방시설이 5월 중에 한국군에 이관된다고 발표

2. 15: 미 후방기지사령부가 대구에서 부산으로 이동

2. 15: 미 국방성이 해외 주둔 미군 총수는 137만 명이라고 발표

2. 26: 미 8군사 대변인이 미 1해병사단 제5연대의 이동 발표

2. 27: 육군본부가 서울 복귀 완료

3. 11: 미 극동공군사령관이 대만으로 파견됐던 58전투기대대 69중대를 한국으로 복귀하도록 명령

3. 14: 미 8군이 한국 보급품의 현지 조달을 위해 재한 구매처 신설

4. 1: 테일러 대장이 유엔군 및 미 극동군 총사령관에 취임

4. 1: 렘니처 대장이 미 극동지상군 및 미 제8군사령관에 취임

5. 13: 아이젠하워 미 대통령이 테일러 대장을 육군참모총장에, 미 8군사령관 렘니처 대장을 유엔군 총사령관에 임명

5. 29: 한국과 미국이 한국 병기창 건설 협정에 조인

6. 5: 유엔군 총사령부가 한국의 재건과 한국군의 장비에 약 15억 달러가 투입됐다고 발표

6. 11: 아이젠하워 미 대통령이 화이트 중장을 대장으로 승진시키고 미 극동지상군 및 미 8군사령관에 임명

6. 20: 공군이 미 공군에게서 F86 세이버제트기 인수

7. 25: 렘니처 유엔군 및 미 극동군사령관이 미 극동군사령부와 미 8군사령부가 곧 일본에서 한국으로 이동한다고 발표

8. 21: 미 극동군사령부가 어네스트존 유도탄의 일본도착 발표

1956년

1월: 미 1해병사단 철수 완료

2. 23: 한미 간 군수물자 현지 구매 절차 조인

3. 5: 한미 조병창설치협정 조인

6. 9: 휴전임시위가 비무장지대로 이동

8. 3: 래드포드 미 합참본부의장이 한국에 신무기 도입을 발표

1957년

4. 19: 양주에서 미 헌병이 가담한 열차 갱 사건

4. 22: 미 헌병대가 파주군의 일부 민가를 불법 수색하고 물품 2,300여 점 압수

5. 8: 이승만 대통령이 한국 내 유도탄 기지 설립에 찬동

6. 21: 휴전위 유엔 측 대표 한국군의 장비 현대화(휴전협정 13안 D항 폐기)를 공산 측에 통고

6. 27: F100 제트기단 한국에 도착

7. 1: 유엔군 사령부가 한국으로 이동

8. 1: 미 1기병사단이 한국으로 이동

8. 18: 미국이 한국군 25만 명 감축을 주장

9. 6: 미국이 1958년 대한 방위 원조액(제1차로 2,500만 달러) 승인

10. 5: 주한 미 24사단을 15일자로 제1기병으로 개칭하여 한국에 계속 주둔시키고 미 24사단은 명예롭게 해체

1958년

2. 3: 주한 미 1군단사령부에서 원자포와 어네스트존 로켓을 공개

2. 8: 주일 미 유도탄대대가 한국으로 이동

2. 21: 데커 유엔군 사령관이 한국군의 원자 무기 훈련을 확언

3. 12: 해군에서 한미합동원자전 훈련 실시

3. 21: 이 대통령이 미국에 무기 원조 요청

3. 31: 한미 간 한국군 6만 감군 원칙에 합의

5. 1: 중부전선에서 에네스트존 로켓과 원자포 시범 발사

5. 27: 미군표 갱신

9. 25: 북한 진주 중공군 제3차 철수 개시(10월 26일 철수 완료)

10.16: 1959년도 미 대한 방위 원조액 2억 2000만 달러로 확정

11. 8: 미 국무성이 한국 문제 해결 없이 미군 불철수 방침 천명

12.16: 유엔군사가 주한미군의 유도탄 보유 발표

12.30: 유엔군이 마타도어탄을 첫 공개

1959년

3. 31: 미 국무성이 한국 공군에 세이버제트기 증강 발표

4. 1: 드레이퍼 미 대외군원조위원장이 한국 등에 군사 원조 4억 달러 증가를 요청

4. 22: 주한 유엔군이 미 8군사령관에 매그루더 장군 임명

5. 30: 미군 당국이 남침 위기에 대처 명령 30분 후면 원자탄 투하가 가능하다고 언명

6. 24: 이 대통령이 UPI기자회견에서 무력 단독 북진을 재강조

6. 29: 주한 유엔군 경제조정관실(OEC)이 미 원조단(USOM)으로 개편 발족

10. 1: 한미 간 주한미군의 잉여물자 처분에 관한 협정 조인

1960년

1. 18: 서부전선에서 한미 합동 아이스캡 작전 개막

2. 12: 왜관 미군 린치 사건 발생

2. 23: 미 국방성이 과거 10년간의 대외 군원액을 발표, 총액 260억 달러, 그 중 한국은 12억 9000만 달러로 5위이며 1960년도는 2억 800만 달러로 15위

4. 19: 4·19 학생의거

6. 19: 아이젠하워 미 대통령 내한(20일까지)

7. 26: 한미 간 대충자금 125억 원을 국방비에 전입하기로 합의

10. 12: 3군 수뇌회의가 연내로 3만 명 감군하기로 결정
10. 28: 정부가 한국군의 작전 지휘권을 유엔사에 둔다는 방침을 재확인
11. 8: 미 대통령에 케네디 당선
11.19: 미국이 한국군의 3만 명 감군에 동의

1961년

4. 10: 한미행정협정 교섭 개시(17일부터 실무자회의)
5. 16: 유엔군사가 주한미군에 금족령(6월 5일까지)
5. 26: 국가재건최고회의와 유엔군사가 한국군의 작전 지휘권이 유엔군에 복귀됐다고 공동성명
6. 30: 주한 유엔군 사령관 멜로이 대장 취임
7. 27: 러스크 미 국무장관이 군사정권 지지를 공식 성명
11.14: 박 의장이 워싱턴에서 케네디 대통령과 회담하고 미국의 강력한 지원을 공동 성명

1962년

5. 29: 파주에서 미군 장교가 한국인을 폭행
6. 1: 양주에서 미군이 한국인 폭행
6. 8: 미 8군사령관이 미군 외출 금지령
8. 23: 미 군법회의가 대전에서 한국 여인을 사살한 미군 병사에게 15년형 선고

1963년

5. 14: H. H. 하우즈 대장이 신임 유엔군 사령관에 임명
5. 17: 미군 헬리콥터가 북한에 강제 불시착

1964년

1. 6: 미군 군표 일제 갱신
12. 30: 하우즈 유엔군 사령관이 한국에 호크 유도탄대대를 배치한다고 발표

1965년

1. 21: 존슨 대통령이 한국에 파월 요청
3. 19: 한국에 호크 미사일대대 배치

4. 21: 유엔군 사령관이 경질되고 후임에 비치 중장 보임
5. 16: 박정희 대통령이 미국을 방문하여 파월 약속, 대한 군사 원조 요청 1억 5000만 달러 차관 보장
6. 30: 미 1기병사단 일본으로 철수 완료
7. 1: 미 2사단이 1기병사단과 교체하여 문산 지역에 재배치
7. 10: 국군에 3개 예비사단을 전투 사단 수준으로 무장할 것을 미 측과 합의

1966년

2. 25: 한미 외무장관 간에 월남 파병 조건 합의록에 서명
7. 9: 한미행정협정 조인(대전 마이어협정 폐기)
9. 1: 유엔군 사령관 본스틸 대장 부임
10. 31: 존슨 대통령 방한

1967년

2. 9: 한미행정협정(SOFA) 발효
2. 23: 한미 간 한국인 노무단(KSC)운영협정 정식 조인
3. 10: 미국이 주월 한국군에게 M16 소총 공급 결정
8. 28: 북한군이 판문점에서 미군 막사를 기습하여 29명 사상

1968년

1. 21: 북한 무장공비 31명 청와대 기습
1. 23: 미 정보 수집함 푸에블로 호 북한에 납치
1. 23: 주한미군에 데프콘2 발령, 최대 위기
3. 12: 미국이 한국에 소맥 35만 톤을 군원 무상공여 발표
3. 19: 오산에 미 5공군전방사령부 설치
3. 25: 미 5공군이 F4C 팬텀대대를 대구에 창설
4. 1: 한국군 향토예비군 창설
12. 12: 한국군이 미군에게서 UH-1형 헬리콥터를 도입하여 기동타격대 창설, M16t 소총 지급받기로 합의

1969년

3. 16: 포커스 레티나 한미 합동 훈련, 여주에서 실시
4. 15: 미 정보 수집기 EC121이 동해상에서 피격

4. 28: 미군 군표 갱신
7. 25: 닉슨독트린 발표
8. 29: 한국 공군이 미국에서 팬텀기 6대 인수

1970년

4. 23: M16 자동소총 생산 공장 건설에 합의
5. 26: 미국의 마지막 무상 군사 원조(1000만 달러 규모)
   공여 협정으로 25년 만에 무상 원조국에서 탈피
7. 5: 주한미군 64,000명 중 2만 명 감축 통보
11. 2: 동두천의 캠프 비버 폐쇄
11. 15: 포천의 캠프 카이저 한국군에게 인계

1971년

2. 28: 미 2사단이 전방 방어선에서 철수한다고 발표
3. 4: 한미연합 공수기동훈련 프리덤볼트 작전을 오산에
   서 실시
3. 11: 한국군이 155마일 전 전선을 최초로 전담
3. 16: 주한 미군사가 KSC 인원 1,500명 감원 통보
3. 26: 주한미군 징발 토지 6,000만 평 중에 1971년 중
   1,100만 평 반환(이미 반환한 토지: 4,500만 평)
3. 27: 미 7사단 철수 완료
6. 22: 미 국무장관이 하원세출위원회에서 주한미군부대
   를 카투사로 보충하고 미군은 군사 고문단, 심리전 요
   원, 건설, 공병, 대공미사일 부대 등의 특수임무부대로
   만 유지할 것으로 증언
7. 3: 미 1군단을 한미연합 1군단으로 창설

1972년

4. 1: 주월 한국군 1단계 철수 완료

1973년

1. 28: 월남 전역에서 정전 발효
11. 19: SOFA위원회에서 미군 군표 사용 중지를 발표

1974년

1. 22: 키신저 미 국무장관이 백령도를 포함한 서해 5도
   는 한국 영토라고 언명
5. 21: 주한미군이 38,000명으로 확인

1975년

2. 22: 주한미군사령부와 주한유엔군사령부, 미 8군사령
   부 등 3개 사령부가 통합되었음을 발표
4. 30: 월남전쟁이 공산군의 승리로 종료

1976년

1. 1: 한미 1군단장 홀링스워드 장군 초전 7일 전쟁 승리
   를 장담
1. 23: 스틸웰 8군사령관이 북한의 남침 시 일격에 무력
   화할 수 있다고 장담
8. 18: 북한 경비병이 판문점에서 미군 장교 2명을 도끼
   로 살해(8 · 18 도끼만행사건)
8. 19: 미 데프콘2 발령, 미 7함대 급파
8. 21: 문제의 미루나무 제거(폴번연 작전)
8. 23: 김일성의 유감의 뜻을 담은 서신 접수
11. 28: 럼스펠드 국방장관이 한국은 동북아 안정에 기여
    하고 있으므로 주한미군 철수에 반대 의사 표명

1977년

1. 9: 유엔군 사령관 베시 장군은 주한미 지상군의 철수는
   전쟁 위험성을 고조시킬 것 이라고 경고
1. 20: 카터가 미 대통령에 취임
3. 28: 미 국방성 발표, 1976년 말 주한미군 39,821명(육
   군 32,276명, 공군 7,254명, 해군 250명, 해병대 41명)
5. 19: 카터 대통령이 주한미군 참모장 싱글러브 소장을
   소환 해임
9. 7: 미 국방성 발표, 1977년 6월 말 현재 주한미군은
   40,491명

1978년

1. 5: 미 국무성이 캐터링 재단의 여론조사 결과 다수 미 국인들이 미군이 한국에 계속 주둔하기를 희망한다고 조사된 결과를 발표
1. 23: 주한유엔군 사령부가 북한군 전력을 발표(병력 51만 2천 명, 전투기 550대, 함정 450척, 전투 사단 25개)
2. 24: 에이브러모위츠 미 국무성 부차관보가 미 2사단 철수 후 병참, 통신부대도 점차 감축될 것으로 의회 증언
3. 7: 한미 합동 팀스피리트 훈련이 여주와 원주 일대에 서 신무기와 병력 11만 명을 동원하여 실시
4. 21: 카터 미 대통령 주한미군 철수 언급
5. 3: 미 상원 공화당의원 전원 주한미군 철수 계획 번복 촉구 선언문 채택
5. 17: 미 《뉴욕 타임즈》지가 미군 철수가 시작되었다고 발표
7. 23: 미 군비관리군축국장이 북한은 세계 다섯 번째로 인구 비례 병력 보유국(천명당 29.41명)이라고 발표
8. 26: 미 국방성이 한국은 미국의 다섯 번째 무기 수입국 이라고 발표
10. 27: 판문점 부근 북한이 판 제2땅굴 발견
11. 7: 용산에 한미연합군 사령부 창설(사령관 베시 대장, 부사령관 류병현 대장)
11. 7: 북한의 제3땅굴 발견으로 주한미군 철수 잠정 연기
11. 22: 주한 미군부대 1차 철수
11. 24: 《워싱턴포스트》지가 카터 대통령이 한국에 F16전 투기 판매를 거부했다고 보도

주변 4대 강국 군사력

구분	미국	러시아	중국	일본
육군	495000	421000	2090000	147700
예비역	887000	?	1200000	?
사단수	10(8)	52	91	13
탱크	7836	15500	8500	1110
견인화포	1926	1904	14500	490
자주화포	2818	2622	다양화	310
로켓	1950	252	다양화	100
헬리콥터	5000	2565	111	463
해군병력	359500	220000	280000	42500
잠수함	90	116	61	16
항공모함	12	1	–	–
해병사단	3	3	1여단	–
공군병력	382200	130000	470000	44100
장거리폭격	175	247	–	–
전투기	2644	2891	3448	368
핵전력				
ICBM	580	762	4	–
IRBM	–	–	110	–
SLBM	432	442	12	54
전략폭격기	182	69		–

2002년 국방백서

남북한 군사력 비교

구 분	미 국	러 시 아
전투병력	69만명	116만명
예비전력	304만명	745만명
국단/사단(여단)	11/50(20)	20/62(30)
탱크	2200	3800
야포	4850	12000
헬기	570	320
전투함정	170	440
잠수함	6	40
전투기	550	850

2002년 국방백서

대가 참전한 또 하나의 세계 대전으로 확대되고 말았다.

1953년 7월 27일 불안정한 휴전이 성립되고 백만 명이 넘는 유엔군과 중공군이 이 땅에서 철수하였다. 그러나 수많은 젊은이들이 피 흘리고 죽어간 이 땅에 평화의 씨앗을 심는 대신에 조건부 휴전이라는 위험한 지뢰를 묻어 놓음으로써 한반도는 지구상에서 가장 위험한 곳이 되고 말았다.

지금 남한과 북한에는 휴전선에서 즉각 전투를 치를 수 있는 상비 전투력 약 200만 명이 대치하고 있으며, 추가 투입할 수 있는 천만 명 이상의 전투력 동원 능력도 가지고 있다.

또 동북아시아에 함께 위치한 3개국(중국, 러시아, 일본)도 원한다면 세계 대전을 일으킬 수 있는 초 군사 강대국이라는 점을 간과할 수 없다.

한 나라, 한 동포가 단지 이념 때문에 50년 동안 갈라져 조그마한 강토에서 전례에도 찾아볼 수 없는 엄청난 수의 군대를 서로 유지하면서, 또 한 번 전 국토를 재기불능의 폐허로 만들 수 있는 무기와 포탄을 쌓아 놓고 있다. 이러한 한반도는 세계에서 가장 위험한 화약고이다.

금수강산이라는 아름다운 이름을 되찾고 남북한 1,200만 명의 거대한 군사 집단을 평화와 삶의 질을 향상시킬 수 있는 에너지로 승화시키고, 미움과 불신의 병을 치유하며, 사랑과 신뢰가 풍만한 세상을 만들기 위하여 함께 마음의 문을 활짝 열 수 있기를 온 국민은 갈망하고 있다.

동북아시아에서 팽팽한 세력균형이 깨지고 한국전쟁이 발발하여 3년을 넘게 서로 치열하게 싸우고도 평화로운 결말을 보지 못한 채 불안정한 휴전을 이어 온 지 벌써 50년이 지났다. 남북한 상호 재래식 무기와 10만여 군인들로 시작한 전쟁이 공산 중공군과 자유민주 진영의 16개 국가가 유엔의 깃발 아래 참전함으로써 200만이 넘는 대규모 군

약어 및 군사 용어
Acronyms and Military Terminology

A	Army
ADCOM	Advance command and Liaison Group
AF	Air Force
APO	Army Post Office
BCT	Brigade Combat Team
BFV	Bradley Fighting Vehicle
BG	Brigadier General, military rank
BN	Battalion
CAPT	Captain, military rank
CCF	Chinese Communist Force
CAV/DIV	Cavalry/Division
CDR	Commander
CG	Commanding General
CP	Command Post
CIA	Central Intelligence Agency
CofS	Chief of Staff
COL	Colonel, military rank
DCG	Deputy Commanding General
DMZ	Demilitarized Zone
EUSA	Eighth United States Army
FA	Field Artillery
FM	Field Marshall, military rank
Gen	General, military rank
HOW	Howitzer
HQs	Headquarters
ID	Infantry Division, Inf Div
IRC	International Red Cross
JCS	Joint Chiefs of Staff
JSA	Joint Security Area
JTF	Joint Task Force
KAL	Korean Air Lines
KIA	Killed in Action
KSC	Korean Service Corps
KMAG	Korea Military Assistance Group
LCVP	Landing Craft, Vehicle and Personnel
LST	Landing Ship, Tank
LT	Lieutenant, military rank
LTG	Lieutenant General, military rank
MASH	Mobile Army Surgical Hospital
MEF	Marine Expeditionary Force
MG	Major General, military rank
MIA	Missing in Action
MLRS	Multiple Launcher Rocket System
MND	Ministry of National Defense
MRL	Multiple Rocket System
MSR	Main Supply Route
NATO	North Atlantic Treaty Organization
NK	North Korea
NKPA	North Korea People's Army
NLL	Northern Limit Line
NORMASH	Norwegian MASH
OPN	Operation
POW	Prisoner of War
P. X.	Post Exchange
KMA	Korea Military Academy
SK	South Korea
SOF	Special Operation Forces
SQD	Squadron
TF	Task Force
UN	United Nations
UNC	United Nations Command
UNCACK	United Nation Civil Assistance Command in Korea
USAF	United States Air Force
USN	United States Navy
WIA	Wounded in Action
XO	Executive Officer

자료 출처
Data sources

1. 『백선엽 장군 6 · 25 전쟁 회고록』, 대륙연구소출판부, 1990
2. 『소부대 전투』, 육군본부, 1979. 12. 19
3. 『한국 전쟁사』, 육군대학, 1984. 4. 30
4. 『한국전쟁 병서 연구』 8편, 육군본부, 1973. 3
5. 『한국전쟁 이전 38도선 격돌 1945-1950』, 양영조, 국방군사연구소, 1999
6. 『한국전쟁』, 와다 하루키, 창작과 비평사, 1999
7. 『이치업 장군 (번개장군) 자서전』, 이치업, 원민출판, 2001. 1
8. 『6.25 자유 수호 전쟁』, 이상준, 대한민국재향군인회, 기문당, 1994
9. 『중공군사 팜플릿 70-26-1』, 육군본부, 1973
10. 『전사 2호』, 국방군사연구소, 1999. 12. 20
11. 『한국전쟁』, 한국전쟁편찬위원회, 1980
12. 『명소 순례 안내』, 육군본부, 1988. 5.22
13. 『국군 역사 사진집』, 육군본부, 1945-1988
14. 『한반도 휴전 체제 연구』, 서용선, 국방군사연구소, 1999
15. Korean War, James F. Schnabel & Robert J. Watson, 1978
16. The Century, Peter Jennings & Todd Brewster, 2000
17. History of UN Forces in Korea, ROK MND, 1977.12
18. 『중국이 본 한국전쟁』, 홍학지, 고려원, 1992
19. 『한국전쟁의 전쟁 지도(한국군 및 유엔군 편)』, 김행복, 국방군사연구소, 1999
20. 『다큐멘터리 한국전쟁』, 박승수, 금강서원, 1990
21. 『소부대 전투약사』, "장진호 전투, 다부동 전투, 38도선 초기 전투, 용문산 전투, 현리 전투, 저격능선 전투, 펀치볼 전투, 수도 고지 전투, 피의 능선 전투 외", 국방전사편찬위원회
22. 『한국전쟁-육군본부 전사 연구실』, 일본육전사연구보급회, 명성출판사
23. 『영웅들의 행진(김백일장군) 자서전적 소설』, 한번웅, 을지출판사, 1986
24. 『끝나지 않은 전쟁』, 조지 풀러 사진집, 눈빛출판사, 1981
25. 『실록 지리산』, 백선엽, 고려원, 1992
26. 『박헌영론』, 박종성, 인간사랑, 1991
27. 『사진으로 본 광복 35년』, 한국일보사, 1981
28. 『이승만의 삶과 꿈』, 유영익, 중앙일보사, 1998
30. Combat Action in Korea, Captain Rusell A Gugeler, 병학사, 1978
31. This kind of War, T. R. Fehrenbach, The MacMillan Company, New York, 1963
32. "Policy and Direction: The First Year" by James F. Schnabel, United States Army, Washington D. C., 1972
33. Korean War, Max Hastings, Simon and Schuster, Library of Congress in Publication, 1987
34. In Mortal Combat Korea 1950-1953 by John Toland William Morrow and Company, Inc New York, 1991
35. U.S. Marine Operation in Korea 1950-1953, Volume 1-the Pusan perimeter, Volume 11-The Incheon-Seoul Operation, by NYNN MONTROSS and Captain NICHOLAS A. CANZONA, USMC, HISTORICAL BRANCH, G-3, HQs, U.S. Marine Corps Washington, D. C., 1954
36. The United States in the Korean War-Defending Freedom's Frontier by DON LAWSON, 1964, illustrated with photographs - Maps by Robert Standley
37. TO THE YALU, From the Chinese Invasion of Korea to MacArthur's dismissal, by JAMES MCGOVERN, William Morrow & Company, Inc, 1972
38. KOREA, The Unknown War by Jon Halliday and Bruce Cumings, Pantheon Books, New York, 1988
39. The New Breed, The Story of the U.S. Marines in Korea by Andrew Geer, The Battery Press, Nashville, 1989
40. KOREA The Untold Story of the War by Joseph

C. Goulden, Times Book, New York, 1982

41. Black Soldier, White Army The 24th Infantry Regiment in Korea, William T. Browers, William M. Hammond and George L. MacGarrigle by U.S. Army Center of Military History

42. The Korean War- Pusan to Chosin-An Oral History by Donald Knox, Harcourt Brace Jovanovich Publishers, 1985

43. Truce Tent and Fighting Front By Walter G. Hermes, Office of the Chief of Military History, United States Army, 1977

44. The Bloody Road to Panmunjeom by Edwin P. Hoyt, Library of Congress Cataloging in Publication, Data, 1985

45. White Paper, ROK MND, 1999

46. 『전사, 한국전쟁 특집』, 국방부군사편찬연구소, 2001. 6

47. 『백선엽 장군 6·25 전쟁 기록 사진집』, 선양사, 2000. 11. 23

48. Korean War Almanac, Harry G Summer Jr., Colonel of Infantry, U.S. Army(Ret)

50. KOREA 1950, Department of the Army, Center of Military History

51. KOREA 1951-1953 By John Miller, Jr. Owen J. Carroll, Major U.S. Army And Margaret E. Tackley

52. ROK Army VOL-II, Office of Information, HQ, ROKA, 1956

53. The forgotten War... Remembered, Korean War Veterans Association, Tuner Publishing Company, Publisher's Editor : Pamela Wood.

54. War in KOREA 1950-1953, D. M. Giangreco

55. The Korean War, Donald M. Goldstein and Harry J. Maihafer